ADMINISTRATIVE LAW

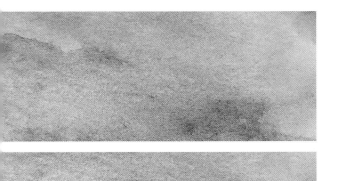

迈向新时代的中国行政诉讼法学

章志远 / 主编

北京大学出版社
PEKING UNIVERSITY PRESS

图书在版编目(CIP)数据

迈向新时代的中国行政诉讼法学/章志远主编. —北京:北京大学出版社,2024.7
ISBN 978-7-301-35051-5

Ⅰ.①迈… Ⅱ.①章… Ⅲ.①行政诉讼法—法的理论—中国 Ⅳ.①D925.301

中国国家版本馆CIP数据核字(2024)第095276号

书　　　名	迈向新时代的中国行政诉讼法学 MAIXIANG XINSHIDAI DE ZHONGGUO XINGZHENG SUSONG FAXUE
著作责任者	章志远　主编
责 任 编 辑	李小舟
标 准 书 号	ISBN 978-7-301-35051-5
出 版 发 行	北京大学出版社
地　　　址	北京市海淀区成府路205号　100871
网　　　址	http://www.pup.cn　　新浪微博:@北京大学出版社
电 子 邮 箱	zpup@pup.cn
电　　　话	邮购部 010-62752015　发行部 010-62750672　编辑部 021-62071998
印 刷 者	河北滦县鑫华书刊印刷厂
经 销 者	新华书店
	730毫米×980毫米　16开本　27印张　415千字 2024年7月第1版　2024年7月第1次印刷
定　　　价	108.00元

未经许可,不得以任何方式复制或抄袭本书之部分或全部内容。
版权所有,侵权必究
举报电话:010-62752024　电子邮箱:fd@pup.cn
图书如有印装质量问题,请与出版部联系,电话:010-62756370

前　言

在我的半生学术生涯中，无论是学术论文发表、学术著作出版，还是科研项目承担、授课任务安排，行政诉讼法学几乎都占据了"半壁江山"。可以说，对中国特色行政审判制度实践的持续观察、对行政诉讼法研究的持续用力，构成了我作为行政法学者的鲜明底色。

正是由于长期坚持不懈的学术努力，2021年年初我得以到最高人民法院挂职担任行政审判庭副庭长。作为近十年来这一重要审判岗位上唯一来自京外的行政法学者，我整整一年脱产在岗履职，度过了人生中一段弥足珍贵的岁月。亲自承办重大复杂案件、参与法官会议讨论疑难案件、参与司法解释和司法文件起草论证，构成了我挂职工作的日常。行政审判实践中的鲜活案例和制度实施深深吸引着我，使我再次萌发编写公报案例和学术综述的念头。作为前者的思考结晶，我所主编的《公报行政案例中的法理》一书已由中国人民大学出版社2022年8月先期出版，得到了行政法学理论界和实务界的普遍好评；作为后者的思考结晶，这本《迈向新时代的中国行政诉讼法学》终于如期交稿了，我的又一个小小学术心愿得以实现。

作为《行政诉讼法专题研究述评》（与杨海坤教授主编，中国民主法制出版社2006年版）的续集，本书的涵盖主题更广、学术资料更新，充分反映出21世纪二十余年来我国行政诉讼法学研究的总体风貌。为了全面、客观、系统地评述我国行政诉讼法学研究的重要成果，全体撰稿人员重点阅读了发表在国内法学核心期刊上二十个主题的近千篇代表性论文，并在深入讨论的基础上进行写作。我除了拟定提纲、审读初稿、组织研讨外，还亲自撰写第三章作为样板供其他作者参考。本书的撰稿者依次为高小芳（法学博士、西北大学法学院讲师，撰写第一、二、四、十、十一章）、牛延佳（华东政法大学行政法博士生，最高人民法院行政审判庭法官助理，撰写第九章）、章许睿（对外经济贸易大学行政法博士生，撰写第十七章）、陈思琳（清华大学行政法博士生，撰写第十八、十九章）、蔡湲（北京航空航天大学行政法博士生，撰写第十三、二十章）、陶子辰（中国政法大学行政法博士生，撰写第十六章）、陈劲竹（北京大学行政法博士生，撰写第七、八章）、陈佳文（上海交通大学行政法博士生，撰写第十二、十四章）、赖楚琳（华东政法大学行政法硕士生，撰写第五、六章）、刘达伟（华东政法大学行政法硕士生，撰写第十五章）。限于能力水平，本书中的评述可能存在不当和遗漏之处，敬请读者诸君批评指正。

  本书也是华东政法大学首届优秀研究生导学团队培育项目的最终结项成果，感谢华东政法大学研究生院的大力支持！在带领门下博士生和硕士生近一年的阅读、整理、写作、校阅的过程中，我再次深切体会到"导学"的不易！"问汝平生功业，读书写作指导。"作为一名学者，不断推出高质量的研究成果是本分；作为一名导师，不断培养高素质的优秀人才也是本分。令人欣慰的是，本书的六位硕士生作者都已追随名师继续读博；本书的一位博士生作者已经顺利入职"211"高校法学院任教。惟愿更多门下学生通过不懈努力，走向更加宽广的人生舞台，成为有理想、敢担当、能吃苦、肯奋斗的新时代好青年，让青春在全面依法治国的火热实践中绽放绚丽之花！

  谨以此书献给长期致力于行政审判事业进步和行政诉讼法学研究发展的人士！愿行政审判制度行稳致远，愿行政法学研究蒸蒸日上！

章志远
2024年初春时节
于沪上苏州河畔

目录 Contents

第一章 行政诉讼理念 … 1
一、行政诉讼目的 … 2
二、行政诉讼功能 … 10
三、行政诉讼原则 … 15
四、行政诉讼新理念 … 21

第二章 行政诉权 … 28
一、行政诉权的内涵 … 29
二、行政诉权的要件 … 39
三、行政诉权的保障 … 51

第三章 行政诉讼类型化 … 61
一、行政诉讼类型立法明定与否的论争 … 62
二、行政诉讼类型域外代表模式的介绍 … 66
三、行政诉讼具体类型的规则构建 … 69
四、行政诉讼类型理论的发展展望 … 73

第四章 行政诉讼与行政复议衔接 … 78
一、行政诉讼与行政复议的程序衔接 … 79
二、行政诉讼与行政复议的实体衔接 … 86
三、行政诉讼与行政复议的地位比较 … 93

第五章　行政诉讼受案范围　　102
一、行政诉讼受案范围扩大的修法建言　　103
二、行政诉讼受案范围规定的解释适用　　109
三、行政诉讼受案范围研究的展望　　115

第六章　行政诉讼当事人　　122
一、行政诉讼原告资格　　122
二、行政诉讼被告　　129
三、行政诉讼第三人　　134

第七章　行政诉讼管辖　　141
一、行政诉讼管辖制度的改革　　142
二、设立专门行政法院的讨论　　149
三、行政审判体制改革的展望　　154

第八章　行政诉讼证据　　161
一、行政诉讼举证责任　　161
二、行政诉讼证明标准　　167
三、非法证据排除规则　　171

第九章　行政诉讼法律适用　　178
一、法律适用的一般规则　　178
二、法律适用的具体规则　　182
三、特殊规范的适用规则　　191

第十章　行政诉讼审查标准　　198
一、行政程序审查标准　　199
二、行政裁量审查标准　　204
三、事实问题审查标准　　219

第十一章　行政诉讼判决　227
一、形成类判决　228
二、给付类判决　236
三、确认类判决　247

第十二章　行政诉讼起诉　264
一、行政诉讼的起诉条件　264
二、行政诉讼的起诉期限　272
三、行政诉讼的重复起诉　276

第十三章　行政诉讼审理程序　281
一、行政诉讼的繁简分流　281
二、行政诉讼的协调化解　287
三、审理程序的继续及补充　294

第十四章　行政诉讼检察监督　299
一、行政诉讼检察监督的传统研究　300
二、行政诉讼检察监督的研究转向　302
三、行政诉讼检察监督的制度展望　308

第十五章　行政诉讼强制执行　312
一、行政诉讼强制执行　312
二、行政非诉强制执行　316

第十六章　行政公益诉讼　323
一、行政公益诉讼的理论支点　324
二、行政公益诉讼的诉前程序　330
三、行政公益诉讼的诉讼程序　341

第十七章　行政协议诉讼　351
一、行政协议的识别标准　351

二、行政协议的审查方式　　358
　　三、行政协议的救济途径　　362
　　四、行政协议的判决方式　　366

第十八章　规范性文件附带审查　　373
　　一、规范性文件附带审查的启动　　374
　　二、规范性文件附带审查的内容　　381
　　三、规范性文件附带审查的后续处理　　386

第十九章　政府信息公开诉讼　　391
　　一、政府信息公开诉讼的整体研究　　391
　　二、政府信息公开诉讼的原告资格　　396
　　三、"政府信息不存在"的司法认定　　399
　　四、政府信息公开滥诉的治理　　403

第二十章　行民交叉诉讼　　410
　　一、行政与民事争议交织的处理模式　　410
　　二、行政诉讼一并审理民事争议的适用　　415
　　三、行民交叉案件处理路径的展望　　419

第一章

行政诉讼理念

1989年《中华人民共和国行政诉讼法》（以下简称《行政诉讼法》）的颁布，标志着我国行政诉讼制度的正式建立，成为新中国立法史上最辉煌的一页[①]，同时意味着法治时代的开始。自此，在中国行政法治建设进程中，一场"静悄悄的革命"[②]开始发生。行政诉讼制度的建立和发展，是中国行政法治建设史上的不朽丰碑，是中国民主法治建设史上的华丽篇章，其重要意义无论如何强调也不过分。[③] 它不仅搭建起了官民平等对话的重要平台，为宪法人权提供了重要实践场所，更形塑了公民的权利观和公权力主体的权力观，推进了权利与权力的理性沟通、司法权与行政权的良性互动以及多主体之间的开放合作治理。可以说，行政诉讼制度的建立、实施与发展，革新了诸多法治理念，开启了一种全新的社会治理风尚。行政诉讼制度的建立，亦为行政诉讼法学研究提供了观察的样本、思考的契机和持续的研究动力。行政诉讼理念作为行政诉讼议题之一，其发展与变化，不仅在一定程度上反映着行政诉讼制度的发展与变化，更会产生形塑行政诉讼制度的作用，堪称行政诉讼法学研究中的元问题，历久弥新，贯穿整个行政诉讼法学研究史。学

[①] 参见王名扬先生为《行政诉讼法通论》一书所作序言，载于安主编：《行政诉讼法通论》，重庆出版社1989年版，第1页。

[②] 龚祥瑞主编：《法治的理想与现实——〈中华人民共和国行政诉讼法〉实施现状与发展方向调查研究报告》，中国政法大学出版社1993年版，第148页。

[③] 参见江必新：《完善行政诉讼制度的若干思考》，载《中国法学》2013年第1期。

界围绕行政诉讼的目的、功能和原则展开研究,搭建起了行政诉讼法学的基本体系,同时又在这三个基础理论之外,深扎行政审判本土实践,凭借着宏观的学术视野和敏锐的学术嗅觉,提炼出诸多新的行政诉讼理念,实现了事实到理论的飞跃。

一、行政诉讼目的

任何一种法律制度都有其目的追求。"目的是全部法律的创造者,每条法律规则的产生都源于一种目的,即一种实际的动机。"①行政诉讼目的是理解、适用和完善行政诉讼制度的根本指引,在行政诉讼立法和行政审判实践中扮演着轴心和方向的作用。所谓行政诉讼目的,是指"以现实形式表达的国家进行行政诉讼所期望达到的目标,是国家基于对行政诉讼固有属性的认识预先设计的关于行政诉讼结果的理想模式"②。行政诉讼目的论具有重要研究价值,其"意义主要在于它可以为行政诉讼制度设计提供一种基本理念。目的论观点不同,就会创造出不同的行政诉讼制度设计"③。

(一) 行政诉讼目的之确定

有关行政诉讼制度目的数量和内容之争论,贯穿立法、修法以及整个法律发展过程中。早在行政诉讼法制定之初,学理研究就众说纷纭。1989年《行政诉讼法》的公布,并没有消弭此种争议,反而激起了进一步的讨论,形成了两种类型的观点。一种是围绕行政诉讼目的数量产生的一元论和多元论。多元论基于动机与目的之间的复杂性和多元性关系,认为建立行政诉讼制度的目的必然是多元的,而非呈现唯一性。④ 一元论对多元论提出批

---

① 〔美〕E.博登海默:《法理学:法律哲学与法律方法》,邓正来译,中国政法大学出版社2004年版,第115—116页。
② 杨伟东:《行政诉讼目的探讨》,载《国家行政学院学报》2004年第3期。
③ 胡肖华:《行政诉讼目的论》,载《中国法学》2001年第6期。
④ 参见杨海坤、章志远主编:《行政诉讼法专题研究述评》,中国民主法制出版社2006年版,第43—44页。

判,认为双重目的或者多重目的之存在,既会对主要目的造成冲击和弱化,同时会存在多目的相互冲突和混乱的问题。① 总体来看,多数学者持多元论观点,且随着行政诉讼制度的实施,有关行政诉讼目的的数量的争议,逐渐淡出了行政诉讼法学视野。另一种类型的争议则是围绕行政诉讼目的之具体内容而展开,主要表现为多元论视角下的行政诉讼目的的具体内容研究。何为行政诉讼目的,关系着行政诉讼制度的本源和行政审判的基本面向,是行政诉讼法学研究中历久弥新的议题。现有研究主要形成了四种观点。

第一,三重目的说。该学说源于行政诉讼法目的条款之解读。修法之前,基于1989年《行政诉讼法》第1条规定,有学者主张行政诉讼具备三重目的,即保证人民法院正确、及时审理行政案件,维护和监督行政机关依法行使职权,保护公民、法人和其他组织的合法权益。② 随着立法对第1条的调整,学理相应发生变化,删除了保证人民法院正确、及时审理行政案件目的和维护行政机关依法行使职权目的,增加了解决行政争议目的,由此形成了新的三重目的说。③ 新三重目的说认为,解决行政争议、维护公民合法权益和监督行政机关为行政诉讼目的。

第二,双重目的说。双重目的说事实上是对三重目的说的检讨,二者之间的唯一争议在于对解决纠纷的定位。持双重目的说之学者认为,解决纠纷并非行政诉讼目的,或者说至少无法与监督行政和救济权利目的处于同一层面。④ 行政诉讼的目的需要依据不同的诉讼类型分别论定。基于我国行政诉讼实际上限于主观的抗告诉讼和客观的抗告诉讼,因此我国现行行政诉讼制度之目的只包括救济权利和监督行政。⑤

第三,单一目的说。单一目的说是对三重目的说和双重目的说的批判,

---

① 参见马怀德主编:《行政诉讼原理》,法律出版社2003年版,第72页。
② 1989年《行政诉讼法》颁布后,早期教材一般都持此种观点。参见应松年主编:《行政诉讼法学》,中国政法大学出版社1994年版,第8—11页。
③ 参见胡卫列:《行政诉讼目的论》,中国政法大学2003年博士学位论文;马怀德:《保护公民、法人和其他组织的权益应成为行政诉讼的根本目的》,载《行政法学研究》2012年第2期;江必新:《完善行政诉讼制度的若干思考》,载《中国法学》2013年第1期。
④ 参见向忠诚:《行政诉讼目的研究》,载《河北法学》2004年第12期。
⑤ 参见赵清林:《类型化视野下行政诉讼目的新论》,载《当代法学》2017年第6期。

坚持行政诉讼目的具有单一性。单一目的说内部亦存在争议，包括保护说、监督说、维护说、解纷说、形式真实说和依法行政说六种观点。例如，有学者认为，行政诉讼目的仅指监督行政，因为保护不是行政诉讼的特殊目的，赋予公民行政诉讼诉权的目的在于启动诉讼程序以达到监督的效果。[①] 有学者则认为，解决行政纠纷，以维护社会秩序才是行政诉讼目的。[②] 另有学者提出，行政诉讼的唯一目的在于保护公民、法人和其他组织的合法权益。[③] 因为行政诉讼之所以会产生，正是基于为相对人在其合法权益受到违法行政行为侵害时提供司法救济的目的。因此，只有保障行政相对人的合法权益才是行政诉讼的真实追求。[④]

第四，四重目的说。该说实际上是对新三重目的说的发展，其认为解决行政争议目的之嵌入，并未改变行政诉讼结构，而是进一步强化了行政诉讼多元立法目的格局，并最终呈现出"解决行政争议""保护权益""保证法院审理案件""监督行政机关"四重目的并列。[⑤] 此外，还有学者从行政诉讼内涵多维性的角度出发，认为程序正义、利益平衡、促进合作和道德成本最低化，是行政诉讼的目的。[⑥]

现有研究对行政诉讼目的的探讨，基本都遵循着规范研究进路，以行政诉讼法的目的条款作为研究切入点。《行政诉讼法》第 1 条确立了三个目的，与之相应，学界更偏好于围绕该条规定展开论述，区别仅在于对三者的排列

[①] 参见林莉红：《我国行政诉讼法学的研究状况及其发展趋势》，载《法学评论》1998 年第 3 期。
[②] 参见宋炉安：《行政诉讼程序目的论》，载刘莘、马怀德、杨惠基主编：《中国行政法学新理念》，中国方正出版社 1997 年版，第 366 页；宋炉安、李树忠：《行政诉讼的审理对象》，载《行政法学研究》1997 年第 2 期；黄杰主编：《行政诉讼法讲座》，中国人民公安大学出版社 1989 年版，第 3 页。
[③] 参见崔卓兰：《论确立行政法中公民与政府的平等关系》，载《中国法学》1995 年第 4 期；王学辉：《行政诉讼目的新论》，载《律师世界》1998 年第 2 期。持有此观点的著作包括张树义：《冲突与选择——行政诉讼的理论与实践》，时事出版社 1992 年版，第 12 页；张尚鷟主编：《走出低谷的中国行政法学——中国行政法学综述与评价》，中国政法大学出版社 1991 年版，第 387—388 页；马怀德主编：《行政诉讼原理》，法律出版社 2003 年版，第 70—72 页。
[④] 参见谭宗泽：《行政诉讼目的新论——以行政诉讼结构转换为维度》，载《现代法学》2010 年第 4 期。
[⑤] 参见章剑生：《行政诉讼"解决行政争议"的限定及其规则——基于〈行政诉讼法〉第 1 条展开的分析》，载《华东政法大学学报》2020 年第 4 期。
[⑥] 参见胡肖华：《行政诉讼目的论》，载《中国法学》2001 年第 6 期。

和组合。通过法释义学研究行政诉讼目的论,对于保持理论与实践之间的联系性具有重要作用,防止理论脱离实践。一味坚持法释义学路径,则会弱化理论研究的指引价值。行政诉讼目的论研究者则兼顾了规范层面和应然层面两种立场。在行政诉讼法修订之前,学界对旧法(即1989年《行政诉讼法》)确立的"维护行政"目的作出检讨和提出批评①,同时对解决纠纷目的作出论证和立法鼓吹,从而为法律修订提供了充分的理论支撑。当然,也因为学理上对行政诉讼目的依旧存在争议,使得行政诉讼修订无所适从,甚至偏离基本理论。例如,因为对行政诉讼是否具有单纯的监督行政或维护公益的目的认识不清,导致司法审查实践中出现突破《行政诉讼法》关于原告资格的限定,而提起行政公益诉讼的情形。②虽然《行政诉讼法》首次修订至今已将近10年,有关行政诉讼目的之确立的理论争论渐趋平息,但问题并未得到真正的厘清。基于行政诉讼制度的独特性和司法审查基本原理之考量,应在坚持行政诉讼目的多元论立场的前提下,将保障权利、解决纠纷和监督行政确立为行政诉讼目的。

(二)行政诉讼目的之关系

如果说早期行政诉讼法学界更为关注行政诉讼目的是什么,那么晚近10年,理清行政诉讼诸目的之间的关系及定位,则成为理论研究的主要任务。③ 相比于1989年《行政诉讼法》第1条规定,2014年修订的《行政诉讼法》第1条最明显的变化有两点:一是将"维护和监督行政机关依法行使行政职权"修改为"监督行政机关依法行使职权",二是增加了"解决行政争议"目的。法条变迁背后折射的是对立法目的的认识,通过分析法条变化,可以发

---

① 参见孙莉:《程序控权与程序性立法的控权指向检讨——以〈行政诉讼法〉立法目的为个案》,载《法律科学(西北政法大学学报)》2007年第2期。
② 例如,2001年11月,南京市东南大学两位教师以观景台的建设破坏了紫金山自然景观为由,起诉该市规划部门请求撤销规划许可一案。对于这种行政公益诉讼热,有学者已明确指出,其与我国行政诉讼目的不相契合。参见章志远:《行政公益诉讼热的冷思考》,载《法学评论》2007年第1期。
③ 参见杨伟东:《行政诉讼目的探讨》,载《国家行政学院学报》2004年第3期。

现我国对司法权对行政权的制约和监督作用更加关注,同时开始正式确立和强调行政诉讼的解决纠纷目的。与规范层面对立法目的之关系定位不同,理论研究基本形成主导说和并列说两种主张,具体包括三种观点。

主导说即一元主导下的多重目的说,主张行政诉讼诸目的之间并非等量齐观,而是有所侧重。在目的论中,"元"是指"根本、根源","一元"是指根源为一;"重"应理解为"层次"。① 根据行政诉讼目的数量之不同,主导说又包括一元主导下的三重目的说和一元主导下的双重目的说。

一元主导下的三重目的说,主张行政诉讼之根本目的在于权利保障。将保障权利确立为行政诉讼的根本目的具有正当性基础:一是从宪政要求来看,在官本位浓厚、相对人相对处于弱势地位的中国,强调法律对公民、法人和其他组织合法权益的保护,更符合宪政要义;二是从行政诉讼的产生看,行政诉讼诞生的直接原因在于为合法权益受到违法行政行为侵害的相对人提供保护;三是从行政诉讼的性质来看,"民告官"的行政诉讼是对相对人提供保护的救济途径。② 对于行政主体一方而言,基于行政职权的特殊性,行政机关可以依靠自身力量强制行政相对人接受行政管理,无须借助行政诉讼来实现和维护其行政职权。因此,"解决行政纠纷是行政诉讼的初级目的或称直接目的,处于行政诉讼的最低位阶;监督行政是体现行政诉讼本质特征的目的,是终极目的;而保护相对人的合法权益则是行政诉讼的根本目的,处于行政诉讼目的最高位阶"③。

一元主导下的双重目的说,主张行政诉讼具有双重目的,且二者之间呈现主辅关系。有学者基于对不同行政诉讼类型之目的的理论分析的结论,认为我国《行政诉讼法》确立了以主观的抗告诉讼为核心、以客观的抗告诉讼为例外的诉讼类型,由此决定了我国行政诉讼的目的是以救济权利为主,以监督行政为辅。④

---

① 参见杨海坤、张琳:《行政诉讼制度目的论辨析》,载《学术交流》2016年第8期。
② 参见马怀德:《保护公民、法人和其他组织的权益应成为行政诉讼的根本目的》,载《行政法学研究》2012年第2期。
③ 胡卫列:《行政诉讼目的论》,中国检察出版社2014年版,第159页。
④ 参见赵清林:《类型化视野下行政诉讼目的新论》,载《当代法学》2017年第6期。

并列说认为,行政诉讼诸目的之间为并列的关系,以四重目的并列说为代表。四重目的并列说在坚持四重目的说的基础上,提出行政诉讼多重立法目的具有可并存性、可选择性;可并存性主要体现四个立法目的之间的纵向并存和"解决行政争议"之外其他三个立法目的之间的横向分布;可选择性意味着在个案处理中,四个立法目的可以做动态的调整。①

行政诉讼具有多重目的,已经成为客观事实,属于学界主流观点。在多元目的论视域下,如何解决行政诉讼多重目的之间的关系,不仅关涉行政诉讼制度的具体构造,而且会对行政审判实践产生显著影响。对于行政案件而言,行政争议背后事实上潜藏着多重利益博弈和价值选择,因此行政审判的过程,在某种程度上而言就是利益衡量的过程,而行政诉讼诸目的的关系及位次,则会对利益衡量产生直接影响。行政诉讼的根本特性在于合法性审查,由此呈现出明显的维护客观法秩序和监督行政特征,同时行政诉讼作为法定救济途径,设置初衷或者说产生缘由,即在于通过解决行政争议维护当事人合法权益,具有明显的主观公权利保护属性。在这种情形下,坚持一元主导说难以弥合行政诉讼目的及功能之间的内在张力,二元主导目的论则可以有效解决上述问题。所谓二元主导目的论,即强调救济权利和监督行政同属于行政诉讼之根本目的,解决纠纷为行政诉讼的直接目的。"如过度强调行政诉讼之终极目的在于人民权利之保护,忽视其行政适法性控制功能者,实有轻忽行政诉讼制度特有构造之嫌,未必有益于行政诉讼理论之架构。"②在我国台湾地区,"保护人民权益"和"监督行政合法性"并重的二元目的论,即获得多数学者支持。确立二元主导下的三重目的论,不仅符合行政诉讼制度特性,而且"合乎时代发展需要"。③

---

① 参见章剑生:《行政诉讼"解决行政争议"的限定及其规则——基于〈行政诉讼法〉第1条展开的分析》,载《华东政法大学学报》2020年第4期。
② 刘宗德、彭凤至:《行政诉讼制度》,载翁岳生编:《行政法》(下册),中国法制出版社2002年版,第1322页。
③ 参见杨海坤、张琳:《行政诉讼制度目的论辨析》,载《学术交流》2016年第8期。

(三) 行政诉讼目的之实现

行政诉讼的目的具有显示行政诉讼宗旨和意图的作用,是行政诉讼制度的生命线。立法能否正确和科学确立目的,是行政诉讼制度能否成型的基础,目的能否体现与落实于具体制度,则是制度如期运行的关键。如果行政诉讼目的仅仅停留于法律规定文本中,必然会出现目的落空的结果。为此,如何确保行政诉讼目的之应然状态、规范状态和实然状态之间的统一,是行政诉讼目的论必须直面和重点解决的问题。就理论关系而言,行政诉讼目的确定论是前提和基础,行政诉讼目的实现论则是目的论之目的,扮演着沟通理论研究与制度安排及实施之间的桥梁纽带角色。目的实现论研究因视野分立而呈现出两条鲜明的进路。一是以立法完善为目的之研究,即通过对目的条款的分析和目的论的研究,探寻二者之间的不匹配之处,进而提出增设或删减目的之立法建议,以期实现规范层面和应然层面的统一。这类研究集中在行政诉讼法修订之前,主要侧重于对维护目的之删除和解决纠纷目的之提倡两方面。二是以具体制度落实为目的之研究,即聚焦具体行政诉讼目的,通过分析该目的与其他目的、行政诉讼类型或行政诉讼结构等之间的关系,提出具体制度调整或构建的建议。该类研究进路因学者对具体行政诉讼目的之关注不同,形成了不同的研究成果。

就行政诉讼救济权利目的实现而言,有学者在通过对现行行政诉讼以行政行为为中心的诉讼架构设计进行反思的基础上[①],不仅旗帜鲜明地倡导应确定行政诉讼的首要目标和根本目的在于保护公民、法人和其他组织权益,而且提出应通过五方面的具体诉讼制度安排,纠正现有制度安排偏差:一是将保护和救济权利确立为行政诉讼的基本原则;二是将当事人的诉讼请求和权益保护是否成立作为审理和裁判的中心;三是致力于根本性解决争议;四是适当增加判决形式;五是完善行政诉讼其他制度安排,如拓宽原告资格、简化被告确定规则、适当延长起诉期限和适当降低法院审查起诉的

---

① 参见杨伟东:《行政诉讼架构分析——行政行为中心主义安排的反思》,载《华东政法大学学报》2012年第2期。

标准和门槛。① 就行政诉讼解决纠纷目的而言,有学者提出应以充分认识行政诉讼解决纠纷的目的和功用为前提,鼓励人民法院在法律规定范围内饱满受案,并从诉讼制度外围补强,如此才能实现行政诉讼制度的纠纷解决目的和功能。② 有学者则提出解决纠纷目的限定论,并从司法审查和诉讼调解制度功能两个面向,导出了对解决纠纷目的之限定内容及其相关规则。③ 就行政诉讼监督行政目的的实现而言,有学者认为,"以'纠纷解决目的'为中心展开的诉讼结构会与行政诉讼所固有的'权力监督目的'相矛盾,在程序的设计和制度的运用上也会遇到相当复杂的问题",因此应该调和"纠纷解决"和"权力监督"的这种紧张关系。④

综上所述,行政诉讼目的确定论、行政诉讼目的关系论和行政诉讼目的实现论,构成了行政诉讼目的论的三大主体。现有研究基于不同研究旨趣和目的,对行政诉讼目的论展开了深入研究,产出了诸多兼具理论价值和实践价值的成果。然而,理论界对于行政诉讼目的论的基本内容尚未达成统一,研究视野的不同是导致观点差异的主要原因之一。现有研究主要涵盖了六种研究视野,即行政诉讼内涵多维性视野、程序控权论视野、行政诉讼法规范分析视野、行政诉讼结构转换视野和诉讼类型化视野。行政诉讼研究应尽量保持研究视阈的统一性,如此才能实现理论之间的有效对话,进而推进行政诉讼理论的发展。行政诉讼目的论亦是如此。在既有研究已经搭建了不同研究平台的前提下,后续研究应首先明确研究域,定位好自己的理论对话对象,防止走入封闭式研究陷阱。具体开展研究时,应注意三方面内容:首先,警惕行政诉讼目的单一化、制度功能工具化;其次,如何协调多重立法目的之间的冲突,平衡具体立法目的所代表的利益诉求,应是理论研究

---

① 参见马怀德:《保护公民、法人和其他组织的权益应成为行政诉讼的根本目的》,载《行政法学研究》2012年第2期。
② 参见刘莘:《行政诉讼是纠纷解决机制》,载《行政法学研究》2009年第3期。
③ 参见章剑生:《行政诉讼"解决行政争议"的限定及其规则——基于〈行政诉讼法〉第1条展开的分析》,载《华东政法大学学报》2020年第4期。
④ 参见钱弘道、吴亮:《纠纷解决与权力监督的平衡——解读行政诉讼法上的纠纷解决目的》,载《现代法学》2008年第5期。

必须坚持的问题意识;最后,行政诉讼目的论和行政诉讼模式之间的关系,有待进一步研究。

二、行政诉讼功能

行政诉讼的功能,是指行政诉讼制度对社会关系在理论上应该产生和实际中可能产生的影响。因为行政诉讼的功能具有多维性和多元性,决定了研究功能具有不同的视野和话语。从诉讼制度本身出发,其功能一般包括纠纷解决、社会控制和政策形成等。① 在行政诉讼法研究中,由于存在规范与应然两种立场,学理相应围绕行政诉讼法定功能和应然功能展开了研究。

(一) 行政诉讼功能类型

行政诉讼功能与行政诉讼目的关系密切,呈现出重叠交叉关系。《行政诉讼法》第1条既是立法目的条款,亦指明了该制度应有的功能。行政诉讼目的同时会构成行政诉讼的功能类型,行政诉讼功能的实现,又反过来对行政诉讼目的的产生落实甚至形塑的影响。从规范层面而言,行政诉讼制度包括解决纠纷功能、救济权利功能和监督行政功能。然而,在规范层面之外,至少还包括行政诉讼的应然功能、实然功能。正因为视野不同,行政诉讼的功能类型研究呈现出观点纷争状态。其中,四功能说和三功能说最具影响力。

四功能说出现较早。该学说立足于制度功能视角,将行政诉讼功能提炼为四项,即解决行政纠纷、实施权利救济、监督行政机关依法行使其职权、维护行政机关依法行使职权及国家法律尊严和统一。② 该学说呈现出明显

---

① 参见左卫民:《法院制度功能之比较研究》,载《现代法学》2001年第1期;蒋红珍、李学尧:《论司法的原初与衍生功能》,载《法学论坛》2004年第2期;蒋飞:《论当代中国司法的基本功能解决纠纷》,载《法律适用》2010年第10期。

② 参见林莉红:《行政诉讼法学》,武汉大学出版社2001年版,第18页。

的规范特性,其是以1989年《行政诉讼法》第1条规定为分析蓝本,在救济权利功能、维护和监督行政功能的基础上,将解决行政纠纷认定为行政诉讼的功能。

三功能说在学界占有主流地位,属于学界主流观点。有学者从价值的角度出发,把行政诉讼功能概括为平衡功能、人权保障功能和提供社会公正功能。① 另有学者结合公共行政改革进程,主张行政诉讼的功能应为权利保障、法治维护和纠纷解决。② 赞同三功能说的学者,也只是在功能数量上达成一致,对于具体功能的类型及定位,存有较大争议。例如,有学者提出,传统观念过分强调监督行政功能是对行政诉讼的本末倒置,应基于诉讼活动的特点以及依法行政与宪政文明的大背景,重新定位行政诉讼诸功能,即行政诉讼的本质功能是解决纠纷与保护合法权益,目的功能为监督行政。③ 有学者则出于避免陷入诉讼目的"一元论""二元论""多元论"的无解纷争,提出将解决行政争议归属为行政诉讼的"直接功能和基本功能",将保障权益和监督行政视为行政诉讼的"间接功能和衍生功能"。④

基于我国学者对行政诉讼功能的认识,可以发现,行政诉讼的功能既具有主观性,不同的学者对行政诉讼功能有不同的选择,又具有客观性,表现为行政诉讼具有解决行政纠纷、权利救济、监督行政、实现行政客观法律秩序等功能。行政诉讼功能论是一个开放性议题,行政诉讼制度会为适应现实情况的变化而相应调整,并产生相应作用。因此,行政诉讼功能研究始终处于未竟状态。但这并不意味着不可知论,对于理论研究而言,既需要达成最低限度的共识,以保证法律统一实施,同时也需要不断推进研究,以发挥理论指导实践的作用。

---

① 参见姜明安主编:《行政法与行政诉讼法》(第二版),北京大学出版社、高等教育出版社2005年版,第446—447页。
② 参见曹达全:《公共行政改革与行政诉讼制度功能的变迁》,载《法学论坛》2010年第4期。
③ 参见彭涛:《论行政诉讼的功能》,载《法律科学(西北政法大学学报)》2010年第4期。
④ 参见江必新:《完善行政诉讼制度的若干思考》,载《中国法学》2013年第1期。

(二) 行政诉讼功能模式

"诉讼制度本质上体现了一种国家权力结构的模式,政治权力结构的变化直接影响着行政诉讼制度的变化。"①模式作为一种思维建构的抽象概念,并不以单纯拷贝社会现实作为目的,更重要的在于通过提供比较和衡量社会现实的手段,从而引导人们认识社会。② 行政诉讼功能与行政诉讼价值、目的、性质等密切相关。能否正确认识和处理这几者之间的关系,是行政诉讼功能论研究的难点,而模式化研究进路的采取则有助于更有效地认识行政诉讼本体,并提出解决方案。邓刚宏教授通过几篇高质量论文,对行政诉讼功能模式的基本理论、域外国家行政诉讼功能模式的类型以及我国行政诉讼功能模式及其理论价值作了系统研究,既开启和引领了行政诉讼功能论中的模式化研究风气,又丰富了行政功能论研究内容。

第一,行政诉讼功能模式的基本理论。③ 行政诉讼的功能模式是指,设计行政诉讼制度以及行政诉讼活动所要达到的终极目标而呈现的总体风格。根据功能取向的不同,行政诉讼功能模式包括主观公权利保护模式和客观法秩序维护模式两种理想类型,二者在内涵和诉讼构造特点方面具有明显差异。主观公权利保护模式以保障人民的公权利为行政诉讼制度的核心功能,具有原告的起诉资格受到限制、行政诉讼受案范围狭窄、诉讼模式上的当事人主义、司法审查遵循成熟原则、行政诉判关系一致等诉讼构造特点。客观法秩序维护模式以维持行政客观的公法秩序和确保公法实施的有效性为目的,功能主要在于行政创造或重建行政行为客观的合法性,具有行政诉讼受案范围相对宽松、原告提起诉讼的资格限制松懈、行政诉讼模式上的职权主义、司法审查可以与行政过程同步、行政诉判关系未必绝对一致等特点。

---

① 陈胜强:《权力结构、基因文化与行政诉讼制度变迁》,载《湖南科技大学学报(社会科学版)》2012年第6期。
② 参见〔德〕马克斯·韦伯:《社会科学方法论》,韩水法等译,中央编译出版社2002年版,第19页。
③ 参见邓刚宏:《论我国行政诉讼功能模式及其理论价值》,载《中国法学》2009年第5期。

第二，我国行政诉讼功能模式及其转型。① 我国行政诉讼功能模式风格在整个思想变迁和政治实践中渐进式发展，大致可以划分为三个阶段：以客观法秩序维护为中心的初始阶段，以客观法秩序维护为主体、主观公权利保护为补充的转型阶段，以主观公权利保护为主体、客观法秩序维护为补充的发展阶段。随着《法治政府建设实施纲要（2021—2025 年）》新增"人民满意"为奋斗目标，未来，我国行政诉讼功能模式将转向混合模式，即客观法秩序维护与主观公权利保护相统一的模式。随着客观环境的变化，我国现阶段以主观公权利保护为价值取向设计的行政诉讼功能模式存在明显局限性。《法治政府建设实施纲要（2021—2025 年）》新增"人民满意"为奋斗目标，对我国行政诉讼功能模式提出新的挑战和机遇。我国行政诉讼功能模式唯有向混合模式转型，即客观法秩序维护与主观公权利保护相统一的模式，方能符合现代行政法治建设新要求。

第三，域外国家行政诉讼功能模式类型的考察。比较法研究作为基本研究方法，对于认识行政诉讼功能模式具有重要作用。通过对美日两国行政诉讼制度的历史演变分析，可以发现两国行政诉讼功能模式都最终走向了主观公权利救济与客观法秩序维护相统一的模式，一定程度上反映了世界行政诉讼发展的趋势。② 与之类似，德国行政诉讼功能模式以主观公权利救济为逻辑起点，发展为主观公权利救济与客观法秩序维护相统一的历史进程，既为我国行政诉讼功能模式的科学定位提供了方法论，也为我国行政诉讼类型化提供了一条可能的路径。③

（三）行政诉讼功能的实现

行政诉讼的功能只有从应然走向实然，才能真正发挥其效用。任何事

---

① 参见邓刚宏：《我国行政诉讼功能模式的演进、局限及其转型》，载《中共中央党校（国家行政学院）学报》2022 年第 4 期。
② 参见邓刚宏：《美日两国行政诉讼功能模式的历史演变及其借鉴》，载《华南理工大学学报（社会科学版）》2017 年第 1 期。
③ 参见邓刚宏：《德国行政诉讼功能模式的历史演变及其借鉴》，载《湖南科技大学学报（社会科学版）》2017 年第 3 期。

物都会在自身发展过程中面临诸多问题,行政诉讼功能亦存在内外部困境。就内部困境而言,一方面,行政诉讼诸功能之间会因定位差异而演化出功能竞争关系,过于强调某一功能,必然会影响到其他功能之实现;另一方面,行政诉讼功能存在限度,如何在尽可能克服局限性的前提下发挥其最大功效,亦是行政诉讼功能面临的主要问题。就外部困境而言,行政权与司法权的关系、行政审判环境、社会认知等,均会对行政诉讼功能实现产生影响。在这种背景下,能否准确发现行政诉讼功能所面临的问题、深入分析困境产生原因、并提出科学且合理的对策,是行政诉讼理论和实务界均需面对的课题。

就行政诉讼功能面临的外部困境而言,有学者关注到了公共行政改革对行政诉讼制度功能的影响,提出应通过扩大行政诉讼制度的诉权保障功能、重构行政诉讼的法治基础和灵活设置行政诉讼审查范围,适度调整行政诉讼功能,以回应公共行政改革的实际需要。① 有学者则主张,只有处理好行政诉讼与改革、发展、稳定的关系,树立法治平衡理念,同时运用法治平衡原则指导行政诉讼,才能真正发挥行政诉讼最重要三项功能,即解纷、监督和救济。②

就行政诉讼功能面临的内部困境而言,现有研究主要提出了三种对策:一是重新定位行政诉讼功能以实现功能回归。有学者认为,传统观念和立法对行政诉讼监督功能的过分强调,会冲淡其他功能,亦是一种本末倒置,故应重新定位行政诉讼功能,如此才能使行政诉讼制度设计趋于合理化与顺畅化。③ 二是理清司法权与行政权的关系以实现功能回归。有学者选取司法权与行政权的关系视角,以"法"与"治"的关系为主线,聚焦于监督功能及修法的影响,对行政诉讼功能困境作出详细阐述,同时对功能回归、功能实施与不同功能关系作出论述,提出应通过发挥司法对行政的引导作用和

---

① 参见曹达全:《公共行政改革与行政诉讼制度功能的变迁》,载《法学论坛》2010年第4期。
② 参见姜明安:《行政诉讼功能和作用的再审视》,载《求是学刊》2011年第1期。
③ 参见彭涛:《论行政诉讼的功能》,载《法律科学(西北政法大学学报)》2010年第4期。

法治观点再造,确保行政诉讼监督功能的发挥。① 三是处理好诸功能之间的辩证统一关系以实现功能回归。有学者认为,作为解决行政争议"2.0版"的实质性解决行政争议,其功能实现必须处理好与其他间接功能之间的辩证统一关系,避免走向裁判僵化和协调泛化的极端。该学者进一步指出,行政争议实质性解决作为行政诉讼的基本功能,其真正实现有赖构建科学的行政审判绩效考评体系、提炼行政诉讼类型构造的具体规则、健全行政案件繁简分流的机制设计、区分适用宣告性判决和引领性判决、规范三类协调化解方式的梯度适用。②

三、行政诉讼原则

法的原则作为"法律的基础性真理或原理",在法律体系中居基础性地位。法的基本原则"是整个法律活动的指导思想和出发点,构成法律体系或法律部门的神经中枢",具有彰显法的根本价值之作用。③ 基本原则的确立,关系着法律制度的存在根基与运行效果。正是基本原则的存在,使行政诉讼制度可以在多样性中维持着最基本的统一性,在纷繁复杂中形成有序的整体。因此,行政诉讼基本原则,可以称为行政诉讼法的灵魂。④ 学界在一如既往关注合法性原则和合理性原则这两项基本原则的基础上,根据行政审判实践和行政诉讼制度改革进程,提出了确立其他原则的设想,由此使我国行政诉讼原则论呈现出了"两点多元"特征。

(一) 合法性审查原则

依部门法之不同,基本原则可区分为特有原则和一般原则。作为诉讼

---

① 参见谭宗泽、杨靖文:《行政诉讼功能变迁与路径选择——以法与治的关系为主线》,载《行政法学研究》2016年第4期。
② 参见章志远:《行政争议实质性解决的法理解读》,载《中国法学》2020年第6期。
③ 参见沈宗灵主编:《法理学》,高等教育出版社1994年版,第40页。
④ 杨海坤、章志远主编:《行政诉讼法专题研究述评》,中国民主法制出版社2006年版,第51页。

法体系中的一员,行政诉讼必然和民事诉讼、刑事诉讼共同遵循相同的基本原则,同时又具有独具特色的原则。合法性审查原则即是贯彻于行政审判活动始终、彰显行政诉讼独特品性的特有原则。合法性审查原则作为行政法基础理论的重要组成部分①,被关注较多。晚近二十年来,学界重点围绕功能定位之存废、合法性审查与合理性审查关系之辨析展开了细致研究。

第一,合法性审查原则功能定位之论辩。一般认为,1989年《行政诉讼法》第5条将合法性审查确立为了行政诉讼基本原则。合法性审查原则之法的基本原则地位被广泛接受。然而,随着学理研究的深入,学界逐渐意识到合法性审查原则并不完全具备基本原则所必需的贯穿性和普遍实用性要素。一方面,合法性审查原则系针对被告展开,而对其他诉讼参加人的规范作用并不明显。另一方面,2014年《行政诉讼法》将行政协议纠纷纳入受案范围后,行政协议之诉与合法性审查主导下的行为之诉的逻辑并不相同,由此导致合法性审查原则在面对行政协议案件时捉襟见肘。② 于是,在2014年修法前后,出现两种类型的取消合法性审查基本原则的设想。第一种设想是以审查规则定位取代基本原则定位。有学者提出,应当将合法性审查原则的地位从基本原则降格为审查规则,专门适用于撤销诉讼,并放在撤销判决程序部分。③ 第二种设想是以审查标准定位取代基本原则定位。例如,2014年清华大学何海波教授主持的"理想的行政诉讼法"课题组,将合法性审查置于了审查标准规定部分,而将诉权保障、司法准则等界定为行政诉讼的原则。④ 此种观点事实上隐含着对合法性审查之基本原则地位的淡化。与取消派的观点相反,多数学者属于支持派,在强调合法性审查基本原则地位的基础上,对其完善进路展开了研究。例如,2012年中国人民大学莫于川教授领衔的《行政诉讼法》修改课题组提出,应在坚持合法性审查原则的同

---

① 参见肖龙海:《合法性审查原则解析》,载《华东政法学院学报》2000年第5期。
② 参见李凌云:《行政协议合约性审查的逻辑进路》,载《南海法学》2019年第3期。
③ 参见江必新主编:《中华人民共和国行政诉讼法理解适用与实务指南》,中国法制出版社2015年版,第22页。
④ 参见何海波:《理想的〈行政诉讼法〉——〈中华人民共和国行政诉讼法〉学者建议稿》,载《行政法学研究》2014年第2期。

时,将"行政裁量权行使明显不合理"的情形纳入合法性审查原则之内,以适当扩大合法性审查的范围。①

第二,合法性审查与合理性审查关系之辨析。二者关系的学理之争源于自由裁量权应划归于合法性审查阵营抑或合理性审查阵营的问题,本质在于对合法性内涵之理解不同。有关二者之间的关系研究,属于学界研究的重点。现有研究主要形成三种观点:一是主辅关系,主张合法性审查作为基本原则发挥主要作用,合理性审查原则发挥补充作用。质言之,合法性审查是行政诉讼基本原则的核心,合理性审查则是合法性审查原则的补充,发挥补强作用。② 二是包容关系,主张合理性审查应列入合法性审查的范围。该种学说认为,合法性与合理性属同一范畴,当不合理超出一定限度后便进入合法性范围,因此合理性属于合法性的有机组成部分。③ 包容关系说的背后,实际上隐藏着实质合法性与形式合法性的关系认识。三是并列关系,主张二者并列处于行政诉讼法原则体系之中。例如,有学者从法的正义和理性的价值出发,认为应将合理性审查与合法性审查并列作为司法审查的基本标准,从而加深司法审查程度。④

(二) 合理性审查原则

在现代行政诉讼法学中,"合理原则已成为近年赋予行政法生命力最积极和最著名的理论之一"⑤。所谓合理性原则,是指行政审判权审查行政自由裁量行为是否符合理性、公平正义的准则。根据行政诉讼法规定,我国对行政行为的司法审查坚持以合法性标准为主,以合理性标准为例外。相对于理论地位和法律定位都较高的合法性审查原则,学者对该原则本身的着

---

① 参见莫于川、雷振:《我国〈行政诉讼法〉的修改路向、修改要点和修改方案——关于修改〈行政诉讼法〉的中国人民大学专家建议稿》,载《河南财经政法大学学报》2012年第3期。
② 参见胡玉鸿主编:《行政诉讼法教程》,法律出版社1997年版,第117—118页。
③ 参见蔡伟:《对合法性审查原则的再审视——兼论对行政行为的合理性审查》,载《宁夏社会科学》2005年第6期。
④ 参见谭宗泽:《行政诉讼结构研究——以相对人权益保障为中心》,法律出版社2009年版,第232页。
⑤ 〔英〕威廉·韦德:《行政法》,徐炳等译,中国大百科全书出版社1997年版,第55—56页。

墨相对较少,对其在行政审判过程中的具体运用关注较多,且研究成果多集中于1989年颁布的《行政诉讼法》实施初期。就合理性审查原则本身而言,现有研究主要形成了两种研究风格:第一种是侧重于理论研究,以推动该原则的正式确立为研究目标;第二种更为关注适用研究,以使该原则获得实践活力为研究依归。

具体而言,针对第一种研究,有学者通过系统考察域外合理性原则的发展历程和分析1989年《行政诉讼法》规定,为行政诉讼法正式确立合理性原则寻求制度和法律上的依据,并对合理性审查的对象和标准作出探析。① 针对第二种研究,有学者提出,行政合理性原则不应只停留在行政法学理论上的研究,而需要对其适用问题加以关注以使其能够获得实践的活力,并在实践中得到检验与推动;在适用范围方面,1989年《行政诉讼法》所确立的合法性审查原则并不排斥行政合理性原则在行政诉讼中的适度适用;在适用效力方面,可以借鉴国外司法审查经验,在我国确立行政合理性原则作为法律原则在行政法包括行政诉讼法渊源中的地位;在适用性质方面,行政合理性原则不仅是裁量行为之控制规则,也是对行政法律适用之法律解释规则。②

合理性原则是形式法治不断向实质法治转型的标志,对于行政法治进程的推进和行政治理从单向强制转向开放协商具有重要指引作用。一方面,"合理性控制是法律综合控权方式中最高层次的控制方式,因为它是最体现实质正义的、最合乎人间伦理的、离形式倾向的法律最远的,因而也是最为复杂的控制方式"③。合理性原则彰显着实质正义的现代法治精神,有助于实质法治的实现。另一方面,自由裁量权作为行政权的核心,其裁量范围必然会随着社会的发展逐渐扩大,同时也意味着公民会承受更多因行政自主权不合理运作所带来的权益侵害风险。合理性原则的适用则可以实现对自由裁量权的控制与监督。因此,应继续坚持合理性原则在行政诉讼法学中的基本原则地位,在秉持审慎态度以防止司法权干扰行政权的前提下,

---

① 参见陈少琼:《我国行政诉讼应确立合理性审查原则》,载《行政法学研究》2004年第4期。
② 参见吴偕林:《论行政合理性原则的适用》,载《法学》2004年第12期。
③ 孙笑侠:《法律对行政的控制——现代行政法的法理解释》,山东人民出版社1999年版,第277页。

对合理性原则的适用范围、审查规则、合理性与合法性的关系等内容作进一步研究。

(三) 其他原则

行政诉讼基本原则是指"反映行政诉讼基本特点和一般规律,贯穿于行政诉讼活动整个过程或主要过程,指导行政诉讼法律关系主体诉讼行为的重要准则"①。关于行政诉讼基本原则之具体内容的典型观点有两种:第一种是从区分三大诉讼的角度出发,将行政诉讼基本原则分为一般原则和特有原则,重点研究后者,并以合法性审查原则为重心;第二种是基于《行政诉讼法》规定,将行政诉讼的基本原则相应概括为八项原则。第一种观点属于主流研究思路,被多数学者所支持。此外,还有部分学者对行政诉讼基本原则提出不同观点。例如,有学者以《行政诉讼核心原则论要》为题专门撰文指出,行政诉讼的基本原则具有"法定性、强制性和涵纳性"的特征,"行政诉讼基本原则分为核心性的基本原则和一般性的基本原则,核心原则是合法性审查原则和保障诉讼权利原则"。② 总的来看,在通说观点之外,学理界对基本原则的内容有着三种不同的观点。

第一,司法最终原则。司法作为维护正义的最后一道防线,在多元化纠纷解决手段中不仅处于最后地位,而且拥有对纠纷的最终裁决权。我国对行政终局裁决的规定,表明我国并未确立司法最终原则。有学者从行政裁决与行政审判的关系出发,认为我国行政诉讼法对行政终局裁决的规定有其合理考虑,但因为违背了法治原则和自然正义原则,与WTO确立的争端解决机制相冲突,容易导致行政机关滥用行政终局裁决权而存在重大弊端。司法最终原则的确立则可以弥补这些缺陷,具有确立的必要性和可行性。司法最终原则是指,"任何适用宪法和法律引起的法律纠纷原则上只能由法

---

① 姜明安主编:《行政法与行政诉讼法》(第二版),北京大学出版社、高等教育出版社 2005 年版,第 455 页。
② 参见江必新、梁凤云:《行政诉讼核心原则论要——以行政诉讼的核心原则为视野》,载《公法研究》2007 年第 1 期。

院作出排他性的终局裁决"。从维护法治、保障公正并与世界接轨等要求出发,我国可汲取国外经验,通过制度完善确立司法最终原则。①

第二,平衡原则。该原则由姜明安教授提出。传统行政法有两种极端的倾向:一种是传统西方国家行政法过分强调控权而忽视了公权力为社会、经济发展和为公民福祉的服务作用;另一种是苏联东欧国家的行政法过分强调公权力对相对人和社会的管理而忽视了对公民权益和尊严的保护。现代行政法则追求平衡,行政法的重要作用之一是"保持国家和公民权利之间的平衡"。正因如此,罗豪才教授把现代行政法表述为"平衡法"。行政诉讼法亦须坚持平衡原则。《行政诉讼法》第1条规定既是立法目的,更蕴含着平衡原则。平衡原则的基本内涵在于四方面:平衡原则的平衡是有价值导向的平衡、整体的平衡、动态的平衡和符合比例性的平衡。②

第三,司法最终解决原则、司法审查有限原则和有限职权主义原则。有学者立足于行政诉讼的性质,围绕行政诉讼法律关系和立法目的,在对行政诉讼基本原则本质属性和制约因素进行分析的基础上,认为行政诉讼的基本原则应包括司法最终解决原则、司法审查有限原则和有限职权主义原则,三项基本原则在行政诉讼受理、审理和裁判阶段,体现为不同的具体原则。司法最终解决原则在诉讼不同阶段体现为,行政终局裁决有限原则、当事人选择诉讼原则和行政裁判的确定力原则。司法审查有限原则包括受案范围有限原则、法律上的利害关系原则、合法性审查原则和司法变更权有限原则。有限职权主义原则包括有限职权探知原则、法官引导下的辩论原则和有限处分原则。③ 该学者对行政诉讼基本原则所作的重述,是对现行通说的挑战,为理解行政诉讼原则提供了新的视野。

行政诉讼原则论作为基本理论,永远是学理研究中的一个经典议题。"基本原则是理解和把握行政诉讼法精神实质的钥匙,是所有行政诉讼规范的集中体现,具有指导诉讼主体解决诉讼中遇到的疑难问题的功能,在法

---

① 参见王雪梅:《司法最终原则——从行政最终裁决谈起》,载《行政法学研究》2001年第4期。
② 参见姜明安:《中国行政诉讼的平衡原则》,载《行政法学研究》2009年第3期。
③ 参见孔繁华:《行政诉讼基本原则新辩》,载《政治与法律》2011年第4期。

律没有规定或规定不明确时,可以根据行政诉讼的基本原则来解决在诉讼中遇到的各种复杂问题。"[1]在全面推进依法治国进程中,如何借助行政审判体制推进国家治理体系与治理能力现代化,实现良法善治,是时代对学理界提出的新命题。就处于深刻转型进程中的当下中国来说,基本原则的内涵、功能乃至内容,必将相应发生变化,可以为学理研究提供不竭之源。现有研究之中的争论,恰是对该研究议题价值的肯定,同时说明还有进一步研究的空间与意义。就合法性审查基本原则的功能定位存废之争而言,取消派的观点固然具有学理依据,但是继续坚持合法性审查的地位,更为贴合行政诉讼制度构造。因为合法性审查原则贴合司法权界限的命题,既能彰显行政诉讼之特殊性,又有助于对其与民事诉讼之间的关系作体系化阐释和理解。[2]正因如此,有学者提出,合法性审查原则的发展应秉持守正理念,在坚持现有功能定位基础上,随时代变迁而审慎应对新形势,特别注意三点:一是继续坚持合法性审查原则的功能定位;二是认真思辨"明显不合理即违法";三是适度扩充审查依据。[3]至于合理性审查与合法性审查之间的关系认识,及其从本质上所反映的"形式合法"与"实质合法"概念的界别[4],还是停留于学理探讨的层面更为适合。我们应认可合理性审查原则属于实质合法性审查,但是并不能据此提出应在实际中彻底取消合理性审查原则,这既不符合我国行政诉讼结构安排,亦是对多元化司法审查标准发展趋势之违背。

四、行政诉讼新理念

无论在何时代,法的发展重心"既不在立法,也不在法学或司法判决,而

---

[1] 张树义:《冲突与选择》,时事出版社1992年版,第18—19页。
[2] 参见王天华:《行政诉讼的构造:日本行政诉讼法研究》,法律出版社2010年版,第28—29页。
[3] 参见黄学贤、李凌云:《行政诉讼合法性审查原则的理论研究与实践发展》,载《学习与探索》2020年第5期。
[4] 参见何海波:《论行政行为"明显不当"》,载《法学研究》2016年第3期。

在于社会本身"①。自1989年《行政诉讼法》制定以来,行政诉讼制度始终与国家法治进程同步前进,既是观察国家法治建设水平的窗口,又是社会不断转型发展的生动注脚。在这场波澜壮阔的国家政治体制改革进程中,行政审判紧抓机遇,不断攻坚克难,在顺应、配合和服务国家现代化的实践中,不断发展出新型理念。"行政诉讼能否从此走向新天地,仍然有待观察。"②对行政审判实践中诞生的新理念进行理论阐释与学理表达,则有助于为行政诉讼制度持续发展奠定理论基础,这也是理论研究回应司法实践的使命使然。

第一,多中心主义理念。司法具有多元功能,一般扮演着纠纷解决者、社会进步推动者、规则确立者和民众参与平台等角色。司法与行政作为两种国家权力,呈现出在相互独立中各司其职的定位划分。我国法院与行政机关具有职能区分,以互不干预为底线要求。然而,在当下国家治理总目标的指引之下,法院肩负着法律效果、社会效果和政治效果相统一的重任,由此衍生出诸多新的能力要求。法院在实践中发挥的作用和学理有关司法功能的规范分析存在很大的差距。有学者正是注意到了行政诉讼制度中这种应然和实然之间的差异,认为从内部视角来看,我国的行政诉讼是在法律与政策、实质正义与程序正义、维护政府权威与实现个人权利之间游移,呈现出"选择性司法"特征;从外部视角来看,法院从来都没有形成自己独立运作的逻辑,而是深深嵌在整个党政的运作机制之中,表征出"嵌入性司法"特征,最终呈现出"多中心主义"特征。论者进一步提出,多中心主义司法对中国法治的建立构成严重挑战,只有通过适当的宪政安排以及有效的行宪机制破除嵌入式司法,实现司法的归司法,治理的归治理,选择性司法才会终结。③

第二,开放合作理念。开放合作理念主要体现在行政审判模式中。传

---

① 〔奥〕欧根·埃利希:《法社会学原理》,舒国滢译,中国大百科全书出版社2009年版,作者序言部分。
② 何海波:《行政诉讼法》,法律出版社2016年版,第28页。
③ 参见汪庆华:《中国行政诉讼:多中心主义的司法》,载《中外法学》2007年第5期。

统诉讼理论根据法院和当事人在诉讼中的不同地位和作用,将民事诉讼模式区分为当事人主义和职权主义。① 这种区分深刻地影响着学理研究对行政审判模式的认识。② 我国行政诉讼制度虽然脱胎于民事诉讼,受民事诉讼理论影响较大,然而,依据传统诉讼理论,难以准确解释置于整个国家权力结构中的行政审判模式。为此,有学者从权力结构的外部视角,重新观察了我国行政审判的模式,认为一种新型的开放合作型行政审判模式正在形成。受 20 世纪特殊的政治体制改革背景所影响,1989 年《行政诉讼法》确立了一种封闭对抗型的行政审判模式,以明辨是非曲直、凸显权力对抗和司法主导运作为特征。行政审判本质上则是"权力对权力的审判",是"强力对付强力的游戏"。③ 开放合作型审判模式形成于社会转型过程中,以促进行政纠纷实质性化解、实现司法与行政良性互动、程序运作主体多中心主义为特征,对于化解社会矛盾、维护社会稳定、促进社会和谐都具有明显的比较优势。开放合作型行政审判模式的进一步发展,不仅会对我国行政诉讼法的完善产生深刻影响,还能够为我国自主型法治进路的探索积累有益经验。④

第三,府院互动理念。司法权与行政权的关系,既是贯穿行政诉讼活动始终的主线,也是观察行政诉讼制度走向的窗口。司法权与行政权不只是监督对抗关系,更具有互动沟通的关系特性。因为,良好的行政诉讼需要"诉诸司法与行政关系的调整和国家权力结构的重新构造"才能实现。⑤ 司法积极拓展职能,有助于行政任务的更好实现。质言之,"经济制度的压力、政治控制的要求和民众对于正义的渴望"等合法性诉求,使得行政诉讼呈现"多中心主义"面向⑥,可以回应行政治理需求,推进依法行政进程。为此,必

---

① 参见江伟主编:《中国民事诉讼法专论》,中国政法大学出版社 1998 年版,第 26 页。
② 参见王宗光:《职权主义——我国行政审判模式的必然选择》,载《政治与法律》2001 年第 4 期;黄学贤、邹焕聪:《职权主义与当事人主义融合背景下中国行政审判模式的重构》,载《江苏警官学院学报》2006 年第 3 期。
③ 参见胡肖华、江国华:《行政审判方式的特点研究》,载《法律科学(西北政法学院学报)》2000 年第 5 期。
④ 参见章志远:《开放合作型行政审判模式之建构》,载《法学研究》2013 年第 1 期。
⑤ 参见杨伟东:《权力结构中的行政诉讼》,北京大学出版社 2008 年版,第 30 页。
⑥ 参见汪庆华:《政治中的司法:中国行政诉讼的法律社会学考察》,清华大学出版社 2011 年版,第 64 页。

须更新对行政权和司法权的传统认知。有学者将我国各级人民法院在行政审判过程中与行政机关的互动交流做法，概括为以沟通与协调为特征的"司法与行政良性互动机制"，认为其是社会发展对传统的"分立制衡"权力关系模式提出的新要求。① 有学者则将这种现象提炼为"司法与行政互动"，归纳出个案协调型、法律咨询型、信息沟通型与人员规训型等四种互动形式。该学者指出，两权互动虽然背离了禁止单方接触原则，不符合司法中立、被动裁判的应然定位，但其植根于特定的社会机理，必须予以正视，通过分类规制司法与行政互动，确保法院依法、独立、公正、高效行使行政审判权，促进行政机关依法行政。② 章志远教授则在全面梳理十五年行政审判实践经验的基础上，进一步将其提炼为"府院互动"，围绕法理基础、类型构造、生存空间和规范化问题展开了深入研究，堪称集大成者。"行政诉讼中的府院互动，是指人民法院和行政机关围绕行政案件的审理，在履行各自职责的过程中，通过行政诉讼内外的沟通、协调等交互活动，形成司法权与行政权互相支持、互相促进的关系"，主要包括两种类型：一是以审判为中心和实质性化解行政争议观念引领下的个案处理型府院互动，旨在实现纠纷解决的司法目标；二是以合法性底线论和行政过程论观念引领下的法治促进型府院互动，旨在实现政策实施的司法目标。府院互动作为中国本土司法实践孕育的行政审判理念，既反映着人民法院对社会治理政策变迁的回应和优化司法环境的努力，也源于行政任务导向下司法功能适度拓展的需要，揭示了社会转型时期中国特色司法权运行的特殊机理。③

第四，实质性解决行政争议理念。追溯我国行政审判制度的历史发展进程，"行政争议实质性解决"一语于 2010 年被正式提出。最高人民法院 2020 年 6 月印发《关于行政机关负责人出庭应诉若干问题的规定》，正式将"实质性解决行政争议"写入司法解释之中。此后，最高人民法院相继在诸多司法文件和司法解释中不断重申这一新型行政审判理念。行政争议的实

---

① 参见顾越利：《建立司法与行政良性互动机制探讨》，载《东南学术》2010 年第 6 期。
② 参见黄先雄：《司法与行政互动之规制》，载《法学》2015 年第 12 期。
③ 参见章志远：《中国行政诉讼中的府院互动》，载《法学研究》2020 年第 3 期。

第一章 行政诉讼理念

质性解决,要求"行政法官要努力通过发挥自身能动性,实现案结事了,力求实现实质正义与形式正义的统一"①。质言之,"我们所追求的目标应当是法治而不是律制,是纠纷的实质性解决而不是程序性结案"②。行政诉讼实质性解决行政争议理念的兴起,源于对行政审判实践中"程序空转"现象的反思,与以提升司法能力为取向的人民法院改革目标相契合③,是一种"法院响应政治号召、回应社会需求的司法应对策略"④,体现出了我国司法兼容"纠纷解决型司法"与"政策实施型司法"⑤之"混合型司法"⑥新面貌。学界围绕实质性解决行政争议的内涵、标准、路径、界限、生成等展开了研究。所谓行政争议的"实质性"解决,主要体现在司法审查广度的整体性、司法审查深度的一揽式和司法审查厚度的可接受性上,具有推动行政审判由敷衍性司法向回应性司法转向的作用。立足诉讼功能、司法能力和诉讼行为等三维视角,实质性解决行政争议理念具有诉讼基本功能、司法能力表征和诉讼行为形态的三重属性⑦,体现了以依法判决为主导、以司法调解和协调和解为补充、以其他辅助机制为配套的基本构造。⑧ 实质解决行政争议是法院主动融入国家治理体系现代化建设的一项司法政策,其具体实现路径为:法院通过借助党委、人大、政府和社会的支持,采取庭前引导、诉前调解和诉中协调等手段,将调解率和撤诉率作为检验争议是否得以实质解决的标尺,从而进一步通过司法建议、典型案例和行政审判白皮书等措施提升司法权威。考虑

---

① 江必新:《论实质法治主义背景下的司法审查》,载《法律科学(西北政法大学学报)》2011年第6期。
② 赵大光:《夯实基层 打牢基础 苦练基本功 全力推动行政审判工作迈上新台阶——在全国法院行政审判基层基础工作座谈会上的讲话》,载最高人民法院行政审判庭编:《行政执法与行政审判》(总第40集),中国法制出版社2010年版,第6页。
③ 参见章志远:《行政诉讼实质性解决行政争议理念的生成背景》,载《江淮论坛》2022年第4期。
④ 孔繁华:《行政诉讼实质解决争议的反思与修正》,载《法治社会》2022年第1期。
⑤ 参见〔美〕米尔伊安·R.达玛什卡:《司法和国家权力的多种面孔——比较视野中的法律程序》,郑戈译,中国政法大学出版社2015年版,第114页。
⑥ 参见章志远:《新时代行政审判因应诉源治理之道》,载《法学研究》2021年第3期。
⑦ 参见章志远:《行政争议实质性解决的法理解读》,载《中国法学》2020年第6期。
⑧ 参见章志远:《作为行政争议实质性解决补充机制的司法调解》,载《学习与探索》2021年第12期。

到实质解决行政争议存在欠缺规范依据、过度适用甚至偏离法治轨道的危险,必须遵循司法权的本质和基本规律,重视对公民、法人和其他组织诉权的保护,如此才能把我国行政审判制度优势更好转化为治理效能。①

主要参考文献

1. 汪庆华:《政治中的司法:中国行政诉讼的法律社会学考察》,清华大学出版社 2011 年版。

2. 胡卫列:《行政诉讼目的论》,中国检察出版社 2014 年版。

3. 肖龙海:《合法性审查原则解析》,载《华东政法学院学报》2000 年第 5 期。

4. 王宗光:《职权主义——我国行政审判模式的必然选择》,载《政治与法律》2001 年第 4 期。

5. 王雪梅:《司法最终原则——从行政最终裁决谈起》,载《行政法学研究》2001 年第 4 期。

6. 胡肖华:《行政诉讼目的论》,载《中国法学》2001 年第 6 期。

7. 杨伟东:《行政诉讼目的探讨》,载《国家行政学院学报》2004 年第 3 期。

8. 陈少琼:《我国行政诉讼应确立合理性审查原则》,载《行政法学研究》2004 年第 4 期。

9. 吴偕林:《论行政合理性原则的适用》,载《法学》2004 年第 12 期。

10. 孙莉:《程序控权与程序性立法的控权指向检讨——以〈行政诉讼法〉立法目的为个案》,载《法律科学(西北政法大学学报)》2007 年第 2 期。

11. 汪庆华:《中国行政诉讼:多中心主义的司法》,载《中外法学》2007 年第 5 期。

12. 钱弘道、吴亮:《纠纷解决与权力监督的平衡——解读行政诉讼法上的纠纷解决目的》,载《现代法学》2008 年第 5 期。

13. 姜明安:《中国行政诉讼的平衡原则》,载《行政法学研究》2009 年第 3 期。

14. 邓刚宏:《行政诉讼依诉请择判原则之局限性——依行政行为效力择判原则的可行性分析》,载《法学》2008 年第 9 期。

15. 邓刚宏:《论我国行政诉讼功能模式及其理论价值》,载《中国法学》2009

---

① 参见孔繁华:《行政诉讼实质解决争议的反思与修正》,载《法治社会》2022 年第 1 期。

第一章　行政诉讼理念

年第 5 期。

16. 曹达全：《公共行政改革与行政诉讼制度功能的变迁》，载《法学论坛》2010 年第 4 期。

17. 彭涛：《论行政诉讼的功能》，载《法律科学（西北政法大学学报）》2010 年第 4 期。

18. 谭宗泽：《行政诉讼目的新论——以行政诉讼结构转换为维度》，载《现代法学》2010 年第 4 期。

19. 孔繁华：《行政诉讼基本原则新辩》，载《政治与法律》2011 年第 4 期。

20. 马怀德：《保护公民、法人和其他组织的权益应成为行政诉讼的根本目的》，载《行政法学研究》2012 年第 2 期；

21. 章志远：《开放合作型行政审判模式之建构》，载《法学研究》2013 年第 1 期。

22. 黄先雄：《司法与行政互动之规制》，载《法学》2015 年第 12 期。

23. 谭宗泽、杨靖文：《行政诉讼功能变迁与路径选择——以法与治的关系为主线》，载《行政法学研究》2016 年第 4 期。

24. 赵清林：《类型化视野下行政诉讼目的新论》，载《当代法学》2017 年第 6 期。

25. 章志远：《中国行政诉讼中的府院互动》，载《法学研究》2020 年第 3 期。

26. 章志远：《地方法院行政诉讼制度创新的法理解读——以上海法院近五年的实践为例》，载《华东政法大学学报》2020 年第 4 期。

27. 章志远：《行政争议实质性解决的法理解读》，载《中国法学》2020 年第 6 期。

28. 章剑生：《行政诉讼"解决行政争议"的限定及其规则——基于〈行政诉讼法〉第 1 条展开的分析》，载《华东政法大学学报》2020 年第 4 期。

29. 章志远：《新时代行政审判因应诉源治理之道》，载《法学研究》2021 年第 3 期。

30. 孔繁华：《行政诉讼实质解决争议的反思与修正》，载《法治社会》2022 年第 1 期。

31. 邓刚宏：《我国行政诉讼功能模式的演进、局限及其转型》，载《中共中央党校（国家行政学院）学报》2022 年第 4 期。

第二章

行政诉权

　　基于"有权利必有救济"的现代法治原则,诉权往往被视为"第一制度性人权",是"社会主体的价值确认方式"和"人的自主性的权能表现之一"①。行政诉权作为诉权的基本形态之一,既是宪法基本人权在部门法中的具体化,更承载着对抗公权力侵害以保护自身合法权益的重要使命,以及权力制约、官民平等、维护公益等特殊使命。在行政诉讼基础理论中,行政诉权论则处于轴心地位,与行政诉讼目的论、行政诉讼标的论、行政诉讼类型论等基础理论息息相关并呈现出"荣辱与共"的理论发展关系。② 从1995年赵正群教授发表《行政之诉与诉权》一文,拉开了行政诉权研究帷幕,到高家伟教授于1998年发表《论行政诉权》,体现了持续跟进研究以推进理论对话的学术风气,再到薛刚凌教授深入研究并于1999年出版《行政诉权研究》专著,揭开了行政诉权的神秘面纱,行政诉权正式成为行政诉讼理论的重要课题,并由此开启了行政诉权研究的系统化、细致化和精细化进程。进入21世纪后,相较行政诉讼基础理论推进、行政诉讼法实施评估及修改建议、司法审查具体问题展开等热门"显学"课题,行政诉权研究稍显静寂,一度面临"高开低落"的局面。直至进入2010年,行政诉权再次受到学界关注,并于2014年修

---

① 程燎原、王人博:《权利及其救济》,山东人民出版社1998年版,第317页。
② 参见梁君瑜:《行政诉权论:研究对象、现实意义与轴心地位》,载《河南财经政法大学学报》2018年第1期。

改后的《行政诉讼法》在"总则"部分构建起诉权保护的基本框架之后[①],迎来新一波研究浪潮。虽然从数量上来看,行政诉权研究成果相对较少,但多为精品,学者们以行政诉权的内涵、保障及滥诉规制为三条主线展开研究,基本建构起了行政诉权理论体系。

一、行政诉权的内涵

诉权是人类社会发展到一定时期的产物,是纠纷解决从私力救济走向公力救济的主要实现方式。作为与人权观念勃兴、权利观念深入等息息相关的概念,诉权自诞生起即受到私法领域重点关注,一直在民事诉讼理论中处于基础性地位,并呈现出概念扩张趋势,对其他学科影响较大。受早期民行不分的诉讼法制度设置与民事诉讼理论研究较早影响,行政诉权研究具有浓厚的借鉴民事诉讼理论的路径依赖,导致行政诉权论过分模仿和依赖民事诉权论。为了解决民事诉权理论渗透问题,必须首先澄清行政诉权内涵,赋予其独特内容、特征和形态。行政诉权本质属性的准确阐释,亦是行政诉权理论走向独立和成熟的必然要求。基于上述双重目的,学界围绕概念、特征、形态、本质、构成等要素,对行政诉权内涵作了精细化研究。

(一) 行政诉权的概念

"概念乃是解决法律问题所必需和必不可少的工具。没有限定严格的专门概念,我们便不能清楚地和理性地思考法律问题。"[②] 概念是理解行政诉权的起点,更是掌握行政诉权本质、贯通行政诉权理论的基点。界定行政诉权,既要反映诉权的共性特质,又要体现行政诉权的独特品质,其实质上就

---

① 主要体现在《行政诉讼法》开篇四条的规定上:一是第一条重申了"保护公民、法人和其他组织合法权益"的诉讼目的;二是第二条确认了公民、法人和其他组织的行政诉权;三是第三条规定了作为行政诉权核心内容的起诉权;四是第四条突出了人民法院对行政审判权的依法独立行使。参见章志远:《行政诉权分层保障机制优化研究》,载《法学论坛》2020年第3期。
② 〔美〕E.博登海默:《法理学:法律哲学与法律方法》,邓正来译,中国政法大学出版社2004年版,第504页。

是对行政诉权的内容、特征、形态、功能等的高度抽象,是对行政诉权本质和精神的反映。依据行政诉权构成要素不同,学界对行政诉权概念主要形成了三种不同认识。

第一,三要素说,认为行政诉权是双方当事人基于行政诉讼主体资格,在行政诉讼过程中依法享有的全部程序性权利的总称。① 分析该观点不难发现,行政诉权概念由行政诉权的主体、行政诉权的行使条件、行政诉权的内容三要素组成,分别对应行政诉讼主体资格(当事人适格)、行政诉讼程序和全部程序性权利。三要素说作为研究行政诉权的开山之作,基本提炼了行政诉权的基本要素,为后续研究提供了可行的分析框架,奠定了良好的研究基础。然而,该学说的缺陷不容忽视:一是对行政诉权的内容作了扩张性处理,概括为全部程序性权利的总称,这种误解缘于对行政诉权概念和行政诉讼权利概念的混淆使用。二是将诉权简单等同于诉讼权利之总称,不符合诉权贯穿于诉讼全过程的特性。

第二,四要素说,认为行政诉权是行政法律关系当事人因行政职权的存在和行使发生争议,依法向法院起诉,请求提供司法保护和帮助的权利。② 与之相应,行政诉权概念由行政诉权的客体、行政诉权的主体、行政诉权的实现条件和行政诉权的内容四个要素构成,分别对应受案范围、原告资格、行政诉讼程序和当事人享有的具体权利。与三要素说相比,四要素有两个明显的进步之处:一是精准认识到了受案范围在行政诉权中的重要性,并将其提炼为客观要素;二是对行政诉权内容作了细化和类型化,可以有效防止行政诉权泛化趋向。四要素说固然弥补并发展了三要素说,但是该学说具有致命的缺陷,即否认被告的诉权而忽视了行政诉权的双方性。

第三,五要素说,认为行政诉权是行政活动中的权利主体按照法定程序,请求法院对有关行政纠纷予以公正裁判的程序权利。行政诉权概念由五种要素组成,即行政诉权的主体、行政诉权的义务主体、行政诉权的客体、行政诉权的内容、行政诉权的实现方式,分别对应原告资格,行政诉讼制度,

---

① 参见赵正群:《行政之诉与诉权》,载《法学研究》1995 年第 6 期。
② 参见高家伟:《论行政诉权》,载《政法论坛》1998 年第 1 期。

第二章 行政诉权

行政行为和公民行为,起诉权、获得裁判权和公正裁判权,行政诉讼程序。①五要素说并未限于行政诉讼法规定框架,而是从行政诉讼法理的层面研究行政诉权,具有明显的进步性和合理性:一是提出行政诉权由原被告双方享有,在特殊情况下,公民的某些行为也可以成为行政诉权的客体,被行政主体起诉。有关区别对待行政诉权客体的观点,符合诉权的平等性与双方性,是对行政诉讼单向性结构特质的反思和挑战,即便置于现在,依旧具有较强的理论启示意义。二是论证了行政诉权作为程序权利的属性,揭示了行政诉权的诉讼权利本质。三是主张将获得裁判权作为行政诉权的核心内容,突破了行政诉权是权益受损时的司法救济权之传统认识。五要素说最先由薛刚凌教授提出,基本获得学界普遍认同,但在后续研究中,有学者对要素的具体内容提出异议,对行政诉权内容的归属产生争议。有学者基于诉权的基本人权之本质,从"完整意义"视角出发,认为起诉权仅由原告享有。②还有学者在"诉权层次论"视阈下,提出原告享有完整的行政诉权,并将被告的行政诉权进一步限缩为获得公正裁判权一项。③

基于更清晰阐释行政诉权概念之目的,通过相近概念的比较分析,描绘出诉权衍生概念图谱,并指明行政诉权独特之处,便成为一种行之有效的研究路径。行政诉权作为诉权的基本形态,且深受民事诉权影响,自然会存在概念交叉使用、概念误解甚至偷换概念等问题。一般而言,在诉权视阈下,诉权、民事诉权、行政诉权、刑事诉权四者之间具备共性与个性并存的关系;在行政诉讼体系视域下,行政诉权、行政诉讼权利、行政实体请求权、要求受理权、裁判权等概念之间存在混淆情形。现有研究正是基于上述两种研究视阈,对行政诉权作了概念比较。

第一,行政诉权与民事诉权和刑事诉权的概念比较。作为诉权的基本形态,行政诉权与民事诉权和刑事诉权,均体现了国家对公民权益的高度保

---

① 参见薛刚凌:《行政诉权研究》,华文出版社1999年版,第15—18页。
② 参见李湘刚:《论完整意义上的公民行政诉权的构建》,载《政治与法律》2011年第6期。
③ 参见梁君瑜:《行政诉权论:研究对象、现实意义与轴心地位》,载《河南财经政法大学学报》2018年第1期。

护,对纠纷化解的法制化努力。作为诉权的下位概念,三者既具备诉权的一般特性,同时又因目的、价值、性质等不同,而具备各自的独特品质。因此,在共性中提取个性、在维持内在统一的同时彰显特殊性,对于理解具体概念而言必不可少。行政诉权与民事诉权的不同之处表现在三方面:一是法院审理对象不同,前者旨在解决行政纠纷,以行政行为合法性审查为中心;后者以民事纠纷为审理对象,围绕原告诉讼请求展开。二是目的和功能不同,行政诉权兼具解决纠纷、权利救济和监督行政三重目的,并在客观上发挥着维护公共利益与行政法律秩序的功能,对推动市场经济建立与发展具有重要意义,对我国真正走向法治、宪政之路具有独特价值;[①]民事诉权则以解决民事纠纷与保护权益等为目的,其在功能上更侧重于私权保护。三是制约的权力内容不同,行政诉讼中存在行政权与司法权两项公权力,二者均受行政诉权制约;民事诉讼中仅包含司法权这一项公权力,只有司法权受民事诉权所制约。[②] 此外,还有部分学者提出二者之间存在诉权的对等性不同,行政诉权内容具有不对等性,民事诉权在原被告之间则完全对等。行政诉权与刑事诉权的不同之处,除了法院审理对象、诉权行使方式、起诉权内容等方面,本质区别在于刑事诉权权力性质的复合性。行政诉权是以解决行政纠纷为直接目的的公法性权利,刑事诉权则是通过公诉和自诉两种方式,实现定罪和惩罚的权利(力)。

第二,行政诉权与行政诉讼权利的概念比较。行政诉讼权利是指诉讼当事人在行政诉讼程序中依法享有的程序权利。学界对行政诉权与行政诉讼权利之间的关系并未达成共识,主要有几种典型观点:一是同一说,主张行政诉权就是行政诉讼权利。有学者认为,在广义上,行政诉权是全部程序性权利的总称,即行政诉讼权利,狭义的行政诉权仅指起诉权。[③] 二是总称说,认为行政诉权是双方当事人基于行政诉讼主体资格,在行政诉讼过程中

[①] 参见薛刚凌:《行政诉权研究》,华文出版社1999年版,第27—28页。
[②] 参见梁君瑜:《行政诉权研究》,中国社会科学出版社2019年版,第44页。
[③] 参见应松年主编:《行政诉讼法学》,中国政法大学出版社1994年版,第188页。

第二章　行政诉权

依法享有的全部程序性权利的总称。① 三是派生关系说，提出行政诉讼权利是派生于行政诉权的第二层次权利，是诉权在不同诉讼阶段的具体化，二者在具体内容上具有重合性，在权利主体、义务主体、目的和存续时间等方面具有较大差异。② 四是区别与联系共存说，认为行政诉权并非行政诉讼权利的简称，而是既有区别又有联系。二者在时间、主体、权利属性三方面具有区别，同时又表现为"行政诉权是行政诉讼权利的基础。没有行政诉权，行政诉讼程序不能开始，诉讼权利就没有存在的空间。反过来，诉讼权利进一步落实诉权"③。五是权利属性不同说，坚持行政诉权与行政诉讼权利应属不同事物之立场。④ 此外，还有包容关系说、目的与手段关系说、动态关系说、转化关系说等在民事诉权理论研究中的典型性观点。⑤

诚然因研究立场、研究视阈、分析框架等不同，学界对行政诉权与行政诉讼权利的关系依旧各执一词，未实现理论上的统一，但有两点内容已形成共识：一是二者的权利主体和义务主体不同，行政诉权的权利主体为当事人，义务主体为国家，具体承担者为法院；行政诉讼权利主体除当事人外，还包括其他诉讼参与人（如证人、鉴定人等），义务主体不限于法院，还包括对方当事人、其他诉讼参与人。二是具体内容不同，行政诉权的内容包括起诉

---

① 参见赵正群：《行政之诉与诉权》，载《法学研究》1995年第6期；赵正群：《行政诉权在中国大陆的生成及其面临的挑战》，载陈光中、江伟主编：《诉讼法论丛》（第6卷），法律出版社2001年版，第773页。

② 参见薛刚凌：《行政诉权研究》，华文出版社1999年版，第33—35页。此外，该观点普遍存在于民事诉权理论研究中，参见刘家兴：《有关诉和诉权的几个问题》，载《政治与法律》1985年第6期；刘永娥：《试论民事诉讼中的诉权》，载《法商研究》1989年第2期；李祥琴：《论诉权保护》，载《中国法学》1991年第2期；徐静村、谢佑平：《刑事诉讼中的诉权初探》，载《现代法学》1992年第1期；毛玮：《论诉和诉权》，载《中央政法管理干部学院学报》1998年第1期；田平安、柯阳友：《民事诉权新论》，载《甘肃政法学院学报》2011年第5期；吴英姿：《论诉权的人权属性——以历史演进为视角》，载《中国社会科学》2015年第6期。

③ 高家伟：《论行政诉权》，载《政法论坛》1998年第1期。区别联系说也是民事诉权研究中的一种典型观点，参见江伟、单国军：《关于诉权的若干问题的研究》，载陈光中、江伟主编：《诉讼法论丛》（第1卷），法律出版社1998年版，第243—244页；邵明：《民事诉讼法理研究》，中国人民大学出版社2004年版，第123页。

④ 参见梁君瑜：《行政诉权论：研究对象、现实意义与轴心地位》，载《河南财经政法大学学报》2018年第1期。

⑤ 参见梁君瑜：《行政诉权研究》，中国社会科学出版社2019年版，第45—46页。

权、获得裁判权和获得公正裁判权;行政诉讼权利以行政诉权为基础,故包括起诉权,同时还有其他保证诉讼顺利进行、保障行政诉权真实实现的权利,如辩论权、阅卷权、申请回避权等。

第三,行政诉权与其他概念的辨析。有学者选取了民事诉权研究中的四个关键概念,将行政诉权与行政实体请求权、要求受理权、要求裁判权、胜诉权作了概念比较,借此阐释行政诉权本质。① 还有学者对行政诉权与行政诉讼、行政之诉、行政审判权、行政权益作了细致的比较分析。以行政诉权与行政之诉为例,二者之间具有"基础与展开"的关系,同时又因性质和存续时间不同,而有着本质区别。②

(二) 行政诉权的特征

行政诉权作为诉权的基本形态之一,自然具备诉权的一般特征,主要表现为五点:一是行政诉权属于公法上的权利;二是具有保障实体权利功能的典型的程序权利;三是作为第二性权利,扮演着事后补救的角色;四是贯穿诉讼过程始终;五是由诉讼双方同时享有。除了具备诉权一般品质,行政诉权正因为具有反映自身独特属性的个性特征,才能从诉权中分化出去并成为区别于其他诉权种类的独立性存在。现有研究主要从三个维度出发,对行政诉权特征作了分析。

首先,从诉与诉权基本理论出发,行政诉权的独特性在于两点③:一是行政诉权主体及其法律地位具有相对稳定性,而非恒定性。受行政诉讼性质所影响,原则上行政诉讼由行政相对方提起,但在特殊情况下行政主体也具有起诉的权利。这种情况不仅在国外司法审查制度中实际存在,而且在非诉执行案件数量急剧上升的现状之下,我国非诉执行制度具有发展为行政机关申请执行之诉的可能。二是行政诉权享有的双方性,但由于行政诉讼当事人的法律地位不对等,双方享有的诉权内容具有差异性。作为开先河

---

① 参见高家伟:《论行政诉权》,载《政法论坛》1998年第1期。
② 参见薛刚凌:《行政诉权研究》,华文出版社1999年版,第29—37页。
③ 参见赵正群:《行政之诉与诉权》,载《法学研究》1995年第6期。

第二章 行政诉权

之作,该学者从诉权原理出发,提出行政诉权具有双方性、内容差异性特征,而非拘泥于现行法律规定,片面强调诉权享有者的单主体性,具有重要的理论价值,但是同时存在缺陷。因为混淆了诉权与诉讼权利,以至于对行政诉权内容的认识及归属产生误解。

其次,从与民事诉权比较的角度出发,行政诉权的特征在于四方面[①]:一是从起源来看,行政诉权是针对国家权力的,对事而不是对人的诉权;二是从性质来看,行政诉权具有维持国家利益的成分,是一种公益诉讼;三是从主体来看,行政诉权主体的法律地位具有恒定性;四是从范围来看,行政诉权的行使受受案范围所制约,是有限的诉权。与第一种观点相比,可以发现二者在诉权主体方面观点基本相左:前者基于"行政机关掌握有迫使相对人服从自己意志的行政权力,没有必要也不应当享有提起诉讼的权利"[②]的理由,认为诉权主体具有恒定性;后者则批评这种否认诉权具有双方性的观点,是对诉权需由两造同时参与、同时实施进而对抗方能形成之基本原理的扭曲。

最后,从诉权本质说层面出发,除诉权公益性特征,行政诉权还具有两点新的特征。[③] 其一,行政诉讼两造之诉权具有不对等性,主要体现在三个方面:一是原告享有起诉权,而被告没有与之对应的反诉权;二是原告享有获得实体裁判权,而被告缺乏该需求;三是原被告均享有获得公正裁判权,但该权利实际存在于双方的时间不相同。其二,行政诉权具有权力制约之效果。因为行政审判存在相互博弈的行政权与司法权,行政诉权对二者均会产生制约效果,前者由行政诉权行使的监督行政目的所决定;后者则表现在行政诉权是启动行政审判权的钥匙、是决定行政审判权作用范围的因素。从学说承继关系来看,该观点既吸取了前两种观点的合理之处,如行政诉权享有的双方性、诉权的内容差异性,同时对不足之处作了完善,如对诉权与诉讼权利的准确区分和正确适用。

---

① 参见高家伟:《论行政诉权》,载《政法论坛》1998年第1期。
② 罗豪才、应松年主编:《行政诉讼法学》,中国政法大学出版社1990年版,第1—2页。
③ 参见梁君瑜:《行政诉权论:研究对象、现实意义与轴心地位》,载《河南财经政法大学学报》2018年第1期。

(三) 行政诉权的本质

我国的诉权理论深受苏联二元诉权论的影响。根据苏联学界观点,诉权在诉讼法意义上是指提起诉讼的权利,在实体法意义上则是满足法院判决所确认之请求权的权利。① 二元诉权论于 20 世纪 60 年代引入我国后,被迅速接受并在一段时期内居于主流地位。我国学者对诉权二元论进行不同程度的改造以适应国情。有学者聚焦于程序意义诉权的内容,或强调应将应诉权、答辩权纳入诉权②,或提出程序意义上的诉权仅指发动诉讼程序的权利,而将应诉、答辩等权利排除在外③,或对其作出更为广义的理解,认为行政诉权包括启动诉讼程序的权利、参加诉讼的权利以及实施各种诉讼行为的权利。④ 还有学者围绕实体意义上的诉权内涵,或提出诉权不等同于胜诉权⑤,或将实体意义上的诉权界定为当事人请求法院通过审判强制实现其权益的权利,表现为请求权和胜诉权。⑥

就行政诉讼法学而言,受民事诉讼理论影响,早期学者亦普遍采纳了诉权二元论观点,对行政诉权展开研究。应松年主编的高等政法院校规划教材《行政诉讼法学》,即将诉权界定为:"公民、法人或其他组织认为行政机关及行政机关工作人员的具体行政行为侵犯其合法权益,依照行政诉讼法的规定,请求人民法院予以司法保护的权利。"⑦还有学者专门撰写文章对行政

---

① 参见〔苏联〕克列曼:《苏维埃民事诉讼》,王之相、王增润译,法律出版社 1957 年版,第 206 页。
② 参见柴发邦等:《民事诉讼法通论》,法律出版社 1982 年版,第 195 页。
③ 参见江伟、单国军:《关于诉权的若干问题的研究》,载陈光中、江伟主编:《诉讼法论丛》(第 1 卷),法律出版社 1998 年版,第 235—239 页。
④ 参见谭兵主编:《民事诉讼法学》,法律出版社 2004 年版,第 59 页。
⑤ 参见柴发邦主编:《中国民事诉讼法学》,中国人民公安大学出版社 1992 年版,第 279—280 页。
⑥ 参见江伟、单国军:《关于诉权的若干问题的研究》,载陈光中、江伟主编:《诉讼法论丛》(第 1 卷),法律出版社 1998 年版,第 219—220 页。
⑦ 应松年主编:《行政诉讼法学》,中国政法大学出版社 1994 年版,第 188 页。

第二章 行政诉权

诉权的二元性本质作出深入分析。① 我国台湾地区学者亦持此观点,认为行政诉权是"何人就一定事实(项)有权提起一定种类之诉讼,而就其标的受有利裁判之资格"②。虽然学界对二元诉权说进行了改造,但依旧存在诸多缺陷:第一,将诉权仅限于行政相对一方享有,否定了诉权享有的双方性特质,是对行政诉讼目的的片面化;第二,回避了对实体法与诉讼法之关系这一基础问题的探讨;③第三,将程序意义上的行政诉权作为实体诉权实现的手段,隐藏着"诉讼工具论"色彩,进一步加剧了"重实体、轻程序"错误观点对司法实务的影响;④第四,是对抽象诉权说与具体诉权说的简单组合,而无实质性发展。⑤

随着学术界对行政诉权理论的深入研究,部分学者开始反思诉权二元论,并发展出一元论。一元论观点认为,诉权的二分说缺乏科学性,主张诉权是一项以实体权益受到侵犯或发生争议为前提的程序权利,由诉权双方平等享有。⑥ 有关行政诉权属于程序性权利的一元论观点,获得学界普遍认可,并正式获得了主流、通说地位。在一元论视域下,学者们又围绕诉权内容、特征、性质等问题,作了更进一步研究,主要形成四种典型观点。

第一,行政诉讼权利说,认为行政诉权是双方当事人基于行政诉讼主体资格,在诉讼过程中依法享有的全部程序性权利的总称。⑦ 该学说的根本缺陷在于混淆了行政诉权与行政诉讼权利。第二,司法救济权说,认为行政诉权是指公民、法人及其他组织认为行政机关侵害了其合法权益,依法享有的

---

① 参见高家伟:《论行政诉权》,载《政法论坛》1998年第1期;孙洪涛、鲍俊红:《法经济学考证下我国行政诉权改革发展的路径选择——兼论行政诉讼受案范围的扩大》,载《河北法学》2015年第2期。
② 蔡志方:《行政救济与行政法学》(一),三民书局1993年版,第115页。
③ 参见江伟、邵明、陈刚:《民事诉权研究》,法律出版社2002年版,第42页。
④ 参见张家慧:《诉权意义的回复——诉讼法与实体法关系的理论基点》,载《法学评论》2000年第2期。
⑤ 参见梁君瑜:《行政诉权研究》,中国社会科学出版社2019年版,第73页。
⑥ 参见顾培东:《诉权辨析》,载《西北政法学院学报》1983年第1期。
⑦ 参见赵正群:《行政之诉与诉权》,载《法学研究》1995年第6期。

诉诸司法、以获得救济的权利。① 该学说是对《行政诉讼法》第 2 条的重申，不仅混淆了行政诉权与行政诉讼权利，而且否认了被告应有行政诉权。第三，公正裁判权说，认为行政诉权是行政活动中的权利主体，依照法定程序，请求法院对行政纠纷予以公正裁判的程序权利。② 该学说不仅明确行政诉讼两造均享有行政诉权，而且主张行政诉权是请求对纠纷进行裁判的权利，突破了司法救济权的限制，准确阐释了行政诉权的本质。第四，诉权层次说，认为行政诉权是行政诉讼当事人请求法院依法公正审判的程序权利。③ 提出该学说的学者，依托对学术史的梳理，旨在通过将诉权学说划分为形式条件诉权说与实质条件诉权说两大阵营，达到为既有各学说搭建共同对话平台并形成以法院的审查方式作为统一评判标准之目的，继而在揭示既有行政诉权本质学说之缺陷的基础上，提出司法行为请求权说的修正版——"诉权层次论"。该学说以司法行为请求说为理论渊源，同时引入诉权要件分析立场，兼顾诉讼两造之立场并主张诉权内容的不对等性，既汲取了国外先进理论，又照顾到本土实践作了适时改造，从而贡献了新的研究成果，丰富和发展了行政诉权本质理论研究。

此外，从宪法角度研究权利是基本研究路径之一。由于各国宪法基本都对诉权作出规定，将诉权置于宪法视域下的宪法诉权说，便在有关诉权本质的研究中占据了一定地位。在我国，早期研究中多关注诉权与宪法规定的关系，认为《中华人民共和国宪法》（以下简称《宪法》）第 41 条"暗含着对行政诉权的肯定"④，行政诉权则是行政诉讼法对宪法中申诉权、控告权、检举权进一步明确的结果。⑤ 还有学者主张，行政诉权来源于中国宪法中的控告

---

① 参见乔继东：《行政诉权与行政诉讼受案范围》，载《行政论坛》2006 年第 5 期；姜明安主编：《行政法与行政诉讼法》（第三版），北京大学出版社、高等教育出版社 2007 年版。
② 参见薛刚凌：《行政诉权研究》，华文出版社 1999 年版，第 16 页。
③ 参见梁君瑜：《行政诉权本质之辨：学术史梳理、观念重构与逻辑证成》，载《政治与法律》2017 年第 11 期。
④ 应松年主编：《行政诉讼法学》，中国政法大学出版社 1994 年版，第 189 页。
⑤ 参见薛刚凌：《行政诉权研究》，华文出版社 1999 年版，第 19—20 页。

权。① 另有学者则认为,申诉权是行政诉权的宪法依据。② 在新近研究中,宪法诉权说被明确提出。宪法诉权说的基本内涵在于:行政诉权作为公民与生俱来的基本权利,在本质上属于人权;③宪法中的行政诉权具有两种属性,一是作为公权力的"监督权",二是作为私权利的侵权后的"救济权"。④

行政诉权的概念、特征和本质,构成了行政诉权内涵探讨的三个基本内容。行政诉权的内涵作为理解行政诉权以及搭建行政诉权理论体系的基点,被学界关注许久,并产生诸多研究成果。然而,有关行政诉权内涵,学界依旧未达成共识。仔细分析现有行政诉权界定观点,不难发现争议也正是源于对诉权内容、诉权特性和诉权本质的认识不同,可以归纳为四点:首先,行政诉权是否仅由原告享有?其次,行政诉权内容是否由原被告双方平等享有?再次,行政诉权是否为单纯的程序性权利?最后,行政诉权是否仅属于司法救济的范畴?这些分歧背后,事实上隐藏着行政诉权研究的范式选择,即或者从实然层面出发,在行政诉讼法规定的框架下,研究行政诉权;或者坚持应然立场,上升到诉权一般原理角度,对行政诉权进行研究。研究范式、研究立场不同,自然会得出不同的结论。从这种意义上而言,未来行政诉权研究应注意搭建共同的学术交流平台,促使学者在同一视域下展开研究,如此才能实现思想碰撞和理性交流。

二、行政诉权的要件

行政诉权的法律构成要件,亦称为行政诉权的成立要件,是指标识行政诉权作为法律权利属性的基本要件或要素。行政诉权构成要件的科学设置,具有判断当事人有无行政诉权、实现行政诉权完整保障、推进行政诉讼繁简分流、优化司法资源配置等功能,有助于实现行政诉权从"观念诉权"向

---

① 参见马怀德主编:《行政诉讼制度的发展历程》,北京大学出版社2009年版,第20页。
② 参见邓刚宏:《论我国行政诉讼功能模式及其理论价值》,载《中国法学》2009年第5期。
③ 参见李湘刚:《论完整意义上的公民行政诉权的构建》,载《政治与法律》2011年第6期。
④ 参见谭宗泽、陈子祯:《论宪法中的行政诉权》,载《北京理工大学学报(社会科学版)》2020年第5期。

"现实诉权"的转变。① 所谓行政诉权要件,便是针对"现实诉权"而言。因此,行政诉权构成要件作为行政诉权理论的基础性组成部分,是行政诉权研究的重要子课题。

(一) 行政诉权要件的界定

行政诉权要件又称"行政诉权构成要件",是指当事人享有行政诉权所需具备之条件。该要件关系能否获得或具有某项权利,是行政诉权的拥有要件,与行政诉权的行使要件相区别。学界围绕行政诉权要件的概念界定,主要形成了两种层面的探讨。

第一种是构成要素层面的探讨,包括三种观点,分别是三要素说、四要素说和五要素说。行政诉权构成要素聚焦于行政诉权的主客体、内容、特征等基本要素,尝试通过对共性特性的高度归纳和提炼揭示行政诉权,事实上属于一种概念界定的努力,而非构成要件的研究。在法学视阈中,行政诉权的构成要素与行政诉权的构成要件,属于不同的学理概念。一方面,两者的内容具有交叉之处,但具有不同的功能指向。前者侧重于从静态层面上整体描绘行政诉权的内涵与特征,后者则主要是从动态的角度,标识行政诉权在具体运作中的识别特征,更具有制度实践价值。另一方面,行政诉权构成要素的内涵更为广泛,包含行政诉权的成立要件、行政诉权的内容、行政诉权的行使要件。② 行政诉权构成要素的概念范畴,明显大于行政诉权构成要件的范畴。因此,有关行政诉权构成要件的研究,必须从构成要件层面出发。

第二种是构成要件层面的探讨,包括三种观点。(1)三要件说。③ 该学说认为,在行政诉讼法上,法律对行政争议的可裁判性预设,决定了当事人是否享有诉权。因此,行政诉权的构成要件包括行政争议的可诉性、当事人

---

① 参见江伟、邵明、陈刚:《民事诉权研究》,法律出版社 2002 年版,第 166 页。
② 参见马立群:《论行政诉权的构成要件与审查规则——行政诉权保障的路径及发展趋势》,载《南京大学法律评论》2013 年第 1 期。
③ 同上。

适格和诉的利益三个要件。(2) 两要件说。[①] 该学说在赞同三要件说提出的"当事人适格"和"诉的利益"这两个要件的基础上,对行政争议可诉性要件作了驳斥。具体而言,两要件说认为,《行政诉讼法》对行政诉讼受案范围的规定,实际上具备着划定行政诉权外围边界的制度性功能,是对行政相对人权利受司法权保护范围的一种界定[②],因此行政争议可诉性不能成为行政诉权的构成要件。(3) 四要件说。[③] 该学说建立在行政诉权本质学说的基础上,利用诉权本质学说与诉权要件之关联性展开考察,经由对既有行政诉权本质学说的反思与批判,得出在"诉权层次论"视域下界定行政诉权要件更为可取的结论。具体而言,根据"诉权层次论",行政诉权应包含起诉权、获得实体裁判权、获得公正裁判权三个层次;与之因应的行政诉权要件宜采"四要件说",即包含起诉要件、行政纠纷可诉性、原告适格以及诉的利益。

总体而言,学理界对行政诉权要件的研究较为薄弱,且受较为成熟的民事诉权理论影响较深,在一定程度上折射出了"借鉴民事诉权要件"的道路依赖特征。详言之,在民事诉权理论中,存在"二要件说"[④]和"三要件说"[⑤]两种典型观点,前者认为民事诉权要件包含当事人适格与诉的利益,后者则在此基础上增加了纠纷可诉性要件。与此相应,行政诉讼法学界涌现出类似观点。诚然,诉权理论具有一般性,三大诉讼中的诉权构成要件必然具有相似性,此外,借鉴民事诉权要件的成熟经验来推动行政诉权要件研究无可厚非。但是,简单借鉴会转变为理论移植,不能成为揭示行政诉权构成要件的科学阐释。正如有学者指出,既有研究成果未能充分解释行政诉权要件何以包含上述二要件或三要件。尤其是对作为"二要件说"与"三要件说"之分

---

① 参见章剑生:《行政诉讼中滥用诉权的判定——陆红霞诉南通市发展和改革委员会政府信息公开答复案评释》,载《交大法学》2017 年第 2 期。
② 参见章剑生:《现代行政法基本理论》(第二版),法律出版社 2014 年版,第 774 页。
③ 参见梁君瑜:《"诉权层次论"视域下的行政诉权要件探析——基于诉权本质学说与诉权要件之关联性考察》,载《北京理工大学学报(社会科学版)》2018 年第 5 期。
④ 参见江伟、绍明、陈刚:《民事诉权研究》,法律出版社 2002 年版,第 168 页。
⑤ 参见相庆梅:《从逻辑到经验:民事诉权的一种分析框架》,法律出版社 2008 年版,第 71—150 页。

水岭的行政纠纷可诉性,将其纳入与不纳入诉权要件的详细理由分析都付之阙如。正是基于上述研究缺漏,基于"诉权层次论"本质学说的四要件说应运而生。四要件说基于行政诉权要件受制于特定的诉权本质学说的观点,提出诉权要件研究必须回归到行政诉权本质学说的探讨之中,并遵循"诉权本质学说→诉权内容→诉权要件"的演绎推理逻辑。与具有民事诉权理论色彩的二要件说和三要件说相比,四要件说不仅在一定程度上打破了民事诉权理论框架的制约,而且对诉权要件何以包括四项作了严密论证,为各要件的由来提供了有力解释。四要件说作为学界最新研究成果,具有诸多进步之处,但同时存在不足。在我国行政诉讼制度已从立案审查制转变为立案登记制的现状下,对仅要求形式审查的起诉受理阶段,赋予起诉要件的意义,进而在事实上成为当事人行政诉权能否实现的第一道门槛,是否符合立案登记制改革目的?笔者对此抱有怀疑。诚然,对于行政诉权要件,学界依旧存在争论,但亦形成了一定的共识,即行政诉权构成要求至少应包括行政纠纷可诉性、当事人适格和诉的利益。

(二) 行政纠纷可诉性

无争议便无诉权。并非所有的行政纠纷都可以通过诉讼予以解决,只有公民对行政行为不服而产生争议时,才有进入诉讼程序的必要。质言之,行政纠纷具备可诉性,是当事人得以提起诉讼以救济自身权益的前提。行政纠纷可诉性是行政诉权由"观念诉权"转化为"现实诉权"的必备条件。从这个角度讲,可诉性范围的大小与诉权保护的程度成正比。[①] 行政纠纷可诉性与行政诉讼受案范围属于"一体两面关系",并无本质区别。行政纠纷可诉性问题在行政诉讼制度上表现为受案范围问题。现有研究中,有关行政纠纷可诉性的专门性研究数量较少,而围绕受案范围的讨论较多。虽然二者的研究视野不同,但有关受案范围的研究,同样具有奠定行政纠纷可诉性研究基础的作用。置于诉权要件视阈下的行政纠纷可诉性研究,主要围绕

---

① 参见王振宇:《行政诉讼的诉权保护》,载《人民司法》2010年第7期。

第二章 行政诉权

影响因素、立法模式和判断标准三方面展开。

首先,行政纠纷可诉性的影响因素。有学者认为行政纠纷可诉性的影响因素主要包括四项:一是宪法对行政事项监督权的分配;二是行政诉讼制度目的;三是司法权本身的能力;四是行政争议的特殊性。[1] 有学者则选取了多维度的视角,对行政纠纷可诉性的影响因素作了分析:宏观层面的影响因素为宪法对监督行政权之权力的配置;中观层面的影响因素为司法权化解纠纷的能力;微观层面的影响因素包括两项,一是行政诉讼制度的目的取向,二是行政的公益性、效率性与专业性。[2] 事实上,仔细分析两位学者观点,可以发现二者在核心内容上基本保持一致,区别仅在于后者以"诉权层次论"分析框架,对前者的观点作了进一步归纳。由此可知,针对行政纠纷可诉性的影响因素这一问题,现有研究成果基本形成共识。

其次,行政纠纷可诉性的立法模式。纵观法治发达国家及地区,行政纠纷可诉性的确定模式有列举式、概括式与混合式三种。立法模式的探讨,离不开对相关法律规定的分析。行政纠纷可诉性的立法模式研究,同样遵循着规范分析的路径,并因行政诉讼法的修改而形成两种观点。在行政诉讼法修订之前,学者通过分析1989年《行政诉讼法》规定,认为我国采取了概括式与列举式相结合的方式,对行政纠纷可诉性予以规定。[3] 在行政诉讼法修订之后,有学者通过分析1982年《民事诉讼法(试行)》、1989年《行政诉讼法》与2014年《行政诉讼法》,提炼出立法层面上的我国行政纠纷可诉性确定模式,呈现出"列举式→形式混合式→实质混合式"的发展进路,与之相应,我国行政纠纷可诉性立法模式,实现了由列举式、形式混合式到实质混合式的跨越。[4]

最后,行政纠纷可诉性的判断标准。我国行政诉讼法及司法解释已经

---

[1] 参见马立群:《论行政诉权的构成要件与审查规则——行政诉权保障的路径及发展趋势》,载《南京大学法律评论》2013年第1期。
[2] 参见梁君瑜:《论行政纠纷可诉性》,载《北方法学》2019年第6期。
[3] 参见马立群:《论行政诉权的构成要件与审查规则——行政诉权保障的路径及发展趋势》,载《南京大学法律评论》2013年第1期。
[4] 参见梁君瑜:《行政诉权研究》,中国社会科学出版社2019年版,第108—114页。

设定了行政纠纷可诉性的判断标准。《行政诉讼法》第 2 条和第 12 条第 1 款第 12 项、《最高人民法院关于适用〈中华人民共和国行政诉讼法〉的解释》（以下简称《行诉解释》）第 1 条第 1 款规定，只要相对人认为行政行为侵犯其合法权益，便可提起行政诉讼。根据该规定可知，行政纠纷是否具备可诉性，由行政相对人主观判断。另外，2018 年《行诉解释》第 1 条第 2 款第 10 项对受案范围作了排除规定，暗含着客观判断标准。行政纠纷是否具有可诉性，最终需法院审查确定。除了上述规定，行政诉讼证据规则亦对行政相对人提出了初步证明的责任。由此可知，在行政纠纷可诉性的判断标准中，客观标准发挥着决定性作用。正是基于对法律规范的解释和对司法审查实践的考察，有学者提出，我国对行政纠纷可诉性的判定存在"两序列三标准"，即针对客观诉讼与主观诉讼两个序列，前者适用法律拟制标准，后者则适用"认为合法权益受侵犯"的主观判定标准与"权利义务受行政行为所实际影响"的客观判定标准。其中，客观判定标准在主观诉讼中发挥决定性作用。①

（三）当事人适格

原告适格也称"诉讼权能"②，即"适格当事人以自己名义在具体诉讼事件中实施诉讼之权能"③，其主要功能"在于避免发生民众诉讼以及避免司法权不当对行政权作实质审查"④。作为行政诉权构成要件之一，能否正确判断适格原告，关系着诉讼程序的启动和推进，不仅是司法实践中的关键问题，亦属于行政诉讼法学研究的重点。虽然学界对行政诉权内涵争议较大，但均认为关于行政诉讼中的当事人适格要件，应仅指向原告适格，并聚焦原告适格的历史演进、范围和判断标准，展开相应研究。值得注意的是，现有研究中经常混淆原告适格与原告资格。原告资格与原告适格尽管在内涵上具有内在统一性，但属于不同范畴概念，前者属于静态的标准，后者则属于

---

① 参见梁君瑜：《论行政纠纷可诉性》，载《北方法学》2019 年第 6 期。
② 蔡志方：《行政救济法新论》，元照出版有限公司 2007 年版，第 163 页；陈清秀：《行政诉讼法》，元照出版有限公司 2015 年版，第 251 页。
③ 吴庚：《行政法之理论与实用》（增订八版），中国人民大学出版社 2005 年版，第 416 页。
④ 刘宗德：《制度设计型行政法学》，北京大学出版社 2013 年版，第 360 页。

第二章　行政诉权

动态的审查过程与结果敲定,二者之间呈现出一种应然向实然、抽象向具体的法律转换的关系。① 本部分则探讨作为诉权构成要件的原告适格。

首先,原告适格的演进。对于新中国行政诉讼原告适格的发展和演进,学界形成两种认识:一是三阶段说,即"行政相对人"阶段、"法律上利害关系人"阶段和"利害关系人"阶段;② 二是四阶段说,即"直接利害关系标准""行政相对人标准""法律上利害关系标准"和"利害关系标准"。③ 就四阶段说中的"直接利害关系标准"而言,其实质是对行政审判适用民事诉讼程序时期原告资格判断标准的描述,在司法实践中法院依旧通过行政相对人标准认定原告资格,因而不适宜作为独立的阶段。因此,将行政诉讼原告适格的历史演变划分为三阶段更切实际。

其次,原告适格的范围。行政诉讼制度功能定位不同,对公民权益保护的范围产生不同的影响。一般来看,依功能定位"救济"或"监督"之不同界分,行政诉讼相应划分为主观公权利保护与客观法秩序维持两种模式。无论是主观诉讼模式,抑或客观诉讼模式,都具有局部性。④ 我国行政诉讼制度的功能模式几经变化,在现阶段整体上呈现出混合模式。就现有研究而言,呈现出偏好主观诉讼原告适格问题的特征。因学界倾向于主观向度的观点,导致对客观诉讼原告适格的关注较少。⑤ 随着行政公益诉讼制度的确立,客观诉讼的原告适格问题逐渐受到研究者重视,但仍需深入分析。

再次,原告适格的判断标准。《行政诉讼法》第25条明确了原告适格的法定判断标准,即公民、法人或者其他组织属于行政相对人,同时与被诉行政行为之间存在利害关系。鉴于法律已明确规定,故学者多偏好法释义学研究方式,选取"合法权益""法律上利害关系""实际影响""利害关系"等不

---

① 参见曹伊清、崔小峰:《行政诉讼原告适格的法律定界与司法审查》,载《南通大学学报(社会科学版)》2018年第5期。
② 参见陈鹏:《行政诉讼原告资格的多层次构造》,载《中外法学》2017年第5期;张扩振:《论行政诉讼原告资格发展之历程与理念转换》,载《政治与法律》2015年第8期。
③ 参见章剑生:《行政诉讼原告资格中"利害关系"的判断结构》,载《中国法学》2019年第4期。
④ 参见薛刚凌、杨欣:《论我国行政诉讼构造:"主观诉讼"抑或"客观诉讼"?》,载《行政法学研究》2013年第4期。
⑤ 参见梁君瑜:《行政诉权研究》,中国社会科学出版社2019年版,第125—129页。

确定法律概念展开阐述,以提炼适格原告的标准。① 此外,有学者以行政法律关系类型为基础,将行政法律关系分为直线型和三角型两种基本类型,分别探讨原告适格的判断标准。② 有学者则基于立案登记制度变革的新形势和行政诉讼的制度功能,围绕利害关系和诉的利益之"行政性"内涵要件,提出应将识别行政法上请求权之核心要素作为原告适格的判定标准,具体而言包括三项标准:一是法律关系标准,即行政法上的"利害关系";二是权益标准,即值得公法保护之诉的利益;三是权利标准,即行政法上的请求权。③ 有学者关注到行政诉讼第三人的原告适格问题,提出行政诉讼原告资格判断的"梯度性"结构分析框架:先是依保护规范理论进行"法律上"利害关系分析,然后进行"事实上"或"约定上"利害关系的司法判断,最后在行政第三人原告资格无法证成时,如若符合法定条件,应及时启动行政公益诉讼程序,实现主观诉讼与客观诉讼的制度衔接。④

最后,保护规范理论对原告适格的影响。在行政诉讼法近 40 年的发展历程中,原告适格判断标准历经了"直接利害关系标准""行政相对人标准""法律上利害关系标准"和"利害关系标准"四个发展阶段。无论采取何判断标准,对于法院而言均是聚焦于主观公权利受损的判断。尽管行政公益诉讼制度的建立在我国确立起了客观法秩序维持模式,但并未从根本上改变行政诉讼作为私人权利保护机制的属性。这种偏主观性的判断标准,同样也是域外国家的做法。以主观公权利保护模式为主导、客观法秩序维持模式为例外的行政诉讼模式,决定了原告适格的判断问题,主要表现为对"主观公权利受损"的法释义。现行行政诉讼法将"利害关系标准"确定为原告适格的判断标准。然而,该标准表述为不确定法律概念,法官只能借助司法

---

① 参见姚斌:《行政诉讼中原告的"合法权益"——以最高人民法院公布的典型案例(1989—2011 年)为例》,载《行政法学研究》2013 年第 2 期;王克稳:《论行政诉讼中利害关系人的原告资格——以两案为例》,载《行政法学研究》2013 年第 1 期。

② 参见章剑生:《行政诉讼中滥用诉权的判定——陆红霞诉南通市发展和改革委员会政府信息公开答复案评释》,载《交大法学》2017 年第 2 期。

③ 参见曹伊清、崔小峰:《行政诉讼原告适格的法律定界与司法审查》,载《南通大学学报(社会科学版)》2018 年第 5 期。

④ 参见倪洪涛:《论行政诉讼原告资格的"梯度性"结构》,载《法学评论》2022 年第 3 期。

第二章　行政诉权

经验,发展出"直接联系论"或"实际影响论",具体判断"利害关系",却依旧存在主观性和随意性。由于"制定法解释居于法律方法的核心"①,学理界在研究原告适格时,不约而同地遵循着法释义学的研究进路,围绕主观公权利进行阐释。保护规范理论的引入和研究,则拓宽了原告适格的研究边界,丰富了我国行政诉权理论。法官在"刘广明诉张家港市人民政府行政再审案"②裁判说理时,有意系统性引入了德国的"保护规范理论"。这一从全新视角寻求"利害关系标准"法释义学解释路径的大胆探索,引起了学术界和实务界的高度关注与热烈讨论。既有支持者③,亦不乏反对之声④。就行政诉讼原告适格而言,该判例对"保护规范理论"的采用以及分析框架的适用,为理解和阐释"利害关系"提供了崭新思路。⑤ 最高人民法院通过"刘广明案"对"保护规范理论"的引入,形塑了一个由公法规范要件、法定权益要件和个别保护要件组成的行政诉讼原告资格判断结构,淡化了行政诉讼原告资格判断标准的主观性,同时增加了其可操作性。⑥ 对于行政诉权而言,"保护规范理论的中国式表述,让原告资格判断更加客观化和精细化,有利于扩大原告范围,还能强化对权利尤其是基本权利的司法保护,并能发挥主观公权利承继性的优点,又能预防滥用诉讼权利。"⑦

通过梳理现有研究成果,行政诉讼原告适格的判定进路大致可归为三

---

① 〔瑞典〕亚历山大·佩岑尼克:《法律科学:作为法律知识和法律渊源的法律学说》,桂晓伟译,武汉大学出版社2009年版,第29页。
② 参见最高人民法院(2017)行申169号行政裁定书。
③ 参见章剑生:《行政诉讼原告资格中"利害关系"的判断结构》,载《中国法学》2019年第4期;赵宏:《原告资格从"不利影响"到"主观公权利"的转向与影响——刘广明诉张家港市人民政府行政复议案评析》,载《交大法学》2019年第2期;赵宏:《保护规范理论的历史嬗变与司法适用》,载《法学家》2019年第2期;伏创宇:《行政举报案件中原告资格认定的构造》,载《中国法学》2019年第5期;张雪城:《论美国行政法中的保护意图规则——兼议其对保护规范理论引入的启示》,载《行政法学研究》2022年第1期。
④ 参见杨建顺:《适用"保护规范理论"应当慎重》,载《检察日报》2019年04月24日;成协中:《保护规范理论适用批判论》,载《中外法学》2020年第1期。
⑤ 参见朱芒:《行政诉讼中的保护规范说——日本最高法院判例的状况》,载《法律适用》2019年第16期。
⑥ 参见章剑生:《行政诉讼原告资格中"利害关系"的判断结构》,载《中国法学》2019年第4期。
⑦ 耿宝建:《主观公权利与原告主体资格——保护规范理论的中国式表述与运用》,载《行政法学研究》2020年第2期。

类:第一,行政诉讼功能模式判定进路。立足于行政诉讼的制度构造,主张原告适格受行政诉讼制度的功能定位所影响,基于主观公权利保护或客观法秩序维持功能模式的不同,分别探讨原告适格的范围。第二,法释义学判定进路。聚焦于行政诉讼法中的原告适格条款作规范分析,认为"权利受损"是原告适格的一般前提条件,仅在客观诉讼的情形下才允许例外忽略"权利"要素。[①] 第三,保护规范理论判定进路。通过对域外保护规范理论的大胆引入和本土化改造,解决我国原告适格判断标准过于主观和抽象的问题,搭建起诉权研究中实体与程序相呼应的交流桥梁。当然也应注意到两个问题:一是尽管我国学界对于诉权与行政诉讼原告资格的关系研究逐渐深入,但整体上关注仍然不够;二是我国对于行政诉讼原告资格的判断,更多的是从诉讼层面出发,对于什么是原告申请保护的合法权益,基本没有从实体法的角度进行精细分析。这就要求进一步研究行政相对人相对于公权利的主观法律地位,例如可以借鉴意大利经验。[②]

(四) 权利保护必要性

西谚"无利益即无诉权"的学理表达即权利保护必要性。权利保护的必要性或权利保护必要,在德国被表述为权利保护的利益[③],在日本则被称作诉的利益。权利保护性理论源于民事诉权理论研究,其是否可以引入行政诉讼并作为行政诉权要件,原田尚彦给出了令人信服的答案:"关于这一点,无论是民事案件还是行政案件都相同,只为满足个人情感或者学问上的欲求是无法发动审判权的。"[④] 权利保护必要性之所以受到行政诉讼法学界关注,源于立案登记制改革后产生的行政诉讼案件受理量激增现象。为了缓解案多人少矛盾,更好落实诉权保障理念,自 2016 年开始,法院开始频繁运

---

① 参见梁君瑜:《论行政诉讼原告适格判定的两种进路》,载《甘肃政法学院学报》2020 年第 1 期。
② 参见罗智敏:《意大利行政诉讼中原告资格的认定与反思》,载《比较法研究》2022 年第 5 期。
③ 参见〔德〕奥特马·尧厄尼希:《民事诉讼法》(第 27 版),周翠译,法律出版社 2003 年版,第 190 页。
④ 〔日〕原田尚彦:《诉的利益》,石龙潭译,中国政法大学出版社 2014 年版,第 1 页。

第二章 行政诉权

用权利保护必要性等事由,驳回不值得保护的行政诉讼请求。"从理论上说,诉讼理由是无止尽的。但是国家只提供一定数量的法官、律师和法庭……如果诉讼人数突然增加,制度会被严重打乱,供应和需求的缓慢相互作用将不再行得通。排长队和拖延可能引起紧张和埋怨,甚至可能引起重大改革或调整。"① 因此,如何充分、有效地利用有限的司法资源解决行政纠纷,是国家在设置法院之后必须予以解决的问题。权利保护必要性理论即具有此功能,在繁简分流、权利塑造、滥诉规制和司法资源节约等方面具有不可替代的作用。

现有研究主要从概念界定、功能作用和认定标准三个方面,对行政诉讼中的权利保护必要性展开研究。例如,有学者通过对诉的利益的含义、本质、定位、利益类型等解读,认为诉的利益是指权益受到侵害或者发生纠纷时,需要运用诉讼予以救济的必要性,其与诉、诉权、原告资格和受案范围密切相关。同时,利益的界定关涉到诉的利益的把握,行政诉讼种类的不同会影响到诉的利益之认定。② 权利保护必要性兼具消极功能和积极功能,前者主要通过防止原告滥用诉权、避免被告无端应诉和避免司法资源浪费予以实现;后者则突出表现在权利生成功能。③ 质言之,当公民诉请保护的利益不在现有的权利保护体系之中时,法官可以突破具体性权利范围之限制,根据救济法理论在原理性权利层面寻求保护根据,在综合考虑诉求保护利益的性质、对方拥有的利益等因素之后,将其诉求确认为具有诉的利益,从而促成新的权利的产生。④

权利保护必要性作为行政诉权要件的主要功能在于纠纷过滤,即使有解决的必要性、可能性和急迫性的纠纷获得法院的公正裁判。⑤ 但是,何为"具有权利保护必要性",确是十分抽象的议题,若不能得到准确阐释,不仅

---

① 〔美〕弗里德曼:《法律制度》,李琼英、林欣译,中国政法大学出版社1994年版,第270页。
② 参见周红:《行政诉讼中的诉之利益理论》,载《行政法学研究》2003年第1期。
③ 参见王珂瑾:《行政诉讼中"诉的利益"》,载《法学论坛》2012年第3期。
④ 参见〔日〕谷口安平:《程序的正义与诉讼》(增补本),王亚新、刘荣军译,中国政法大学出版社2002年版,第192页。
⑤ 参见吕太郎:《客观的诉之利益(上)》,载《月旦法学教室》第141期(2014年7月)。

会成为行政诉权理论研究进程中的障碍,更会使司法实践无所适从,影响诉权保障效果。因此,在三个研究主题之中,权利保护必要性的认定标准最为重要。现有研究主要采取反向列举的方式,明确权利保护必要性的标准。具体而言,存在以下三种典型学说。一是二分标准说。该学说提出应从一般标准和具体标准两个层面,认定是否存在权利保护必要性。① 就一般标准而言,由于诉的利益认定标准问题在本质上为利益衡量问题,其衡量与判断主要属于法官自由裁量的范畴,因此应将社会主流价值观点和公共政策作为考量因素。就具体标准而言,包括两项,分别是须已不能提起其他类型的诉讼和须具有即时确定的现实必要性。二是四标准说。该学说通过对最高人民法院的相关裁判进行分类整理,从中归纳出权利保护必要性的四项判断标准,分别是:有用性标准,即诉讼对其权利保护是有用的;适时性标准,强调司法只有在适当的时机下才能真正给原告提供应有的救济;效率性标准,即不存在其他更为简便的途径实现权利保护的目的;正当性标准,即原告申请权利保护应当具有正当性,不得滥用诉讼程序或滥用诉权。② 三是五标准说,即在四标准说的基础上,新增预期性标准,意指原告向法院或对方当事人承诺,又或是与对方当事人达成合意,明确表示放弃诉权,后又起诉的,则因法院、对方当事人不可预见其有悖诚信之行为,而欠缺权利保护必要性。③

就理论层面而言,学界对权利保护必要性关注较早,且研究成果质量较高,在整个诉权理论研究中呈现出了后起之秀的态势。但依旧存在三点不足:首先,在研究数量上,屈指可数。其次,在研究范围上,专门性研究较少,多数研究停留于附带性论述,只涉及狭义诉的利益之局部内容,或是在研究广义诉的利益时,附带提及狭义诉的利益。最后,在具体观点上,存在两个明显误区:一是将权利保护必要性等同于原告适格。例如,认为原告适格之本质是原告就其权利主张请求法院予以裁判时应具备必要性,即"权利保护

---

① 参见王珂瑾:《行政诉讼中"诉的利益"》,载《法学论坛》2012年第3期。
② 参见王贵松:《论行政诉讼的权利保护必要性》,载《法制与社会发展》2018年第1期。
③ 参见梁君瑜:《祛魅与返魅:行政诉讼中权利保护必要性之理论解读及其适用》,载《南大法学》2020年第2期。

第二章 行政诉权

必要"。① 二是主张权利保护必要性依附于原告适格。例如,有学者认为"行政诉讼之诉的利益是附着于司法审查起诉资格制度的一种救济必要性内容,在某种程度上可以理解为诉的资格的实质性内容"。② 后续研究担负着投入更多研究精力、厘定基本内涵、集成基本共识等多方面使命,从而完善权利保护必要性理论。

三、行政诉权的保障

行政诉权只有完整实现,才能正式实现从"观念诉权"到"现实诉权"的转化,而非仅仅是"一张写着人权权利的纸",停留于人权保障的宣示层面。自1989年行政诉讼制度正式建立以来,行政诉权被逐渐认可、确立和获得持续发展。尤其是立案登记制的实施和行政诉讼法的修订,更是进一步强化了行政诉权保障。与此同时,立案登记口惠实不至、诉讼程序空转、诉权滥用导致审判资源浪费、司法审查能力有限等现实问题依旧存在,制约着诉权实现效果;行政诉权理论准备不足,难以有效回应实践难题和及时跟进行政诉讼制度改革进程。在此背景下,如何保障行政诉权,实现诉权保障与必要规范及滥诉规制之间的平衡,成为行政审判实践和行政诉讼理论研究中的重要课题。就理论研究而言,现有研究主要以行政诉权的保障与行政滥诉的规制为两条主线进行思考。

(一)行政诉权的基本保障进路

行政诉权保障是一个系统性工程,既与法学领域之外的政治、经济、文化、政治等密切相关,而且涉及司法资源配置、诉讼成本分配、诉讼程序再造、组织机制调整等行政诉讼法学基本问题。在这种情况下,唯有通过选取

---

① 参见唐晔旎:《论利益衡量方法在行政诉讼原告资格认定中的运用》,载《行政法学研究》2005年第2期。
② 参见刘志刚:《论行政诉讼中的诉的利益》,载陈光中、江伟主编:《诉讼法论丛》(第9卷),法律出版社2004年版,第513页。

具体切入点,才能实现研究有的放矢,防止陷入空泛虚无。有鉴于此,基于对行政诉权保障落地的理论关怀,有不少学者加入行政诉权研究行列,依据不同的问题意识,形成了三种极具风格的研究进路。

第一,现实问题导向型保障。司法审查实践中现实存在的问题,通常会成为学术研究的重要选题来源,引发问题意识。有学者秉持"问题—原因—对策"的研究思路,针对行政诉权实践中存在的诉权行使范围小、行政案件起诉难、行政案件撤诉率高、行政审判质量不高、行政裁判执行难等五个突出问题,认为诉权意识欠缺、立法不完善和司法保障体制不健全是造成问题的主要原因,并提出应通过立法、司法和其他配套保障予以解决。① 就立法保障而言,应从推动行政诉权入宪、完善行政诉讼法及加强其他立法三个方面着手;就司法保障而言,应聚焦于司法体制保障、司法人员保障和司法程序保障;此外,还需要转变观念,培养行政诉权意识,塑造相应的政治和经济环境。还有学者从行政诉权形态出发,通过分析我国三种形态的行政诉权的现实状态,指出存在基本权形态的行政诉权缺位和制度形态的行政诉权大于实践形态的行政诉权两个问题,提出"三步走"策略,以实现逐步达到实践型行政诉权、制度型行政诉权和基本权型行政诉权的三位一体的理想状态目标。② 具体而言,应做到实践形态的行政诉权向制度形态的行政诉权的回归,完善制度形态的行政诉权的立法规定,通过宪法确认基本权形态的行政诉权,最终确立保障相对人行政诉权的原则。

第二,分层保障导向型保障。行政诉权实效性问题,除了诸如起诉条件高、受案范围小等客观因素导致之外,诉权主体自身的意识、认知和目的等主观因素,行政诉权理论的不健全,亦会对行政诉权的行使产生影响。正是基于此种考量,与聚焦现实问题不同,学界出现了两种新的研究视野:一是基于行政诉权运行过程的"诉权层次论",二是基于原告实际行使诉权的理性程度的"行政诉权分层保障论"。"诉权层次论"立足行政诉权本质,聚焦

---

① 参见薛刚凌:《行政诉权研究》,华文出版社1999年版,第211—250页。
② 参见孔繁华:《行政诉权的法律形态及其实现路径——兼评最高人民法院法发〔2009〕54号文件》,载《法学评论》2011年第1期。

行政诉权的三项内容,建立相应的三层保障机制,即通过完善立案登记制,回返起诉权保障之路,通过诉讼要件相对集中审查程序的构建,保障获得实体裁判权,以及依托受公正的法院及法官审判和依公正的程序审判,实现对获得公正裁判权的组织保障和程序保障。①"行政诉权分层保障论"立足新行政诉讼法的文本规定和实施情况,聚焦原告诉权行使的理性化程度,基于理性化程度的不同,将其区分为理性行使、精明行使、不当行使和恶意行使等四种状态,并提出相应的机制优化方案,以期引导我国公民养成理性维权、依法维权的习惯,进而促进法治社会的实现。②

第三,诉源治理导向型保障。行政争议能否实质性化解,可以作为行政诉权实现程度的评判标准。对于当事人而言,行使行政诉权的目的在于通过公正化解行政争议,保护自身合法权益。行政争议只有实质性化解,才能真正实现案结事了,促使行政诉权从观念走向现实,从理念宣示走向权利保障。因此,行政争议实质性化解是诉源治理视阈下行政诉权有效行使的目的之一。然而,由于行政争议的产生具有较为复杂的社会成因,具有"原发性""继发性"和"再发性"等不同特点,一定程度上导致诉讼案件基数的膨胀夹杂着权利保障的"泡沫",影响行政诉权有效行使的实质效能发挥。有学者即从诉源治理视阈出发,基于对程序性驳回案件的实证考察,发现存在一定程度的行政诉权行使偏差现象,并在对行政诉权行使偏差的归因进行检视的基础上,提出保障行政诉权有效行使的三条司法进路,即坚持"原则思维"与"政策思维"的有机融合,坚持"权利保障"与"行为控制"的协调推进,坚持"制度供给"与"司法需求"的双向统一。③

(二) 行政滥诉的规制进路

行政诉讼中的滥诉现象在 2014 年修正的《行政诉讼法》实施后开始凸

---

① 参见梁君瑜:《行政诉权研究》,中国社会科学出版社 2019 年版,第 172—197 页。
② 参见章志远:《行政诉权分层保障机制优化研究》,载《法学论坛》2020 年第 3 期。
③ 参见葛晓燕:《诉源治理视阈下行政诉权有效行使保障的司法进路——基于程序性驳回案件的实证考察》,载《中国应用法学》2022 年第 1 期。

显,并迅速发展成为行政审判工作中的问题,诱发了人们关于立案登记制效果、行政诉权保障以及权利滥用等一系列问题的思考。2015年作为新《行政诉讼法》实施的元年,同时也是行政滥诉现象开始肆虐、诉权滥用受到学界高度探讨的元年。自2015年起,人民法院一审行政案件收案数开始激增,既标志着起诉权保障取得成效,同时也暴露出了滥诉问题。各地法院也不约而同地出现了"一年的案子,有30%都是同一个人或者几个人提起来的"的情况。在政府信息公开领域,更是出现了部分相对人动辄提出上百件的信息公开申请继而发动行政诉讼的事例。①《最高人民法院公报》2015年第11期公布"陆红霞诉南通市发展和改革委员会政府信息公开答复案"(以下简称"陆红霞案"),正式提出行政滥诉问题。"陆红霞案"的刊发,在学术界掀起了有关权利保护必要性、原告资格、政府信息公开诉讼优化、行政滥诉规制等问题的讨论高潮。诉权保障与滥诉规制在某种程度上是一体两面的关系,一味强化诉权保障,必然会为当事人滥诉提供更多机会,过于强调滥诉规制,则会影响到诉权的实现程度。因此,如何平衡好二者之间的关系,科学把握限度,对于推进行政诉权完整实现、强化行政诉权保障具有重要意义。就行政滥诉问题而言,学界主要围绕行政滥诉的概念、构成和规制路径展开研究。

首先,行政滥诉的概念。行政滥诉,顾名思义即指滥用行政诉权。权利不得滥用是现代法治国家的一条不可逾越的戒律。我国《宪法》第51条规定:"中华人民共和国公民在行使自由和权利的时候,不得损害国家的、社会的、集体的利益和其他公民的合法的自由和权利。"本条虽然没有出现"滥用"字眼,但隐含着"权利不得滥用"的基本要义。行政滥诉即是对"权利不得滥用"宪法要义的违背。但是,究竟何为行政滥诉,我国法律并未予以明确,其依旧属于学理性概念。在学理上,关于行政滥诉概念的讨论并不少见,但依旧未统一认识,争议点主要来自于对行政滥诉的构成要件。

---

① 例如,2015年,一对父子因环保问题向相关行政机关申请政府信息公开总量达1436件,提起相关行政复议申请215件、行政诉讼24件。参见丁国锋:《法院:滥用获取政府信息权行为不予支持》,载《法制日报》2015年3月3日。

其次,行政滥诉的构成。如何判定行政滥诉行为,司法实践已作出了探索,而理论界还未形成共识。"陆红霞案"中,法院从当事人的利害关系、行为目的、特征三个方面来阐述其存在滥诉行为,"原告陆红霞的起诉明显缺乏诉的利益;原告的起诉不具有正当性;原告起诉违背诚信原则"。但该案并没有明确说明判断滥诉行为的基本要素。理论界主要形成三种观点:一是四要件说,主张行政滥诉行为包括四个构成要件:行为人是行政诉讼的当事人,主观上存在过错,客观上实施了程序滥用的行为,造成妨碍正常诉讼秩序并给他人带来负担的结果。① 二是四要件+其他要件说,即行政滥诉以拥有诉权为其前提要件,主观上要求当事人存在恶意,客观上要求有浪费司法资源的行为,结果上要求对法院和对方当事人造成了极大的损害,同时要考虑行政滥诉的特点对构成要件的影响。② 三是二要件说,即主观上有过错或者恶意,客观上有为了获取违法利益而实施的诉讼行为。③ 虽然现有研究对行政滥诉的具体构成要件存在争议,但也形成了最低限度的共识,即行政滥诉行为的构成要件包括主观恶意与客观实施了滥诉行为。

最后,行政滥诉的规制。孟德斯鸠在《论法的精神》中指出:"权力具有扩张的本性,事实上,权利也具有异化和扩张的天性。"现代法治国家强调无保障则无权利,保障权利也同时意味着对权利滥用的限制。行政诉权的滥用,是一种权利膨胀的结果,一味放任必然会影响到整体意义上行政诉权的实现,必须予以合理规制。关于如何限制滥用诉权,行政诉讼理论研究中主要有四种观点。第一,原则性规制。在民事诉讼领域,原则性规制是限制滥用诉权的主要方式。根据《行政诉讼法》第101条规定,在本法规定缺位时,可以适用《中华人民共和国民事诉讼法》(以下简称《民事诉讼法》)相关规定。因此,有学者提出,行政诉讼法领域研究滥诉规制时,也可以借鉴民事

---

① 参见孔繁华:《滥用行政诉权之法律规制》,载《政法论坛》2017年第4期。
② 参见闫映全:《行政滥诉的构成及规制》,载《行政法学研究》2017年第4期。
③ 参见章剑生:《行政诉讼中滥用诉权的判定——陆红霞诉南通市发展和改革委员会政府信息公开答复案评释》,载《交大法学》2017年第2期。

诉权理论,参照适用《民事诉讼法》第 13 条对诚实信用的要求进行规制。①第二,行政诉权的规制。行政诉权一般包括行政纠纷可诉性、原告资格和权利保护必要性三要件。行政滥诉现象的规制可以从诉权要件入手予以解决。有学者则提出,可以借助权利保护必要性理论规制诉权。②该学者指出,起诉权作为公民的一项基本权利,并不意味着可以不受任何限制,除《行政诉讼法》规定的起诉条件之外,诉的利益就是一个普适的限制标准,具有限制诉权滥用、防止司法资源浪费的作用。有学者以政府信息公开领域滥诉现象为切入,聚焦原告资格要件,提出可以以起诉人与所申请的政府信息是否存在利害关系为由来限制申请人的起诉,涤除不适格的诉讼主体。③第三,行政诉讼法上的规制。有学者提出,对行政滥诉的规制,应先从诉讼法上进行,主要包括诉讼结果规制、诉讼权利规制和诉讼费规制。④第四,司法规制。行政滥诉主要发生于行政审判过程中,司法手段的适当采取是规制滥诉的主要方式。有学者则提出,法院应从四方面入手规制行政滥诉行为,分别是遵守审慎原则、准确把握起诉条件的适法性审查、扩大妨碍诉讼强制措施的适用范围、转嫁诉讼成本予过错方。⑤

综合现有研究,对于行政滥诉及其规制有三种态度:第一种认为滥诉尚不构成问题,无须担忧。"这是一种把相对人往坏处想的思维。须知,绝大多数人是不会为起诉而起诉的,即使有,也是极个别现象。不能因为极个别现象而扼杀了可以给大多数人带来益处的制度,不应阻止立案登记制度发展的趋势和潮流。即便真有恶意诉讼情况的出现,也可以在实践中不断解决。"⑥第二种认为"所谓滥诉问题毕竟属于主旋律中的一丝不和谐音"⑦,

---

① 参见梁艺:《"滥诉"之辩:信息公开的制度异化及其矫正》,载《华东政法大学学报》2016 年第 1 期。
② 参见高鸿:《滥诉之殇引发的再思考》,载《中国法律评论》2016 年第 4 期。
③ 参见郑涛:《政府信息公开申请人之原告适格辨析——兼评"陆红霞案"》,载《北京社会科学》2020 年第 3 期。
④ 参见闫映全:《行政滥诉的构成及规制》,载《行政法学研究》2017 年第 4 期。
⑤ 参见孔繁华:《滥用行政诉权之法律规制》,载《政法论坛》2017 年第 4 期。
⑥ 王春业:《论行政诉讼的登记立案制度——兼评新行政诉讼法相关条款》,载《北京社会科学》2015 年第 11 期。
⑦ 李广宇:《政府信息公开司法解释读本》,法律出版社 2015 年版,第 93 页。

第二章 行政诉权

故冷静看待即可。这种态度属于学界主流观点。"行政法学者对于界定与防止滥用行政诉权呈现出较为谨慎保守的学理趋势。"①第三种态度则与上述两种截然相反,认为滥用诉权行为已构成严重问题,应予积极规制。例如,有学者提出应"严格起诉审查。对主观上诉权滥用意图较明显,客观上又有不当言行和对立情绪,且缺乏合理诉讼理由,又不理会法院的释明和建议,对诉讼请求不加明确解释和说明等,立案时需慎重审查和对待。应根据《行政诉讼法》和相关司法解释对不符合受理条件的,依法裁定不予受理或驳回起诉"②。行政滥诉行为不仅会存在违反法律规定行为的情况,更会加剧人案矛盾、司法资源浪费、行政诉权难以实现等问题,必须予以重视并采取行动进行规制。基于诉权保障观点,理应持谨慎态度,但不能仅仅停留于意识行动,而应付诸实践,否则就是对行政滥诉行为的放任,有可能从局部不和谐走向普遍性问题,最终面临更为严重后果。关注行政滥诉问题,并作出学理分析以提供理论上的解决方法,固然体现了理论研究应有的学术关怀和学术敏锐,但是在滥诉规制这一研究目的背后,事实上是对诉权保障问题的深思,寄托着学界期望通过滥诉规制更好实现行政诉权的希冀。因此,行政滥诉规制既是一个独立性研究议题,同时属于行政诉权保障研究范畴。

综上,现有研究以行政诉权本体论、行政诉权保障论为两条研究主线,对行政诉权展开了持续研究。行政诉权论作为行政诉讼法学的一般理论,俨然受到学界关注,并诞生了诸多优秀的研究成果,但存在三点不足之处:研究数量整体较少,专注诉权领域的研究者依旧有限,部分观点值得商榷。就具体观点而言,关于行政主体是否具备原告资格及享有哪些诉权,可以值得进一步探讨。多数研究都持被告恒定、行政主体不享有起诉权的观点,但笔者对此提出质疑。该种观点符合我国现阶段行政法治需求及司法审查实践,但与诉权基本理论和司法制度的一般特性存在理论上的内在张力。因

---

① 梁艺:《"滥诉"之辩:信息公开的制度异化及其矫正》,载《华东政法大学学报》2016 年第 1 期。

② 侯丹华:《政府信息公开行政诉讼有关问题研究》,载《行政法学研究》2010 年第 4 期。

此，可以预见的是，待行政法治理念和公民参与治理能力不断发展到一定程度，行政审判外部环境不断改善，行政诉讼制度的单向构造特性将发生彻底变化，转型为双向诉讼。事实上，此种迹象已开始出现。随着行政协议制度的正式确立，行政机关与行政相对人双方的法律地位、合作理念已然突破了完全的高权性、不对等性和服从支配性，共同作为平等的主体、基于意思自治和诚信原则，协商参与公共利益实现过程。与之相应，行政协议诉讼与传统行政诉讼相比，呈现出了双方性和合法性审查与合约性审查并举的特性。行政协议诉讼中仅仅赋予公民、法人或者其他组织的原告资格，是对合同相对原则和平等原则的背离，也不利于法院对行政协议进行全面审查。行政协议诉讼制度整体上与行政诉讼法的立法逻辑不契合，作为双方行政行为的行政协议难以被行政诉讼法的规则体系所整体涵盖。① 在这种背景下，构建双向性诉讼结构②，承认行政机关的原告资格、并赋予其完整的诉权，必然是我国行政诉讼制度发展的方向之一。

与此同时，即便现有研究的质量优势固然弥补了数量的欠缺，也应清晰意识到行政诉权研究相较民事诉权研究还相对年轻，即便是与其他行政诉讼课题相比，亦属薄弱。因此，行政诉权研究依旧属于一片"研究蓝海"，有待进一步推进。对于后续研究来说，有三个问题值得深入研究：一是行政诉权概念界定的重思，即行政机关是否享有完整诉权？如何处理行政协议中的诉权问题？二是行政诉权保障与行政滥诉之间的关系研究，该问题的本质在于行政诉权论与行政诉讼目的论之间的关系研究；三是注意行政诉权理论研究的个性，以区分于民事诉权论。毫无疑问的是，随着权利意识的不断觉醒与行政审判制度的不断健全，作为行政诉讼基础理论的行政诉权将成为行政诉讼学界的宠儿，并在不久的未来出现行政诉权研究成果百花齐放、研究理论百家争鸣的盛况。

---

① 参见黄先雄：《论行政协议诉讼嵌入后的法秩序困境及其消解》，载《法治社会》2021年第3期。
② 参见余凌云：《论行政契约的救济制度》，载《法学研究》1998年第2期。

主要参考文献

1. 薛刚凌：《行政诉权研究》，华文出版社1999年版。
2. 梁君瑜：《行政诉权研究》，中国社会科学出版社2019年版。
3. 张家慧：《诉权意义的回复——诉讼法与实体法关系的理论基点》，载《法学评论》2000年第2期。
4. 赵正群：《行政诉权在中国大陆的生成及其面临的挑战》，载陈光中、江伟主编：《诉讼法论丛》（第6卷），法律出版社2001年版。
5. 刘志刚：《论行政诉讼中的诉的利益》，载陈光中、江伟主编：《诉讼法论丛》（第9卷），法律出版社2004年版。
6. 乔继东：《行政诉权与行政诉讼受案范围》，载《行政论坛》2006年第5期。
7. 孔繁华：《行政诉权的法律形态及其实现路径——兼评最高人民法院法发〔2009〕54号文件》，载《法学评论》2011年第1期。
8. 李湘刚：《论完整意义上的公民行政诉权的构建》，载《政治与法律》2011年第6期。
9. 王珂瑾：《行政诉讼中"诉的利益"》，载《法学论坛》2012年第3期。
10. 王克稳：《论行政诉讼中利害关系人的原告资格——以两案为例》，载《行政法学研究》2013年第1期。
11. 吴英姿：《论诉权的人权属性——以历史演进为视角》，载《中国社会科学》2015年第6期。
12. 张扩振：《论行政诉讼原告资格发展之历程与理念转换》，载《政治与法律》2015年第8期。
13. 梁艺：《"滥诉"之辩：信息公开的制度异化及其矫正》，载《华东政法大学学报》2016年第1期。
14. 高鸿：《滥诉之殇引发的再思考》，载《中国法律评论》2016年第4期。
15. 孔繁华：《滥用行政诉权之法律规制》，载《政法论坛》2017年第4期。
16. 闫映全：《行政滥诉的构成及规制》，载《行政法学研究》2017年第4期。
17. 陈鹏：《行政诉讼原告资格的多层次构造》，载《中外法学》2017年第5期。
18. 梁君瑜：《行政诉权本质之辨：学术史梳理、观念重构与逻辑证成》，载《政治与法律》2017年第11期。
19. 王贵松：《论行政诉讼的权利保护必要性》，载《法制与社会发展》2018年第 1 期。

20. 梁君瑜:《"诉权层次论"视域下的行政诉权要件探析——基于诉权本质学说与诉权要件之关联性考察》,载《北京理工大学学报(社会科学版)》2018 年第 5 期。

21. 赵宏:《保护规范理论的历史嬗变与司法适用》,载《法学家》2019 年第 2 期。

22. 章剑生:《行政诉讼原告资格中"利害关系"的判断结构》,载《中国法学》2019 年第 4 期。

23. 伏创宇:《行政举报案件中原告资格认定的构造》,载《中国法学》2019 年第 5 期。

24. 成协中:《保护规范理论适用批判论》,载《中外法学》2020 年第 1 期。

25. 耿宝建:《主观公权利与原告主体资格——保护规范理论的中国式表述与运用》,载《行政法学研究》2020 年第 2 期。

26. 梁君瑜:《袪魅与返魅:行政诉讼中权利保护必要性之理论解读及其适用》,载《南大法学》2020 年第 2 期。

27. 章志远:《行政诉权分层保障机制优化研究》,载《法学论坛》2020 年第 3 期。

28. 倪洪涛:《论行政诉讼原告资格的"梯度性"结构》,载《法学评论》2022 年第 3 期。

第三章

行政诉讼类型化

在大陆法系行政法学理中,所谓行政诉讼类型化,指的是"公民、法人或者其他组织可以行政诉讼请求救济且法院仅在法定的裁判方法范围内裁判的诉讼形态"①。从功能主义立场上看,行政诉讼类型设计的目标是"对于侵犯公民权利的每一种国家权力行为,都必须有一个适当的诉讼种类可供利用"②。自薛刚凌教授在《行政诉权研究》一书辟专章讨论"行政诉权与行政诉讼类型"以来,诉讼类型成为二十多年来我国行政诉讼法学研究的热门话题。③ 在2014年《行政诉讼法》修订前后,围绕行政诉讼法是否需要明确规定类型化以及如何确定不同类型诉讼的基本规则,行政法学理论界和实务界展开了热烈探讨。时至今日,行政诉讼类型化仍然是我国行政法学研究的前沿课题之一。本章将全面回顾我国行政法学理有关行政诉讼类型化问题的学术讨论,从立法模式争论、域外经验介绍和本土类型构建三个方面对相关代表性文献的观点进行归纳,并结合近年来我国行政审判司法政策变迁和实践发展,描绘行政诉讼类型理论发展的中国图景,希冀进一步推动新时代中国特色行政审判制度的理论创新与实践创新。

---

① 蔡志方:《行政救济法新论》,元照出版有限公司2000年版,第170页。
② 〔德〕弗里德赫尔穆·胡芬:《行政诉讼法》(第5版),莫光华译,法律出版社2003年版,第204页。
③ 参见薛刚凌:《行政诉权研究》,华文出版社1999年版,第140—181页。更早涉及行政诉讼分类问题的论文还包括胡俊:《行政诉讼分类初探》,载《河北法学》1990年第5期;赵正群:《行政之诉与诉权》,载《法学研究》1995年第6期。

一、行政诉讼类型立法明定与否的论争

1989年《行政诉讼法》及2000年公布的《最高人民法院关于执行〈中华人民共和国行政诉讼法〉若干问题的解释》(以下简称《执行解释》)均未就行政诉讼类型作出明确规定,只是对行政诉讼判决种类及其适用条件作了原则性规定。围绕行政诉讼法修改是否需要明确采行诉讼类型化模式,行政法学理出现了"肯定论"和"否定论"两种截然不同的观点。即便是在2014年《行政诉讼法》修改没有直接采行诉讼类型化方案的背景下,相关学术争论仍然延续。

(一) 肯定论

1989年《行政诉讼法》非类型化的制度设计不断招致学者批评。有学者认为,行政诉讼类型存在的主要问题包括:诉讼类型少,不利于行政相对人权益的全面保护;一些诉讼类型的范围狭窄;不利于行政争议的解决;诉讼不经济,造成诉讼资源的浪费。[①] 有学者以德国成熟的行政诉讼类型制度为参照,认为我国行政诉讼中与诉讼类型有关的制度存在的局限包括:没有概括性法律保护规定;没有针对已经终结的行政行为提供法律保护方式和预防性法律保护方式;不以行政活动的形式区别来划分诉的类型;不承认法官的造法功能。[②]

在2014年《行政诉讼法》修改之前,围绕是否需要对行政诉讼类型予以明确规定,行政审判权威实务人士密集撰文积极倡导。实务界权威人士认为,行政诉讼法对于属于不同诉讼类型的案件采取了单一的处理方式,既不利于案件及时有效处理,也不符合诉讼科学化要求,主张行政诉讼法修改应对行政争议进行类型化处理。论者同时指出,行政诉讼类型设计需要很高的立法技术,既不能过于烦琐,也不能过于简略。为了防止对当事人造成不

[①] 参见马怀德、吴华:《对我国行政诉讼类型的反思与重构》,载《政法论坛》2001年第5期。
[②] 参见刘飞:《行政诉讼类型制度探析——德国法的视角》,载《法学》2004年第3期。

便,人民法院应当加大释明力度,就当事人起诉的事实理由和诉讼请求等进行释明,并可要求当事人作出相应补充。① 最高人民法院法官认为,解决行政诉讼制度存在问题"最重要也最有效的办法是引入行政诉讼类型化的思想",行政诉讼法之所以出现各种问题,就是因为没有看到各种不同诉讼请求的差别,而采用一元化的标准。所以,引入行政诉讼类型化可谓切中要害。行政诉讼类型化包括四重意义:有助于形成无漏洞的权利救济机制,有助于更好地监督和促进依法行政,有助于行政纠纷的实质性解决,有助于提高行政审判的质量和效率。② 还有最高人民法院法官提出,"构建科学的诉讼类型,保护人民公法权利"是行政诉讼法修改的八大主题之一。③ 时隔不久,三位法官再次撰文呼吁,我国行政诉讼类型只是隐含在行政判决制度当中,仅仅具备了诉讼类型的雏形,实质属于以撤销诉讼为中心的单一模式,《行政诉讼法》修改应当关注的十大问题之一就是"明确诉讼类型以促进诉讼科学化"④。

与此同时,行政法学理论界权威人士也撰文主张行政诉讼法修改要进一步完善行政诉讼类型的制度设计。有学者认为,有限的判决形式难以适应各类型的行政案件审理,不利于行政争议的合理解决,不利于全方位地保护公民的合法权益和社会公共利益,不利于人民法院有效行使行政审判权;主张将我国的行政诉讼类型划分为撤销诉讼、课予义务诉讼、给付诉讼、确认诉讼、公益诉讼、机关诉讼、当事人诉讼七类。⑤ 还有学者认为,主观诉讼或客观诉讼的定位决定了一国行政诉讼的基本构造,我国行政诉讼在结构上呈现出"内错裂"状态,这种"内错裂"使得我国行政诉讼既不是完整意义上的主观诉讼,也不是完整意义上的客观诉讼。诉讼构造上的这种扭曲导致我国行政诉讼既不能有效回应相对人的诉讼请求,也不能充分保障客观

---

① 参见江必新:《完善行政诉讼制度的若干思考》,载《中国法学》2013年第1期。
② 参见李广宇、王振宇:《行政诉讼类型化:完善行政诉讼制度的新思路》,载《法律适用》2012年第2期。
③ 参见梁凤云:《〈行政诉讼法〉修改八论》,载《华东政法大学学报》2012年第2期。
④ 李广宇、王振宇、梁凤云:《行政诉讼法修改应关注十大问题》,载《法律适用》2013年第3期。
⑤ 参见马怀德:《〈行政诉讼法〉存在的问题及修改建议》,载《法学论坛》2010年第5期。

公法秩序。修改《行政诉讼法》,应从理顺行政诉讼构造入手,依据主观诉讼与客观诉讼的不同特质,构建与之相匹配的诉讼规则。① 在《行政诉讼法(修订草案)》公布之际,该学者再次撰文提出,为了确保行政诉讼权利救济和公法秩序维护功能的顺利实现,在修法当中有必要将行政诉讼作类型化处理,根据诉讼类型的特点分别设计诉讼程序。行政诉讼的类型化发展是当今各国行政诉讼制度不能回避的问题,修法需要回应。②

(二) 否定论

在行政法学理论界,否定论者认为,行政诉讼类型化的作用不宜高估,是否明定类型化并非行政诉讼制度变革的重心。有学者提出:"类型化可分为'进''出'两类。对一般的公民而言,'进'即在起诉时就要选择、确定诉讼类型,没有行政诉讼的专业知识,恐怕很难做到。如果提得不准确,就可能被拒之门外。为不被拒之门外,就必须请律师或法院帮助、纠正或指导,而这又将大大增加起诉人或法院的负担。在中国目前情况下,这不是一个便民的措施,还不如提起诉讼时,直白要求撤销、改变、确认、赔偿、补偿、付钱等等。而法院在审理过程中,也即在'出'的过程中可以将其类型化,并作出准确的裁判。类型化对法院审理案件应该很有助益。从世界各国看,英美法系国家并不采用行政诉讼类型化,日本采用类型化已久,但他们仍认为不便于原告起诉,也主张仅用于法院裁判。"③还有学者提出,行政诉讼中的诉讼类型如何设置,与行政诉讼受案范围如何确定之间并无直接关联,诉讼类型制度不具有拓展受案范围的功能。从完善诉权保护的角度来说,虽然可以考虑引入无效性确认之诉、继续确认之诉与预防性诉讼三种诉讼类型,但不可高估其意义。我国现行行政诉讼制度中系以非明文规定方式建立了类型制度。是否明文规定诉讼类型仅具有形式意义上的区别,不会对行政诉

---

① 参见薛刚凌、杨欣:《论我国行政诉讼构造:"主观诉讼"抑或"客观诉讼"?》,载《行政法学研究》2013年第4期。
② 参见薛刚凌:《行政诉讼法修订基本问题之思考》,载《中国法学》2014年第3期。
③ 应松年:《行政救济制度之完善》,载《行政法学研究》2012年第2期。

第三章　行政诉讼类型化

讼制度的具体构造形成实质影响。改良行政诉讼制度应着力推进实质意义上的诉讼要件制度的完善,不能寄希望于明文规定的类型制度的构建。①

2014年修订的《行政诉讼法》并未对行政诉讼类型作出明确规定,实际参与修法的实务专家表示,诉讼类型化并不一定符合我国当下的实际,可能不利于保护原告的合法权益,与我国行政诉讼监督功能不太吻合;同时,解决行政争议功能的增加和判决形式的完善也部分地回应了诉讼类型化的主张。②新法字里行间表达了一种"隐形类型化"的思路,一些论者相继撰文对此展开阐释。有论者认为:"从某种意义上讲,本次修法在确立了中国特色的行政判决体系的同时,也确立了中国特色的行政诉讼类型体系,为今后行政诉讼法典的精细化、科学化奠定了一个坚实的制度基础。"③有学者进一步指出,司法解释激活了新行政诉讼法"隐形类型化"的立法思路,真正开启了行政诉讼类型化的时代。这种"国家法律隐形表达在先、司法解释显性表达在后"的诉讼类型化生长路径,彰显了司法机关对于诉讼类型化的不懈探索和大胆创新,是对世界范围内行政诉讼类型规范模式的新发展。司法机关应当肩负起时代发展所赋予的神圣使命,不断通过个案审理和经验累积,进一步丰富行政诉讼类型化的规则设计,直至最终迎来行政诉讼类型化明定主义的彻底改造。④有论者指出,行政诉讼类型化应当区分"诉讼类型化"与"诉讼类型的法定化"。诉讼类型化的基础是诉讼目标、请求权以及诉讼标的多元化,但这些原因均不是诉讼类型应当法定化的理由。诉讼类型的法定化,尤其是诉讼类型法定化模式中列举主义并非行政诉讼类型化的必经之路。以原告的诉讼目标为导向,通过法官续造和完善才是诉讼类型化的应然路径。⑤

有的论者则为立法者未采纳行政诉讼类型化的修法主张进行了辩解,

---

① 参见刘飞:《行政诉讼类型制度的功能》,载《法学研究》2013年第5期。
② 参见童卫东:《进步与妥协:〈行政诉讼法〉修改回顾》,载《行政法学研究》2015年第4期。
③ 梁凤云:《不断迈向类型化的行政诉讼判决》,载《中国法律评论》2014年第4期。
④ 参见章志远:《行政诉讼类型化时代的开启》,载《中国审判》2015年第10期。
⑤ 参见龙非:《行政诉讼类型法定化之反思——基于比较法分析的视角》,载《行政法学研究》2016年第6期。

认为从制度设计者的视角着眼,该修法建议存在诸多可操作性疑问:一是我国并不具备概括性的诉权保护条款和能动的司法系统,行政诉讼类型制度得以运行的前提条件付之阙如;二是每一种诉讼类型之间并不存在着等量齐观的个性化规则,将该修法建议转化为具体的法规范存在着技术上的困难;三是诉讼类型化意味着专业化,在立法上设置复杂的诉讼类型不仅会有限制民众的诉权之虞,也与域外国家简化诉讼类型的发展趋势相悖。破解行政诉讼的运行困局,不能寄希望于行政诉讼的类型化改造,而是应直面现行制度的真正症结之所在,着力推动审判环境的优化。①

就方法论而言,2014年《行政诉讼法》修订前后有关是否需要通过立法明确规定行政诉讼类型制度的学术争论,实则"立法论"与"解释论"之争。立法论强调法律规范依据的明确性,解释论更强调法律规范解释的适用性。鉴于修法的主要任务在于着力解决"立案难""审理难""执行难"问题,诉讼类型化的本土实践经验准备不足,加之各类诉讼的具体规则较为复杂,短期内无法通过立法作出妥善的制度安排,只能留待行政审判实践继续进行探索。

二、行政诉讼类型域外代表模式的介绍

对域外行政诉讼类型化经验的介绍,是行政诉讼类型研究的重要面向。有学者立足功能主义立场,将世界范围内行政诉讼类型化的基本模式归纳为"主观之诉与客观之诉""事后补救之诉与事前预防之诉""形成之诉、给付之诉与确认之诉""有名之诉与无名之诉"四种形态。② 总体上看,行政诉讼类型化外国法研究主要针对德国、日本、意大利等大陆法系国家展开。

---

① 参见施立栋:《行政诉讼类型化之批判——以制度的可操作性为视角》,载姜明安主编:《行政法论丛》(第23卷),法律出版社2019年版,第125—136页。
② 参见章志远:《行政诉讼类型化模式比较与选择》,载《比较法研究》2006年第5期。

(一) 行政诉讼类型法定化的日本模式

日本是全球范围内行政诉讼类型法定化最为彻底的国家,其诉讼类型制度构造和法定化经验引起了我国行政法学者的关注。有学者撰文针对2004年日本《行政事件诉讼法》修改的重要内容之一——公法上的当事人诉讼进行了剖析。论者认为,日本公法上的当事人诉讼为我们提示了一个有意义的路径:通过公法上的当事人诉讼突破行政诉讼对象范围上的壁垒,在一定条件下将抽象行政行为或者行政计划、行政指导等行政活动纳入行政诉讼的射程。当事人诉讼才是行政诉讼的主流,以撤销诉讼为代表的抗告诉讼最终将为当事人诉讼所吸收。确认诉讼法定化只是解决问题的一个步骤,公法上的当事人诉讼的积极运用可能会引发传统行政诉讼模式更为重大的变革。① 有学者撰文分析了诉讼类型在日本行政诉讼法中的地位和作用,认为日本《行政诉讼法》是典型的诉讼类型法定化形态,它以诉讼类型为纲、以不同类型的诉讼规则程序为目,构建行政诉讼法的结构体系,便于以所有诉讼类型的有机整合确定行政诉讼的受案范围,较好地设置不同诉讼类型有所区别的诉讼规则程序。这种立法技术虽然有利有弊,一些国家在采用诉讼类型法定化后又出现了一些新的问题和争论,但它仍然有其合理性和借鉴意义。②

(二) 行政诉讼类型形态论的德国模式

诉的类型研究向来是德国行政诉讼法学的重点,已经形成较为成熟的体系。有学者撰文介绍了德国行政诉讼中的撤销之诉、义务之诉、确认之诉、一般给付之诉、规范审查程序、机构之诉、诉讼程序性形成之诉,分析了原告诉讼请求的目的、诉的标的、诉的提起、针对国家给付的具体要求、针对

---

① 参见王天华:《日本的"公法上的当事人诉讼"——脱离传统行政诉讼模式的一个路径》,载《比较法研究》2008年第3期。
② 参见王丹红:《诉讼类型在〈日本行政诉讼法〉中的地位和作用——以我国〈行政诉讼法〉的修改为观察视角》,载《法律科学(西北政法大学学报)》2006年第3期。

产生不同法律效果的行政活动等行政诉讼类型划分的标准。① 有学者还比较了德式概括主义和日式列举主义两类行政诉讼制度法定化不同模式的特点和成因,认为行政诉讼类型法定化都是基于各国特定的历史背景和法治发展特点而产生,日式列举主义法定化模式与立法技术层面的路径依赖有很大关系,从中并不能得出诉讼类型化就当然应当法定化的结论。②

(三) 行政诉讼预防性保护论的意大利模式

在行政诉讼中,因诉讼期间较长,起诉人的权益有可能在诉讼过程中因行政行为执行或不作为而受到严重不可弥补的损害。为了实现对公民权益及时有效的司法保护,预防性保护制度被一些国家和地区的立法和判例所认可。意大利《行政诉讼法典》第二编第二章有关预防性保护程序的规定,分为诉前预防性保护与诉中预防性保护,包括申请、受理、裁定及执行等具体程序。在这一制度的发展过程中,司法判例起到了重要的推动作用,很多最终形成的规范都是对司法判例的总结。在预防性保护制度中,法官作出预防性保护裁定的审查标准、预防性保护措施的类型、预防性保护的裁定和执行、防止滥用该制度的手段等内容对我国都具有启示意义。③

就比较论而言,日本、德国和意大利三国不同的诉讼类型设计为我国行政审判实践探索提供了借鉴。不过,域外不同模式的背后都呈现一定的制度共性,如对公民权利有效且无漏洞司法救济的基本理念、诉讼类型渐次扩展的基本趋势、诉讼类型划分标准的基本趋同,这些对我国行政诉讼类型实践探索更具启发。如果说各国行政诉讼类型的具体规则是"术",那么各国行政诉讼类型的共性规律则是"道",术与道的结合应当是诉讼类型比较论的方向。

---

① 参见刘飞:《行政诉讼类型制度探析——德国法的视角》,载《法学》2004 年第 3 期。
② 参见龙非:《行政诉讼类型法定化之反思——基于比较法分析的视角》,载《行政法学研究》2016 年第 6 期。
③ 参见罗智敏:《论行政诉讼中的预防性保护:意大利经验及启示》,载《环球法律评论》2015 年第 6 期。

三、行政诉讼具体类型的规则构建

尽管行政法学理提出过多种行政诉讼类型的划分构想,但多数学者都认同撤销诉讼、课予义务诉讼、给付诉讼和确认诉讼的四分法。除了呼吁实现行政诉讼类型明定化和展开行政诉讼类型化比较研究之外,聚焦行政诉讼具体类型适用规则的构建成为这一主题研究的又一重要面向。

(一)传统行政撤销诉讼

撤销诉讼是一类最典型、最重要的传统行政诉讼,多位学者撰文专门研究了行政撤销诉讼的性质、适用对象和发展态势。有学者指出,1989年《行政诉讼法》制定之时,由于对行政撤销诉讼的基本性质与诉讼规律认识不足,行政撤销诉讼的本质特征在行政诉讼立法与审判实践中并没有得到充分彰显。行政撤销诉讼性质上属于形成诉讼,立法设计应遵循形成诉讼的程序规则;诉讼标的是原告在诉讼中提出的行政行为违法并侵害其合法权益的权利主张;诉讼判决具有形成力,既判力主观范围的确定应遵循"既判力相对性"原则。[1] 有学者认为,我国行政诉讼表现出明显的行政撤销诉讼中心主义倾向,忽视了其他诉讼类型的特殊性,但其产生具有必然性与合理性。为适应给付行政的兴起、行政权行使方式的转变以及权利无漏洞司法保护的需要,我国应通过确立行政诉讼类型、推广行政给付诉讼和区分诉讼制度等途径缓和行政撤销诉讼中心主义的消极影响。[2] 有学者认为,撤销诉讼所具有的形成诉讼、主观诉讼和抗告诉讼的特性决定了其仅能适用于具体行政行为中的行政处理,尤其是可撤销的行政处理。基于有效权利救济考虑,撤销诉讼可对无效的行政处理暂时开放,对于拒绝处理则例外地不能

---

[1] 参见马立群:《论行政撤销诉讼的性质——基于传统诉讼类型"三分说"之思考》,载《当代法学》2013年第1期。

[2] 参见熊勇先:《论行政撤销诉讼中心主义及其缓和》,载《政治与法律》2013年第6期。

适用。论者主张我国行政诉讼法宜尽早确立类型化发展思路,通过明确撤销诉讼的特性及与其他诉讼类型的关系,重新界定撤销诉讼的适用对象。①

(二) 其他新类型行政诉讼

有学者撰文专门研究了课予义务诉讼,认为课予义务诉讼也就是我国的履行诉讼,本质是给付性质的诉讼。该类诉讼的特殊程序合法要件是行政机关无充分理由在法定期间内没有作出任何实体决定。审理该类诉讼遵循从新兼从优原则,并且例外地适用从旧原则。判决该类诉讼必须贯彻司法权尊重行政权的原则,同时注意对公民权益提供积极的、直接的保障。② 有学者指出,行政不作为对行政相对方权益造成侵害的情况日益严重。借鉴域外经验,从诉讼经济原则出发,对行政不作为的司法救济宜适用课予义务诉讼。课予义务诉讼可分为不纯粹的不作为之诉和纯粹的不作为之诉两种,分别适用不同的诉讼要件、审理方式和举证责任。对课予义务诉讼,法院可作出履行判决或驳回诉讼请求判决。③

有学者撰文专门研究了行政给付诉讼,认为行政给付诉讼具有争讼对象广泛性、诉讼功能多重性及诉讼两造变动性等特征。行政给付诉讼的亚类形态应包括请求财产给付之诉、请求事实行为之诉、请求规范颁布之诉和请求不得作为之诉。行政给付诉讼的特殊起诉规则主要包括:给付须因公法上原因而发生,给付须限于行政行为以外的财产或其他行为,原告须主张给付义务损害其权益以及给付不能于撤销诉讼中一并请求。在审理行政给付案件时,司法审查的重心应当是当事人是否有公法请求权并应注意调解方式的有限运用以及判决种类的正确选择。④ 有学者还针对 2014 年修订的

---

① 参见赵清林:《论行政撤销诉讼的适用对象——以行政诉讼类型化为视角》,载《政治与法律》2015 年第 2 期。
② 参见熊菁华:《论课以义务诉讼》,载《行政法学研究》2001 年第 3 期。
③ 参见吴华:《论课予义务诉讼——对行政不作为的救济形式》,载《行政法学研究》2006 年第 1 期。
④ 参见章志远:《给付行政与行政诉讼法的新发展——以行政给付诉讼为例》,载《法商研究》2008 年第 4 期。

《行政诉讼法》第 73 条进行了评释,认为一般给付诉讼的适用范围可从客体范围及行政诉讼类型的界分两个维度把握。一般给付诉讼的客体范围包括"直接"的财产性给付和行政行为之外的非财产性给付。考虑权利救济的完整性,应将颁布规范之诉、预防性不作为以及结果除去请求权纳入《行政诉讼法》第 73 条的客体范围。①

在整个行政诉讼类型体系中,确认诉讼往往被认为是"最棘手的"和"令人头疼的",因为"在确认之诉这一概念背后隐藏着许多不同的诉讼种类。"②有学者较早撰文指出,虽然我国已有确认行政行为无效的司法实践和关于确认无效判决的司法解释,但不能据此认为我国行政诉讼中已经建立了确认无效诉讼制度。要使确认无效判决真正具有其独立存在的价值,必须在诉讼程序上使确认无效诉讼与一般的行政诉讼相分离,包括确认无效诉讼不受起诉期限的限制、确认无效诉讼应以行政确认程序为前置条件、在确认无效诉讼中原告负有举证责任。在确认无效诉讼与撤销诉讼的关系上,宜把确认无效诉讼看成撤销诉讼的补充诉讼类型。③有学者还针对 2014 年修订的《行政诉讼法》第 75 条进行了评释,认为确认无效之诉是我国行政诉讼制度中独立的诉讼类型,其与撤销之诉在诉讼类型上的转换与合并,有利于实现当事人权利的救济保障和诉讼经济。借鉴域外理论和司法制度,确立无效行政行为的具体识别标准,便于形成共识和司法实务的操作。对行政行为宣告无效的后果,审慎进行利益衡量区别对待。基于现行法律规定、法理念及权利救济实效性的考量,无效之诉应受起诉期限的限制。④还有学者撰文探讨了行政继续确认诉讼,认为它是指在已经开始的行政诉讼程序中,因出现特殊情况导致被诉行政行为引起的争议已经解决,但法院并不终结诉讼而继续进行审理的一种诉讼类型。继续确认诉讼必须具备合法

---

① 参见杨东升:《论一般给付诉讼之适用范围——〈行政诉讼法〉第 73 条评释》,载《行政法学研究》2015 年第 6 期。
② 〔德〕弗里德赫尔穆·胡芬:《行政诉讼法》(第 5 版),莫光华译,法律出版社 2003 年版,第 465 页。
③ 参见金伟峰:《建立我国行政诉讼中的确认无效诉讼制度》,载《政法论坛》2005 年第 3 期。
④ 参见张浪:《行政诉讼中确认无效之诉的问题探讨》,载《法学论坛》2017 年第 2 期。

的原始诉讼、被诉行政行为引起的争议消灭、原行为违法性不明以及原告的申请四个必要条件。在继续进行的诉讼中,法院视行政行为合法与否以及原告是否具有诉讼利益而适用驳回请求判决和确认违法判决。①

有学者撰文专门研究了预防性诉讼,认为现行行政诉讼法规定的事后救济型行政诉讼常常无法排除或修复行政活动对原告造成的严重损害后果,导致原告合法权益得不到有效保护,直接威胁到行政诉讼救济的有效性和社会稳定与和谐。应尽快弥补这个法律缺失,建立以事前和事中救济为特征,旨在对抗威胁性行政行为和事实行为的预防性行政诉讼制度,真正实现权利有效保障。② 有学者指出,行政诉讼中的预防性保护措施旨在为行政相对人提供富有实效性的司法保护。我国行政诉讼法及其司法解释中规定的行政行为停止执行、先予执行、财产保全、行为保全四种制度措施具有预防性保护功能。不过,相关规定着眼于维护公共利益与保障行政相对人权益的双重目的,集监督行政机关依法行政、保障行政行为的目的顺利实现、防止行政相对人权益遭受不可弥补的损害三重功能于一身,且立法没有针对上述不同功能配给不同规则,各项措施的申请程序不完善、裁量要件不完整,导致预防性保护功能在司法实践中未能得到充分发挥。建议在未来修法时,对具有预防性保护功能的制度措施加以整合,进一步明确相关裁量要件与审查模式,细化审查程序、增加上诉程序,以更好地满足行政相对人获得预防性保护的需求。③

就建构论而言,行政撤销诉讼的规则完善与其他行政诉讼类型的丰富具有同等重要的地位。一方面,行政行为合法性审查是行政诉讼法所确立的基本原则,各类行政案件的处理无法绕开这一基本原则;另一方面,给付行政任务的兴起也造成了相关行政争议的滋生,需要建构新的关系之诉规则。只有坚持行政撤销诉讼与行政给付诉讼并重的发展思路,才能回应时代发展的现实需求。除设置履行判决、给付判决、确认判决之外,2014 年修

---

① 参见孔繁华:《论行政继续确认诉讼——从"梁某不服广州市人民政府行政裁决案"谈起》,载《行政法学研究》2011 年第 2 期。
② 参见解志勇:《预防性行政诉讼》,载《法学研究》2010 年第 4 期。
③ 参见罗智敏:《我国行政诉讼中的预防性保护》,载《法学研究》2020 年第 5 期。

订的《行政诉讼法》还增加了"协议"之诉,为撤销诉讼之外的新类型诉讼发展提供了广阔空间。

四、行政诉讼类型理论的发展展望

相比较域外行政诉讼类型化理论、立法及制度实施资源的参照而言,今后的行政诉讼类型化研究进路则更多需要转向对我国本土行政审判实践发展、行政审判司法政策变迁的关注,通过"规范—个案"的体系解释,进一步激活法律文本和 2018 年《行诉解释》对行政诉讼类型化的隐含表达,努力发展行政诉讼类型化的中国规范模式。具体来说,可从如下三个方面进行努力:

(一)中国特色行政诉讼类型化本土审判实践的观察

2014 年修订后的《行政诉讼法》实施以来,最高人民法院在一些行政案件的裁判中尝试运用类型化思路,从阐释行政诉讼类型制度的价值、构建具体类型诉讼的审理规则、厘清不同类型诉讼之间的关系、扩展无名诉讼的范围上努力激活有限的文本规定。[1] 特别是时任最高人民法院第四巡回法庭副庭长李广宇法官撰写的行政裁判文书,体现了以"对话式裁判"推动诉讼类型化的努力,为行政法学理提供了富有意义的研究素材。[2] 同时,一些地方法院零星的行政裁判文书也体现了对诉讼类型化的探索,这些本土实践理应纳入行政诉讼类型化的学理分析之中。从某种意义上来说,个案裁判贯彻诉讼类型化审理思路和 2018 年《行诉解释》对诉讼类型化的间接回应之间相互促进,构成了新时代我国行政诉讼类型化的别样图景。就行政审判实践的探索依据而言,通过对行政诉讼法文本及 2018 年《行诉解释》相关条款的整体性解释,可以寻找到创新的规范依据;就类型化援引的智识资源而

---

[1] 参见章志远:《新时代我国行政审判的三重任务》,载《东方法学》2019 年第 6 期。
[2] 参见李广宇"行政裁判文书自选集":《理性诉权观与实质法治主义》,法律出版社 2018 年版;《诉讼类型化与诉的利益》,法律出版社 2018 年版;《司法的温度与界限》,法律出版社 2019 年版。

言,我国行政法学的理论通说、行政诉讼实践经验、规范体系解释、域外行政诉讼类型理论构成了司法探索的智识基础;就积极意义而言,审判能力提升、诉权保障加强、矛盾及时化解和研究素材丰盈都是诉讼类型化本土司法探索的积极功能。从长远来看,这些努力所累积的实务经验在今后行政诉讼法再修改中应予以充分吸收。

(二)实质性解决行政争议理念的践行

追溯我国行政诉讼制度的实践发展史,"实质性解决行政争议"一语在2009年之后频频出现于一系列司法文件、工作报告、领导讲话和各级人民法院的行政审判白皮书之中,成为人民法院行政审判工作重要的指导思想。最高人民法院2020年6月印发《关于行政机关负责人出庭应诉若干问题的规定》,第11条第3款明确规定"行政机关负责人出庭应诉的,应当就实质性解决行政争议发表意见","实质性解决行政争议"概念首次被最高人民法院的司法解释明确认可。随后,"实质性解决行政争议"频频出现在最高人民法院《关于推进行政诉讼程序繁简分流改革的意见》《关于完善四级法院审级职能定位改革试点的实施办法》《关于进一步推进行政争议多元化解工作的意见》《关于审理行政赔偿案件若干问题的规定》等司法解释、司法文件以及《中共中央关于加强新时代检察机关法律监督工作的意见》《法治政府建设实施纲要(2021—2025年)》等权威文件之中,进一步发展了2014年修订的《行政诉讼法》第1条新增的"解决行政争议"目标,开启了实质性解决行政争议具体路径的探索之旅。行政诉讼类型制度的目的在于打破行政撤销诉讼中心主义的诉讼格局,让人民法院不再拘泥表面的行政行为合法性审查,及时转向对当事人诉讼请求的全面审理,使行政争议以及案件涉及的民事争议能够在实质上而非形式上获得彻底解决。行政诉讼类型的制度设计与实质性解决行政争议理念相贯通,为新时代人民法院司法能力的普遍提升提供了程序性保障。为此,行政诉讼类型化研究应当自觉坚持实质性解决行政争议理念的指导,使其成为行政诉讼实质性解决行政争议的经常性机制。

（三）多位阶法律规范体系解释的运用

立足行政法释义学的研究进路，可以对 2014 年修订的《行政诉讼法》第 1、2、12 条和 2018 年《行诉解释》第 68 条及相关条款展开体系性解释，从而进一步夯实行政诉讼类型化的规范基础。一方面，《行政诉讼法》第 1 条新增"解决行政争议"的立法目的，第 2 条以"行政行为"概念取代"具体行政行为"，使行政诉讼受案范围得以拓展，为行政诉讼类型化预留了充足空间；第 12 条以"提起的下列诉讼"取代"对下列具体行政行为不服提起的诉讼"，隐含表达了行政诉讼类型化构想。另一方面，2018 年《行诉解释》第 68 条除了列举"有具体的诉讼请求"之外，还规定如果当事人不能正确表达诉讼请求的，人民法院"应当要求其明确诉讼请求"，对行政诉讼类型的刚性约束更为凸显。如果起诉人在起诉时不能提出具体的诉讼请求，人民法院自然就无法确定具体的审查对象，司法救济大门对民众无法开启。2018 年《行诉解释》第 81 条的规定可以看作是对"继续确认诉讼"的肯定，第 92、93 条的规定可以看作是对一般给付诉讼和课予义务诉讼起诉条件和审查条件的肯定，第 99、162 条的规定可以看作是对行政行为无效确认诉讼适用范围以及不受法定起诉期限限制的肯定，第 94 条的规定可以看作是对行政撤销诉讼与行政行为无效确认诉讼相互转化关系的肯定。当然，考虑到我国行政诉讼当事人专业认知能力的有限性，人民法院在当事人诉讼请求类型的具体归属上应当承担相应的释明义务，避免一味采取裁定驳回起诉方式阻碍行政争议的实体性审理。通过系统解释方法的运用，我国行政诉讼类型化的生长呈现出与德、日明定主义模式不同的"修法间接回应—司法解释隐含—法院判例释明—司法解释凝练"的建构进路，体现了巨大的包容性和开放性，彰显了中国特色行政审判的制度自信。

主要参考文献

1. 薛刚凌：《行政诉权研究》，华文出版社 1999 年版。
2. 胡俊：《行政诉讼分类初探》，载《河北法学》1990 年第 5 期。

3. 赵正群:《行政之诉与诉权》,载《法学研究》1995年第6期。

4. 马怀德、吴华:《对我国行政诉讼类型的反思与重构》,载《政法论坛》2001年第5期。

5. 熊菁华:《论课以义务诉讼》,载《行政法学研究》2001年第3期。

6. 刘飞:《行政诉讼类型制度探析——德国法的视角》,载《法学》2004年第3期。

7. 金伟峰:《建立我国行政诉讼中的确认无效诉讼制度》,载《政法论坛》2005年第3期。

8. 章志远:《行政诉讼类型化模式比较与选择》,载《比较法研究》2006年第5期。

9. 王丹红:《诉讼类型在〈日本行政诉讼法〉中的地位和作用——以我国〈行政诉讼法〉的修改为观察视角》,载《法律科学(西北政法大学学报)》2006年第3期。

10. 吴华:《论课予义务诉讼——对行政不作为的救济形式》,载《行政法学研究》2006年第1期。

11. 王天华:《日本的"公法上的当事人诉讼"——脱离传统行政诉讼模式的一个路径》,载《比较法研究》2008年第3期。

12. 章志远:《给付行政与行政诉讼法的新发展——以行政给付诉讼为例》,载《法商研究》2008年第4期。

13. 解志勇:《预防性行政诉讼》,载《法学研究》2010年第4期。

14. 孔繁华:《论行政继续确认诉讼——从"梁某某不服广州市人民政府行政裁决案"谈起》,载《行政法学研究》2011年第2期。

15. 李广宇、王振宇:《行政诉讼类型化:完善行政诉讼制度的新思路》,载《法律适用》2012年第2期。

16. 马立群:《论行政撤销诉讼的性质——基于传统诉讼类型"三分说"之思考》,载《当代法学》2013年第1期。

17. 薛刚凌、杨欣:《论我国行政诉讼构造:"主观诉讼"抑或"客观诉讼"?》,载《行政法学研究》2013年第4期。

18. 刘飞:《行政诉讼类型制度的功能》,载《法学研究》2013年第5期。

19. 熊勇先:《论行政撤销诉讼中心主义及其缓和》,载《政治与法律》2013年第6期。

20. 梁凤云:《不断迈向类型化的行政诉讼判决》,载《中国法律评论》总第

第三章 行政诉讼类型化

4 期。

21. 赵清林:《论行政撤销诉讼的适用对象——以行政诉讼类型化为视角》,载《政治与法律》2015 年第 2 期。

22. 罗智敏:《论行政诉讼中的预防性保护:意大利经验及启示》,载《环球法律评论》2015 年第 6 期。

23. 章志远:《行政诉讼类型化时代的开启》,载《中国审判》2015 年第 10 期。

24. 杨东升:《论一般给付诉讼之适用范围——〈行政诉讼法〉第 73 条评释》,载《行政法学研究》2015 年第 6 期。

25. 龙非:《行政诉讼类型法定化之反思——基于比较法分析的视角》,载《行政法学研究》2016 年第 6 期。

26. 张浪:《行政诉讼中确认无效之诉的问题探讨》,载《法学论坛》2017 年第 2 期。

27. 施立栋:《行政诉讼类型化之批判——以制度的可操作性为视角》,载姜明安主编:《行政法论丛》(第 23 卷),法律出版社 2019 年版。

28. 罗智敏:《我国行政诉讼中的预防性保护》,载《法学研究》2020 年第 5 期。

第四章

行政诉讼与行政复议衔接

行政复议与行政诉讼作为法定权利救济和纠纷化解制度，理应成为化解行政争议和维护当事人合法权益的主要渠道。然而，信访不信法现象的凸显，导致出现了不合理和不科学的"大信访、中诉讼、小复议"行政纠纷化解格局。行政复议与行政诉讼法定制度功效难以发挥，遭遇现实困境。在错综复杂的原因中，二者之间的关系定位出现偏差、制度功能衔接不畅、程序设置脱节占据着一席之地。作为解决行政争议、监督行政权力、保障公民权利的两种主要方式，行政复议与行政诉讼既有各自的制度特性，同时在目的、功能、程序设置等多个方面表现出共性。"行政救济（即行政复议）和诉讼救济是当事人对抗违法的行政行为常用的两种手段，各有特点"[1]，同时均存在功能限度和特殊生存空间，由此决定了二者在运行过程中必须优势互补、有序衔接。然而，由于制度设计、理论认识和实际运行等方面的不足，两种监督救济制度并未形成良性互动、科学协作的关系，反而出现脱节现象，导致功能混淆、个性消解甚至是目的抵触。行政诉讼与行政复议的关系直接反映了行政权与司法权之间的协调与分工。学界较早就对二者之间的衔接关系进行了专题研究。[2] 随着行政复议制度与行政诉讼制度的发展，有关行政诉讼与行政复议衔接关系的研究成果也不断增加，并在2014修订的《行

---

[1] 王名扬：《法国行政法》，中国政法大学出版社1988年版，第518页。
[2] 最早以专著形式研究二者衔接关系的是蔡小雪的《行政复议与行政诉讼的衔接》（中国法制出版社2003年版）。

政诉讼法》实施后,进入新的阶段。在行政救济多元化与行政争议实质解决的背景下,如何从程序、实体和关系三重维度出发,探索实现行政诉讼与行政复议之间有序衔接和新型衔接关系的形成,始终是行政诉讼法理论与实践应予回答的重要命题。

一、行政诉讼与行政复议的程序衔接

行政诉讼与行政复议的程序衔接关系主要表现为,行政争议经过行政复议后,是否需要进入行政诉讼。我国行政诉讼与行政复议的衔接模式,为1989年《行政诉讼法》所确立。1990年的《中华人民共和国行政复议条例》(以下简称《行政复议条例》)作为行政诉讼制度的配套制度[①],再次确认了自由选择为主、复议前置为辅的并轨制衔接模式。此外,根据其他单行法律、法规的规定,我国还存在"终局性选择型""复议终局型"和"迳行起诉型"三种特殊情形。从世界范围来看,行政复议与行政诉讼程序衔接关系的设置主要有三种典型模式,即以穷尽行政救济为原则的"美国模式"、与行政诉讼类型相勾连的"德国模式",以及以当事人自由选择为原则的"法、日模式"。这三种典型模式事实上勾勒出了行政救济与司法救济程序衔接的两种理想模式,即复议前置模式(又分为绝对的复议前置模式与相对的复议前置模式)与自由选择模式。面对我国对复议与诉讼的制度设计与域外立法和理论预设之间存在的差异,以及在制度运行过程中出现的脱节现象,学界围绕重构和完善两条主线,对我国行政复议与行政诉讼的程序衔接关系提出了诸多理论设想。

(一)自由选择模式

自由选择模式是指行政相对人可以自由选择权利救济方式,即在法定期限内,自行选择申请行政复议或者提起行政诉讼。自由选择模式的法律

---

① 参见章剑生:《行政复议立法目的之重述——基于行政复议立法史所作的考察》,载《法学论坛》2011年第5期。

依据是《行政诉讼法》第 44 条第 1 款。该条确立了"当事人选择补救手段是行政复议与行政诉讼关系的一般原则,行政复议前置是行政复议和行政诉讼关系的例外"的模式。① 自由选择模式包括强制性选择和任意性选择两种②,有学者将这两种类型称为终局性选择关系和非终局性选择关系。③ 自由选择模式是充分尊重当事人权利救济选择权的制度安排,"体现了法治的精神,也体现了对行政相对人权利的保护"④,符合当今世界行政复议与行政诉讼程序衔接的发展趋势。⑤

行政复议与行政诉讼作为两种主要的法定救济制度,理应将保障当事人权益作为直接目的和追求,而坚持以行政复议与行政诉讼并行和尊重当事人权利自主性的自由选择模式,则可以最大程度保障权利救济目的之实现,更好彰显当事人的主体性地位。然而,该模式在具体制度设计和实际运行过程中却存在一些问题,主要表现为设置标准模糊、设置功能受阻、设置正当性不足等。⑥ 设置标准模糊体现为,内在标准缺失、无规律可循和立法设置零乱;设置功能受阻体现为,当事人程序自由选择权的享有与实体权利的丧失之间的现实矛盾;⑦设置正当性不足体现为,复议前置型的规范依据下放至"法规"与复议终局型的广泛存在,在事实上否定了法治国家所公认的司法最终原则,造成了行政权对司法权大面积的侵蚀。

固然,自由选择模式面临实践困境,但并不能成为否定其主体地位的理由,应继续坚持和大力推行自由选择模式。正如有学者指出,虽然自由选择模式在实际运行中存在一些问题,但"总体来看,目前不存在更改或者调整现有自由选择模式的重要理由和原因",应予继续维持。此外,"自由选择模

---

① 参见张步洪、王万华编著:《行政诉讼法律解释与判例述评》,中国法制出版社 2000 年版,第 297 页。
② 参见马怀德主编:《司法改革与行政诉讼制度的完善——〈行政诉讼法〉修改建议稿及理由说明书》,中国政法大学出版社 2004 年版,第 267 页。
③ 参见李林:《行政复议与行政诉讼衔接关系研究》,载陈光中、江伟主编:《诉讼法论丛》(第 8 卷),法律出版社 2003 年版,第 512 页。
④ 马怀德主编:《行政诉讼原理》,法律出版社 2003 年版,第 355 页。
⑤ 参见杨红:《行政复议与行政诉讼衔接研究》,中国政法大学出版社 2016 年版,第 132 页。
⑥ 参见章志远:《论行政复议与行政诉讼之程序衔接》,载《行政法学研究》2005 年第 4 期。
⑦ 参见王敏:《自由裁量权,你能释放人性的光芒吗》,载《法制日报》2002 年 11 月 13 日。

式为两种渠道提供了制度竞争的空间,二者的优势和作用可以通过当事人的选择得到展现"①。自由选择模式与当事人的程序选择权的关系密切,继续坚持和奉行该模式具有多重意义:一是可以凸显当事人程序主体地位,有助于将对当事人的程序保障落到实处;二是可以使纠纷解决方式能积极回应当事人的特别需求,使纠纷解决方式的运作更加人性化;三是可以提高当事人对纠纷解决机制的认同感,有利于提升对结果的信服度。② 因此,不论是出于对相对人作为"理性人"完全能够作出理智选择以维护其私益的信任,还是基于法国、日本及韩国行政复议与行政诉讼程序衔接关系的历史变迁中呈现出的尊重当事人对法律救济程序的自主选择权趋势,均有坚持自由选择模式的理论与现实的双重依据。

(二) 复议前置模式

复议前置模式是指行政相对人在提起行政诉讼前,必须先提出行政复议,对复议决定不服或复议机关在法定期限未做出复议决定时,才可以提起行政诉讼。学理研究中已经形成了将自由选择模式作为行政复议与行政诉讼程序衔接基本模式的共识,对于有限度的复议前置亦持普遍的支持态度。在行政纠纷化解机制中引入复议前置主义,是基于发挥行政复议制度优势和弥补行政诉讼制度缺陷的制度功能互补的结果。一般认为,复议前置的优点主要在于行政权的高效、合法行使,行政纠纷化解的专业性和及时性,权利救济的完整性和低成本性。与此同时,复议前置存在弊端,主要表现为对权利救济的及时性、公正性,以及当事人程序选择权的剥夺等方面的质疑。针对复议前置模式的利弊,学理研究普遍认为利大于弊,因为作为一种救济程序,行政复议制度应以维护当事人合法权益为宗旨和指挥棒,"而复议前置的规定,则更侧重于对行政权的尊重和维护行政的统一,以及如何才能最快地解决纠纷,节约人力物力及司法资源"③。关于复议前置模式的讨

---

① 杨伟东:《行政复议与行政诉讼的协调发展》,载《国家行政学院学报》2017年第6期。
② 参见章志远:《我国行政复议与行政诉讼程序衔接之再思考》,载《现代法学》2005年第4期。
③ 黎军:《行政复议与行政诉讼之关系范畴研究》,载《法学评论》2004年第3期。

论,主要集中在自由选择模式与复议前置模式的关系、复议前置范围的确定和复议前置的立法设定三方面。

关于自由选择模式与复议前置模式的关系。我国行政诉讼制度创设之初,便确立了自由选择为主、复议前置为辅的程序衔接原则。此种立法安排被学理与实务所认可,直到行政诉讼制度实施20多年后,才出现了变更自由选择模式为行政复议先行模式的声音。有学者从行政复议解决行政争议特有优势的角度出发,认为"行政机关一般拥有解决这些行政争议的专业人才,也具有解决这些专业性和技术性问题的经验和条件"[1]。有学者则从解决信访居高不下态势的角度出发,提出应"实行可诉行政行为一律复议前置制度,只有在穷尽行政救济制度之后,才可以进入诉讼,以走出复议诉讼信访怪圈"[2]。"行政复议前置与司法终局相结合的统一衔接模式","可以使两个制度的效用最大化地发挥,满足相对人保护权益的合法要求"[3]。总体来看,坚持行政复议强制先行的理由主要在于:解决行政复议的使用率低问题;充分发挥行政复议解决行政争议的优势和应对当前行政纠纷解决现状;借鉴美国、德国等国家和地区的做法。关于复议前置强制先行的观点,可以为完善复议前置模式提供思路,但不宜采纳。其一,强制先行不是实现行政复议成为解决行政争议主渠道的根本手段;其二,行政复议的优势不必通过强制先行展现;其三,域外在行政复议与行政诉讼的关系安排上并不定规。[4] 只有在一定范围内建立"穷尽行政救济原则",才能发挥我国行政复议和行政诉讼制度的功能和行政复议制度本身的特性,同时也有利于我国行政复议的制度创新。[5] 综上,出于行政复议制度与行政诉讼制度优势互补、相辅相成关系的理性认识,应坚持自由选择为原则、复议前置为例外的程序衔接

---

[1] 周兰领:《行政复议强制前置模式的重建》,载《长安大学学报(社会科学版)》2008年第4期。
[2] 杨良顺:《行政复议"浙江论坛"综述》,http://www.qhfzb.gov.cn/html/387/195220.html,2022年6月20日访问。
[3] 参见谢尚果:《行政复议与行政诉讼衔接机制之反思与重构》,载《河北法学》2013年第2期。
[4] 参见杨伟东:《复议前置抑或自由选择——我国行政复议与行政诉讼关系的处理》,载《行政法学研究》2012年第2期。
[5] 参见沈福俊:《论"穷尽行政救济原则"在我国之适用——我国提起行政诉讼的前置条件分析》,载《政治与法律》2004年第2期。

第四章　行政诉讼与行政复议衔接

模式。

关于复议前置范围的确定。学理研究对于复议前置的范围,具有从限缩到扩大的态度变化,这一变化与行政案件的数量变化直接相关,以行政诉讼法修订前后为分界。《行政诉讼法》修订之前,学术界普遍主张严格限定复议前置的范围。例如,有学者建议,应将复议前置模式限定于某些具有极强技术性、专业性的案件和涉及行政行为合理性问题的案件。① 随着2014年修订的《行政诉讼法》实施,行政案件数量激增,直接激起了学理对行政复议与行政诉讼在行政纠纷解决机制中的定位重思。凸显和发挥行政复议的主渠道定位被越来越多的学者和实务工作者所接受,与之相应,扩充复议前置范围自然作为优先发挥行政复议作用的主要方式被提出,甚至出现了"复议前置为原则、自由选择为例外"的观点。② 事实上,"不管行政复议是前置还是选择,其实是反映本土需求的……行政复议与行政诉讼的衔接关系,主要受到以下因素影响:如何最大限度地保障当事人的诉权、行政争议案件量、案件本身的专业性、政府资金等支持力度等等"③。在强调行政争议实质化解的当代背景下,理应坚持非诉挺前、诉讼断后的理念,通过扩容行政复议前置范围,更好发挥行政复议在解决行政争议中的及时性、高效性、全面性和实质性等优势。

关于复议前置的立法设定。现有安排采用授权单行法自行规定的做法,法律、法规根据需要均可以设置复议前置。这种立法规定比较随意,且缺乏明确、统一的标准,有可能导致复议前置范围的无限扩张,不仅会让司法无所适从,更会侵犯当事人的程序选择权利。有鉴于此,学理主要提出了两种观点:第一,法律规定说。考虑到公民权利行使的选择性和自主性是一项重大程序性权利,有学者主张不宜由法规来加以规范和限制,应限定于由法律规定。④ 具体应修改《行政诉讼法》第44条第2款,取消"法规"可以设

---

① 参见章志远:《我国行政复议与行政诉讼程序衔接之再思考》,载《现代法学》2005年第4期。
② 参见杨海坤、朱恒顺:《行政复议的理念调整与制度完善——事关我国〈行政复议法〉及相关法律的重要修改》,载《法学评论》2014年第4期。
③ 曹鎏:《五国行政复议制度的启示与借鉴》,载《行政法学研究》2017年第5期。
④ 参见黎军:《行政复议与行政诉讼之关系范畴研究》,载《法学评论》2004年第3期。

置复议前置程序的规定,将此项权力仅仅赋予全国人大及其常委会所制定的"法律"。① 第二,法律、行政法规说。该观点认为,由于地方性法规位阶低,对救济权利的限制正当性存在一定的问题;同时,若仅赋予全国人大及其常委会制定的法律享有此项权力,很有可能使复议前置流于形式。因此,赋予法律、行政法规规定复议前置的权力,宜成为目前的选择。②

(三) 复议终局模式

根据我国行政复议制度与行政诉讼制度的安排,二者权利救济模式的衔接关系主要存在两种形态:在横向衔接关系上,以双轨制为主,以单轨制为辅;在纵向衔接关系上,以自由选择原则为原则,以复议前置原则为例外,并有复议终局、迳行起诉、终局性选择等特殊制度。在行政复议与行政诉讼的横向衔接关系方面,双轨制模式与单轨制模式的区别在于,行政相对人在不服行政机关决定的时候,在提起行政复议后,是否还能拥有获得司法救济的权利。前者在一定程度上赋予了行政相对人接受两次法定权利救济的机会,后者则意味着行政相对人只能二选一。复议终局主要包括三类:法定复议终局、隐性复议终局和事实复议终局。

学理界对于复议终局模式存在三种截然不同的观点。第一,支持型。肯定行政复议终局模式的学者主要基于以下几个理由:一是涉及国家重要机密的行政行为,进入诉讼将会造成严重后果;二是部分行政行为不可能或极少可能侵害行政相对人的合法权益;三是部分行政行为的专业性极强且非常复杂,以至于司法审查徒劳无益;四是某些行政行为可以完全在行政系统内部获得公正的救济程序;五是因不可抗力事件使行政救济以外的司法救济成为不可能。③ 考虑到维护社会秩序的稳定性、保障当事人权利救济的及时性、行政纠纷的特殊性、司法审查的能力等因素,行政复议终局具有其

---

① 参见章志远:《论行政复议与行政诉讼之程序衔接》,载《行政法学研究》2005 年第 4 期。
② 参见杨伟东:《行政复议与行政诉讼的协调发展》,载《国家行政学院学报》2017 年第 6 期。
③ 参见杨海坤、章志远主编:《行政诉讼法专题研究述评》,中国民主法制出版社 2006 年版,第 87 页。

存在的基础和必要性。① 第二,废除型。部分学者主张废除和取消复议终局型。一方面,行政复议终局是对司法监督的排斥,违背了现代法治所共同遵循的"司法最终解决"的原则;另一方面,复议终局情形的存在是对当事人程序选择权的侵害,无助于公民合法权益的维护。② 第三,宽容型。部分学者对复议终局型持相对宽容的态度,主张通过确立"以司法最终裁决为基本原则、行政复议终局为例外"的模式,消解复议终局与司法最终解决之间的紧张关系。行政复议终局作为单轨制模式,"减少了行政相对人的选择权,降低了行政相对人的选择成本、机会成本和应对成本,某种意义上也降低了复议机关和人民法院的运作成本",使行政相对人避免烦琐复杂的程序。③ 出于确保当事人最大限度获得司法保障之目的,复议终局应由法律明文规定并作限制性解释,同时遵循一定的原则严格限定行政机关的裁决权和划定终局行政裁决权的范围。④

　　法律争议由司法最终裁决是现代法治的基本原则,被现代法治国家普遍确立。在我国,行政诉讼法关于复议终局的立法安排,在学理界获得一定的支持。然而,重新审视支持复议终局的理由可以发现,这些观点源于对行政复议与行政诉讼关系的不完整认识。不论是基于不宜还是不能接受司法审查的考虑,进而得出复议终局存在必要性的观点,均难以通过证伪的考验。行政诉讼受案范围制度和行政诉权构成要件理论,本就具备排除部分行政争议进入司法救济程序的作用。质言之,并非所有的行政争议均可以获得进入司法救济程序的门票,这是由行政诉讼制度的特性所决定,而非缘于行政复议制度的专属安排。因此,支持型和宽容型的观点,难以实现理论上和逻辑上的自圆其说。"法院作为法律帝国的'首都',并非纠纷解决的唯

---

① 参见蔡小雪:《行政复议与行政诉讼的衔接》,中国法制出版社2003年版,第8页;李林:《行政复议与行政诉讼衔接关系研究》,载陈光中、江伟主编:《诉讼法论丛》(第8卷),法律出版社2003年版,第524页。
② 参见沈福俊:《对行政复议的司法监督:现实问题与解决构想》,载《法学》2003年第12期;章志远:《论行政复议与行政诉讼之程序衔接》,载《行政法学研究》2005年第4期。
③ 参见林泰:《结构主义视域下行政复议与行政诉讼关系新论——兼论二元发展关系下行政复议制度的重构》,载《法学评论》2016年第2期。
④ 参见黎军:《行政复议与行政诉讼之关系范畴研究》,载《法学评论》2004年第3期。

一机制,也并非纠纷解决的首选机制,而是纠纷解决的最终机制,是当事人寻求正义的最终堡垒。"[1]因此,唯有取消复议终局型,坚持司法最终原则,才能实现行政权与司法权在分工中合作,确保行政复议与行政诉讼的有序衔接。

二、行政诉讼与行政复议的实体衔接

行政诉讼与行政复议在程序上的衔接,聚焦于宏观层面,主要表现在两大制度之间的横向与纵向关系(单轨制抑或双轨制,以复议选择为主还是以复议前置为主);在实体上的衔接则着眼于微观层面,主要涉及受案范围、当事人资格、审查范围和法律适用之间的衔接。在学理研究中,依旧遵循问题导向型路径,以更好解决两大制度实体脱节问题为研究旨趣。在研究内容上,受案范围、审查范围和法律适用三个问题的研究成果多集中于早期,晚近关注度较低;有关被告资格的衔接问题是现阶段研究的热点和难点,成果颇丰。

(一) 受案范围的衔接

行政诉讼与行政复议在受案范围方面的关系经历了三个阶段:第一,完全复制阶段。作为1989年《行政诉讼法》配套立法制度的《行政复议条例》,在受案范围上与行政诉讼受案范围基本一致。第二,行政复议超前阶段。《中华人民共和国行政复议法》(以下简称《行政复议法》)的制定,标志着行政复议制度获得了独立地位,与此同时扩大了受案范围:一是将抽象行政行为纳入受案范围,二是扩大了行政相对人合法权益保护的范围,突破了人身权和财产权的限制。第三,行政诉讼赶超阶段。2014年修订《行政诉讼法》,秉着权利救济全覆盖的目标,进一步扩大了司法审查范围。此外,行政协议

---

[1] 王万华:《行政复议法的修改与完善研究:以实质性解决行政争议为视角》,中国政法大学出版社2020年版,第137页。

第四章　行政诉讼与行政复议衔接

新型诉讼类型的出现，更是领先于行政复议受案范围规定。① 从行政诉讼与行政复议受案范围的历史变迁进程来看，二者在受案范围上整体面临脱节问题。学界有关受案范围衔接问题的研究，也与三次变化紧密相连，主要集中于行政复议超前阶段和行政诉讼赶超阶段。

在行政复议超前阶段，行政复议比行政诉讼的受案范围广，主要表现为以下四点：一是对于行政机关不履行保护公民受教育权的法定职责，公民可以提起行政复议；二是对于有关教育、劳动等具体行政行为不服的，相对人可以提起行政复议；三是对于抽象行政行为，可与具体行政行为一起提出复议请求；四是对于部分国家行为，相对人可提出复议请求。② 行政复议受案范围大于行政诉讼，与司法最终解决原则相悖，会导致一部分行政相对人的权益得不到完整救济，更会影响司法审查对行政复议的监督效果。③ 针对受案范围脱节现象，学界提出了两种有代表性的解决路径：一是完善行政复议，将抽象行政行为纳入受案范围，保证权利救济、行政内部监督和维护国家法治统一的效果，为行政诉讼受案范围扩充提供经验积累和理论准备。④ 二是扩大行政诉讼受案范围，但对于抽象行政行为是否接受司法审查及审查范围方面存有争议。⑤

在行政诉讼赶超阶段，行政诉讼受案范围在总体上大于行政复议受案范围，衔接不畅问题依旧突出，主要表现为：行政行为概念不统一、行政协议范围不一致、行政终局裁决问题不易衔接、行政规范性文件定位不同等。针对上述规定脱节问题，该学者进一步提出两个建议：一方面，应当实现法律概念之间的统一，并正视采用统一的行政行为概念后所面临的主要问题；另一方面，在肯定行政复议与行政诉讼受案范围基本一致的前提下，保留行政

---

① 参见杨红：《行政复议与行政诉讼衔接研究》，中国政法大学出版社2016年版，第151—156页。
② 参见蔡小雪：《行政复议与行政诉讼的衔接》，中国法制出版社2003年版，第3页。
③ 参见沈福俊：《对行政复议的司法监督：现实问题与解决构想》，载《法学》2003年第12期。
④ 参见方军：《抽象行政行为行政复议若干问题研究》，载罗豪才主编：《行政法论丛》（第7卷），法律出版社2004年版，第331页。
⑤ 参见杨海坤、章志远主编：《行政诉讼法专题研究述评》，中国民主法制出版社2006年版，第77页。

复议在解决内部行为、自由裁量行为、终局裁决行为等领域争议的特色。①有学者基于"无救济无权利"政治理念践行的客观要求，认为与2014年《行政诉讼法》大力弘扬公民权利"无漏洞"司法救济的理念相比，《行政复议法》有关受案范围的规定已经捉襟见肘，并与《行政诉讼法》之间形成了更为明显的脱节现象。因此，从行政争议解决的全面性和构建新型行政复议与行政诉讼衔接关系出发，《行政复议法》修订时应全盘吸收行政诉讼法的理念和技术，行政复议的范围可拓展至传统特别权力关系理论所覆盖的行政争议领域。②

行政复议与行政诉讼制度的功能定位会随着国家政策的调整和现实情况的变化，而相应发生变迁。因此，在推进二者受案范围衔接时，应依据理论，基于现实，保持跟进，因为受案范围必定是个开放性场域。但是，有一个问题值得思考：行政复议与行政诉讼的受案范围是不是应保持完全一致？我们应回归制度目的和定位予以思考和探寻答案。行政诉讼与行政复议作为解决行政争议的制度，会因制度定位和资源配置不同而互有区别和侧重，由此决定了在设计受案范围时，应体现各自的侧重点和制度立场，以发挥各自独特优势。③行政复议制度的司法行政化定位，使其在纠纷解决中具有更明显的全面性、专业性、高效性和便捷性优势，更为重要的一点，具备更强的纠纷解决能力。在司法能力有限和行政审判外部环境有待进一步优化的当下，当行政诉讼还在面对"多中心主义"④和"策略性服从"⑤考验时，应充分和优先发挥行政复议的作用，以弥补司法审查之不足。因此，行政诉讼相较于行政复议的受案范围，至少应呈现出小于或等于的关系。

---

① 参见杨红：《行政复议与行政诉讼衔接研究》，中国政法大学出版社2016年版，第215—230页。
② 参见章志远：《行政复议与行政诉讼衔接关系新论——基于解决行政争议视角的观察》，载《法律适用》2017年第23期。
③ 参见杨伟东：《行政复议与行政诉讼的协调发展》，载《国家行政学院学报》2017年第6期。
④ 参见汪庆华：《中国行政诉讼：多中心主义的司法》，载《中外法学》2007年第5期。
⑤ 参见于晓虹：《策略性服从：我国法院如何推行行政诉讼》，载《清华法学》2014年第4期。

第四章　行政诉讼与行政复议衔接

（二）当事人资格的衔接

当事人资格认定是行政诉讼制度与行政复议制度顺利启动的条件,然而在实践中却存在脱节问题,主要表现为两方面:行政复议申请人与行政诉讼原告资格认定不一致;行政复议被申请人与行政诉讼被告资格认定不一致。较早对该问题进行研究的是王克稳教授,他基于法律文本规定,系统梳理了当事人资格不衔接的具体表现。① 有学者基于行政诉讼法和行政复议法规定,重新总结了当事人资格衔接中的问题:第一,申请人与原告资格认定方面,存在利害关系人的申请人资格不够明确、申请人的范围与原告的范围不契合等问题;第二,被申请人与被告资格认定方面,存在授权依据不统一、批准行为的被申请人与被告不统一、行政机构的资格不一致等问题;第三,第三人资格认定与权益保护方面,行政行为第三人的范围及保护范围均有所拓宽,而行政复议制度未作相应调整。② 行政复议与行政诉讼在当事人资格认定上的脱节,会导致同一行为按照行政复议法无法提起行政复议,而按照行政诉讼法及其司法解释可以提起诉讼,出现适法矛盾问题。③ 为了消除当事人资格认定不衔接问题,有学者提出了立法完善建议,在坚持《行政复议法》修订与《行政诉讼法》保持一致的基础上,具体思路有三点:申请人的范围与原告范围一致,被申请人与被告认定的统一与规范,拓宽第三人范围。④

晚近研究中,行政诉讼"双被告"制度属于研究热点。《行政诉讼法》修改之前,复议维持现象非常突出。为了激活行政复议制度的功能,立法作了极大的变革,规定行政复议机关与作出原行政行为的行政机关充当共同被

---

① 参见王克稳:《我国行政复议与行政诉讼的脱节现象分析》,载《行政法学研究》2000年第4期。
② 参见杨红:《行政复议与行政诉讼衔接研究》,中国政法大学出版社2016年版,第156—159页。
③ 参见方军:《我国行政复议制度的实施现状与问题》,载周汉华主编:《行政复议司法化:理论实践与改革》,北京大学出版社2005年版,第156页。
④ 参见杨红:《行政复议与行政诉讼衔接研究》,中国政法大学出版社2016年版,第230—237页。

告。这一制度创新被学理界称为"行政复议双被告制"。该制度在修法阶段就面临极大争议,新《行政诉讼法》的实施不仅没有终结争议,反而因为实施中产生的问题,引发更多质疑之声。学理界和实务界形成了截然不同的观点。面对"行政复议双被告制"确立后,我国的行政复议维持率虽有所下降①,但并未能一直保持的态势,学者提出了较为激烈的批评,并主张取消该制度。首先,实际效果不佳。复议机关作共同被告并未实现直接提升行政复议质量的预期,且制度成本大于效益,面临理论与实践的多重困境。② 其次,增加复议机关压力。行政复议机关在庭审中往往是复述原行政机关的观点③,导致行政复议机关要消耗大量精力去应对缺乏实质意义的新增工作量,造成行政资源浪费。④ 最后,违背诉讼基本原理。"双被告"制度的确立使复议机关定位"自相矛盾",程序上空转严重,也背离了理性"经济人"原则。这不仅不符合"成本—收益分析"的基本要求,而且在很大程度上减损了复议制度本身的权威性。⑤ 同时,"行政复议双被告制"有违"先取证后裁决"的基本证据规则⑥和"处分权主义"的诉讼原则⑦。

与取消论相对,支持"双被告"制度的学者主要基于以下理由。首先,立法目的方面,"之所以作这样的修改,主要是解决目前行政复议维持率高,纠错率低的问题"⑧。中国人民大学莫于川教授提出的建议稿中也持该方案,因为"这一方案主要考虑到了复议机关作为上级行政机关的特殊资源、审查便利解决力度和特殊效果等诸多因素……这种立法模式并没有域外的立法例,可以说是具有中国特色的一次尝试"⑨。其次,在实际运行方面,如果取

---

① 参见俞祺:《复议机关作共同被告制度实效考》,载《中国法学》2018年第6期。
② 参见杨欣雅:《论行政复议共同被告制度的困境与未来》,载《行政法学研究》2021年第4期。
③ 参见李广宇:《新行政诉讼法逐条注释》(上),法律出版社2015年版,第5页。
④ 参见方世荣:《论复议机关做被告与做共同被告的不同价值功能》,载《中外法学》2019年第2期。
⑤ 参见曹鎏、冯健:《行政复议"双被告"制度的困境与变革》,载《中外法学》2019年第5期。
⑥ 参见张旭勇:《复议机关作共同被告的逻辑转换与制度重构》,载《浙江学刊》2019年第5期。
⑦ 参见梁君瑜:《复议维持"双被告制"之再检讨》,载《河北法学》2019年第6期。
⑧ 信春鹰主编:《中华人民共和国行政诉讼法释义》,法律出版社2014年版,第73页。
⑨ 莫于川等:《新〈行政诉讼法〉条文精释及适用指引》,中国人民大学出版社2015年版,第70页。

消复议机关作被告,会加剧行政复议的独立性之弊,损害人们对行政复议制度的信心。① 在行政复议主渠道地位获得普遍认可的背景下,"双被告"制度确实与行政诉讼和行政复议的新型衔接关系存在一定张力,取消"双被告"制度已成未来发展的必然趋势。与之相应,问题的核心演变为取消"双被告"制度之后的制度安排。关于这一点,学者各有观点,但有一点应被重视和坚持,即使行政复议回归传统行政司法性质,尊重复议机关的"居中"定位,发挥其在纠纷解决机制中的主渠道地位。

(三) 审查范围的衔接

行政诉讼与行政复议在审查范围的脱节主要表现为三点:第一,合理性审查程度不一致。根据《行政复议法》第1条规定,行政复议的审查范围包括行政行为的合法与不当两个方面。根据《行政诉讼法》第6条、第70条规定,行政诉讼的审查范围主要围绕行政行为的合法性展开,同时兼顾明显不当的行为。与行政复议坚持行政行为合法性与合理性一并审查的原则不同,行政诉讼在面对合理性问题上,采取有限审查的立场,仅针对"明显不当"的行政行为。第二,合法性之"法"的认识不一致。尽管行政复议与行政诉讼都对具体行政行为的合法性进行审查,但二者对具体指向中的"法"的认识和理解不尽一致,前者持广义解释的立场,后者则理解为"法律、法规、参照规章"。对"法"内涵的理解差异,会导致结果上存在差异,造成审查范围难以衔接的困境。② 第三,缺乏对违法和不当行为之外的审查。有学者指出,在违法和不当之外,行政行为的不成立或无效也属于有瑕疵。2000年《执行解释》第57条对此作出规定,但《行政复议法》和《行政复议法实施条例》对于无效或不成立行政行为的复议决定没有具体规定。③

针对行政诉讼与行政复议在审查范围规定中的不一致,有学者提出,应

---

① 参见熊樟林:《行政复议机关做被告的理论逻辑》,载《法学》2021年第7期。
② 参见王克稳:《我国行政复议与行政诉讼的脱节现象分析》,载《行政法学研究》2000年第4期。
③ 参见杨红:《行政复议与行政诉讼衔接研究》,中国政法大学出版社2016年版,第162页。

进一步扩充行政诉讼审查范围,同时坚持合法性审查和合理性审查,从而适应社会不断发展和法制不断完善的需要,加强对行政权尤其是行政自由裁量权的监督。① 还有学者认为应在充分认识行政复议制度与行政诉讼制度功能差异的基础上,做到审查标准的求同存异。具体而言,首先要明晰超越职权与滥用职权的界定、正当程序与法定程序的关系等问题,其次需明确行政诉讼与行政复议在审查规范性文件时存在区别,以更好实现二者在审查范围方面的衔接。②

(四) 法律适用的衔接

所谓法律适用,即应适用何种法律,审查有争议的行政行为之合法性和合理性。根据《行政复议法》第63、64条规定,适用的依据错误或适用的依据不合法,是行政复议机关变更或撤销行政行为的法定情形。《行政诉讼法》第63条对行政诉讼中的法律适用作了规定,明确人民法院审理行政案件的依据为法律和法规,规章处于参照地位。从立法可以看出,行政复议的法律适用规定比较模糊、抽象,导致其与行政诉讼在法律适用中出现不衔接问题。立法的模糊性并未滞碍行政复议实际运行,而是在实践中不断明确了行政复议的审查依据,即法律、法规、规章和行政规范性文件,均可以作为判断行政行为合法性与合理性的依据。复议实践中对法律适用问题形成的共识,获得了学界的支持。

行政诉讼与行政复议对法律依据内涵理解的差异,使得行政规范性文件只能被单方适用。行政复议与行政诉讼中的法律适用问题,实际上关涉判断行政行为合法性的标准问题。"审查的标准不一致,势必导致审查结果的不一致,形成行政复议决定与行政判决在评价行政行为方面的矛盾和冲突。"③有学者以例证法的方式,再次强调了该法律适用不衔接问题导致的审

---

① 参见杨海坤、章志远主编:《行政诉讼法专题研究述评》,中国民主法制出版社2006年版,第80页。
② 参见杨红:《行政复议与行政诉讼衔接研究》,中国政法大学出版社2016年版,第246—250页。
③ 王克稳:《我国行政复议与行政诉讼的脱节现象分析》,载《行政法学研究》2000年第4期。

理结果矛盾后果,即行政复议机关以行政规范性文件为审理依据,撤销了原行政行为,但在诉讼阶段,人民法院审查后却发现适用的法律、法规正确,可能会作出驳回诉讼请求的判决。①

为了消弭行政诉讼与行政复议法律适用不衔接问题,应统一法律适用标准。有学者提出应"删去依据与参照的规定",因为行政复议机关和人民法院在审查行政行为的过程中,均承担着《中华人民共和国立法法》(以下简称《立法法》)规定的审查义务,对于与上位法冲突的法律文件不予适用,对于相互冲突的法律文件通过报请程序由有权机关作出决定,因此,不必区分参照与依据。② 有学者则认为,将行政法规、规章、行政规范性文件的审查权赋予人民法院,有利于体现救济机制的连贯和统一,避免行政复议裁决和行政审判裁判之间的矛盾和冲突,进而实现行政程序、行政复议和行政诉讼之间的顺畅衔接。③ 法律适用问题不仅关涉行政复议与行政诉讼的审查依据和实体衔接,更牵涉立法法对于法的认识和制度设计。因此,在探寻法律适用衔接路径时,应坚持内外兼顾,既符合整个法律体系的统一性要求,同时使二者在内部达成法律适用的充分协调和一致。

三、行政诉讼与行政复议的地位比较

作为化解行政争议的重要机制,行政诉讼与行政复议凭借各自独特优势在化解行政纠纷和实现权利救济中发挥着重要作用。行政诉讼作为司法救济手段,其性质自然不存争议。行政复议则自诞生之时起,便面对着激烈的性质之争。随着《行政诉讼法》与《行政复议法》的修订完善,行政诉讼与行政复议的性质与目的被赋予了新的时代内涵和治理任务,发生了变迁。在国家治理现代化和行政争议实质化解的新时代背景下,二者之间的关系

---

① 参见方军:《抽象行政行为行政复议若干问题研究》,载罗豪才主编:《行政法论丛》(第7卷),法律出版社2004年版,第158页。
② 参见刘莘:《关于行政诉讼法律适用制度修改的思考》,载《苏州大学学报(哲学社会科学版)》2012年第1期。
③ 参见杨红:《行政复议与行政诉讼衔接研究》,中国政法大学出版社2016年版,第256页。

变得更为复杂。如何正确认识二者的定位及相互地位，直接关系行政复议制度和行政诉讼制度定位的实现效果，涉及权利救济的公正、有效和及时性，更会影响国家治理体系和治理能力现代化的建设进程。

（一）行政诉讼与行政复议的地位变化

行政诉讼与行政复议之间关系密切，二者性质定位的变化，构成了学理研究观察二者关系形态的重要窗口，主要形成了"附属配套地位与独立地位之争"和"主次关系之争"。行政复议相对于行政诉讼而言，究竟是处于附属配套地位抑或独立地位，学界存有不同的观点。在早期，大部分学者将行政复议视作行政诉讼的配套制度。1990年公布的《行政复议条例》，是国务院为了贯彻1989年《行政诉讼法》而实施的配套立法举措。《行政复议条例》基本制度的设计，均以满足和实施行政诉讼法的需要为目的，并未超出行政诉讼法的设计路线。[①] 行政复议制度作为行政诉讼制度的配套制度[②]，依附于、服务于行政诉讼制度，无独立的地位。这种观点在早期获得多数支持，但亦不乏反对者。[③] 亦有学者强调，将行政复议制度定位为配套制度，确实可以起到贯彻行政诉讼法的重要作用，但会限制其作为行政监督制度的作用。[④] 从历史维度来看，行政复议早于行政诉讼制度建立；从意义维度来看，行政复议在案件受理范围、审查程度及审查结果上，都体现了相对于行政诉讼的独立意义。[⑤] 因此，应摆脱行政复议制度配套定位的束缚，认可和强调其独立地位，更好发挥其独特优势。

行政复议不同定位下，行政复议与行政诉讼呈现出不同的关系。究其性质而言，行政复议属于行政司法行为，首要目的为"权利救济"，附属目的

---

① 参见于安：《制定我国〈行政复议法〉的几个重要问题》，载《法学》1999年第8期。
② 参见章剑生：《行政复议立法目的之重述——基于行政复议立法史所作的考察》，载《法学论坛》2011年第5期。
③ 参见蔡志方：《行政救济与行政法学》，三民书局1993年版，第111页。转引自黎军：《行政复议与行政诉讼之关系范畴研究》，载《法学评论》2004年第3期。
④ 参见于安：《制定我国〈行政复议法〉的几个重要问题》，载《法学》1999年第8期。
⑤ 参见黎军：《行政复议与行政诉讼之关系范畴研究》，载《法学评论》2004年第3期。

为"监督行政";行政诉讼属于司法行为,主观诉讼的目的为"权利救济",公益诉讼的目的为"监督行政"。① 在实然层面,行政复议制度的功能具有变迁性。在行政争议频发和法院陷入"人案矛盾"困境的当下,行政复议作为纠纷解决制度的性质定位被日益重视。在纠纷解决视阈下,行政复议与行政诉讼作为正式解决行政争议的渠道,需要明确二者有无主次之分。在行政诉讼法修订之前,从实际运行情况来看,行政复议与行政诉讼发挥着等量齐观的作用。例如,2008年至2014年,二者处理的案件量差异并不明显。然而,在2014年修订的《行政诉讼法》实施之后,二者处理的案件数量开始出现鸿沟。行政案件数量激增,行政诉讼制度不堪重负。在这种背景下,学理开始重新反思行政诉讼与行政复议的关系,出现行政复议主渠道的呼声。有学者主张,从功能定位来看,由于行政复议具有范围广、专业强、程序快、费用低等优势,经过改革的行政复议制度在未来应成为我国解决行政争议的主渠道。② 行政复议作为解决行政争议的主渠道之地位,被越来越多的学者所支持。

何谓行政复议作为解决行政争议的主渠道,学界从多重维度进行了阐释。对于普通公民而言,是指行政复议应当是其优先选择解决行政争议的渠道。③ 对于行政复议实效而言,是指能够通过行政复议有效化解行政争议的,就尽量在行政复议中实现案结事了。④ 对于行政诉讼而言,是在化解行政争议中的优先顺序,即"在行政复议与行政诉讼的制度衔接中,一条基本经验是:行政争议的解决倚重行政机关、行政机关是主战场,法院是行政争议解决的最后一道防线"⑤。行政复议在化解行政争议中被寄予厚望的原因

---

① 参见刘权:《主渠道视野下行政复议与诉讼关系的重构》,载《中国政法大学学报》2021年第6期。
② 参见应松年:《行政复议应当成为解决行政争议的主渠道》,载《行政管理改革》2010年第12期;应松年:《把行政复议制度建设成为我国解决行政争议的主渠道》,载《法学论坛》2011年第5期。
③ 参见应松年:《把行政复议制度建成解决行政争议的主渠道》,载《光明日报》2017年8月24日。
④ 参见周佑勇:《行政复议的主渠道作用及其制度选择》,载《法学》2021年第6期。
⑤ 全国人大常委会法制工作委员会行政法室编:《行政诉讼法立法背景与观点全集》,法律出版社2015年版,第292页。

在于两方面,即应对行政争议日益增多的现状和更好发挥行政复议的制度优势。① 行政复议化解行政争议的天然优势、我国行政争议的特殊性以及域外国家和地区的经验,决定了行政复议应当成为新时代化解行政争议的主渠道。② 2023年,新修订的《行政复议法》将"发挥行政复议化解行政争议的主渠道作用"纳入第1条立法目的,正式确立了其主渠道地位。行政复议在解决行政争议中的主渠道定位,暂时平息了行政诉讼与行政复议有无主次之分的争论。如何在主渠道关系下,打造行政诉讼与行政复议合作互补的格局,更好推进治理现代化进程,成为理论研究的新课题。

(二)新型"主渠道"关系的实现路径

回顾行政诉讼制度和行政复议制度的发展历程,二者之间经历了"俯首称臣—分庭抗礼—喧宾夺主"的多重关系形态,在行政争议实质化解的时代背景下,呈现出"竞争中合作、差异中互补"的新型衔接关系。③ 行政复议寄托着"主渠道"的制度优化目标,在这种背景下,必须超越行政复议与行政诉讼之间的"定位之争",探寻二者之间的合作、互补新型衔接关系之实现。现有研究提供了三种实现路径的设想:一是功能衔接路径,二是制度改革路径,三是理念导向路径。

首先,功能衔接路径。从纠纷解决功能定位审视,行政复议是"主渠道",行政诉讼则是"最后防线"。强调行政复议在解决行政争议中的主渠道地位,并不意味着行政复议的绝对优先和行政诉讼的排斥适用。就行政纠纷化解而言,行政诉讼同样具有独特优势。要实现新型"主渠道"关系,必须在坚持二者各司其职的前提下,推进功能有序衔接。有学者基于探寻行政

---

① 参见王万华:《行政复议法的修改与完善——以"实质性解决行政争议"为视角》,载《法学研究》2019年第5期;曹鎏:《中国特色行政复议制度的嬗变与演进》,法律出版社2020年版,第4—9页。
② 参见曹鎏:《作为化解行政争议主渠道的行政复议:功能反思及路径优化》,载《中国法学》2020年第2期。
③ 参见章志远:《行政复议与行政诉讼衔接关系新论——基于解决行政争议视角的观察》,载《法律适用》2017年第23期。

第四章　行政诉讼与行政复议衔接

复议与行政诉讼制度"竞争中合作、差异中互补"局面形成之目标,提出应从四个维度出发实现功能衔接:以行政争议的公正解决为目标,建立由相对独立的行政复议局集中行使行政复议权的体制;以行政争议的全面解决为目标,将行政复议的受案范围拓展至行政诉讼未曾覆盖的特别权力关系领域;以行政争议的有效解决为目标,通过兼顾正当程序和行政特色的方式优化行政复议的程序设计;以行政争议的及时解决为目标,扩容行政复议前置的情形,助推行政复议担负起解决行政争议主渠道的历史使命。① 有学者则在借鉴域外行政复议制度发展的模式和路径,以及结合我国行政复议制度现状的基础上,提出应从三方面实现二者的功能衔接:解决行政争议指导下借鉴司法程序完善行政复议制度;尝试建立多元化行政复议模式;正视行政复议制度的行政个性。②

其次,制度改革路径。行政复议在实质、高效、便捷解决行政争议上具有的巨大优势,决定了其在多元化的纠纷解决机制中处于主渠道地位。行政复议作为化解行政争议主渠道的功能定位,将在很长一段时间内指引行政复议体制机制改革,同时推进行政复议制度改革,可以更好保障其主渠道地位的实现。制度改革的方式和力度决定着行政复议的未来,同时,如果制度调整不到位,不仅会发生主渠道停留于设想的理想局面,更会进一步激化"司法中心主义"趋势。行政复议的主渠道定位,是对行政复议作为积极能动型监督和救济机制的强调,这一定位为《行政复议法》的修改和行政复议制度的完善提供了方向性指引。③现阶段,我国行政复议制度改革存在很多制约因素,如行政复议的央地改革未能实现同频共振、行政复议质效评价体系科学性差、双被告制度引发复议和诉讼之间出现内耗和空转、法治未能及时为改革保驾护航等,必须寻求科学的改革路径。④ 针对强制复议前置和不

---

① 参见章志远:《行政复议与行政诉讼衔接关系新论——基于解决行政争议视角的观察》,载《法律适用》2017年第23期。
② 参见杨红:《行政复议与行政诉讼衔接研究》,中国政法大学出版社2016年版,第183—190页。
③ 参见莫于川、杨震:《行政复议法的主渠道定位》,载《中国政法大学学报》2021年第6期。
④ 参见曹鎏:《作为化解行政争议主渠道的行政复议:功能反思及路径优化》,载《中国法学》2020年第2期。

断完善行政复议体制机制这两种可能的改革路径,有学者直接提出质疑,提出应通过适度扩大行政复议前置的范围、逐步减少直至取消复议终局案件和完善不服行政复议的救济方式,充分发挥行政复议化解行政争议的主渠道作用。① 为了充分实现实质性解决行政争议功能,有学者认为,行政复议制度改革需从复议体制设计的二元结构、负面清单的受案范围规定、简便快捷的受理机制和灵活高效的处理方式四个方面进行努力。② 行政复议化解行政争议主渠道作用的实现,需要依托外力驱动型进路,负面清单式范围规定、复议前置原则性规定和复议程序快捷化设计是重要支撑。③

最后,理念导向路径。"实质性解决行政争议"作为由最高人民法院针对程序空转工作而提出的解决行政争议的理念,在理论和实践中已经获得一定共识。行政争议的实质性解决以实现对公民、法人和其他组织正当诉求的切实有效保护为目标。④ "解决行政争议是确立主渠道目标的逻辑起点,能否实质性解决争议构成行政复议实现主渠道程度的决定性要素。"⑤ "行政复议主渠道目标的实现与行政复议法良法善治实为一体两面。主渠道是法治理想,是复议法应然发展方向,但应然不等于必然,必然亦无法替代实然。"⑥ 在"实质性解决行政争议"背景下,只有做到以客观上的"实质性解决行政争议"取代主观上的"行政争议解决主渠道"之功能定位,行政复议制度才有望实现与行政诉讼在"竞争中合作、差异中互补"。⑦ 为此,有学者提出,应将实质性解决行政争议理念引入《行政复议法》修订过程中,重构行政复议机构、变革行政复议审理模式和调整行政复议决定体系。⑧ 有学者同

---

① 参见刘权:《主渠道视野下行政复议与诉讼关系的重构》,载《中国政法大学学报》2021年第6期。
② 参见章志远:《从"主渠道"到"实质性":行政复议解决争议功能之审视》,载《苏州大学学报(哲学社会科学版)》2021年第4期。
③ 参见章志远:《以习近平法治思想引领行政复议法修改》,载《法学评论》2022年第6期。
④ 参见章志远:《行政争议实质性解决的法理解读》,载《中国法学》2020年第6期。
⑤ 徐运凯:《行政复议法修改对实质性解决行政争议的回应》,载《法学》2021年第6期。
⑥ 曹鎏:《中国特色行政复议制度的嬗变与演进》,法律出版社2020年版,第256页。
⑦ 参见章志远:《从"主渠道"到"实质性":行政复议解决争议功能之审视》,载《苏州大学学报(哲学社会科学版)》2021年第4期。
⑧ 参见王万华:《行政复议法的修改与完善——以"实质性解决行政争议"为视角》,载《法学研究》2019年第5期。

第四章　行政诉讼与行政复议衔接

样主张在行政复议法修订中,要对照实质性解决行政争议的要求,充分发挥行政复议"行政性"的优势,从包容性、公正性、效率性和实效性四个方面予以积极回应,把行政复议打造成为比信访更规范、比诉讼更简便、更务实管用的纠纷化解机制,真正实现"定分止争""诉源治理",将行政争议主要解决在基层,解决在初发阶段,解决在行政程序中。①

主要参考文献

1. 蔡小雪:《行政复议与行政诉讼的衔接》,中国法制出版社 2003 年版。

2. 杨红:《行政复议与行政诉讼衔接研究》,中国政法大学出版社 2016 年版。

3. 王万华:《行政复议法的修改与完善研究:以实质性解决行政争议为视角》,中国政法大学出版社 2020 年版。

4. 曹鎏:《中国特色行政复议制度的嬗变与演进》,法律出版社 2020 年版。

5. 王克稳:《我国行政复议与行政诉讼的脱节现象分析》,载《行政法学研究》2000 年第 4 期。

6. 王学政:《论我国行政诉讼和行政复议制度之创新》,载《中国法学》2001 年第 4 期。

7. 倪志凤:《复议前置与行政诉讼衔接的思考》,载《法学杂志》2003 年第 5 期。

8. 沈福俊:《对行政复议的司法监督:现实问题与解决构想》,载《法学》2003 年第 12 期。

9. 沈福俊:《论"穷尽行政救济原则"在我国之适用——我国提起行政诉讼的前置条件分析》,载《政治与法律》2004 年第 2 期。

10. 黎军:《行政复议与行政诉讼之关系范畴研究》,载《法学评论》2004 年第 3 期。

11. 章志远:《论行政复议与行政诉讼之程序衔接》,载《行政法学研究》2005 年第 4 期。

---

① 参见徐运凯:《行政复议法修改对实质性解决行政争议的回应》,载《法学》2021 年第 6 期。

12. 章志远:《我国行政复议与行政诉讼程序衔接之再思考》,载《现代法学》2005 年第 4 期。

13. 杨伟东:《复议前置抑或自由选择——我国行政复议与行政诉讼关系的处理》,载《行政法学研究》2012 年第 2 期。

14. 林泰:《结构主义视域下行政复议与行政诉讼关系新论——兼论二元发展关系下行政复议制度的重构》,载《法学评论》2016 年第 2 期。

15. 杨伟东:《行政复议与行政诉讼的协调发展》,载《国家行政学院学报》2017 年第 6 期。

16. 章志远:《行政复议与行政诉讼衔接关系新论——基于解决行政争议视角的观察》,载《法律适用》2017 年第 23 期。

17. 曹鎏、冯健:《行政复议"双被告"制度的困境与变革》,载《中外法学》2019 年第 5 期。

18. 王万华:《行政复议法的修改与完善——以"实质性解决行政争议"为视角》,载《法学研究》2019 年第 5 期。

19. 曹鎏:《作为化解行政争议主渠道的行政复议:功能反思及路径优化》,载《中国法学》2020 年第 2 期。

20. 杨欣雅:《论行政复议共同被告制度的困境与未来》,载《行政法学研究》2021 年第 4 期。

21. 章志远:《从"主渠道"到"实质性":行政复议解决争议功能之审视》,载《苏州大学学报(哲学社会科学版)》2021 年第 4 期。

22. 周佑勇:《行政复议的主渠道作用及其制度选择》,载《法学》2021 年第 6 期。

23. 余凌云:《取消"双被告"之后法院对行政复议决定的评判》,载《法学》2021 年第 5 期。

24. 王万华:《"化解行政争议的主渠道"定位与行政复议制度完善》,载《法商研究》2021 年第 5 期。

25. 刘权:《主渠道视野下行政复议与诉讼关系的重构》,载《中国政法大学学报》2021 年第 6 期。

26. 徐运凯:《行政复议法修改对实质性解决行政争议的回应》,载《法学》

2021年第6期。

27. 莫于川、杨震：《行政复议法的主渠道定位》，载《中国政法大学学报》2021年第6期。

28. 熊樟林：《行政复议机关做被告的理论逻辑》，载《法学》2021年第7期。

29. 曹鎏：《行政复议制度革新的价值立场与核心问题》，载《当代法学》2022年第2期。

30. 章志远：《以习近平法治思想引领行政复议法修改》，载《法学评论》2022年第6期。

第五章

行政诉讼受案范围

作为司法机关监督行政权的有效方式,行政诉讼在保障公民权利和监督政府依法行政方面无疑具有重要意义。其中,受案范围是决定法院审查范围的关键要素。行政诉讼受案范围既是衡量一国行政法治水平的一杆标尺,也反映了一个国家的民主发展程度、法律对公民合法权益的保障程度。一般认为,行政诉讼受案范围是指公民、法人或其他组织对行政主体的侵权行政行为可以依法提起行政诉讼的范围,亦是人民法院受理并审判行政案件的范围。[①] 在行政诉讼受案范围以内,行政相对人可以就行政主体的侵权行为获得司法救济;若在行政诉讼受案范围以外,行政主体的行政行为则依法享有司法豁免,不受法院裁判的拘束。自1989年《行政诉讼法》颁布以来,受案范围问题备受理论界和实务界的关注,是行政诉讼法学中历久弥新的研究课题。2014年《行政诉讼法》的修订力在解决行政诉讼中的"立案难、审理难、执行难"等问题,受案范围条款也随之成为此次修法中实务界与理论界重点讨论的问题之一。本章以2014年为界,分别对修法前后有关受案范围的代表性成果进行梳理与评述,以期有助于我国行政诉讼受案范围制度的后续完善。

[①] 参见杨海坤、章志远主编:《行政诉讼法专题研究述评》,中国民主法制出版社2006年版,第140页。

一、行政诉讼受案范围扩大的修法建言

在现行《行政诉讼法》修订以前,我国法律对行政诉讼受案范围的规定主要来自1989年《行政诉讼法》,该法采用概括列举加排除的模式首次明确了我国行政诉讼中的受案范围问题。随着2000年《执行解释》的公布,行政诉讼中的受案范围问题得到进一步的重视,并持续引发理论界的学术争论。此后绝大多数观点围绕着当下行政诉讼受案范围的局限性展开,不少学者针对受案范围的扩大提出了修法建言,希冀通过修改法律规定从而在一定程度上对受案范围内容进行完善。针对扩大行政诉讼受案范围的修法建言,学界观点主要可归纳为缺陷分析和扩大主张两部分。

(一) 关于行政诉讼受案范围的缺陷分析

在分析行政诉讼的受案范围前,学者们通常会对当下立法中受案范围规定存在的缺陷和障碍进行探讨,讨论主要集中于行政诉讼受案范围的确立模式、确定标准以及所保护的权益范围三个方面。

1. 我国行政诉讼法确立受案范围的模式存在缺陷

在立法过程中,受案范围的确需要采取一定的模式来作出明晰的表达,而模式的选择不仅关系到一国的政治体制,也与该国的司法实践现实息息相关。1989年《行政诉讼法》在以概括式条款确定具体行政行为可诉的同时,也明确列举了八种可诉的行政行为,并将国防外交行为、抽象行政行为、内部行政行为和终局行政行为排除在了行政诉讼受案范围之外。多数观点认为,我国行政诉讼法采用肯定列举式规定行政诉讼受案范围存在欠妥之处。有学者提出,行政诉讼法同时规定肯定的概括与肯定的列举,不仅有重复表述之嫌,也会在认识上造成一定程度的偏差,即所列举的事项得到重视而概括式的内容却被忽略,从而人为地缩小了行政诉讼的受案范围,不利于行政诉讼制度的发展和公民合法权益的保障。①

虽然 2000 年《执行解释》采用的立法模式与行政诉讼法有所区别，其摒弃了肯定式列举方式，采用的是更为符合法治现实的"概括式规定加排除"模式。这种方式的确在一定程度上拓展了行政诉讼的受案范围，但也仅限于在行政诉讼法规定的框架内进行解释扩大，始终具有一定的局限性。因此，有学者表示，"立法模式的紧要之处是要在行政纠纷中厘定允许起诉的纠纷与不允许起诉的纠纷之间的界限，在两者之间建立分水岭"②。行政诉讼法所界定的可诉行为范围与其所界定的不可诉行为范围，既不等于所有的行政权力行为，亦不等于行政机关的所有行为，因而理论上总是围绕着某些没有被规定于可诉行为范围内的行为是否都属于不可诉行为，以及某些没有被规定于不可诉行为范围内的行为是否都属于可诉行为而争论不休。③也正因立法模式对受案范围的界定不够明确，才使得实践操作中也总是存在诸多问题，故行政诉讼的受案范围在确立模式上存在缺陷已是不争的事实。

2. 我国行政诉讼法确定受案范围所适用的标准不适当

我国 1989 年《行政诉讼法》第 2 条、第 11 条都明确规定只受理因具体行政行为遭受侵害而提起的行政诉讼，与之相对的抽象行政行为则不具有可诉性。故一般认为，除了涉及人身权和财产权的权益标准，我国行政诉讼法在确定行政诉讼受案范围时，还采用了具体行政行为标准。有学者提出，只把具体行政行为置于受案范围内而把抽象行政行为排除于受案范围之外，而两者的区别仅仅是因为行为与对象的联系形式不同，由这样一个技术性问题决定受案范围的原则问题是不合理的。④ 此外，也有观点认为，1989 年《行政诉讼法》确定受案范围的标准过于繁复庞杂，使得行政行为的可诉性

---

① 参见陈宏光、尚华：《行政诉讼受案范围动态分析与现实思考》，载《政法论坛》2002 年第 1 期。
② 王麟：《重构行政诉讼受案范围的基本问题》，载《法律科学（西北政法学院学报）》2004 年第 4 期。
③ 参见徐永珍、孙丽娟：《论行政诉讼受案范围的界定》，载《华东政法学院学报》2001 年第 1 期；王麟：《重构行政诉讼受案范围的基本问题》，载《法律科学（西北政法学院学报）》2004 年第 4 期。
④ 参见杨小君：《我国行政诉讼受案范围理论研究》，西安交通大学出版社 1998 年版，第 48 页。

第五章 行政诉讼受案范围

受到了诸多标准的限制。譬如,有学者就曾主张,学界通说虽将行政诉讼受案范围的立法标准概括为权益标准和行为标准两种,但却过于笼统。在具体分析《行政诉讼法》第 11、12 条以及 2000 年《执行解释》第 1、12 条的规定后,其认为行政诉讼受案范围至少包括"是否属于法律行为""是否属于行政权力行为""行为对相对人权益的影响是否具有强制性"等十个标准,如此解释起来难免有些复杂琐碎。① 在行政诉讼法修改期间,中国人民大学关于修改行政诉讼法的专家意见稿中也指出,1989 年《行政诉讼法》第 11 条所列举的八类可诉的具体行政行为的分类标准不统一,"从立法技术上讲存在瑕疵"。② 此外,有观点认为,过去行政诉讼受案范围受到较为严格的限制,有行为种类限制,有权力种类限制,还有主体限制和关系限制等。③ 这些限制在制度设计上人为地给行政诉讼救济设置了很高的制度门槛,以致行政诉讼实践中常常出现"立案难""起诉难"的现象。可见,正因为我国行政诉讼法在确定受案范围时的标准过于严格,才导致行政诉讼受案范围整体适用起来较为狭窄,行政相对人的权益保护也因此受到不利限制。

3. 我国行政诉讼法所保护权益的范围具有局限性

行政诉讼制度应当是通过司法救济的途径保护公民合法权益不受行政权侵害的制度,而 1989 年《行政诉讼法》第 11 条却将行政诉讼制度的保障范围局限于公民的人身权和财产权。只有被侵犯的权益属于人身权或财产权的才能够被提起行政诉讼,其他权益受到行政行为的侵害时,只能选择司法救济以外的其他救济途径。针对此问题,一方面,实务中有观点认为,由于现阶段法律界对人身权和财产权的概念和范围尚未形成统一认知,因此司法实践中也存在难以准确认定某一行政行为究竟侵犯了相对人何种权利的

---

① 参见王麟:《重构行政诉讼受案范围的基本问题》,载《法律科学(西北政法学院学报)》2004 年第 4 期。
② 莫于川、雷振:《我国〈行政诉讼法〉的修改路向、修改要点和修改方案——关于修改〈行政诉讼法〉的中国人民大学专家建议稿》,载《河南财经政法大学学报》2012 年第 3 期。
③ 参见杨小君:《行政诉讼问题研究及制度改革》,中国人民公安大学出版社 2007 年版,第 2 页。

情形。① 另一方面,从现代宪法的角度而言,公民权利概括而言可分为自由权和社会权两大类,而人身权和财产权只是自由权中的一部分。公民权利的具体样态应包括契约自由、劳动权、受教育权、科研文艺创作权等。故有论者言,诸如劳动权、休息权、受教育权等权利都是公民享有的,由国家宪法赋予并由国家强制力保证实现的基本权利,这些权利应当在受到侵犯时得到有效的保障和救济。② 须知人身权和财产权并无法涵盖所有的公民基本权利,行政诉讼法关于受案范围所保护的权益的限制性规定,容易使得大量侵害人民群众其他合法权益的行政行为存在,这同样也有悖于我国建立行政诉讼制度的初衷。

(二) 关于行政诉讼受案范围的扩大主张

在符合一个国家政治体制的前提下逐步扩大行政诉讼受案范围,使得行政相对人的诉权得以被更好地保护,已逐渐成为当今世界各国行政诉讼制度发展的基本趋势和主要方向。在 2014 年《行政诉讼法》修订期间,理论界就有权威学者表示,修改行政诉讼受案范围在当下十分重要且紧迫,应当把它视为整个行政诉讼法修改的重中之重。至于如何对其进行修改,较大幅度地扩大受案范围已在理论界和实务界达成共识。③ 也有观点认为,我国行政诉讼制度的受案范围过窄,既无法回应现实生活中不断增加的纠纷类型,也与行政诉讼的立法目的相悖,从而导致行政诉讼逐渐失去活力。④ 由此可见,我国行政诉讼的受案范围应当扩大,这在学界已经形成基本共识。然而,对于行政诉讼的受案范围应如何扩大、扩大到什么样的程度、扩大行政诉讼的受案范围会遇到哪些障碍并引发怎样的后果等问题,却并未形成

---

① 参见徐永珍、孙丽娟:《论行政诉讼受案范围的界定》,载《华东政法学院学报》2001 年第 1 期。
② 参见王世涛:《行政救济合法权益标准之省思》,载《法学家》2008 年第 5 期。
③ 参见姜明安:《扩大受案范围是行政诉讼法修改的重头戏》,载《广东社会科学》2013 年第 1 期。
④ 参见莫于川、雷振:《我国〈行政诉讼法〉的修改路向、修改要点和修改方案——关于修改〈行政诉讼法〉的中国人民大学专家建议稿》,载《河南财经政法大学学报》2012 年第 3 期。

第五章　行政诉讼受案范围

统一的观点,这也是扩大行政诉讼受案范围时亟待解决的重要问题。

1989年《行政诉讼法》所规定的受案范围将许多本应当通过行政诉讼解决的法律问题阻挡于司法大门之外,使得大量法律纠纷日积月累,已严重影响了政治秩序和社会民生的稳定。有鉴于此,在2014年《行政诉讼法》修正案正式提出前,理论界诸多学者针对行政诉讼法在受案范围上的修改,从各个角度提出了扩大主张和具体路径。

在受案范围确定模式的路径选择上,学界主流观点认为,新法应当摒弃1989年《行政诉讼法》中关于受案范围的规定方式,以"肯定概括加否定列举"模式来界定受案范围,也即先用概括的方式对应受案的范围作原则性的一般规定,然后将不予受案的各类事项以否定式列举的方式明确作出列举,使不受理的事项被封闭于几种有限的情形中,不得任意扩大,而未予列举的其他各种行政案件则均属于应当受理的范围。① 由于概括式规定列于行政诉讼法的总则之中,在体例结构上不属于"受案范围"一章,加之法律规定文本本身的模糊性和可解释性,使得行政诉讼法中关于受案范围的概括规定极容易被理解为仅具指导作用的原则性条款而被公众忽视,导致受案范围的确定模式"实际上成了列举式"。② 然而,随着行政诉讼制度的不断发展,即使是列举式规定也未必能展现出明晰的行政诉讼受案范围,故在行政诉讼受案范围的扩大主张中,就受案范围的确定模式而言,采取肯定的概括式规定加否定的列举式排除,逐渐成为行政法学界多数学者所持的观点。

在受案范围确定标准的路径选择上,最高人民法院1991年发布的《关于贯彻执行〈中华人民共和国行政诉讼法〉若干问题的意见(试行)》第1条规定:"'具体行政行为'是指国家行政机关和行政机关工作人员、法律法规授权的组织、行政机关委托的组织或者个人在行政管理活动中行使职权,针对

---

① 参见方世荣:《论我国行政诉讼受案范围的局限性及其改进》,载《行政法学研究》2012年第2期;马怀德:《〈行政诉讼法〉存在的问题及修改建议》,载《法学论坛》2010年第5期;郝明金:《行政诉讼范围的反思与重构》,载《行政法学研究》2003年第1期;喜子:《反思与重构:完善行政诉讼受案范围的诉权视角》,载《中国法学》2004年第1期;杨伟东:《行政诉讼受案范围分析》,载《行政法学研究》2004年第3期。

② 参见杨小君:《正确认识我国行政诉讼受案范围的基本模式》,载《中国法学》1999年第6期。

特定的公民、法人或者其他组织，就特定的具体事项，作出的有关该公民、法人或者其他组织权利义务的单方行为。"对此，虽然有学者认为，具体行政行为和单方行政行为之间并无必然联系，而司法解释的该规定却为具体行政行为施加了"单方行政行为"这一限制，这在无形中缩小了具体行政行为的范围，应当取消该限定，重新对"具体行政行为"做出准确界定。① 然而，行政法学界也有观点认为，旧法所采用的"具体行政行为"标准已不符合当今行政诉讼法的国际发展趋势。在中国人民大学提出的行政诉讼法专家意见稿中曾建议，应当以"行政争议"为肯定性的概括标准，如此不仅能够与行政诉讼法"保护公民合法权益"的根本目的相匹配，也有利于放宽起诉资格，扩大原告范围，顺应当代立法的趋势。② 有学者也认为，使用含义更为宽泛、丰富的"行政争议"代替"具体行政行为"的表述更为妥帖，也更能够适应扩大行政诉讼受案范围的发展方向。同时，以争议作为基本概念确定法院受案范围也更符合司法机关"实质性解决争议"的功能逻辑。③ 有学者则以"行政行为是确定行政诉讼受案范围的逻辑起点"为由，主张从行政行为出发来界定行政诉讼受案范围。④

在受案范围所保护权益的范围界定上，多数观点认为，行政诉讼法应当全面保护公民的合法权益，而不能仅针对涉及人身权和财产权的案件确定受案范围。有学者从行政诉讼受案范围规定的改进上提出主张，认为应使公民、法人或者其他组织的任何合法权益在受到行政机关侵犯时，都有权向人民法院提起行政诉讼而获得司法保护。⑤ 也有学者在分析了世界各国对公民宪法权利的保护制度后总结观点，认为行政法益不应排斥公民的宪法权利，而行政侵权救济的客体法益的确定应当从行政侵权的救济主体与客

---

① 参见张传：《论我国行政诉讼受案范围的确立标准》，载《当代法学》2002年第1期。
② 参见莫于川、雷振：《我国〈行政诉讼法〉的修改路向、修改要点和修改方案——关于修改〈行政诉讼法〉的中国人民大学专家建议稿》，载《河南财经政法大学学报》2012年第3期。
③ 参见吕艳滨、王小梅、栗燕杰：《行政诉讼法学的新发展》，中国社会科学出版社2013年版，第45页。
④ 参见郝明金：《行政诉讼范围的反思与重构》，载《行政法学研究》2003年第1期。
⑤ 参见方世荣：《论我国行政诉讼受案范围的局限性及其改进》，载《行政法学研究》2012年第2期。

体的关系中来全面把握。① 另有学者也提出,有必要在司法救济这一途径中扩大行政诉讼法规定的公民、法人或其他组织的合法权益范围,从而使公民各项权利的保障得到切实的落实和实现,对此,可作两点立法建议:其一,最高人民法院可采用司法解释的方式,对"合法权益"作扩大解释;其二,在逐步落实和完善宪法法律规定的除了人身权、财产权以外的其他各项权益的单行法律法规的立法过程中,规定公民、法人或者其他组织若对行政机关侵害自己的这些权益不服即可享有行政诉权,并对行政机关的相应法律责任做出明确规定。②

二、行政诉讼受案范围规定的解释适用

2014年修订的《行政诉讼法》,弥补了包括行政诉讼受案范围在内的其他诸多内容一直以来存在的缺陷。随后,2018年《行诉解释》也对行政诉讼司法实践中存在的争议性问题和新法的适用问题进行了释明和引申,行政诉讼受案范围问题的研究因此形成了一个全新的热潮。事实上,在2014年《行政诉讼法》修订后,理论界就不乏针对新法中受案范围规定适用的讨论。我国行政诉讼的受案范围在新法中同样有着明确的规定,分别体现于2014年修订的《行政诉讼法》第2条、第12条和第13条,整体上依然采用了"概括列举加排除"的立法模式。

在概括式规定上,对比修法以前,新法用"行政行为"取代了"具体行政行为",这样一方面使得行政事实行为纳入行政诉讼受案范围成为可能,另一方面也为抽象行政行为等不容易界定的行政行为纳入受案范围留有解释的余地。同时,新法还为人身权、财产权以外的其他合法权益纳入行政诉讼受案范围开辟了道路,将行政诉讼中的被保护权益范围进行了扩张,以"其他人身权、财产权等合法权益"作为新的兜底性条款。在肯定的列举式规定上,现行法增加了可诉行政行为的列举事项,将行政强制执行、行政征收征

---

① 参见王世涛:《行政救济合法权益标准之省思》,载《法学家》2008年第5期。
② 参见张传:《论我国行政诉讼受案范围的确立标准》,载《当代法学》2002年第1期。

用决定及其补偿决定、滥用行政权排除限制竞争、违反行政协议等行政行为都纳入其中。同时,2014年《行政诉讼法》还明确了部分抽象行政行为的可诉性,在满足特定条件的情况下,法院可以对其进行附带性审查。有鉴于此,学界对行政诉讼受案范围规定的理解与适用的研讨主要集中于以下三个方面。

(一)对行政诉讼受案范围否定性列举的反思

对行政诉讼受案范围进行否定性列举,既关系到法律对公民、法人及其他组织起诉权的限制,也关系到人民法院司法审查权行使的边界,涉及行政主体所实施的行政行为的司法豁免资格,故需要对其施以必要的重视。然而,我国2014年《行政诉讼法》却并未对受案范围的排除事项列举作出任何的改动,第13条在整体上基本延续了原《行政诉讼法》第12条的规定。尽管2018年《行诉解释》第1条就明确规定了行政诉讼受案范围排除事项,在《行政诉讼法》第13条既有规定的基础上,对受案范围的否定性列举进行了适当解释,但是在此之前就有学者曾明确提出,最高法院依法具有司法解释权,但司法解释权只限于对法律、法令的"具体应用问题"进行解释,即只能是对行政诉讼法已规定的排除事项在具体适用中的问题进行解释,是对法定排除事项的具体化与明确化,而不能突破法律的已有规定。[①] 也即设定行政诉讼受案范围的排除事项应当严格遵守法律保留原则,严格对设定主体做出限定,只有最高国家权力机关才享有此项权利,司法机关不能自行对此进行设定。

在受案范围排除事项的具体内容上,一方面,《行政诉讼法》第13条既涉及对具体行政行为以外的非具体行政行为的否定性列举,也涉及对具体行政行为之内的例外情况的否定性列举。理论界多数观点认为,行政诉讼受案范围的法定排除事项需要得到进一步的细化。2014年《行政诉讼法》将分别针对行政行为之外的排除事项和行政行为之内的排除事项结合在一起列

[①] 参见方世荣:《对行政诉讼受案范围中设定排除事项的反思》,载《法商研究》2014年第6期。

举，看似全面，但在逻辑上却存在不周延和不完整之处。以《行政诉讼法》第13条第1项为例，需要思考的是，在《行政诉讼法》的概括性规定已经对非行政行为的可诉性予以否定的前提下，是否还有必要对属于非行政行为的"国防、外交等国家行为"进行专门的排除列举？也有学者提出，法律条文对不予受理事项的表述要含义明确、内容具体客观，能为普通人所明确判断，不宜模棱两可。而2014年《行政诉讼法》第13条不予受理事项中的"国家、外交等国家行为"缺乏明晰性，实践中可能造成解释的任意性。① 同理，对于可诉行政行为中的例外情况进行排除列举，也极容易为其他主体任意解释、扩充行政行为中的例外情况提供了可能。

另一方面，关于2018年《行诉解释》对受案范围的否定性列举，理论界也出现了不同的声音。以2018年《行诉解释》第1条第4项规定的"驳回当事人对行政行为提起申诉的重复处理行为"为例，有观点认为，这一行为属于不符合法定时效的程序性问题，而受案范围中所排除的事项应当是实体的内容，若有关事项在程序上不符合法定情形，则应当在裁定驳回起诉所针对的事项中加以规定更为妥帖。② 也有学者认为，2018年《行诉解释》将受案范围的排除事项与一般法律保护需要以及法院实体审理的内容混淆，属于"混合型"受案范围，这样极容易加剧起诉条件的"高阶化"，主要表现为法院对"混合型"受案范围的审查从简单的形式审查变成了提前进行的实质审查，而这种立案阶段的实质审查缺乏听取意见和当事人抗辩的程序保障，使得法院拥有更大程度的自由裁量权，"只要是法院不想受理的案件，法院均可以理直气壮地以不属于受案范围为由拒绝受理"③。同时，2018年《行诉解释》将内部处理行为、过程性行为、协助执行的行为、信访办理行为四类行为纳入受案范围的排除事项列举之中，也为行政相对人维护其合法权益设置了更高的门槛，为行政诉讼受案范围施加了更多的限制。

---

① 参见王春业：《行政诉讼受案范围引入负面清单模式的思考》，载《重庆大学学报（社会科学版）》2016年第3期。
② 参见方世荣：《对行政诉讼受案范围中设定排除事项的反思》，载《法商研究》2014年第6期。
③ 谭炜杰：《行政诉讼受案范围否定性列举之反思》，载《行政法学研究》2015年第1期。

(二) 对程序性行政行为的可诉性研究

程序性行政行为是指行政机关为实现最终行政目的所采取的一系列行为方式与手段,用以指导该行政活动采取何种过程、遵循何种期限、采用何种方式等作为行为准则。① 在行政事务日趋繁杂的现代行政活动中,程序性行政行为通常体现为有一个或多个行政机关参与,并由多个具有前后顺序关系的分阶段行为组合而成的公权力行为。程序性行政行为在表现形式上多种多样,既有行政机关向申请人出具《提供材料清单》这种通知其提供材料的行政行为形式,也有诸如更改补充告知、行政行为中止通知等形式。过程性行政行为究竟可诉与否,不仅是行政审判实践中一直以来所面临的难题,也是理论争议的热点所在,学者们虽侧重于对其不可诉进行阐述,但表述并不绝对。有观点认为,程序性决定通常只对行政程序发生作用力,不能直接决定行政行为的实体内容,其作为行政行为的程序要素存在,不能视为独立的、最终的行政行为。② 也有学者提出,行政机关以促进最终行政行为完成为目的,在行政过程中产生的准备、论证等行为尚未对行政相对人产生实际权利义务影响,不能成为独立的诉讼客体,相对人可以通过起诉最终行政行为的方式获取法律救济。③

2014年《行政诉讼法》的出台并未有效解决程序性行政行为是否可诉这一诉讼困境,在新法实施半年后,北京市高级人民法院曾面向全市行政法官征集行政诉讼疑难问题,其中排在第一位的问题仍是行政程序中间行为可诉性的问题。④《最高人民法院关于审理行政许可案件若干问题的规定》第3条规定:"公民、法人或者其他组织仅就行政许可过程中的告知补正申请材料、听证等通知行为提起行政诉讼的,人民法院不予受理,但导致许可程序对上述主体事实上终止的除外。"换言之,如果过程中的某种行为使受理行

---

① 参见胡建淼:《行政法学》,法律出版社2003年版,第209页。
② 参见杨登峰:《行政法学总论:原理、制度与实案》,北京大学出版社2019年版,第149页。
③ 参见章剑生:《现代行政法学总论》,法律出版社2019年版,第415页。
④ 参见刘行:《行政程序中间行为可诉性标准探讨——结合最高法院第69号指导案例的分析》,载《行政法学研究》2018年第2期。

政许可的行为产生了结果上的终结性,或者直接使行政许可决定无法产生,影响了申请人的权益时,则准许当事人对该过程性行为单独提起诉讼。故有学者认为,程序性行政行为原则不可诉,至于何种情况下例外可诉,则需要结合具体个案,对维护行政效能、保障公民程序权利和实体权益等因素综合考量才能确定。①

随着最高人民法院第 69 号指导性案例出台,以及 2018 年《行诉解释》将"行政机关为作出行政行为而实施的准备、论证、研究、层报、咨询等过程性行为"排除在行政诉讼受案范围以外,程序性行政行为的可诉性问题及其可诉标准的建构又一次在学界和实务界引发热烈探讨。主流观点认为,程序性行政行为原则上不可诉,但例外情况下也可具有可诉性。第 69 号指导案例是一起针对行政程序中间行为可诉性的工伤认定行政案件,根据法院对 69 号案例的裁判理由,程序行政行为在满足"明显的权利义务实际影响"和"无法起诉相关实体性行政行为"这一复合标准时可诉。法院应先适用"明显的权利义务的实际影响"标准,若被诉程序行政行为对原告的权利义务未产生明显的实际影响,便可直接认定其不可诉。反之则考虑第二个可诉性标准,即能否起诉相关实体性行政行为。只有在当事人无法起诉实体行政行为时,才能将程序行政行为单独纳入受案范围。也有观点认为,69 号案例所确立的可诉标准仍然存在局限性。其一,法院对程序性行政行为的可诉性增加"明显的"这一程度要求,极有可能误导下级法院走向从严审判程序行政行为可诉性的方向,进而有悖于指导性案例的初衷;其二,"明显的权利义务实际影响+无法起诉相关实体性行政行为"这一复合标准看似逻辑严谨,却已在事实上遭到否定,因为在现有的行政诉讼制度框架下,被诉行为只需满足其一,其可诉性便不具有障碍。② 此外,有论者呼吁,应当重视程序的独立价值,"允许行政相对人对侵犯其程序利益的违反正当程序行为独立提起诉讼"③。

---

① 参见沈跃东:《论程序行政行为的可诉性——以规划环境影响评价公众参与为视角》,载《行政法学研究》2012 年第 3 期。
② 参见宋烁:《论程序行政行为的可诉标准》,载《行政法学研究》2018 年第 4 期。
③ 杨科雄:《试论程序性行政行为》,载《法律适用》2010 年第 8 期。

(三) 对抽象行政行为的可诉性研究

在 2014 年《行政诉讼法》出台前,学界曾针对"抽象行政行为可诉性"问题展开了多方面的研究,不少学者认为,把抽象性行政行为纳入行政诉讼受案范围,赋予法院对行政机关制定、发布的规范性文件的司法审查权,既有充分的学理和法律根据,又为行政权力行使的现状所需要。① 但对于抽象行政行为的审查方式,理论界却存在两派观点。有论者认为,若要真正地扩大行政诉讼的受案范围,则"应当有条件地在一定限度内允许相对人'直接诉'和法院'直接审'"②。而持保守观念的学者则主张,应以"成熟原则"作为法院启动抽象行政行为司法审查的关键原则,法院仅可以附带审查涉案的抽象行政行为,公民绕开具体行政行为直接起诉抽象行政行为的做法并不可行,不仅在实践中缺乏可操作性,且极易导致司法权介入政府的政策制定。③ 此外,还有学者通过对比分析我国抽象行政行为的特点,以及法院对不同抽象行政行为的各种司法权力,提出了将规章以下(不含规章)的规范性文件纳入行政诉讼受案范围的设想。④

2014 年《行政诉讼法》修订后,随着规范性文件一并审查制度的正式确立,关于抽象行政行为的可诉性研究也因此进入了一个新的阶段。就现有研究而言,学界对于抽象行政行为的可诉性问题已经基本达成共识,而对于现行行政诉讼法及有关司法解释所确立的行政规范性文件一并审查制度,学界既有支持的声音,也不乏改进和完善的建议。其中,与行政诉讼受案范围有关的讨论主要集中于哪些抽象行政行为可纳入行政诉讼司法审查范围。多数观点与现行法规定一致,认为将规章以下的规范性文件先纳入行政诉讼受案范围,属于法律修改过程中的一个循序渐进的过程,在抽象行政

---

① 参见刘德兴、黄基泉:《抽象行政行为应纳入行政诉讼受案范围》,载《现代法学》2000 年第 3 期;马怀德:《修改行政诉讼法需重点解决的几个问题》,载《江苏社会科学》2005 年第 6 期。
② 姜明安:《行政诉讼法修改的若干问题》,载《法学》2014 年第 3 期。
③ 参见杨士林:《抽象行政行为不宜纳入行政诉讼受案范围》,载《济南大学学报(社会科学版)》2010 年第 1 期。
④ 参见江必新:《〈行政诉讼法〉与抽象行政行为》,载《行政法学研究》2009 年第 3 期。

行为原本被排除在行政诉讼受案范围以外的前提下,改革的步子只有迈稳、迈好,行政法治建设之路才能行稳致远。① 也有学者根据现行法律和司法解释文本的分析引出问题,即法院享有附带审查权的应当是该抽象行政行为的全部内容,还是仅作为被诉行政行为依据的部分条款。尽管现阶段抽象行政行为的直接诉讼仍然被行政诉讼法排除在外,但是行政规范性文件乃至所有抽象行政行为的可诉性是一个必然的趋势,只有对抽象行政行为进行全面审查,才能够充分发挥行政诉讼的监督功效,也有利于促进对抽象行政行为的源头治理,为将来所有抽象行政行为的纳入司法审查范围打好前锋。② 此外,有论者曾指出,行政行为纳入行政诉讼受案范围与法院对抽象行政行为进行司法审查不能混为一谈。理论上对抽象行政行为进行司法审查,既包括专门审查,也包括附带审查,而将抽象行政行为纳入行政诉讼受案范围应当属于专门审查。在我国的现行司法体制下,抽象行政行为不宜被纳入行政诉讼受案范围,但赋予规章以下规范性文件附带审查的资格,在实践中具有可操作性。③

三、行政诉讼受案范围研究的展望

追溯我国行政诉讼制度的研究历程,学界对行政诉讼受案范围的研究呈现出从主观提出修法建言,到客观批判、理解适用新法的蓬勃发展趋势。法律的良性运行不仅有赖于其他制度的有效支撑,也有赖于社会基础的不断调整与完善。我国对行政诉讼受案范围制度,一方面在立法上存在着先天性的缺陷,另一方面在司法实践之中也面临着运作上的障碍。随着民主法制的逐步完善和行政诉讼制度的发展,行政诉讼的受案范围也在逐步扩

---

① 参见章剑生:《论行政诉讼中规范性文件的合法性审查》,载《福建行政学院学报》2016年第3期;方世荣《论我国行政诉讼受案范围的局限性及其改进》,载《行政法学研究》2012年第2期。
② 参见黄学贤:《行政诉讼中行政规范性文件的审查范围探讨》,载《南京社会科学》2019年第5期。
③ 参见上官丕亮:《论抽象行政行为的不可诉性与可附带司法审查性》,载《西南政法大学学报》2005年第3期。

张、拓宽,将所有行政行为纳入受案范围是现代法治发展的必然趋势。

(一) 以行政争议作为确定受案范围的核心概念

尽管 2014 年我国修订《行政诉讼法》时在第 1 条就将"解决行政争议"作为立法目的予以明确,在文字用语上开始使用"行政争议"一词进行受案范围的界定,并将行政诉讼的目的定位为解决行政纠纷和保护公民合法权利,但实际上受案范围的深层次基础仍然是传统的行政行为论。可见,虽然行政诉讼的性质已从客观诉讼向主观诉讼发生转变,但受案范围的基础却仍未完成从"行政行为"向"行政争议"的转变,该滞后性极大程度地限制了行政诉讼在当事人法益保护方面的发展,不利于保护那些本应纳入司法庇护范畴的合法权益。有学者指出,行政诉讼制度的本质应当是对特定法律关系引发的行政争议纠纷进行司法处理,行政行为不过是触发行政法上权利义务关系变动的一种法律事实。① 随着新时代实质性化解行政争议工作的推动,全面深化改革时期社会中的各种利益纠纷繁复芜杂,以致行政争议的数量与日俱增。行政诉讼制度之所以存在,是因为其能够公开、公正地解决行政争议,常被人们奉为"解决行政争议的最后一道防线"。因此,行政诉讼实际上就是一种解决行政争议的制度,新时代我国行政诉讼制度针对受案范围的研究应当转变方向,紧跟国际主流理论观念,逐步摒弃传统上以"行政行为"作为受案范围基础的观念,而以"行政争议"对受案范围做出界定,以期科学有效地控制司法准入标准,更好地实现行政诉讼的目的。正如有学者指出,当下理论界对于行政争议的性质和范围的认定仍不明晰,有证据证明立法者与执法者在认定行政争议的性质时都存在泛政治化、特权化的倾向,即便对行政争议持广义理解,他们也会认为一些争议不完全是法律问题,而是涉及政治、政策或者行政机关的"特权",从而排斥司法管辖。② 比

---

① 参见罗冠男:《我国行政诉讼准入标准的变化与演进——从"法益"标准的角度》,载《中共中央党校(国家行政学院)学报》2021 年第 3 期。

② 参见胡建淼:《"特别权力关系"理论与中国的行政立法——以〈行政诉讼法〉、〈国家公务员法〉为例》,载《中国法学》2005 年第 5 期。

如，实务中就存在着地方上的公安机关利用其主要职能的双重性，在日常行政工作中以"刑事手段"管理"民事纠纷"的行为现象，针对这种假性刑事行为是否属于行政争议、是否应被列入行政诉讼受案范围，一直以来都存在着不小的争议。因此，对于行政诉讼受案范围中有关行政争议性质和范围的认定都亟待理论界和实务界进一步的研究予以明确，未来对于行政争议的理解也应以淡化政治色彩、强化法律观念为主要的制度变革目标。

（二）科学确立受案范围的规定模式

考虑到我国的综合国情和社会各界的可接受度等现实因素，2014年《行政诉讼法》针对行政诉讼受案范围的修改采用了循序渐进的扩张模式，因此并未对行政诉讼受案范围的认定标准做出较大变动，在确立模式上也依然遵循了概括式规定、肯定式列举和否定式排除并行的旧有模式。尽管这对于各因素复杂多变的我国而言是一种权衡利弊下新发展时期的最优选，但不可否认的是，现阶段我国行政诉讼受案范围在确立模式和认定标准上仍然存在着逻辑不严谨的固有缺陷，概括式规定与肯定式列举之间存在的逻辑失衡矛盾始终无法得到有效调和。有鉴于此，新时代行政诉讼制度针对受案范围的确立模式应当采用更为科学的"概括式规定＋否定式列举"的模式，从而有效解决概括式规定形同虚设和肯定式列举难以穷尽的现实问题。实际上，有学者认为，若从充分保障行政相对人诉权的角度出发，确立行政诉讼受案范围最理想的模式应当是否定式排除模式，也即凡有行政相对人向法院提起行政诉讼，法院原则上都应当予以受理，只有在少数同样出于保障人权需要的例外情况下，法院才可以根据法律明确规定不予受理。① 但考虑到实务中行政机关和普通大众对法律规定长期以来的适用习惯和固有观念，行政诉讼法关于行政诉讼受案范围的确立需要有正面的肯定式阐述和适用规定。因此，现阶段行政诉讼受案范围采取"抽象概括＋具体排除"的确立模式更为周全合理，也更能适应当下的立法司法实践和长远的法治发

---

① 参见喜子：《反思与重构：完善行政诉讼受案范围的诉权视角》，载《中国法学》2004年第1期。

展进程。考虑到现代行政诉讼制度是中国传统法制在近代变革过程中对西方法律移植的产物,在一些规定上仍然存在着有待完善之处,行政诉讼制度的有关研究只有立足于本土实践找准问题,才能够推动中国特色行政审判体系和审判能力的深入发展。扩大行政诉讼的受案范围不可一蹴而就,简化法律规定对行政行为的分类,科学明确行政诉讼受案范围的认定标准,或可作为新时期行政诉讼受案范围研究的方向之一。

(三) 通过指导案例弥补成文规定的不足

学界对行政诉讼受案范围的研究一直以来多侧重于在理论分析和法律适用层面进行探讨。随着社会法治的不断完善,行政事务日趋多样化,法律本身所固有的滞后性制约了行政诉讼制度的灵活发展,单纯依赖法律的修改也无法使行政诉讼受案范围的扩大路径与社会生活日新月异的发展接轨。为进一步完善行政诉讼制度,新时代开展行政诉讼受案范围的研究工作需要考察行政诉讼制度的实践运作,并提炼出其中的现实难点,而最高人民法院发布的指导性案例和公报案例中所蕴含的理论基础和裁判逻辑,能够清晰描绘出司法实践中所面临的真实图景,并有益于为行政诉讼受案范围的逐步扩大提供探索思路。行政指导性案例是法官根据具体行政争议,结合法律规定及实际情况,依法作出的具有典型性的判决。近年来,随着指导性案例和公报案例的增多,理论界的研究已经从应否设立指导性案例制度转向怎样使指导性案例在司法实践中发挥应有的作用。[①] 在行政诉讼受案范围方面,虽然现阶段涉及于此的行政指导性案例数量不多,法院在有关问题上的裁判要旨也存在可商榷之处,但充分体现了司法机关在面对行政诉讼受案范围中亟待解决的问题的积极回应和有益探索。

目前,除去前述提及的涉及程序性行政行为可诉性及其可诉标准的第69号指导性案例,第22号和第77号指导性案例也分别回应了关于内部行政行为和告知性举报答复行为是否可诉,以及提起诉讼需要满足的标准等

---

① 参见张骐:《发展案例指导制度需要处理好的三个关系》,载《中国审判》2011年第10期。

有关问题。在2022年最高人民法院发布的第3期公报案例中,法院对湛江喜强工业气体有限公司与遂溪县住房和城乡规划建设局等编制并批准土地利用总体规划纠纷一案的再审裁定也对城镇总体规划是否属于行政诉讼受案范围的争议作出了回应。最高人民法院认为,总体规划内容实施尚有不确定性,且需借助详细规划尤其是修建性详细规划才能实施,更需要通过"一书两证"才能得以具体化。当事人认为总体规划内容侵犯其合法权益的,不宜通过司法审查程序监督。可见,虽然现阶段法律和司法解释并未对某类具体行政行为是否属于行政诉讼受案范围做出明确规定,但由最高人民法院所发布的指导性案例和公报案例在一定程度上也能够获得行政相对人和社会各界的认可,其裁判要旨能够为地方法院法官在裁判时所适用,在实质上实现了对行政诉讼受案范围的有效扩张,也畅通了保障行政相对人合法权益的司法救济渠道。因此,在有关法律规定和司法解释缺位的情况下,新时代行政诉讼受案范围的制度研究和扩张探索,应考虑结合我国司法实践,适时、适当地引入行政指导性案例和公报案例进行补充适用,从而有助于弥补行政诉讼受案范围存在的固有缺陷,实现有序扩大行政诉讼受案范围、拓宽当事人司法救济路径的长远目标。

主要参考文献

1. 杨小君:《我国行政诉讼受案范围理论研究》,西安交通大学出版社1998年版。
2. 杨小君:《正确认识我国行政诉讼受案范围的基本模式》,载《中国法学》1999年第6期。
3. 刘德兴、黄基泉:《抽象行政行为应纳入行政诉讼受案范围》,载《现代法学》2000年第3期。
4. 徐永珍、孙丽娟:《论行政诉讼受案范围的界定》,载《华东政法学院学报》2001年第1期。
5. 陈宏光、尚华:《行政诉讼受案范围动态分析与现实思考》,载《政法论坛》2002年第1期。
6. 张传:《论我国行政诉讼受案范围的确立标准》,载《当代法学》2002年第

1 期。

  7. 郝明金:《行政诉讼范围的反思与重构》,载《行政法学研究》2003 年第 1 期。

  8. 喜子:《反思与重构:完善行政诉讼受案范围的诉权视角》,载《中国法学》2004 年第 1 期。

  9. 杨伟东:《行政诉讼受案范围分析》,载《行政法学研究》2004 年第 3 期。

  10. 王麟:《重构行政诉讼受案范围的基本问题》,载《法律科学(西北政法学院学报)》2004 年第 4 期。

  12. 马怀德:《修改行政诉讼法需重点解决的几个问题》,载《江苏社会科学》2005 年第 6 期。

  13. 王世涛:《行政救济合法权益标准之省思》,载《法学家》2008 年第 5 期。

  14. 江必新:《〈行政诉讼法〉与抽象行政行为》,载《行政法学研究》2009 年第 3 期。

  15. 马怀德:《〈行政诉讼法〉存在的问题及修改建议》,载《法学论坛》2010 年第 5 期。

  16. 杨士林:《抽象行政行为不宜纳入行政诉讼受案范围》,载《济南大学学报(社会科学版)》2010 年第 1 期。

  17. 杨科雄:《试论程序性行政行为》,载《法律适用》2010 年第 8 期。

  18. 方世荣:《论我国行政诉讼受案范围的局限性及其改进》,载《行政法学研究》2012 年第 2 期。

  19. 莫于川、雷振:《我国〈行政诉讼法〉的修改路向、修改要点和修改方案——关于修改〈行政诉讼法〉的中国人民大学专家建议稿》,载《河南财经政法大学学报》2012 年第 3 期。

  20. 沈跃东:《论程序行政行为的可诉性——以规划环境影响评价公众参与为视角》,载《行政法学研究》2012 年第 3 期。

  21. 姜明安:《扩大受案范围是行政诉讼法修改的重头戏》,载《广东社会科学》2013 年第 1 期。

  22. 姜明安:《行政诉讼法修改的若干问题》,载《法学》2014 年第 3 期。

  23. 方世荣:《对行政诉讼受案范围中设定排除事项的反思》,载《法商研究》2014 年第 6 期。

  24. 谭炜杰:《行政诉讼受案范围否定性列举之反思》,载《行政法学研究》2015 年第 1 期。

第五章 行政诉讼受案范围

25. 章剑生:《论行政诉讼中规范性文件的合法性审查》,载《福建行政学院学报》2016 年第 3 期。

26. 王春业:《行政诉讼受案范围引入负面清单模式的思考》,载《重庆大学学报(社会科学版)》2016 年第 3 期。

27. 刘行:《行政程序中间行为可诉性标准探讨——结合最高法院第 69 号指导案例的分析》,载《行政法学研究》2018 年第 2 期。

28. 宋烁:《论程序行政行为的可诉标准》,载《行政法学研究》2018 年第 4 期。

29. 黄学贤:《行政诉讼中行政规范性文件的审查范围探讨》,载《南京社会科学》2019 年第 5 期。

第六章

行政诉讼当事人

　　行政诉讼当事人是指与被诉具体行政行为有利害关系,以自己的名义参加诉讼并受人民法院生效裁判拘束的个人或组织。通说习惯于用一审程序中的原告、被告、第三人的称谓来概括行政诉讼当事人的范围。随着2014年《行政诉讼法》的修订和相关司法解释规定的出台,行政诉讼当事人的研究进入了一个全新的阶段,逐步扩大行政诉讼参加人的范围已成为行政法学界的基本共识,关于原告资格、被告和第三人的认定问题都面临着更新与重构的重大挑战。本章立足于近二十年来理论界关于行政诉讼当事人的讨论,结合行政诉讼法及其司法解释规定就行政诉讼当事人的现有研究展开述评,以期有益于行政诉讼当事人理论研究的推进以及相关规定的完善。

一、行政诉讼原告资格

　　近年来,关于行政诉讼原告资格及其认定标准在制度规定上不断调整完善,在理论研究上亦是众说纷纭,争议不止。在行政诉讼制度专题研究中,行政诉讼的原告资格及其认定标准至今仍然是一个具有讨论价值的研究课题。

(一) 原告资格认定标准的发展历程与理论争议

　　学界通说认为,行政诉讼的原告是认为行政机关的具体行政行为侵犯了自己的合法权益,因而以自己的名义向人民法院提起诉讼的公民、法人和其他组织。作为启动行政诉讼的必要条件之一,行政诉讼原告资格即指行政争议当事人向法院提起行政诉讼的资格,它与行政诉讼法对当事人的权益保护程度和对行政主体的监督力度具有直接关系,也直接影响到法院司法审查权对行政权的制约力度。纵观我国行政诉讼制度的发展历程,关于原告资格的认定标准迄今为止大致经历了四个发展阶段,即直接利害关系标准——行政相对人标准——法律上利害关系标准——利害关系标准。

由于我国的行政诉讼制度是由民事诉讼制度演变而来,因此早前有关行政诉讼原告资格的规定具有强烈的民事诉讼色彩。在1989年《行政诉讼法》出台前,行政案件都适用民事诉讼的程序进行办理,因此我国行政诉讼关于原告资格的规定也同样适用民事诉讼法的有关规定。1982年《民事诉讼法(试行)》第81条第1款第1项规定:"原告是与本案有直接利害关系的个人、企业事业单位、机关、团体。"由此可见,当时行政诉讼原告资格的认定标准即为民事诉讼法规定的"直接利害关系标准"。而后,1989年《行政诉讼法》仅表达了谁提起行政诉讼谁就是原告这一观念,有关行政诉讼原告资格的规定仍然较为模糊宽松,并未给出客观的原告资格认定标准。有学者认为,考虑到法律适用的历史惯性,仍应将原告资格限定在与实体法律关系有直接利害关系的行政相对人,且相对人原告资格论在司法实践中也更容易把握。[①] 同时,1989年《行政诉讼法》第27条规定:"同提起诉讼的具体行政行为有利害关系的其他公民、法人或者其他组织,可以作为第三人申请参加诉讼,或者由人民法院通知参加诉讼。"也就是说,除行政相对人以外的其他与被诉具体行政行为有利害关系的人,仅可作为第三人参加诉讼,并不具备行政诉讼的原告资格,故学界认为,只有行政相对人才具有行政诉讼的原告资格,此时原告资格的认定标准采"行政相对人标准"。[②]

随着2000年《执行解释》的公布,该解释对行政诉讼原告资格的认定标

[①] 参见沈福俊:《论对我国行政诉讼原告资格制度的认识及其发展》,载《华东政法学院学报》2000年第5期。

[②] 参见罗豪才主编:《行政审判问题研究》,北京大学出版社1990年版,第66—71页;章剑生:《论行政诉讼中原告资格的认定及其相关问题》,载《杭州大学学报》1998年第3期。

准这一问题的规定可以说是我国行政诉讼原告资格从"行政相对人标准"向"法律上利害关系标准"发展的标志。2000年《执行解释》第12条规定:"与具体行政行为有法律上利害关系的公民、法人或者其他组织对该行为不服的,可以依法提起行政诉讼。"同时,该解释第13条也专门列举强调了几种涉及利害关系人提起行政诉讼的适用情形,赋予了法律上利害关系人提起诉讼的资格。由是,关于原告资格认定标准的"法律上利害关系标准"得以正式确立。随后,2014年《行政诉讼法》对行政诉讼原告资格的认定标准做了小幅度的改动,第25条删去了"法律上"这一限定词,将原告资格的认定标准由"法律上利害关系标准"扩展为"利害关系标准"。尽管少数观点认为,这种修改对原告资格的影响不大,"利害关系"所指代的仍然是"法律上利害关系",立法者只是为了避免误解才在用语上做出了改动。[1] 但仍有许多学者主张,这一修改实现了对行政诉讼原告资格范围的扩张,有利于保障事实上利害关系人的行政诉权,能够使更多的行政争议被纳入行政诉讼范围从而得到妥善解决。[2]

不论是"利害关系标准"还是"法律上利害关系标准",如何准确认定和解读"利害关系"这一不确定的法律概念,是实务界和理论界共同面临的难题。而较之于"利害关系标准",关于"法律上利害关系标准"的现有研究成果相对而言则更为丰富。实务中,最高人民法院将其解释为行政行为对原告权利义务的"实际影响",且倾向于将之限缩解释为一种不利的影响。时任最高人民法院副院长的江必新教授认为,只要行政主体的行为给公民、组织有可能带来不利的法律后果,该公民、组织就获得了原告资格,而不论法律后果是直接的或间接的;法律上的利害关系不仅包括了法定权利,也包括了合法利益,不仅包括了既得利益,也包括了必定到来的期待利益。[3] 在理

---

[1] 参见何海波:《行政诉讼法》(第3版),法律出版社2022年版,第201页。
[2] 参见姜明安主编:《行政法与行政诉讼法》(第六版),北京大学出版社、高等教育出版社2015年版,第449页;胡建淼:《行政诉讼法学》,法律出版社2019年版,第247页。
[3] 参见江必新、梁凤云:《行政诉讼法理论与实务》(第二版·上卷),北京大学出版社2011年版,第347页;江必新:《〈关于执行〈中华人民共和国行政诉讼法〉若干问题的解释〉的基本精神》,载《法律适用》2001年第7期。

论界,对于"法律上利害关系"的解释也同样充斥着诸如"二要素说""三要素说""四要素说"等观点。持"二要素说"的学者认为,"法律上利害关系"由权益和因果关系共同构成,且此种因果关系必须是存在于受损权益与行政行为之间的。① "三要素说"则增加了行政行为要素,突出体现了"成熟原则"在利害关系认定方面的价值,认为该行政行为需是一个成熟且能够对外产生作用的具体行政行为。② "四要素说"在"三要素说"的基础上,新增了行政相对人要素,持该观点的学者们认为,能够引发行政诉讼的公权力行为,都必定直接或间接地对其对象产生了相当的影响,故行政相对人应是认定利害关系时不可或缺的要素。③ 实际上,这三类要件说归根结底都是当事人权益与行政行为因果关系的有机结合,在利害关系的认定上,学者们普遍倾向于对"法律上利害关系"进行扩大解释,从而达到扩大行政诉讼原告资格的范围,尽可能地保障行政相对人司法救济权的目的。

(二) 保护规范理论的引入与原告资格认定

对于我国行政法学理论研究而言,保护规范理论属于一个舶来品,最初从德国公权理论体系中衍生而来,由我国学者对国外文献的翻译引进。在"刘广明诉张家港市人民政府行政复议纠纷案"(以下简称"刘广明案")以前,学界对于保护规范理论的探讨一直局限于学理层面的讨论研究,而最高人民法院关于"刘广明案"的裁判实践却为行政诉讼原告资格认定研究提供了新方向。在现行法律制度框架下,理论界对于原告资格认定标准的解读观点各异,对于利害关系的判断方式亦莫衷一是,存在诸多学说主张。于此背景下,2017年最高人民法院对"刘广明案"的裁判说理带着争议步入了原告资格认定的研究场域,保护规范理论与行政诉讼原告资格的认定相结合便由此进入公众视野。最高人民法院在个案中借助主观公权利连接着利害

---

① 参见李晨清:《行政诉讼原告资格的利害关系要件分析》,载《行政法学研究》2004年第1期。
② 参见张旭勇:《"法律上利害关系"新表述——利害关系人原告资格生成模式探析》,载《华东政法学院学报》2001年第6期。
③ 参见章剑生:《论行政诉讼中原告资格的认定及其相关问题》,载《杭州大学学报》1998年第3期;沈岿:《行政诉讼原告资格:司法裁量的空间与限度》,载《中外法学》2004年第2期。

关系的解释,渐进式地对保护规范理论进行实务解读,以此将保护规范理论引入行政诉讼实践并得以运用。

许多学者以"刘广明案"为切入点,对保护规范理论的引入以及是否得以准确适用,撰文进行探讨分析和研究判断。其中,多数学者对保护规范理论的引入持肯定态度。有学者主张,在现代行政法的视野下,既往行政审判实践中类似"实质影响""因果关系"等粗放的标准使得利害关系人的确定和识别日趋复杂化,而保护规范理论着眼于建构第三人诉讼和识别第三人权利,其内涵与我国行政诉讼中的"利害关系人"基本吻合,能够有效解决当下行政审判实践中利害关系人的判定难题。① 也有学者通过对"刘广明案"进行分析,认为在行政诉讼原告资格的判定中引入保护规范理论,对权利平衡和遏制滥诉具有重要意义,同时也增强了行政诉讼原告资格判断标准的客观性、确定性和可操作性。② 可见,多数学者对于保护规范理论在我国行政审判实践中的应用都持积极态度,有学者认为,国内认定原告资格的"利害关系"本土标准应"如何与域外'保护规范理论'衔接,或者如何借助'利害关系'之船,将域外'保护规范理论'运入国内,刘广明案可以说是一个伟大的本土尝试"③。

由于保护规范理论本身属于一个颇具争议性的理论问题,因此其一经司法实践的引入,便在我国理论界引发了激烈的讨论,而保护规范理论能否与我国本土理论有效契合也是行政法学界近年来持续关注的问题。如前所述,尽管部分学者对保护规范理论的本土引入持肯定态度,但对其适用于行政诉讼原告资格认定领域的必要性却表示怀疑。有论者指出,保护规范理论在引入之后与我国本土情况之间未能形成连贯的逻辑论证且在价值方面张力较大,并认为在我国引入保护规范理论后"应用该理论所预期带来的利

---

① 参见赵宏:《保护规范理论的误解澄清与本土适用》,载《中国法学》2020年第4期。
② 参见李年清:《主观公权利、保护规范理论与行政诉讼中原告资格的判定——基于(2017)最高法行申169号刘广明案的分析》,载《法律适用(司法案例)》2019年第2期;章剑生:《行政诉讼原告资格中"利害关系"的判断结构》,载《中国法学》2019年第4期;耿宝建:《主观公权利与原告主体资格——保护规范理论的中国式表述与运用》,载《行政法学研究》2020年第2期。
③ 章剑生:《行政诉讼原告资格中"利害关系"的判断结构》,载《中国法学》2019年第4期。

害关系判断走向客观化的目的或较难达成,并且更可能大大限制我国宪法给予的行政诉讼在监督权力运行与保障公民权利两方面的功能"①。或有论者主张,最高人民法院对保护规范理论的认识和适用均存在不足之处,"刘广明案"反映出最高人民法院对保护规范理论的适用前提和作用范围仍不明确,将保护规范理论应用于"刘广明案"实无必要。② 此外,还有学者认为,保护规范理论需要通过基本权利的"先国家性"和"先法律性"来避免对客观法规范的过度依赖,而我国宪法规定的公民基本权利在"放射性"功能上的缺失可能会限制保护规范理论在保护行政相对人合法权益方面发挥其应有的作用。③ 由此可见,保护规范理论虽已经行政审判实践引入,但如今在我国行政诉讼制度有关原告资格认定方面所发挥的作用仍然不够稳定,存在诸多有待商榷的理论难题,如何在我国本土的公法理论基础上对保护规范理论进行改造和完善,是行政诉讼法学研究下一阶段的目标。

(三)我国行政诉讼原告资格审查机制的构造

原告资格是行政诉讼制度中的一个基础性问题,自我国行政诉讼制度确立以来,行政诉讼原告资格的认定标准发展至今,经历了不断修正和完善的发展过程。从"直接利害关系标准"到"行政相对人标准",体现的是从适用民事诉讼制度向专业化行政诉讼制度的平稳过渡,而从"行政相对人标准"到"法律上利害关系标准",以至于如今的"利害关系标准",则体现的是由严到松、不断放宽的变迁历程。关于行政诉讼原告资格的理论探讨,多数围绕着实定法中所使用的概念而展开,以此探讨行政诉讼原告资格认定的一般性标准。多数学者针对"合法权益""法律上利害关系""利害关系"等不

---

① 成协中:《保护规范理论适用批判论》,载《中外法学》2020年第1期。
② 参见何天文:《保护规范理论的引入与问题——基于最高法院裁判的观察》,载《交大法学》2019年第4期;何天文:《保护规范理论的引入抑或误用——刘广明诉张家港市人民政府行政复议案再检讨》,载《交大法学》2020年第4期。
③ 参见赵宏:《保护规范理论的误解澄清与本土适用》,载《中国法学》2020年第4期;赵宏:《原告资格从"不利影响"到"主观公权利"的转向与影响——刘广明诉张家港市人民政府行政复议案评析》,载《交大法学》2019年第2期。

确定性概念进行了全面的探讨分析和解释判断，但关于这些争议性概念的判断标准往往主观性过强，实务中也多依赖于法官的个人价值判断，在客观性上有所欠缺。因此，关于原告资格审查机制的构造和研究也进入了一个发展的瓶颈期。

随着"刘广明案"步入公众视野，理论界关于原告资格的讨论又逐步转向保护规范理论的引入和完善，研究内容主要集中于德国保护规范理论的自身发展及在我国的借鉴和运用。有学者认为，与之前较为模糊混乱的判断方式相比，保护规范理论具有较为充足的法教义学论证和相对确定的判断逻辑步骤，因此运用该理论来论述利害关系的有无更加充分、非主观且更能让人信服。① 可见，保护规范理论较此前判断行政诉讼原告资格的标准来说，能够使行政诉讼原告资格相对客观化。有学者将我国行政诉讼原告资格从"法律上利害关系"到"利害关系"认定标准的立法变迁解读为我国行政诉讼原告资格业已形成了"梯度性"结构，进而主张在判断行政诉讼原告资格时应首先依保护规范理论进行"法律上"利害关系分析，其次对"事实上"或"约定上"利害关系进行司法判断，最后在行政第三人原告资格无法证成时，依法定条件及时启动行政公益诉讼程序，从而实现主客观诉讼在制度上的衔接。② 因此，在肯定保护规范理论具有本土化价值和改造可行性的前提下，新时代我国行政诉讼制度关于原告资格问题的研究，应以保护规范理论的本土化修正为新方向，将保护规范理论作为我国原告资格判断体系的一环，重新构造行政诉讼原告资格的审查认定机制。保护规范理论只有与我国国情和本土司法实践有效契合，才能够真正发挥其在救济公民权利方面的实际效能。

此外，在人民法院司法裁判与行政诉讼原告资格认定之间，存在着保障行政相对人合法权益、监督控制行政机关的违法行为、维护社会公共利益以及防止滥诉等多方面的问题。曾有学者试图从法官对行政诉讼原告资格的裁量空间和限度的角度出发，通过建构行政诉讼原告资格的分析结构，解释

---

① 参见赵宏：《保护规范理论的历史嬗变与司法适用》，载《法学家》2019年第2期。
② 参见倪洪涛：《论行政诉讼原告资格的"梯度性"结构》，载《法学评论》2022年第3期。

行政诉讼原告资格在司法上可能的裁量空间及其限度,进而提出"司法不一致在一定程度上是正常的""在立法尚未变革之前,司法通过能动裁量可以部分地回应社会需求"。① 可见,行政诉讼的原告资格关系到行政审判中个体权益的保障是否到位的问题,因而对原告资格的认定应当是一个逐步放宽的过程。在司法裁判不可避免地面对价值选择任务时,法官有必要秉持开放而非保守、积极而非消极的审慎态度,结合具体个案的情况,在坚持解读现有立法规则和权衡评估多方利益的基础上,对行政诉讼的原告资格作出公正合理的认定。

二、行政诉讼被告

如果说原告启动行政诉讼程序,那么被告资格的界定则是行政诉讼能否顺利开展的关键一步。通说认为,行政诉讼被告是指受原告指控实施了被认为侵犯其合法权益的违法行政行为,经人民法院通知而参加应诉的行政主体。

(一) 我国行政诉讼被告资格的界定

根据我国行政诉讼法规定,行政机关、被授权组织和委托行政机关可以作为行政诉讼被告应诉。其中,公民针对具体行政行为直接起诉的,作出行政行为的行政机关是被告;由法律、法规授权组织所做的具体行政行为,该被授权组织是被告;由行政机关委托的组织所作的具体行政行为,委托的行政机关是被告。最高人民法院发布的《关于贯彻执行〈中华人民共和国行政诉讼法〉若干问题的意见(试行)》第 19 条中也有规定:"公民、法人或者其他组织对行政机关与非行政机关共同署名作出的处理决定不服,向人民法院提起行政诉讼的,应以作出决定的行政机关为被告,非行政机关不能当被告。"因此,在总结理论通说、法律及司法解释对于行政诉讼被告条件的有关

---

① 参见沈岿:《行政诉讼原告资格:司法裁量的空间与限度》,载《中外法学》2004 年第 2 期。

规定的基础上,有学者将我国行政诉讼被告资格要件归纳为行为主体、职权主体和责任主体三要素。① 换言之,一个主体实施了行政行为,必须在同时符合行为要素、职权要素和责任要素三个条件时,才能够成为行政诉讼的适格被告。而在三者之中,职权要素是最为根本的核心要素,既决定了行为主体在法律上的行为归属,也与责任主体独立承担责任的资格密切相关。故在我国行政诉讼法体系中,确定行政诉讼被告资格实际上就是以行政主体资格标准确定行政被告,成为行政诉讼被告所必须满足的一个必要条件,即该机关或组织必须为行政主体。

"行政主体"这一概念最初是由我国行政法学者在研究法国行政法理论的时候所引入的。在特定的历史背景下,由于当时我国的行政诉讼制度还不够完善,关于行政被告的本土理论也相对匮乏,为了满足实践中对于确定行政诉讼被告的需要,作为舶来品的行政主体理论顺理成章地被应用于行政诉讼被告资格认定和有关制度之中,并作为其理论依据发展至今。② 有观点将行政被告的界定标准定位为两个规则:其一,被告必须是被诉具体行政行为的实施者;其二,被告必须具有行政主体资格。也有学者认为,作为行政诉讼的被告应当满足两个条件:首先,被告必须是原告提起诉讼的对象;其次,被告必须是能为其行为承担法律责任的行政机关。③ 由此不难看出,行政诉讼被告必须具有行政主体资格已成为理论界的共识,我国行政审判实践中长期以来也一直奉行"谁主体、谁被告"的行政被告资格认定标准,始终强调行政主体的核心地位,并将之作为确定行政诉讼被告资格的基础,有学者将这种理论称为"行政主体资格说"。④ 近年来,随着公共行政改革的持续深入,社会各项行政事务逐步趋于复杂化和多样化,关于高等院校、公证机关、村委会居委会、各类行业协会等能否成为行政诉讼的被告一直是行政审判实践中争论不休的问题。在确认行政诉讼被告资格时,传统的行政主

---

① 参见杨小军:《行政被告资格辨析》,载《法商研究》2003年第6期。
② 参见张树义:《行政主体研究》,载《中国法学》2000年第2期。
③ 参见江必新主编:《中国行政诉讼制度的完善——行政诉讼法修改问题实务研究》,法律出版社2005年版,第120页。
④ 参见杨小军:《行政被告资格辨析》,载《法商研究》2003年第6期。

体理论逐渐暴露出诸多弊端,"行政主体资格说"理论因而也时常引发学界争议,提出批判和质疑者更是不胜枚举。

(二) 我国行政诉讼被告资格认定标准之检讨

出于行政审判实践技术的需要,行政法学界将行政诉讼被告资格的认定标准建立在行政主体理论的基础之上,而这一标准近年来遭遇了诸多质疑。不少学者对本土化行政主体理论和我国行政诉讼的被告资格认定标准提出检讨和反思,并对"行政主体资格说"的缺陷进行归纳分析。有些学者指出,我国行政法学界对行政主体研究的侧重点始终停留在行政主体的实体行政行为,以及行政诉讼的应诉人资格方面,仅仅是对行政主体的表象和浅层化研究,缺乏对行政主体及其内部结构的深层挖掘,无法包容有关行政主体的全部内容,既忽视了机关与机关之间权责的合理配置,也混淆了行政机关和个人在行政领域的地位,严重不利于我国行政组织法的有序发展。[①]多数观点认为,我国本土化的行政主体理论目前仍然具有较大的发展局限性和无法克服的天然缺陷,"行政主体资格说"难以有效地解决我国行政诉讼的被告资格认定问题。总的来说,理论界对于"行政主体资格说"的缺陷分析可归纳为以下三个方面。

第一,"行政主体资格说"将合法行政主体标准与行政被告适格标准相混淆,属于将实体问题和程序问题画上等号,这在理论上存在错误,在逻辑上也自相矛盾,合法行政主体与适格行政被告之间不存在必然联系。[②] 有论者曾明确提出,我国的行政机关和法律法规授权组织是没有"主体性"的行政主体,而非真正主体,行政主体理论在行政诉讼被告的确认上,作用极为有限。[③]

第二,"行政主体资格说"盲目套用民事理论,忽视了行政诉讼中被告所

---

① 参见李昕:《中外行政主体理论之比较分析》,载《行政法学研究》1999年第1期;薛刚凌:《行政主体之再思考》,载《中国法学》2001年第2期。
② 参见杨小军:《行政被告资格辨析》,载《法商研究》2003年第6期。
③ 参见薛刚凌:《行政主体之再思考》,载《中国法学》2001年第2期。

独有的特点，即行政被告并非像民事被告一样具有独立的财产责任能力，其所具有的责任能力从本质上说与财产关联甚小，而是一种行政作为方面的责任。被告在行政诉讼中所要承担的责任，要么是诸如撤销、变更、停止之类的行为责任，要么是财产赔偿责任。就行为责任而言，行政机关无论是否有独立财产，都可以承担行为方面的责任。就赔偿责任而言，被告是否有独立的财产与其是否能够承担赔偿责任也没有任何关系，因为赔偿的经费是由国库负担的。①

第三，从保障公民权益的角度而言，若采行政主体理论确定行政诉讼被告，则可能造成被诉行政主体与行政行为主体分离，这显然不利于法院查清案件事实和实质性解决行政纠纷。② 同时，采用"行政主体资格说"确定行政被告时，常涉及行政机关的结构、隶属关系和职权划分等多方面问题，如此无疑是将行政被告资格的认定标准复杂化，既违背了行政救济程序简便易行的原则，也加大了作为原告的行政相对人一方启动救济程序的难度，不利于相对人便宜起诉。③

在我国行政诉讼制度发展之初，"行政主体资格"标准的引入的确为我国行政诉讼制度的理论研究和行政被告资格认定标准的实践需要作出了极大贡献。但正如诸位学者所述，将行政主体理论"移植"于我国行政诉讼被告资格认定标准中，现阶段仍缺乏理性的理论思考和全面的实践检验。在新时代行政审判实践中，我国行政诉讼被告资格认定范式的缺陷日益凸显，"行政主体资格说"在回应司法实践对被告资格确认的需要时也略显吃力，亟待在立法上和学理上迎来下一阶段的完善和变革。

（三）完善行政诉讼被告认定规则的建议

对于新的行政诉讼被告资格认定标准，多数学者主张摒弃传统的"行政

---

① 参见杨小军：《行政被告资格辨析》，载《法商研究》2003年第6期；杨小君：《我国行政诉讼被告资格认定标准之检讨》，载《法商研究》2007年第1期。

② 参见王青斌：《行政诉讼被告认定标准的反思与重构》，载《法商研究》2018年第5期。

③ 参见冯举、周伟：《论行政诉讼被告确认规则的理论基础》，载《北京行政学院学报》2007年第3期。

第六章 行政诉讼当事人

主体资格说",采用更为适应行政救济制度发展需要的行为标准,也即"行政行为主体标准"。① 与传统的"谁主体,谁被告"相对而言,也就是"谁行为,谁被告",谁是对外做出行政行为的行政机关,谁就是适格的行政诉讼被告。有论者曾指出,行政行为是联系法律客观规定和公民主观权利之间的唯一桥梁,根据行为的性质来确定行政诉讼被告,则"以保护公民、法人和其他组织的合法权益的行政诉讼法的根本价值就有实现的可能"②。的确,在行政诉讼法体系中,存在诸多行政诉讼制度都与行政行为密切相关,并以行政行为为核心内容。行政行为既是原告起诉的对象,也是确定行政诉讼受案范围的主要依据,其合法性是受诉法院司法审查的主要内容,同时,第三人若要参与到行政诉讼中,也必须满足其与被诉行政行为之间存在利害关系这一标准。

国家是行政权真正意义上的主体,而不同的国家机关又分别掌握和代表行使了不同的行政权能。有学者认为,正是这种行政权的统一性和行使行政权的代表性,构成了"行政行为主体标准"的权力基础,"既然行政权能够由行政机关代表行使,那么行为责任的承担也理应由行为者来代表承担"③。基于此,考虑到便利当事人起诉是行政诉讼法的应有之义,而行政行为者与行政行为之间显然具有最为直接的利害关系,故在新时代行政诉讼法律制度下,准确认定行政诉讼被告资格更应当从实现行政诉讼法立法目的的角度出发,结合诉讼经济原则与协调性原则,明确行政诉讼被告应为"作出行政行为的组织"。④ 需要特别注意的是,该行为应当是具有公共职能属性的行政行为,而非假行政行为或民事行为;应是有指向特定相对人的具体行政行为,而非抽象行政行为;应是对外发生法律效力的外部行政行为,

---

① 参见马怀德主编:《行政诉讼原理》,法律出版社 2003 年版,第 239 页;杨小军:《行政被告资格辨析》,载《法商研究》2003 年第 6 期;冯举、周伟:《论行政诉讼被告确认规则的理论基础》,载《北京行政学院学报》2007 年第 3 期;宋雅芳:《论行政诉讼被告资格范式的重构》,载《甘肃政法学院学报》2006 年第 4 期。
② 冯举、周伟:《论行政诉讼被告确认规则的理论基础》,载《北京行政学院学报》2007 年第 3 期。
③ 杨小军:《行政被告资格辨析》,载《法商研究》2003 年第 6 期。
④ 参见王青斌:《行政诉讼被告认定标准的反思与重构》,载《法商研究》2018 年第 5 期。

而非过程性的内部行政行为或其他内部人事处理决定。此外,有学者明确指出,行政诉讼被告的确定是一种技术性路线,现有的行政主体理论造成行政行为的具体实施主体与被告的脱节,并不利于纠纷的审理和争议的解决。① 因此,在采用"行政行为主体标准"判断行政行为作出组织的时候,也应当注意"名"与"实"相结合,防止出现行政诉讼被告与实际行政行为主体相分离的现象,一般而言,若在行政行为名义主体之外还有其他主体实质参与并作出了该被诉行政行为,则该参与主体也应被认定为作出该行政行为的组织,与名义主体作为共同被告。

三、行政诉讼第三人

行政诉讼第三人是行政诉讼当事人中的一类重要的诉讼参加人,第三人制度也是行政诉讼理论中具有重要意义的一部分,"是尊重利害关系人权利的制度,是增强裁判确定性和稳定的制度,是减少诉讼周折实现诉讼最佳效益的制度"②。完善的第三人制度可以充分发挥行政诉讼的制度价值,维护行政诉讼效益、秩序价值以及公正价值,具有一定的实践意义。然而,自行政诉讼制度确立以来,我国行政法学界对行政诉讼当事人的探讨多集中于行政诉讼原被告的问题,关于行政诉讼第三人方面的文献资料相对而言要匮乏许多。因此,对于行政诉讼第三人的研究至今仍未建立起一个系统化的理论体系,第三人制度亟待未来行政诉讼理论发展予以重视和完善。

(一) 行政诉讼第三人的概念与特征

在 2014 年《行政诉讼法》修改以前,学界对"行政诉讼第三人"的概念并未形成共识,学者们对此各执一词。有学者认为,行政诉讼第三人是指"除

---

① 参见王敬波:《面向整体政府的改革与行政主体理论的重塑》,载《中国社会科学》2020 年第 7 期。
② 江必新:《行政诉讼法——疑难问题探讨》,北京师范学院出版社 1991 年版,第 133 页。

原告或被告之外的,与被诉具体行政行为有利害关系,为维护自己的合法权益而参加到诉讼中的公民、法人或其他组织"①。也有学者主张,行政诉讼第三人是指"因与被提起诉讼的具体行政行为有利害关系,通过申请或法院通知方式,参加到诉讼中来的除原告、被告以外的其他公民、法人或者其他组织"②。相比之下,前者强调了第三人的参诉目的,但并未将第三人的参诉方式涵盖在内,后者则未强调第三人参加诉讼的目的,转而对行政诉讼第三人的范围、参诉条件和参诉方式进行了细致表述,体现了行政诉讼第三人制度研究的重要内容。

随着2014年《行政诉讼法》的修改,"行政行为"取代了"具体行政行为"的表述,修法前使用"具体行政行为"对于行政诉讼第三人概念所进行的表述已经无法适应新行政诉讼法的内容。因此,有学者在结合前人定义的方式方法的基础上,认为行政诉讼第三人应当是同被诉的行政行为有利害关系但没有提起诉讼,或者同案件处理结果有利害关系的,为维护自己的合法权益,经申请或由人民法院通知参加诉讼的公民、法人或者其他组织。对于行政诉讼第三人的这一定义目前在理论界已经达成一致观念,学者们对行政诉讼第三人的特征的认识可概括归纳为四点内容:其一,第三人与本诉所争议的诉讼标的有直接或间接的利害关系;其二,第三人是在诉讼已经开始、判决作出以前参加到他人本诉中的个人或组织;其三,第三人在诉讼中有独立的诉讼地位;其四,第三人是通过个人申请或者由法院通知的方式参加诉讼。③可见,目前学者们对于第三人的参诉依据、参诉目的以及参诉方式已经形成了基本共识。

(二) 行政诉讼第三人的类型划分

尽管我国行政诉讼制度脱胎于民事诉讼制度,行政诉讼第三人制度也

---

① 胡建淼主编:《行政诉讼法学》,法律出版社2004年版,第135页。
② 应松年主编:《行政诉讼法学》(修订三版),中国政法大学出版社2007年版,第128页。
③ 参见马怀德、解志勇:《行政诉讼第三人研究》,载《法律科学(西北政法学院学报)》2000年第3期;周郁昌:《行政诉讼第三人辨析》,载《政法论丛》2001年第4期;阎铁毅:《行政诉讼第三人类型与民事诉讼第三人类型的区别》,载《当代法学》2002年第5期。

因此相应借鉴了民事诉讼第三人制度的原理,但是依据我国行政诉讼自身的特点,行政诉讼第三人并未作有、无独立请求权第三人的划分。行政诉讼第三人既不同于民事诉讼中的有独立请求权第三人,也异于无独立请求权第三人,有学者认为,这是由于"第三人和原告方同为公民、法人或者其他组织,因而不可能把本诉中的原、被告双方都作为行政诉讼的被告"①。故划分行政诉讼第三人的种类时,不能机械地套用民事诉讼中第三人制度的"二分法",以"有独三""无独三"去认定行政诉讼中第三人的法律地位。目前,在立法上我国行政诉讼第三人的分类仍处于空白状态,而司法解释中也从未对第三人进行过任何具有确定表述的分类。然而,实务中第三人的情况是复杂多变的,采用统一标准进行规范难免有挂一漏万之嫌,第三人的合法权益也难以得到确定化的保障。

对此,理论界有诸多学者对行政诉讼第三人的类型进行了学理上的划分。有学者主张,以第三人与被诉具体行政行为的利害关系为标准,将行政诉讼第三人分为权利关系第三人、义务关系第三人和事实关系第三人。② 这种概括式的分类方法具有天然的缺陷,在表述上不够直观,语义也不明晰,往往缺乏实际的可操作性。另有学者结合行政审判实践,采用列举式的方法对行政诉讼第三人类型做出界定,主要包括:行政处罚案件中的被处罚人或受害人及所谓"互为第三人"等情况;在房地产、矿产、森林、专利等确权案件中主张权利的人;做出相互矛盾的具体行政行为的两个行政机关;受行政主体同一具体行政行为影响起诉的其他利害关系人;行政主体对平等主体之间的赔偿或者补偿问题作出裁决时,未起诉的另一方当事人;与行政主体共同署名作出处理决定没有法定授权的非行政主体。③ 在列举式的行政诉讼第三人类型界分中,有学者将所列举的第三人类型又进一步归纳为"类似

---

① 周郁昌:《行政诉讼第三人辨析》,载《政法论丛》2001年第4期。
② 参见马怀德、解志勇:《行政诉讼第三人研究》,载《法律科学(西北政法学院学报)》2000年第3期。
③ 参见周郁昌:《行政诉讼第三人辨析》,载《政法论丛》2001年第4期;阎铁毅:《行政诉讼第三人类型与民事诉讼第三人类型的区别》,载《当代法学》2002年第5期。

原告地位的行政诉讼第三人"和"类似被告地位的行政诉讼第三人"。① 除了使用概括式和列举式对第三人进行分类以外,有论者另辟蹊径,将比较法上已经较为成熟的必要参加诉讼第三人概念引入我国行政诉讼法律制度中,提出界分必要参加诉讼第三人与普通参加诉讼第三人的主张,旨在防止诉讼程序空转,改变我国当前行政诉讼实践中存在的因遗漏当事人而发回重审的现象泛滥的倾向。②

(三) 行政诉讼第三人的确定标准

构建完善的行政诉讼第三人制度,首先应当对如何成为行政诉讼第三人作出准确的界定。根据1989年《行政诉讼法》第27条规定,行政诉讼第三人的确定标准为"第三人必须与被诉的具体行政行为有利害关系",而在最高人民法院1991年发布实施的《关于贯彻执行〈中华人民共和国行政诉讼法〉若干问题的意见(试行)》中,"同提起诉讼的具体行政行为具有利害关系"又被解释为"与被诉具体行政行为具有法律上的权利义务关系"。随着新《行政诉讼法》的颁布施行,确定行政诉讼第三人的标准由原先旧法规定的"同提起诉讼的具体行政行为有利害关系"标准,转变为两个标准:其一是"同被诉行政行为有利害关系但没有提起诉讼",其二是"同案件处理结果有利害关系"。

就前者而言,有学者提出,考虑到我国行政诉讼中"民告官"的制度定位,新法中增加了"但没有提起诉讼"这一限定语,即意味着行政诉讼第三人的该确定标准将与被诉行政行为具有间接利害关系的行政机关排除于行政诉讼第三人的范畴之外,因为在我国提起行政诉讼的必然是行政相对人一方,而必不可能是作为公权力主体的行政机关一方。③ 而在其他学者对于行

---

① 参见阎铁毅:《行政诉讼第三人类型与民事诉讼第三人类型的区别》,载《当代法学》2002年第5期。
② 参见黄先雄:《我国行政诉讼中必要参加诉讼第三人制度之构建》,载《法商研究》2018年第4期。
③ 参见阎尔宝:《新〈行政诉讼法〉中的第三人确定标准论析》,载《行政法学研究》2017年第3期。

政诉讼法的解读中,这一观点也得到了间接的认同,"同被诉行政行为有利害关系,一般来说就是具有原告资格,可以以自己名义提起行政诉讼,如果没有提起诉讼,其他利害关系人提起诉讼,可以作为第三人参加诉讼"①。就后者而言,有观点认为,"同案件处理结果有利害关系"标准的确涵盖了将作出内容相互矛盾的行政行为的行政机关作为行政诉讼第三人的情况,但是除此之外,其涵盖范围可以划至何种程度?民事合同一方当事人是否可以被确定为行政诉讼第三人?复议变更情况下的下级行政机关是否能够作为行政诉讼第三人参诉?这些仍然是有待商榷的争议性问题。②

行政诉讼第三人制度在我国起步较晚,现阶段制度的发展仍无法完全满足司法实践的需要,明确行政诉讼第三人的确立标准并扩展其范围已成为理论界之基本共识。③ 从法理上来说,第三人的确定标准越明确具体,在司法实践中所发挥的作用就越是稳定有效。然而,期冀于使用简单的语言文字去准确界定行政诉讼第三人的范畴是不现实也不妥当的,考虑到"利害关系"作为我国行政诉讼第三人确定标准的重要连接点,其界限理应予以适当明确。新时代行政诉讼法制度研究应当以扩大解释"利害关系"为切入点,厘清直接利害关系和间接利害关系之间的争论,从而有效建构起确立行政诉讼第三人的体系化标准,更好地保障第三人在诉讼中的合法权益。

主要参考文献

1. 章剑生:《论行政诉讼中原告资格的认定及其相关问题》,载《杭州大学学报》1998年第3期。
2. 李昕:《中外行政主体理论之比较分析》,载《行政法学研究》1999年第1期。
3. 张树义:《行政主体研究》,载《中国法学》2000年第2期。

---

① 袁杰主编:《中华人民共和国行政诉讼法解读》,中国法制出版社2014年版,第83页。
② 参见阎尔宝:《新〈行政诉讼法〉中的第三人确定标准论析》,载《行政法学研究》2017年第3期。
③ 参见莫于川:《公民合法权益保护优先是行政诉讼立法的重要原则——关于修改我国〈行政诉讼法〉的若干建议》,载《中国人民大学学报》2005年第5期。

第六章 行政诉讼当事人

4. 马怀德、解志勇:《行政诉讼第三人研究》,载《法律科学(西北政法学院学报)》2000年第3期。

5. 沈福俊:《论对我国行政诉讼原告资格制度的认识及其发展》,载《华东政法学院学报》2000年第5期。

6. 薛刚凌:《行政主体之再思考》,载《中国法学》2001年第2期。

7. 周郁昌:《行政诉讼第三人辨析》,载《政法论丛》2001年第4期。

8. 江必新:《〈关于执行〈中华人民共和国行政诉讼法〉若干问题的解释〉的基本精神》,载《法律适用》2001年第7期。

9. 张旭勇:《"法律上利害关系"新表述——利害关系人原告资格生成模式探析》,载《华东政法学院学报》2001年第6期。

10. 阎铁毅:《行政诉讼第三人类型与民事诉讼第三人类型的区别》,载《当代法学》2002年第5期。

11. 杨小军:《行政被告资格辨析》,载《法商研究》2003年第6期。

12. 李晨清:《行政诉讼原告资格的利害关系要件分析》,载《行政法学研究》2004年第1期。

13. 侯勇:《重构我国行政诉讼原告资格制度的思考》,载《行政法学研究》2004年第4期。

14. 沈岿:《行政诉讼原告资格:司法裁量的空间与限度》,载《中外法学》2004年第2期。

15. 宋雅芳:《论行政诉讼被告资格范式的重构》,载《甘肃政法学院学报》2006年第4期。

16. 杨小君:《我国行政诉讼被告资格认定标准之检讨》,载《法商研究》2007年第1期。

17. 冯举、周伟:《论行政诉讼被告确认规则的理论基础》,载《北京行政学院学报》2007年第3期。

18. 阎尔宝:《新〈行政诉讼法〉中的第三人确定标准论析》,载《行政法学研究》2017年第3期。

19. 黄先雄:《我国行政诉讼中必要参加诉讼第三人制度之构建》,载《法商研究》2018年第4期。

20. 王青斌:《行政诉讼被告认定标准的反思与重构》,载《法商研究》2018年第5期。

21. 李年清:《主观公权利、保护规范理论与行政诉讼中原告资格的判定——基于(2017)最高法行申 169 号刘广明案的分析》,载《法律适用(司法案例)》2019 年第 2 期。

22. 赵宏:《原告资格从"不利影响"到"主观公权利"的转向与影响——刘广明诉张家港市人民政府行政复议案评析》,载《交大法学》2019 年第 2 期。

23. 赵宏:《保护规范理论的历史嬗变与司法适用》,载《法学家》2019 年第 2 期。

24. 章剑生:《行政诉讼原告资格中"利害关系"的判断结构》,载《中国法学》2019 年第 4 期。

25. 何天文:《保护规范理论的引入与问题——基于最高法院裁判的观察》,载《交大法学》2019 年第 4 期。

26. 何天文:《保护规范理论的引入抑或误用——刘广明诉张家港市人民政府行政复议案再检讨》,载《交大法学》2020 年第 4 期。

27. 成协中:《保护规范理论适用批判论》,载《中外法学》2020 年第 1 期。

28. 耿宝建:《主观公权利与原告主体资格——保护规范理论的中国式表述与运用》,载《行政法学研究》2020 年第 2 期。

29. 赵宏:《保护规范理论的误解澄清与本土适用》,载《中国法学》2020 年第 4 期。

30. 王敬波:《面向整体政府的改革与行政主体理论的重塑》,载《中国社会科学》2020 年第 7 期。

31. 倪洪涛:《论行政诉讼原告资格的"梯度性"结构》,载《法学评论》2022 年第 3 期。

第七章

行政诉讼管辖

行政诉讼管辖事关人民法院之间受理第一审行政案件的职权划分。管辖法院的确定,既有利于当事人及时行使诉权,又有利于人民法院合法行使审判权,在程序意义上标志着行政案件审理的开启,在实体价值上关乎司法公正与效率的保障。为克服现行司法体制的行政化和地方化的弊端,发挥行政审判的独立性,在《行政诉讼法》修改之前,法学界就提出了多种管辖改革方案,主要围绕两个方面展开,一是在现行管辖体制中探索创新模式,二是讨论设立行政法院的可能。最终,2014年《行政诉讼法》第18条第2款规定,"经最高人民法院批准,高级人民法院可以根据审判工作的实际情况,确定若干人民法院跨行政区域管辖行政案件"。以行政案件跨区集中管辖的折中改革方案回应行政诉讼审判体制改革的需要,一定程度上解决了实践中存在的"立案难、审理难、执行难"问题。但是,该改革方案也面临合法性危机、实质性纠纷解决不力、有悖"两便原则"、行政审判压力骤增等方面的质疑与挑战。推进行政诉讼管辖改革的讨论从未停止,改革之路起起伏伏,何去何从需要决断。本章以近二十多年来的代表性论文为样本,梳理和分析各地法院管辖改革试点和行政审判司法政策变迁历程,再对比不同的管辖改革方案,最后对行政审判体制的改革方向进行展望,以期助益于我国行政诉讼管辖制度的完善。

一、行政诉讼管辖制度的改革

为使得行政案件得到公正审理、促进行政诉讼制度朝良性化发展,我国法院在探索行政诉讼管辖制度的改革方面作出了许多努力。在裁定管辖的基础上,为实现异地管辖的核心目标,进行了提级管辖、交叉管辖与集中管辖的尝试。2014年《行政诉讼法》修改后,第18条的规定是否属于对这些管辖改革模式的认可仍存在争议①,未来行政审判体制的改革模式仍处于探索与竞争中。

(一) 提级管辖

提级管辖是由上级法院审理本应当属于下级法院审理的案件,将案件一审管辖的级别提高的管辖方式。这种与行政管理区域适当分离的管辖制度,能够有效减少干预,保障司法公正。同时,中级法院法官素质相对较高,可以保证行政案件的审判质量。更重要的是,在行政复议"化解行政纠纷主渠道"的定位下,行政诉讼提级管辖能够更好地与行政复议制度协调发挥作用,实现解决行政争议的功能。② 2000年《执行解释》首次对提级管辖进行探索,将县级以上人民政府作被告的行政案件纳入中级人民法院一审行政案件的管辖范围。但是2000年《执行解释》中规定的由中院管辖"基层人民法院不适宜审理的案件""社会影响重大的共同诉讼、集团诉讼案件",概念存在的模糊性以及给实践操作留下过大的弹性与不确定性招致了学者批评。有学者认为,法律赋予法院的裁定管辖权缺乏严格规范,反而使得上级法院特别是中院"怠于提级管辖、乐于降级管辖",被告所拥有的行政权与司法权强强联合,使得民告官"告状难"的问题难以解决。③ 实证研究表明,自浙江

---

① 参见葛先园:《人民法院跨行政区域管辖行政案件路径探索——以新〈行政诉讼法〉第18条第2款为中心》,载《苏州大学学报(哲学社会科学版)》2015年第2期。
② 参见何海波:《行政诉讼法》(第3版),法律出版社2022年版,第244页。
③ 参见冯一文:《管辖选择权:行政案件管辖制度改革之一剂良方——基于行政诉讼中"官官相护"滋生"告状难"现象的分析》,载《河北法学》2012年第4期。

省实施提级管辖以来,各中院受理的以县政府为被告的案件数量与之前基本持平,也进一步佐证了扩大中院管辖范围的目标并没有实现,提级管辖的功能价值难以发挥。① 有学者认为,提级管辖架空了基层法院行政庭,加剧中级以上人民法院审判压力,使得行政案件数量与审级之间呈现不正常的"倒金字塔"态势。这样不仅不能解决行政审判体制存在的问题,反而会引发负面效应,构建合理的行政审判体制需要另谋出路。②

这些问题得到了最高人民法院的重视。2008年《最高人民法院关于行政案件管辖若干问题的规定》(以下简称《管辖规定》)中规定了三种可以提高案件管辖级别的情形:行政相对人直接向中院起诉、基层法院向中院申请以及中院对案件自行确定提级管辖。2014年《行政诉讼法》也明确规定,"对国务院部门或者县级以上地方人民政府所作的行政行为提起诉讼的案件"由中院管辖。使得提级管辖案件的整体范围得到了延伸,更多学者对提级管辖持肯定态度。有学者认为,相较于行政法院方案对党政体系的冲击、集中管辖方案的二审仍在中级法院呈现"逃不出如来佛的手掌心"的尴尬,目前关于行政审判体制改革的各种方案中提级管辖方案是最优的。首先,将行政案件提到中级法院管辖后,基本上可以摆脱地方政府的不当影响;其次,如此改革不必对现有体制大动干戈,适当增加行政法官人数也是合理且可以承受的;最后,可以向相对人传达简明的信息,明确管辖法院,也不会太大增加整体诉讼成本。③ 有学者总结了广东省以严格落实《管辖规定》的方式,从2012年1月1日开始实施提级管辖改革的效果,充分肯定了提级管辖改革在减少行政权力干预审判、保证官民的平等对抗、加大审计监督力度、强化高院对全省行政审判主导权、基层法院摆脱程序虚耗空转等方面的积极作用。对于改革可能导致案件数量增加引发案多人少的问题、中院案件二审后的高发改率带来的绩效考核压力、是否要将受行政机关干预可能性

---

① 参见浙江省高级人民法院课题组、包祥水:《行政案件管辖问题研究——以浙江省行政案件异地管辖为典型展开》,载《法治研究》2007年第2期。
② 参见江必新:《法律规范体系化背景下的行政诉讼制度的完善》,载《中国法学》2022年第3期。
③ 参见何海波:《行政审判体制改革刍议》,载《中国法律评论》2014年第1期。

较少的案件放回基层法院审理等问题与争议也要引起重视,积极化解,实现提级管辖改革的精细化。① 还有专家学者认为,行政案件管辖法院的级别应当全面提高,原则上由中级法院负责审理一审案件,少数案件一审由高级法院负责。②

(二)交叉管辖

在进行了提级管辖的初步探索之后,浙江省台州市开启了异地交叉管辖的改革模式,其做法是,由原告直接向中院起诉,中院认为符合立案条件的,将案件移交被告所在地之外的另一基层人民法院审理。③ 有学者肯定了台州市中级人民法院推行的行政案件异地交叉审判模式,认为其有行政诉讼法的"移送管辖"规定作为规范依据,又有促进司法独立、实现权力监督、推进宪政建设作为法理支撑。虽然会增加一定的诉讼成本,但是并不会与"便民"原则相违背,异地审理的法院可以更公正、合理地考量当事人提出的妥协方案,促进行政和解。④ 有学者指出,异地交叉管辖所能带来的司法独立与公正价值远高于其所增加的诉讼成本,而且在确定管辖法院时,可以在遵循相对固定与随机确定相结合原则的基础上,选择离原告最近的异地法院,不一定会导致诉讼成本的增加。⑤

对于推行异地管辖过程中提出的质疑,不少学者撰文进行了回应。有学者指出,异地管辖会影响本地法院司法公信力不是一个真问题。异地管辖后行政机关败诉率大幅提升,实质上暴露的是当地政府没有依法行政的问题,长远来看异地管辖能够使上下级法院都处于超然地位,监督行政权,

---

① 参见付洪林、窦家应:《行政诉讼提级管辖改革的探索与实践——以广东法院提级管辖改革为样本》,载《法律适用》2014年第5期。
② 参见肖峋:《立法往事——我在法工委那些年》,法律出版社2020年版,第51—52页。
③ 参见浙江高院课题组、包祥水:《行政案件管辖问题的调研报告》,载《法律适用》2007年第1期。
④ 参见郑春燕、陈崇冠:《关于行政案件异地交叉审判模式的思考》,载《浙江工商大学学报》2005年第1期。
⑤ 参见殷勇:《行政诉讼中的异地交叉管辖制度》,载《人民司法》2006年第10期。

树立司法权威。① 对于异地管辖也无法避免被告行政机关要求当地法院陪同到外地法院意图说情干预审判的质疑,有学者指出这种人情干预不属于异地管辖改革主要针对的对象,异地审判本身就旨在排除当地政府利用对法院人财物的制约对审判施压,即排除利用行政权力不当干预,而且随着法院审判独立性的增强,这种说情能起到的作用十分有限,对管辖法院与法官产生的直接影响较小。更为重要的是应当认识到任何管辖改革所作出的排除行政干预司法的尝试,都不可能达到在真空或所谓无压力的情况下进行裁判的理想状态,只能追求一种较宽松的环境中裁判的效果。②

最高人民法院在总结台州模式的成功经验之上,于2008年发布《管辖规定》,为中级人民法院指定异地管辖权提供明确的制度支持。相关规定对于中级法院行使这一权力带有鼓励与催促之意,更使得异地管辖像是中院必须履行的一项义务。与实务界大力推行的行政案件异地管辖热不同,理论界开始有学者对这一改革方案进行反思:首先,异地管辖改革存在合法性危机。以《行政诉讼法》第23条的指定管辖和第24条的管辖转移作为异地管辖的直接法律依据有牵强附会之嫌。因为按照法律解释所必须遵循特定的语境来看,裁定管辖本身仅是法定管辖的补充,而且有特定的启用条件与严格的适用限制。如此看来,异地管辖制度改革缺乏充分的合法性基础。其次,异地管辖还产生了诸多负面效应:破坏了行政诉讼程序的安定性,扭曲了上下级人民法院之间监督与被监督的关系,增加了私人成本、行政机构成本和司法成本。最后,当前行政诉讼管辖制度变革最可行的方案是重构初审管辖权,限缩基层人民法院对第一审行政案件的管辖范围,由中级人民法院承担更多的一审行政案件审理任务。③

在新《行政诉讼法》实施后,河南省高级人民法院于2015年6月发布了《关于行政案件异地管辖补充规定》,进行了异地管辖模式的新一轮改革探

---

① 参见吴尚伟、柴国权:《行政案件指定异地管辖中存在的几个问题》,载《人民司法》2007年第3期。
② 参见浙江省高级人民法院课题组、包祥水:《行政案件管辖问题研究——以浙江省行政案件异地管辖为典型展开》,载《法治研究》2007年第2期。
③ 参见章志远:《行政案件异地管辖热的冷思考》,载《中州学刊》2008年第2期。

索。与"台州经验"所根据的就近或者随机的原则不同,河南省主要通过"结对式"和"推磨式"两种模式以裁定管辖方式确定管辖法院。"结对式"是指两个法院互相交叉审理对方的行政诉讼案件,"推磨式"则是将三个法院管辖的行政诉讼案件进行交叉分配,如在 A 司法片区有甲、乙、丙三个法院,由甲法院管辖本应由乙法院审理的行政诉讼案件,乙法院管辖丙法院的案件,丙法院管辖甲法院的案件。异地管辖范围还会每两年调整一次。① 有论者指出,相较于传统异地交叉管辖模式,"河南模式"的优越性体现在三个方面:一是拓宽了异地管辖的范围,将基层人民法院和中级人民法院管辖的行政案件都纳入"结对式"和"推磨式"模式之中进行重新分配;二是增强了异地管辖的明确性和原告的可期待性,以司法文件的形式确定调整后的对应管辖法院;三是定期调整异地管辖法院,打破固定的交叉管辖,避免利益固化。② 河南法院的创新之举取得了显著的实际成效,而且被认为是符合中央明确提出的司法管辖与行政区划适当分离的司法改革精神,并且在不改变我国现行法院体制的情况下,这种调整管辖规则的做法具有更强的持续性和普遍适用性,能够在全国推行且改革成本低。③ 但最终河南的改革未能持续,几年后就宣布不再实行。

(三)集中管辖

2013 年,最高人民法院开始推行行政诉讼相对集中管辖,由此管辖改革进入第三个探索阶段。这种模式是上级法院通过统一指定的方式,确定几个基层法院作为集中管辖法院,将原属于其他基层法院管辖的一审行政案件都交由这几个确定的法院审理。有论者认为,前期的改革探索存在很多不足,例如基于合理负担原则的要求,提级管辖不宜绝对化,而异地管辖颠倒了法定管辖与裁定管辖的主次,急需解决合法性危机。同时,改革导致非

---

① 参见王琳:《南阳行政案件异地管辖让三方都满意》,载《人民法院报》2016 年 3 月 28 日。
② 参见马迅:《行政案件跨区域管辖改革的检视与省思——以我国〈行诉讼法〉第 18 条第 2 款为中心》,载《甘肃政法学院学报》2018 年第 2 期。
③ 参见沈开举、方涧:《行政诉讼异地管辖制度实证研究——以河南模式为样本》,载《河南财经政法大学学报》2016 年第 2 期。

第七章　行政诉讼管辖

诉案件数量大幅增长后,却没有对其管辖问题给予足够重视。开展新的相对集中管辖试点带来新的生机,但是也可能出现立案审查不严、人员调配难、诉讼成本增加、审理与执行有挑战的问题。因此,为了走出行政诉讼管辖难以保证公正审判的困境,一方面,需要遵循保障相对人合法权益的行政诉讼目的,赋予当事人管辖选择权与异议权;另一方面,通过提升行政首长法治思维减少对行政诉讼的干扰。① 有论者指出,行政案件集中管辖改革主要有地域集中管辖与类型集中管辖两种模式,都能减少行政机关的不当干扰,保障司法独立,提升审判质量,增强审判效果。但是也存在不方便当事人诉讼、增加当事人诉讼成本的共同问题。究其根本,是因为行政诉讼法所追求的不同价值目标存在冲突,如便于当事人诉讼与便于法院行使审判权之间的冲突,法院负担均衡与地域集中管辖之间的冲突等。对不同价值目标进行判断与衡量后,基于便于法院公正审理,保障案件裁判的质量和效率的需要,应当继续推行集中管辖改革并实现精细化。在确定集中管辖的模式时,要基于当地行政案件受理和审理存在的问题,提出针对性的解决方案:如果当地法院行政案件分布很不均衡,有些法院案件过少,就可以实施地域集中管辖,整合审判资源;而案件数量特别多的法院,则可以保留各基层法院行政庭,按行政管理范围划分,实施类型化集中管辖。② 还有论者认为,集中管辖是依据行政诉讼法关于指定管辖、提级管辖的规定,历经涉外民商事案件集中管辖、部分知识产权案件集中管辖、涉及金融危机的商事案件集中管辖的实践探索后,对普通管辖制度所做的有益变通。改革必然带来弱化非试点集中管辖法院行政审判职能的问题,但是这并不会影响行政审判的基础,反而有利于行政审判事业的长期发展。弱化部分非集中管辖法院的行政审判权,将行政案件集中到长期承担较多行政审判任务并重视行政审判工作的少数法院,反而集中了行政审判人才,提高了案件审判质

---

① 参见黄学贤、杨红:《论行政诉讼管辖困境之形成及其突破》,载《法学评论》2013年第6期。
② 参见李杰、张传毅:《行政案件集中管辖模式初探:理论定位与实践选择》,载《法律适用》2014年第5期。

量,整体上促进了整体行政审判事业的发展。① 有学者进一步撰文分析了跨行政区划集中管辖改革试点中新兴的选择管辖制度。该制度赋予当事人在原管辖法院与集中管辖法院之间选择起诉的权利。相较于固定化集中管辖,选择管辖在降低诉讼成本、打破利益链条、解决案多人少问题、畅通民行衔接等方面具有突出的优势。该制度虽然尚未法定化,存在合法性质疑,但是该制度符合人民代表大会制度监督审判工作的要求,而法定的集中管辖行政案件授权条款属于裁量权极大的概括性授权,高院在开展具体工作时可以赋予当事人选择管辖的权利。②

相对集中管辖在优化司法资源配置,统一裁判尺度,形成相对稳定的裁判标准方面具有重要的意义,但是试点所暴露的问题也不容忽视。有学者撰文对相对集中管辖制度作出了反思性分析,认为管辖"新政"的局限性有三:一是改革仍然囿于现行司法体制之下,法院的人、财、物无法从行政机关的控制中挣脱出来。行政案件集中之后,无论是自我管辖、固定对应管辖还是另行指定管辖,实际上都无法避免行政干预,难以从根本上独立行使行政审判权。二是多数基层法院行政审判庭的功能处于休眠状态,基层行政审判格局呈现"马太效应",动摇现行行政诉讼法的审级结构。三是运动化、功利化的改革举措以及试图毕其功于一役的单线思维,可能使得改革最终难逃了了之的宿命。③ 有学者表示,不认为推行集中管辖已成为大势所趋和改革的必由之路,要探索建立与行政区划适当分离的司法管辖制度,而将本应是特殊管辖的集中管辖确定为一般管辖并不"适当"。坚持让基层法院受理一审行政案件的原则,并推行三审终审制才是最佳的改革方案。应当将绝大部分行政争议解决于基层,由高级别法院尽量多地承担个别不服的上诉案件,既可以对抗低级别的地方政府权力,同时也可以监督并助力低级别

---

① 参见郭修江:《行政诉讼集中管辖问题研究——〈关于开展行政案件相对集中管辖试点工作的通知〉的理解与实践》,载《法律适用》2014 年第 5 期。
② 参见杨登峰:《行政案件跨区划集中管辖改革试点中的选择管辖》,载《法学论坛》2020 年第 3 期。
③ 参见章志远:《行政案件相对集中管辖制度之省思》,载《法治研究》2013 年第 10 期。

法院的独立公正审判。如此形成司法权与地方政府权力之间的良好互动关系。①

二、设立专门行政法院的讨论

2014年《行政诉讼法》修改前夕,围绕此次修法是"大修还是小改"的讨论达到了近年来的最高峰。② 争论的焦点主要在于外部审判体制是否要进行变革,尤其是关于行政法院是否需要设立,行政法学界出现了"肯定论"和"否定论"两种观点。虽然最终的结果仍属"小修",行政诉讼法中没有对行政法院的设立问题给出正面回应,但是跨行政区划法院改革的持续推进,使得相关学术争论仍在延续。

(一) 肯定论

不少学者倾向于对行政诉讼法进行系统性的大修,通过设立行政法院真正实现行政诉讼的现代化。有论者曾尖锐地指出:"行政法院的设立构成了本次《行政诉讼法》修改的最重大课题。甚至可以说,只要设立行政法院,其他问题几可迎刃而解。"③早有学者从法律依据、大陆法系传统、经济体制的改革需要、判例的积累以及人才储备方面论证过,我国具备设立行政法院的可行性。具体而言,我国的专门行政法院仍属司法系统,而不属行政系统。撤销当前的行政审判庭设置,另行构建初级行政法院、上诉行政法院、最高行政法院三级结构。再根据现代行政管理的需要,内设若干专业审判庭。④ 还有学者指出行政诉讼法确定管辖规则遵循的便于当事人进行诉讼和便于法院公正行使审判权原则之间存在矛盾之处,注重法院负担均衡原

---

① 参见杨建顺:《行政诉讼集中管辖的悖论及其克服》,载《行政法学研究》2014年第4期。
② 参见杨临宏:《〈行政诉讼法〉的大修与小改——关于〈行政诉讼法〉修改的思考》,载《行政法学研究》2014年第4期。
③ 梁凤云:《〈行政诉讼法〉修改八论》,载《华东政法大学学报》2012年第2期。
④ 参见陈红:《论建立我国行政法院体制的必要性和可行性》,载《浙江学刊》2001年第4期。

则束缚了改革的步伐,这些都造成了司法内外部的行政化与地方化。需要在现行司法体制下渐进地改革探索解决问题的路径,但是更需要设立三级行政法院,才能最终从整体上彻底解决问题。① 有学者认为,应当以最高人民法院设立巡回法庭的改革为突破口,呼应省以下地方法院的改革试点与检察院人财物统一管理改革,设置我国由最高行政法院、高级行政法院和普通行政法院组成的三级行政法院体制。同时引入民事诉讼地域管辖的选择管辖制度,赋予当事人选择一个较少地方保护主义色彩的法院进行诉讼的权利。②

除了设立三级行政法院体制的方案,有学者提出建立跨县域的初等行政法院与跨市域的高等行政法院两级结构,加最高人民法院巡回法庭。如此设立的行政法院由所在省级人民代表大会产生并对其负责,在时机成熟后会改为由全国人民代表大会产生并对其负责,实质上回归了司法的中央事权属性,更好地代表全国人民意志,从根本上巩固了人民代表大会作为权力机关的地位。认为这种改革会冲击我国人民代表大会制政体的质疑并不成立。③ 有学者对可选择的"三级行政法院"和"两级行政法院"两套具体方案进行了总结。两种方案都要设立跨市的基层行政法院,在华北、东北、华东、华中、西北、西南、华南设立7个高级行政法院,只是在最高级别的行政审判机构的设置上发生了分歧,是设立专门的最高人民法院行政审判分院,还是仍保留最高人民法院的行政审判庭,尚无定论。④

除了基于我国国情与改革经验进行的学理讨论,还有学者主张借鉴外国经验以改进本国行政审判制度。有论者分析了德国行政法院在组织、法官人事及事务上的独立性,并基于我国行政集权的特点,建议学习德国模式建立行政法院。我国宪法并未对建立行政法院构成制度障碍,相反可以先

---

① 参见李红枫:《行政诉讼管辖制度现状及对策分析》,载《行政法学研究》2003年第1期。
② 参见孙洪坤:《论建立与行政区划适当分离的司法管辖制度》,载《东方法学》2014年第6期。
③ 参见王振宇:《行政审判体制改革应以建立专门行政审判机构为目标》,载《法律适用》2015年第2期。
④ 参见江必新:《中国行政审判体制改革研究——兼论我国行政法院体系构建的基础、依据及构想》,载《行政法学研究》2013年第4期。

行用尽体制内资源,例如发掘《宪法》第126条规定的"人民法院依照法律规定独立行使审判权,不受行政机关、社会团体和个人的干涉"价值,进行司法体制改革,积累宝贵经验,最终推动独立司法体制的建立。① 还有论者撰文,全面对比了大陆法系国家和英美法系国家的行政诉讼主管机关构建模式,包括行政性质的法国行政法院与司法性质的德国行政法院,普通法院加行政裁判所的英国模式与普通法院加行政法法官体系的美国模式。总结出二者在遵循分权和制衡的指导思想,平衡控权与维权的价值追求,以及发展行政判例制度方面的一致。认为我国行政法院的设置中应当吸取西方的成功经验,注重在人事体制、财经体制、业务范围等方面设计的独立性,实现行政权与公民权的平衡。②

修订后的《行政诉讼法》和相关司法文件对跨行政区划法院审理行政案件作出具体规定,特别是后续由铁路法院审理行政案件,作为建立"准行政法院"的实验,可谓是我国为克服地方干预对行政审判体制改革所作出的最大努力。有学者基于2015年至2019年的24万份判决书,对铁路法院的改革效果进行实证研究,并得出结论:在基层法院层面,铁路基层法院更能保护原告权益,但是铁路中级法院原告胜诉率却没有更高;在面对行政层级比自身更高的被告时,两者均未比普通法院有更高的胜诉率,铁路中级法院甚至受到省级机关影响更大。铁路法院跨行政区划管辖行政案件一定程度上提高了法院的中立性,也改善了行政审判的现状,但是改革始终受制于国家治理体系,来自各种层面的行政干预仍然存在,未来应当向建立独立审判的行政法院的改革方向继续前进,由中央和最高法院直接管理铁路法院或许是一个值得考虑的方案。③

---

① 参见刘飞:《建立独立的行政法院可为实现司法独立之首要步骤——从德国行政法院之独立性谈起》,载《行政法学研究》2002年第3期。
② 参见宋智敏:《西方行政诉讼的主管机关——兼论对我国行政诉讼制度改革的启示》,载《法学评论》2011年第3期。
③ 参见马超、郑兆祐、何海波:《行政法院的中国试验——基于24万份判决书的研究》,载《清华法学》2021年第5期。

(二) 否定论

设立行政法院呼声渐高,尽管尚未达成设立行政法院的共识,我国行政审判体制改革的走向已经深受设立行政法院的基本思路的影响,但是否定论者认为不宜高估设立行政法院的可行性。有学者认为《宪法》未涉及行政法院设置的相关问题,不能简单地以《宪法》第124条第1款作为设置行政法院的法律依据,因为行政法院的数量、职权范围、社会影响均不是铁路、海事等其他专门法院可比拟的。即使通过修宪解决了法律依据的问题,我国政治体制决定了司法机关处于从属行政机关的弱势地位,司法机关的"司法权独立"和法官的"审判独立"都无法保障,最终无法达成"司法独立"的目标,行政法院的设立不过是白费功夫。因此,正如解决执行难问题的根本出路不在于设立执行局一样,解决行政审判所面临的"三难"问题,重点不在于设不设行政法院,根本出路在于将法院人财物管理制度与地方分离、重新划定与行政区域分离的司法区域、从严把控法官的来源并取消岗位轮流制以保证法官专业性,以及实施法官终身任职制度和高薪制度。[①] 有学者认为,行政诉讼步入困境的根本原因在于:一是议行合一原则强调行政权与司法权的协调配合,忽略了司法权对行政权的制约与监督。在该原则指导下,行政机关、司法机关统一由权力机关产生,并向它负责,受它监督,突出国家权力的统一性。但是更为强势的行政权以及司法权不受干涉过于原则性的宪法规定,导致行政权凌驾于司法权之上。二是行政力量为行政权的扩张提供便利。因此,在前述问题亟须解决的前提下,设置行政法院也无法从根本上解决行政诉讼存在的问题。首先,应当着眼于如何提高法院整体的司法独立。在最高人民法院内设行政法院是赋予行政诉讼的特殊待遇,必然会为其他诉讼所效仿,最终的结果也是法院整体的司法独立性的强化,如此迂回的方法不是最优选择;其次,应当规范和厘清司法权与行政权的关系,否则以行政诉讼始终难以约束行政权;最后,要谨慎对待"变法"与"法治"的矛盾

[①] 参见万永海、姜福先:《我国不宜单设行政法院——兼论我国行政审判解困之出路》,载《法律适用》2003年第6期。

第七章　行政诉讼管辖

关系,防止行政法院的建立损害公众对行政诉讼的制度认同。① 还有学者认为,在政治体制尚需改革的前提下,行政法院的功能难以发挥,甚至会产生诸多弊端。当前的社会治理需要公法与私法的共同参与,有时候一个案件很难判断是公权还是私权受到侵害,如果在一般法院之外另设一套行政法院系统,一方面可能产生管辖争议,给当事人增加诉讼障碍;另一方面可能在两套法院系统下出现"同案不同判"的现象。对于我国历史上的行政诉讼组织形态可以作为设立行政法院经验积累的论证都是片面的,因为这都仅是形式意义上的行政法院,未能充分发挥司法独立与人权保障的功能。②

有学者对设立行政法院的具体方案也提出了质疑,当前主要有三种模式可供选择:建立从属于行政系统的法国式行政法院,建立从属于司法系统的德国式行政法院,将各级人民法院的行政审判庭独立出来建立专门行政法院。其中,第三种具有中国特色的方案在行政法学界处于通说地位,但是针对该方案也存在诸多质疑:一是我国设立行政法院没有宪法以及组织法依据。因为我国宪法以及组织法中规定的专门法院原本是计划经济时期的产物,而如今除了军事法院,不存在自成体系的专门法院。二是行政审判不独立问题的解决,需要整个法院系统改革乃至整个社会改革。如果贸然设立行政法院与国家政治民主的发展进程不合拍,极可能事倍功半。三是行政法院设立后必然会增加诉讼成本,包括法院收取的诉讼费等直接诉讼成本以及诉讼中的非法秘密开支等间接诉讼成本。③

建立行政法院难度较大,设立行政审判专门机关并非司法去地方化与去行政化的唯一出路。通过"小改"在行政诉讼法能够容许的范围内进行改革探索,持续推进当前的改革方案,既能够避免理论界与实务部门在短期内无法取得一致的僵局,同时也不会对我国行政体制和政治结构产生大的冲击。有学者指出:"在《修正案(草案)》上全国人大常委会会议审议前,笔者

---

① 参见尹华容:《设置行政法院:行政诉讼突围中的重大误区》,载《甘肃政法学院学报》2006年第1期。
② 参见牟宪魁:《论我国的违宪审查与司法权》,载《法学论坛》2009年第5期。
③ 参见汪厚冬、黄学贤:《设立行政法院热的冷思考》,载《中州学刊》2015年第2期。

和其他一些学者曾提出我国行政诉讼可实行专门行政法院体制……但在当下条件下,实行专门行政法院体制会存在诸多困难,且成本较大。据此,笔者曾经提出可行性较大的'提级管辖'方案。"① 还有反对者认为,改革应首先是对现有行政诉讼制度进行改良,不能以过分激进的态度对待行政诉讼困境问题,所以持续推进现有制度框架内的管辖改革,检验是否能够实现保障司法免受行政权不当干预的目标。只有在现有改革实施后,无法达到设立行政法院意欲实现的效果,无法解决深层次的制度问题,则需要大动干戈。② 有论者对于设立专门的行政法院持非常谨慎甚至消极否定的态度。2014年《行政诉讼法》修订后,第15条规定了提级管辖,第18条第2款明确了跨行政区域管辖,整体而言对完善管辖制度的改革作出了肯定,又为后续司法体制改革留下空间。如果三中全会推动省以下地方法院、检察院人财物统一管理的改革能够成功,就没有必要建立专门的行政法院,因为司法地方化的问题大体上能够解决,法院也能够公正审理行政案件。③ 学者在新法实施后又撰文对这一问题进行了讨论,除了质疑设立行政法院的必要性,更加犀利地指出建立行政法院不应该是行政诉讼法领域讨论的问题,因为这不是修改行政诉讼法能够解决的,而是需要对我国现有法院体制进行重大改革。从法院的人、财、物层面,摆脱地方政府对法院的影响是破除中国司法地方化难题的关键,当前确认实践中探索的提级管辖经验,以及明确可以确定若干人民法院跨行政区域管辖行政诉讼案件,是行政诉讼法领域内能够做到的最大的努力。④

三、行政审判体制改革的展望

河南宣布不再实行"转圈式"异地交叉管辖,天津又开展异地交叉管辖试点,行政诉讼管辖改革兜兜转转,似乎陷入了反复变动又回归原点的周

---

① 姜明安:《行政诉讼法修改的若干问题》,载《法学》2014年第3期。
② 参见王诚:《我国行政法院设置的模式选择和制度设计》,载《江西社会科学》2014年第1期。
③ 参见童卫东:《进步与妥协:〈行政诉讼法〉修改回顾》,载《行政法学研究》2015年第4期。
④ 参见童卫东:《关于行政诉讼法修改时的几个争议问题》,载《中国法律评论》2019年第2期。

期。而新一轮四级法院审级职能定位改革的开启,对于行政案件级别管辖、案件提级管辖、再审程序等作出了新规定。立足中国国情和发展战略,新时代行政审判体制的改革应当如何审慎权衡、统筹推进,形成长期稳定且具有中国特色的管辖格局是值得思考的问题。

(一) 近期目标:跨区域集中管辖行政案件的高质量审判

习近平总书记指出:"我国国情决定了我们不能成为'诉讼大国'。我国有14亿人口,大大小小的事都要打官司,那必然不堪重负!"①行政诉讼作为三大基本诉讼类型之一,虽然案件量在全国法院受案总量的占比较小,但是行政诉讼为平衡行政机关与行政相对人关系的复杂性与特殊性,本身就决定了行政审判的高质量发展不是以行政案件的增量为基础的。我国不该成为"诉讼大国",更不该成为行政案件的"诉讼大国"。为了解决行政纠纷,一方面,应当发挥行政复议化解行政争议的主渠道作用,原则上都通过行政复议渠道解决行政争议;②另一方面,对于通过诉讼途径解决的行政争议,需要进行高质量审判,让人民群众在每一个司法案件中感受到公平正义,实现行政争议的实质性化解。同时,经过高质量审判才能最大限度发挥有限的行政案件的作用,形成行政判例以填补法律漏洞,规范社会治理。

跨区域集中管辖从整体上对一个司法辖区内的司法资源进行调控,能够集中审判力量,提高司法人才专业性,为实现行政案件的高质量审判提供了可能。但是,行政案件跨区域集中管辖改革过程中出现了诸多问题,由于异地审判,集中管辖法院与案件所在地政府之间难以达成良好的府院互动,未建立常态化的沟通衔接机制,双方难以在案件处理上达成信任与实质性支持。③ 这直接导致了矛盾纠纷难以就地解决,"案件处理结果就案办案的多,协调化解的少,实质化解行政争议的力度减弱,有的试点地区甚至出现

---

① 习近平:《坚定不移走中国特色社会主义法治道路 为全面建设社会主义现代化国家提供有力法治保障》,载《求是》2021年第5期。
② 参见周佑勇:《行政复议的主渠道作用及其制度选择》,载《法学》2021年第6期。
③ 参见程琥:《国家治理现代化与行政审判体制改革——兼论跳出行政诉讼管辖改革周期率的因应之道》,载《中国应用法学》2021年第3期。

协调撤诉率下降的现象"①。

为破解行政争议实质性化解不力的难题,首先,需要关注原告的诉讼请求,实现判决的精准适用。其次,需要运用 ADR 机制等多元方式解决纠纷。"通过将侧重职权主义的诉讼机制与强调当事人合意的 ADR 机制结合起来,可能是促进行政诉讼制度中司法权、行政权、相对方权利三者和谐的一个契合点。"②最后,需要配合使用司法建议、行政机关负责人出庭应诉等辅助性机制。③ 兼具积极型司法、回应性司法与纵深化审查特点的人民法院行政审判活动,实质上实现行政案件的高质量审判,是今后审判跨区域集中管辖行政案件应当努力的方向。

(二)中期目标:设立跨行政区划法院

为贯彻党的十八届四中全会关于"探索设立跨行政区划法院和检察院"的重要部署,各地呈现出多样化的行政案件跨区域管辖的改革趋势,实践中出现了以"设立跨区划法院集中管辖""设立专门法院类案管辖""指定法院跨区域集中管辖""指定法院跨区类案管辖"为主的四种模式,尝试落实《行政诉讼法》第 18 条第 2 款关于"跨行政区域管辖行政案件"相关规定。特别是当前试点中,依托于改造现有铁路运输法院基础上建立起来的跨行政区划法院节约和整合了国家司法资源,为高级人民法院实现人财物的最优配置积累了经验,也为进一步在全国范围内铺开设立跨行政区划法院提供了可能。

但是,现在试点中都只将部分案件纳入跨行政区划法院的管辖范围,基于跨行政区划法院的独立性与维持运转需要,增加纳入跨行政区划法院管辖的行政案件量势在必行,同时跨行政区划法院承担大量行政审判工作的效果也需要检验。因此,尽快推动跨区划法院的建立,"形成普通案件在行

---

① 江必新:《从跨区划管辖到跨区划法院——兼论新型诉讼格局之构建》,载《人民司法》2017 年第 31 期。
② 王锡锌:《行政程序法理念与制度研究》,中国民主法制出版社 2007 年版,第 307 页。
③ 参见章志远:《行政争议实质性解决的法理解读》,载《中国法学》2020 年第 6 期。

政区划法院审理、特殊案件在跨行政区划法院审理的诉讼格局"①,而作为特殊案件的行政案件应当全部由跨行政区划法院管辖。

如此构建的跨行政区划法院似乎已经承载行政法院的功能,引起了不必再另起炉灶设立行政法院的质疑。② 但是,当前指定型跨行政区划管辖的法院实质上仍属于地方法院,而不是专门法院,法院的人、财、物如果不能从行政机关的控制中挣脱出来,那么公正且独立的行政审判注定无法保障。有学者主张"实行人财物统一管理后,现在设立的跨区划法院可以转型为专门行政法院,集中受理所有行政案件"③。这就意味着跨行政区划法院是必经的过渡阶段,待时机成熟后需要向行政审判专门法院转型。

(三) 长期目标:探索设立行政法院

"法治诞生于法律机构取得足够独立的权威对政府权力的行使进行规范约束的时候。"④有学者认为,设置专门的行政审判机构并确保其相对独立地位才能真正确保行政裁判的公正和权威,是行政诉讼制度发展的必然要求,我国可待条件成熟时设立行政法院。首先,我国宪法和法律为行政法院的设立提供了法规范依据。《宪法》第 129 条第 1 款规定:"中华人民共和国设立最高人民法院、地方各级人民法院和军事法院等专门人民法院。"《中华人民共和国人民法院组织法》第 15 条第 1 款规定:"专门人民法院包括军事法院和海事法院、知识产权法院、金融法院等。"这里的"等"是不完全列举,明确列举的军事法院、海事法院、知识产权法院、金融法院等专门法院都具有相对独立的组织系统、受理具有专业性与技术性案件、人员任免不由同级人民代表大会决定等特点⑤,而拟设立的行政法院也具有前述特征,故"专门

---

① 程琥:《行政案件跨行政区域集中管辖与行政审判体制改革》,载《法律适用》2016 年第 8 期。
② 参见马迅:《行政案件跨区域管辖改革的检视与省思——以我国〈行政诉讼法〉第 18 条第 2 款为中心》,载《甘肃政法学院学报》2018 年第 2 期。
③ 马怀德:《跨区划法院如何建构》,载《学习时报》2015 年 3 月 23 日。
④ 〔美〕诺内特、塞尔兹尼克:《转变中的法律与社会》,张志铭译,中国政法大学出版社 1994 年版,第 59 页。
⑤ 参见梁凤云:《关于对中国特色行政法院体系的基本设想》,载《行政法学研究》2015 年第 1 期。

人民法院"当然也包括了专门行政法院。其次，国外先进的行政审判体制建构经验为我国行政法院的设立提供了参考。大陆法系国家形成了"司法系统内独立行政法院的德国模式""名义上隶属行政系统行政法院的法国模式"和"最高司法机关下设行政法院的俄罗斯模式"三种基本的行政法院设立模式。① 我国可以参考俄罗斯模式在最高人民法院之下建立受其监督指导的专门行政法院，既能体现司法权的中央事权属性，又可以贯彻落实人民代表大会制度。最后，我国已经积累了设立行政审判专门机构的历史传统和长期探索的本土经验。我国在清朝末期设行政裁判院，在民国时期设立平政院和行政法院②，为近代行政法院的发展奠定基础并提高社会心理认同度。我国跨行政区划法院向行政法院靠拢的努力，以及澳门和台湾地区已经设有的行政法院系统，也能够提供丰富的理论资源和探索经验。

未来设立行政审判专门法院应当做好以下几个方面的工作：一是结合四级法院审级职能定位设置行政法院组织结构。为贯彻落实党中央关于完善四级法院审级职能定位的决策部署，2021年9月27日，最高人民法院印发《关于完善四级法院审级职能定位改革试点的实施办法》，正式推进试点工作。根据案件可能受地方因素影响程度，明确规定了由基层人民法院管辖的第一审行政案件，既能够发挥"基层法院重在准确查明事实、实质化解纠纷"方面的作用，原则上由中级人民法院审理行政案件也能排除我国地方政府不当干预司法。未来行政法院系统内部也应当发挥基层行政法院的基础作用，通过多元化纠纷解决机制把矛盾化解在基层；中级行政法院定位于处理疑难复杂、社会影响大、与重大公共利益密切的案件，在两审之内使事实、法律争议得到实质性解决；优化调整申请再审的案件范围，高层级的行政法院在再审依法纠错、繁案精审、监督指导方面发挥作用。③ 二是保障行政法院脱离地方控制的独立经费来源。法院的经费直接关系到审判人员的

---

① 参见江必新：《中国行政审判体制改革研究——兼论我国行政法院体系构建的基础、依据及构想》，载《行政法学研究》2013第4期。
② 参见倪洪涛：《清末民国时期中国行政诉讼法制论》，载《时代法学》2021年第2期。
③ 参见刘峥、何帆：《〈关于完善四级法院审级职能定位改革试点的实施办法〉的理解与适用》，载《人民司法》2021年第31期。

第七章　行政诉讼管辖

薪资与法院的正常运转,只有当行政法院的经费不直接受制于地方行政机关,才可能作出忠于法律的裁判。法院经费应当由中央财政拨款和自身所收的诉讼费组成。① 行政法院系统的司法预算由最高人民法院编制,报经全国人大批准后,送国务院主管部门汇总编入国家预算,最后由最高法院实行统一管理、分配。三是健全法官选任机制与保障机制。一方面,应当结合各级行政法院的案件特点和审级设置,制定专门的考核机制,遴选具备专业审判能力的法官,也要调整法院的人员编制、员额,确保专业化审判队伍的培养和相对稳定;另一方面,通过法官终身任职制度和法官高薪制度,为法官提供经济保障和职务保障,保持法官个体抵抗外部压力的独立性。

主要参考文献

1. 刘飞:《建立独立的行政法院可为实现司法独立之首要步骤——从德国行政法院之独立性谈起》,载《行政法学研究》2002 年第 3 期。
2. 李红枫:《行政诉讼管辖制度现状及对策分析》,载《行政法学研究》2003 年第 1 期。
3. 章志远:《行政案件异地管辖热的冷思考》,载《中州学刊》2008 年第 2 期。
4. 宋智敏:《西方行政诉讼的主管机关——兼论对我国行政诉讼制度改革的启示》,载《法学评论》2011 年第 3 期。
5. 黄学贤、杨红:《论行政诉讼管辖困境之形成及其突破》,载《法学评论》2013 年第 6 期。
6. 章志远:《行政案件相对集中管辖制度之省思》,载《法治研究》2013 年第 10 期。
7. 江必新:《中国行政审判体制改革研究——兼论我国行政法院体系构建的基础、依据及构想》,载《行政法学研究》2013 年第 4 期。
8. 马怀德:《行政审判体制改革的目标:设立行政法院》,载《法律适用》2013 年第 7 期。
9. 何海波:《行政审判体制改革刍议》,载《中国法律评论》2014 年第 1 期。
10. 付洪林、窦家应:《行政诉讼提级管辖改革的探索与实践——以广东法

---

① 参见马怀德:《行政审判体制改革的目标:设立行政法院》,载《法律适用》2013 年第 7 期。

院提级管辖改革为样本》,载《法律适用》2014年第5期。

11. 李杰、张传毅:《行政案件集中管辖模式初探:理论定位与实践选择》,载《法律适用》2014年第5期。

12. 郭修江:《行政诉讼集中管辖问题研究——〈关于开展行政案件相对集中管辖试点工作的通知〉的理解与实践》,载《法律适用》2014年第5期。

13. 杨建顺:《行政诉讼集中管辖的悖论及其克服》,载《行政法学研究》2014年第4期。

14. 孙洪坤:《论建立与行政区划适当分离的司法管辖制度》,载《东方法学》2014年第6期。

15. 姜明安:《行政诉讼法修改的若干问题》,载《法学》2014年第3期。

16. 王振宇:《行政审判体制改革应以建立专门行政审判机构为目标》,载《法律适用》2015年第2期。

17. 童卫东:《进步与妥协:〈行政诉讼法〉修改回顾》,载《行政法学研究》2015年第4期。

18. 梁凤云:《关于对中国特色行政法院体系的基本设想》,载《行政法学研究》2015年第1期。

19. 童卫东:《关于行政诉讼法修改时的几个争议问题》,载《中国法律评论》2019年第2期。

20. 章志远:《行政争议实质性解决的法理解读》,载《中国法学》2020年第6期。

21. 马超、郑兆祐、何海波:《行政法院的中国试验——基于24万份判决书的研究》,载《清华法学》2021年第5期。

22. 周佑勇:《行政复议的主渠道作用及其制度选择》,载《法学》2021年第6期。

23. 程琥:《国家治理现代化与行政审判体制改革——兼论跳出行政诉讼管辖改革周期率的因应之道》,载《中国应用法学》2021年第3期。

24. 江必新:《法律规范体系化背景下的行政诉讼制度的完善》,载《中国法学》2022年第3期。

第八章

行政诉讼证据

　　证据是指一切用来证明案件事实的材料,人们常常认为"打官司就是打证据",诉讼活动贯彻"以事实为根据、以法律为准绳"的基本原则。可见证据是诉讼活动的关键要素,是三大诉讼法的核心和灵魂。虽然与民事、刑事诉讼领域证据研究的繁荣景象相比,行政诉讼证据的研究稍显逊色,但是基于其在证明行政行为合法、保护相对人合法权益、监督和维护行政机关依法行政方面的特殊功能,一直以来我国致力于完善行政诉讼证据制度,推动行政诉讼审判环境的优化。现行行政诉讼证据制度体系是由《行政诉讼法》《执行解释》《最高人民法院关于行政诉讼证据规定若干问题的规定》(以下简称《证据规定》)构建起来的。特别是 2002 年《证据规定》的实施以及 2014 年《行政诉讼法》的修订,明确被告可以补充证据的情形,增列电子数据为独立的证据类型,确立非法证据排除规则等方面的进步,都使得行政诉讼证据制度得到进一步丰富与发展,也引发了理论界和实务界的热烈探讨。本章拟以近二十多年来行政诉讼证据相关的代表性论文为样本,解析新时代我国行政诉讼证据研究的整体情况,聚焦于行政诉讼举证责任、行政诉讼证明标准与非法证据排除规则三大争议性问题,并就未来的研究方向进行展望。

一、行政诉讼举证责任

　　举证责任是为了认定或阐明案件事实,解决应当由谁负责依法收集、提供证据的义务负担问题。负有举证责任的诉讼主体不能提供证据,案件事实仍然处于真伪不明状态时,主张该事实的一方就应当承担相应的不利后果。举证责任及其分配是诉讼伊始就会面临的首要问题,而后又会持续影响诉讼如何进行、向什么方向进行以及最后的诉讼结果。1989年《行政诉讼法》首次规定了被告对行政行为的合法性承担举证责任,在后续的司法解释以及修法中又逐渐明确原告的证明责任、被告逾期举证以及延期举证等规则。但随着司法实践的进步与理论探究的深入,围绕举证责任分配的合理性、举证责任时效制度的模糊性、被告逾期举证证据失权等问题,行政法学界产生了许多争论并仍在延续。

(一) 举证责任的分配

关于行政诉讼举证责任分配的学说存在一个演进过程。1989年《行政诉讼法》过于关注和重视行政机关举证责任的制度设计,使得20世纪90年代初期有较多的学者持被告应负全部举证责任说。① 随着2000年《执行解释》和2002年《证据规定》的相继出台以及2014年《行政诉讼法》的修订,行政诉讼中原告的举证责任得以确定。但是,诉讼双方在行政诉讼过程中应当承担的具体举证责任以及相应的举证事项,学界仍存在不同观点。目前关于举证责任分配的学说主要包括以下四种:主次要责任说,说服与推进责任说,"谁主张,谁举证"说,根据案件具体情况分配举证责任说。

主次要责任说是指在行政诉讼中,被告承担主要的举证责任,而原告承担的举证责任是有限的、次要的。② 持该学说的学者认为,行政诉讼举证责任的基本分配原则是原告主张,被告举证。对于不同的行政行为及主要争议点都由行政机关负举证责任。原告对其主张的行政行为违法,与少数的例外情形,才负举证责任。③ 说服与推进责任说是指被告承担的举证责任是说服责任,即必须提供足够证据使法官达到相当的确信程度,否则就要承

---

① 参见胡建淼等:《行政诉讼证据的实证与理论研究》,中国法制出版社2010年版,第145页。
② 参见徐继敏:《行政证据制度研究》,中国法制出版社2006年版,第114页。
③ 参见刘善春:《行政诉讼举证责任分配规则论纲》,载《中国法学》2003年第3期。

败诉的风险,而原告所承担的是程序上提出证据的推进责任。[1] 有学者认为,我国行政诉讼法和相关司法解释规定的被告承担结果意义上的责任,就是确定了被告客观的举证责任、说服责任,其必须承担比原告更严格的举证责任。[2] 持"谁主张,谁举证"说的学者认为,虽然原告在诉讼中表面上处于积极主动地位,但是其对被诉行政行为合法性的主张是否定性的,所以由对该行为持肯定性主张的被告承担证明责任,实质上体现了"谁主张,谁举证",并不是"举证责任倒置"。[3] 原告证明行政行为的违法性,被告证明行政行为的合法性,其实就是"谁主张,谁举证"的一般原则在行政诉讼中的体现,证明力优势方获胜。[4] 根据案件具体情况分配举证责任说是指法律对举证责任分配有明确规定时,就应当遵循法律规定;在法律没有明确规定,或者根据法律的字面含义不能对举证责任进行合理分配时,法官就应当根据案件的实际情况,结合法律目的和价值、基于社会经验并权衡各方利益等,分配具体个案中原被告双方的举证责任。[5]

(二) 原告承担举证责任的内容

总的来说,行政诉讼举证责任已经实现了由一元责任到二元责任的演变。虽然早在 2000 年《执行解释》第 27 条中就明确了原告的举证责任,但是现行法律规范对原告举证责任的规定都是在肯定被告举证责任的前提下进行列举的,效力和功能都具有局限性。行政法学实务界和理论界对原告的举证责任范围进行了热烈讨论。有论者认为,在特殊情况下,原告不仅应当承担推进举证责任,还需要承担特殊说服举证责任。承担推进责任的情况是原告证明符合起诉条件,以及在被告不作为案件中,证明曾经提出申请,除非被告应当依职权主动履行法定职责,或原告因正当事由不能提供相关

---

[1] 参见许东劲:《论行政诉讼的举证责任》,载《行政法学研究》2002 年第 2 期。
[2] 参见沈福俊:《论行政诉讼被告举证规则的优化》,载《法商研究》2006 年第 5 期。
[3] 参见张平:《论我国行政诉讼举证责任》,载《当代法学》2002 年第 1 期。
[4] 参见刘善春:《行政诉讼举证责任新论》,载《行政法学研究》2000 年第 2 期。
[5] 参见胡建淼等:《行政诉讼证据的实证与理论研究》,中国法制出版社 2010 年版,第 147 页。

证据并能合理说明的。而诉授益行政行为的案件中,"由原告对申请材料的真实、准确、全面承担举证责任,从法理和司法实践上看,都是不能成立的",如是被告拒绝申请人的申请而引发诉讼,则应当由被告提供拒绝申请的证据;如是行政机关批准并核发有关证书,利害关系人不服而提起诉讼,原告不可能提供证明申请人的材料真实、准确、全面的证据。① 有观点认为,最高人民法院在政策选择上,虽然仍由行政机关承担主要举证责任,但是通过推定方式也转移给原告部分特定事实的证明责任。除承担启动行政诉讼程序的初步证明责任以及行政不作为案件的举证责任,在行政赔偿、补偿案件中,如不是因被告原因导致无法举证,则原告应当承担基本损害事实的举证责任。② 还有学者进一步讨论了行政赔偿类案件中原告的举证责任。一般情况下,原告承担主观举证责任与客观举证责任,证明损害事实、损害价值以及符合起诉条件。因被告构成证明妨碍的行为导致原告无法举证时,举证责任倒置,由被告承担客观举证责任。③

(三) 规范理论对责任分配制度的完善

举证责任的分配是长期以来我国理论界及实务界都存在争议的问题。在法律明确规定举证责任分配规则的情况下,应当遵循法律规定;在法律没有明确规定情况下,不少学者主张引入德国的规范理论解决举证责任分配困境的问题。有学者认为,"在要件事实真伪不明时主张权利或权限者就权利形成事实负证明责任,否认或主张相反权利者,对权利消灭阻碍或妨碍的事实负证明责任"。德国规范理论不仅具有实质性依据,而且符合维持现状的自然法则,以此构建不同类型行政行为的证明责任的分配规则,能够弥补被告证明责任合法性理论及法律规定的缺陷。④ 还有学者认为,责任分配规则的构建应以规范说作为基础,行政职权为中心,由行使行政职权的当事人

---

① 参见蔡小雪:《行政诉讼原告承担举证责任的范围》,载《人民司法》2005年第11期。
② 参见李大勇:《行政诉讼证明责任分配:从被告举证到多元主体分担》,载《证据科学》2018年第3期。
③ 参见罗智敏:《行政赔偿案件中原被告举证责任辨析》,载《中国法学》2019年第6期。
④ 参见朱新力:《行政诉讼客观证明责任的分配研究》,载《中国法学》2005年第2期。

对职权形成要件承担客观证明责任；主张不行使行政职权的当事人，对职权妨碍要件、职权消灭要件、职权排除要件应承担客观证明责任。如此构建的责任分配基本规则具有普适性、明确性和确定性，可填补现行制度存在的法律空白。① 有观点认为，规范说将证明责任归属于法律适用问题，应当在实体法规范中寻找客观证明责任的分配标准。在保留我国已有的举证责任具体规则前提下，仅将规范说作为证明责任分配的基本规则，应由法官在个案中根据法规范构成要件以及法律效果对于当事人之间的证明责任进行解释和判断。②

（四）行政诉讼举证责任的发展方向

"谁主张，谁举证"是举证责任分配遵循的一般原则，但在行政诉讼语境下有其特殊表达。在2014年《行政诉讼法》修订之前，原被告的举证责任实际上已经在最高人民法院的司法解释和政策文件中不断进行发展，使得原被告的举证责任内容更加明晰。考虑到不同的案件类型以及部分行政行为的特殊性，主要违法事实的举证责任由行政机关承担，适当加大原告、第三人的举证责任，建立多元举证责任分配原则体系的思路最后也被行政诉讼法所吸纳。但是，行政诉讼法一直沿袭"原则上被告举证，例外情形下原告举证"的规则已经难以适应日益变化的行政诉讼实践。例如，在行政不作为诉讼、国家赔偿诉讼及公益诉讼中，该规则的适用就会显得捉襟见肘。让被告人对被诉行政行为承担举证责任，其背后隐藏的是"监督行政机关"的客观诉讼审理理念，并不能完全契合"保护公民合法权益"的主观诉讼目的，二者根本理念、目的模式以及制度架构都不同，强行揑合反而容易让行政诉讼在举证责任上陷入困境。

今后行政诉讼举证责任的分配应当走向精细化，正确区分提供证据责

---

① 参见江必新、徐庭祥：《行政诉讼客观证明责任分配的基本规则》，载《中外法学》2019年第4期。
② 参见马立群：《德国行政诉讼证据调查与客观证明责任的分配规则——兼评对我国的借鉴价值》，载《比较法研究》2020年第5期。

任、证明责任和举证责任。有观点认为,提供证据责任,又称为"初步的证明责任",要求原告提供被告违法行使职权或不作为,或政府信息存在的初步证据及相关线索。① 绝大多数初步证据的应用不会转移证明责任,仅提示当事人履行提供证据责任。② 而证明责任与举证责任则被有些学者直接等同,认为"证明责任,亦称举证责任,是指诉讼当事人就诉讼上的特定待证事实,根据证明责任分配规则为了满足法官形成某种确信心证的需要所负担的相应责任"③。然而,二者在实质内涵上具有很大差别。"证明责任的主体是司法机关。在行政诉讼中人民法院依法作出的不同类型的判决,是法院自我证明责任的完成。"举证责任的主体主要是被告行政机关,有时还包括原告。当事人诉讼主张的事实得不到证明,案件事实真伪不明时,法院只能依据举证责任的规定,裁判负有举证责任的当事人承担不利的后果。④ 可见,证明责任具有相互联系的三个方面的内容,并且是基于法院的审判权所产生的,举证责任的主体在任何情况下都不能成为证明责任的主体。因此,举证责任分配应当走向精细化,才能防止因扩大举证责任的内容和效力,进而不当扩大被告行政机关的权力;或是因阉割证明责任的丰富内容,而使人民法院的审判权简单化。⑤

总体而言,行政诉讼举证责任应当遵循类型化的构建思路:按照原告的不同诉讼请求,明确不同的诉讼类型,并依照不同诉讼类型的特点设计条理清楚的举证责任。⑥ 始终以被告承担举证责任为原则,同时加大原告举证责任负担,在不作为诉讼、行政赔偿诉讼等方面体现特殊的多元举证责任。第一是撤销诉讼,被告应当承担举证责任,而原告仅承担初步的举证责任,即

---

① 参见江必新主编:《最高人民法院关于审理政府信息公开行政案件若干问题的规定理解与适用》,中国法制出版社2011年版,第83页。
② 参见王由海:《"政府信息不存在"案件中的举证困境与规则重塑》,载《证据科学》2021年第2期。
③ 参见毕玉谦:《民事证据原理与实务研究》,人民法院出版社2003年版,第1页。
④ 参见胡锡庆主编:《诉讼原理》(第二版),中国政法大学出版社2007年版,第160—165页。
⑤ 参见潘牧天:《论我国行政诉讼举证责任规则的配置与适用》,载《河北法学》2010年第1期。
⑥ 参见唐楠栋:《单一化规定"隐匿"下的举证责任分配及其修正——行政诉讼举证责任分配细则研究》,载《湖北行政学院学报》2014年第3期。

证明被诉行政行为客观存在，符合有可撤销内容的条件。因为其争议在于被诉行政行为是否违法及是否应当撤销，由被告对行政行为的合法性负举证责任，是客观法秩序模式下"被告承担举证责任"的逻辑反映。第二是给付诉讼，由被告承担举证责任，原告仅承担初步的举证责任。因为在该类诉讼中，原告起诉的是行政不作为。而被告的拒绝行为是否合法，主要涉及的是客观法秩序的问题，故仍应由被告对其"不为"负举证责任，才不会混淆原告的举证权利与举证责任，符合行政诉讼法的立法原意。第三是确认诉讼，即作为原告要求法院确认行政活动是否合法、行政法律关系是否成立的诉讼。举证责任规则的设计需要分情形讨论：诉讼标的是确认行政行为无效的，因为属于相对人自我判断，故原告有义务承担举证责任；诉讼标的是确认行政行为违法的，针对行政法律行为实行"被告承担举证责任"的规则，针对行政事实行为实行"谁主张，谁举证"的规则。① 第四是赔偿诉讼，原则上应当由主张获得赔偿的原告承担举证责任。《最高人民法院关于审理行政赔偿案件若干问题的规定》中规定了举证责任倒置情形：因被告原因导致原告无法举证的，由被告承担举证责任；原告主张其被限制人身自由期间受到身体伤害，被告否认相关损害事实及损害与违法行政行为存在因果关系的，被告应当提供相应的证据证明。②

二、行政诉讼证明标准

证明标准是当事人为了完成举证责任，通过提供证据将案件事实证明到可信的程度。但是，待证事实要达到怎样的程度才能被法官采信，较为严格的"事实清楚，证据确实充分"的证明标准是否应当不加区分地适用，有哪些影响因素需要在证明标准构建过程中考虑，都需研究解决。

---

① 参见邓刚宏：《行政诉讼举证责任分配的逻辑及其制度构建》，载《政治与法律》2017年第3期。
② 参见于厚森、郭修江、杨科雄、牛延佳：《〈最高人民法院关于审理行政赔偿案件若干问题的规定〉重点条文理解与适用》，载《中国应用法学》2022年第2期。

(一) 多元证明标准

多数学者认为在行政诉讼中难以找到一个放之四海而皆准的统一证明标准,多元论是我国行政诉讼证明标准通说。① 但是,各学者划分多元证明标准的依据又有所不同,可进一步分为三分法、四分法等。

主张三分法的学者认为,根据被诉具体行政行为的不同性质,差别性地适用排除合理怀疑标准、占优势的盖然性标准和合理可能性标准,并分为两个视角:从法官视角出发,更重视实体法意义上得出案件事实结论,行政裁决、行政赔偿、补益行政行为案件适用优势证明标准,损益行政行为适用排除合理怀疑标准;从当事人视角出发,更侧重程序法意义上举证责任的卸除,说服责任适用的证明标准同前文,而推进责任则适用合理可能性标准。② 还有学者引入美国司法审查中的"可定案证据标准"及"清楚的、明确的、令人信服的标准",根据被诉行政行为对公民合法权益的影响程度,主张将客观真实证明标准适用于对公民人身权、财产权以及法人合法经营权产生重大影响的案件,如拘留、吊销许可证和执照、责令停产停业、没收财物,以及对公民或法人处以较大数额罚款的行政处罚,以及限制人身自由或者对财产的查封、扣押、冻结等行政强制措施。而对于性质介于这两者之间的其他行政案件,则参考适用清楚的、明确的、令人信服的证明标准。③

主张四分法的学者认为,在一般行政诉讼中,实行优势证明标准;行政机关的行政行为严重影响行政相对人的人身权、财产权时,适用排除合理怀疑标准;针对行政机关的紧急处置行为,适用具备合理怀疑或者合理性根据标准;审查原告起诉是否符合条件时,适用表面真实标准。④ 有学者认为,区分法律问题和事实问题适用的不同审查方式,而采取不同的证明标准。对

---

① 参见江必新、梁凤云:《行政诉讼法理论与实务》(第二版·上卷),北京大学出版社2011年版,第538—540页。
② 参见王晓杰:《行政诉讼证明标准的重构》,载《行政法学研究》2004年第2期。
③ 参见彭海青:《论美国证据法上司法审查中的证明标准——兼论我国行政诉讼证明标准之革新》,载《当代法学》2001年第10期。
④ 参见徐继敏:《行政证据通论》,法律出版社2004年版,第350—351页。

法律问题,要遵循司法尊让原则,以排除合理怀疑证明标准为原则;对事实问题,以行政诉讼特有的清楚而有说服力的证明标准为原则,辅以针对争议较小案件的优势证明标准和涉及当事人重大权益案件的排除合理怀疑的证明标准,最后以修正的证明标准为例外。①

(二) 统一证明标准

批评者认为,多元证明标准缺失法的安定性,显现出适用混乱、内涵不清、难以监督等弊端。与不同行政程序形成对应关系的行政诉讼证明标准难以找到法理根据,为凸显行政诉讼的证明标准的独立性,应当建构我国行政诉讼的一般证明标准。有学者指出,我国行政诉讼法的规定只强调了案件事实的客观程度,所以我国诉讼证明的标准是典型的客观标准,有客观性、法定性和确定性三个方面的要求;无论什么性质的诉讼、什么阶段的证明活动,甚至无论何种待证事实,都是为了查明案件事实,使案件事实清楚,证据确实充分,能够在客观事实的基础上适用法律作出裁判;不同的行政行为、不同诉讼阶段都应当适用相同的证明标准。② 还有学者指出,依法行政原则要求行政诉讼证明标准原则上必须严格、固定且统一,应当要求证明至"清楚而有说服力"的证明标准;但在特定情形下,证明标准可能且应当修正为仅要求证明至"优势盖然性",不仅有利于实体权利的实现,还可以解决一味地通过举证责任的分配来解决事实认定的困境。③ 有论者引入大陆法系的真实确信理论,对我国《行政诉讼法》第 69 条规定的"证据确凿"标准进行重构,为原标准注入"法官心证达到实际生活中必要程度的确信,使心中怀疑沉默,但无需完全排除"的内涵,辅以在依法律规定、依特殊证明规则、证明困境需要法院裁量等特殊情形中提高或者降低一般证明标准的规定,形成了以一般证明标准为中心的分层式证明标准。如此构建统一的证明标准

---

① 参见曹恒民:《行政诉讼中证明标准的重构》,载《法学杂志》2012 年第 8 期。
② 参见熊志海:《诉讼证明的客观标准与主观标准》,载《现代法学》2000 年第 5 期。
③ 参见吴振宇:《行政诉讼中的证据评价与证明标准》,载《行政法学研究》2004 年第 3 期。

既能够满足灵活性的要求,也能克服多元论的不利影响。①

(三)行政诉讼证明标准的未来发展

《行政诉讼法》第69条规定行政行为应当"证据确凿",第70条规定对"主要证据不足的"行政行为判决撤销。"证据确凿"与"主要证据不足"的概念内涵模糊,难以适用于不同类型的行政行为,也难以适应复杂的执法实践要求。因此,我国行政诉讼证明标准内部应当建立"多级综合"的证明标准。② 总结法律规定和学界研究成果,确立以明确、充分证明标准为原则,以优势证据证明标准以及确凿无疑标准为补充的多元行政诉讼证明标准制度是今后发展的方向。

首先,一般的案件都适用明确、充分证明标准。该标准以《行政诉讼法》第70条对行政行为规定的"主要证据充分"为制度来源,借鉴美国司法审查中的"清楚的、明确的、令人信服的标准"。"明确"是要求有实质性证据可以支撑主要的案件事实,"充分"要求不是孤证,证据之间可以相互佐证形成链条,最终基于行政机关提出的证据,一般正常人都能够判断得出行政机关认定的结论。

其次,针对适用简易程序的案件,以及行政机关处理类似平等主体之间法律关系的案件,适用优势证据证明标准。因适用简易程序案件往往案情较为简单、焦点明确、双方当事人争议不大,故可适当降低证明标准,采用优势证明标准。此外,针对类似平等主体之间法律关系的案件,例如,焦点在于相对人要求赔偿数额的行政赔偿案件、行政机关作为裁判者解决平等主体之间的民事争议的行政裁决案件、行政机关作为一方当事人履行平等契约的行政合同案等,均可采用类似民事诉讼的优势证据证明标准,一方当事

---

① 参见徐庭祥:《论建构我国行政诉讼的一般证明标准》,载《政治与法律》2019年第12期。
② 参见王振清主编:《行政诉讼前沿实务问题研究——问题·思考·探索》,中国方正出版社2004年版,第85—87页。

人提供的证据的证明力高于对方即可。①

最后,涉及严重影响相对人的人身权与财产权的案件,适用确凿无疑的证明标准。主要包括但不限于限制或剥夺人身自由、吊销许可证、营业执照、较大数额罚款等行政处罚和对相对人不利处理的案件。之所以适用与刑事诉讼中要求基本接近的较高证明标准②,是因为这些损益性行为不仅对相对人基础利益造成影响,还会影响第三人乃至公共利益。因此,要求行政机关提供的证据在充分的基础上,还要能够排除任何合理怀疑。

三、非法证据排除规则

2002年《证据规定》的颁布,首次具体细化了行政诉讼非法证据的取得手段、自身属性等。我国该规则的诞生相较于国外而言起步较晚,因而有许多细节仍待完善。行政法学界关于非法证据排除规则的讨论,多聚焦于非法证据的界定及其证明力,并由此产生的衍生证据排除问题。

(一) 非法证据的界定

由于我国立法没有明确规定行政诉讼非法证据的涵义,因此行政法学界众说纷纭。总体而言,可以归纳为"广义说"和"狭义说"两种。

广义说主张,对非法证据作广义上的理解更妥当。有学者认为,证据的合法性主要从收集或提供证据的主体、取证程序、证据形式以及取证手段四个方面体现。将一切有可能侵害相对人合法权益的情况都纳入到排除范围,从而能够更有效地实现化解纠纷、解决矛盾与保障人权目标。也有利于行政诉讼非法证据排除规则更好地运用于实践当中,实现程序正当。③ 也有

---

① 参见罗重海、禹楚丹、石瑞婷:《反思与重构:论行政诉讼证明标准的类型化构建——以255份裁判文书为研究样本》,载贺荣主编:《深化司法改革与行政审判实践研究(下)——全国法院第28届学术讨论会获奖论文集》,人民法院出版社2017年版,第1446页。
② 参见丁晓华:《法无规定时对行政主体事实认定的审查》,载《人民司法》2018年第26期。
③ 参见金诚:《行政诉讼非法证据的内涵界定》,载《行政法学研究》2002年第3期。

学者认为,不同于刑事诉讼和民事诉讼,行政诉讼是源于行政相对人对行政机关的控告。因此,奉行更为严格的标准,从广义上定义非法证据,不仅能够实现司法公正,而且能约束行政执法行为,从而有效保护相对人合法权益。若收集证据的主体、方式、证据的表现形式等任一方面不符合法律的规定,都应被归入非法证据的范畴。

而狭义说主张,对非法证据的排除应采取非常谨慎的态度。有观点认为,应当严格限制适用行政诉讼非法证据排除规则,不具备合法性特征的证据并非都应当排除。① 有学者指出,要严格界分严重违反法定程序与轻微违反法定程序收集证据的区别,只有在严重违反程序的情况下才会导致证据资格的排除。对于未经当事人同意录制的音像资料与偷听、偷录等手段取得的视听资料,一方面要坚守"以正对不正"的基本立场,不随意扩大可采范围;另一方面要考虑该类证据的"还原性",基于个案,结合其他证据综合判断证据材料的可采性。② 还有学者在比较两种学说后指出,证据合法性是证据客观性和关联性的重要保证,是降低败诉风险的关键,而证据是否具有合法性要从证据形式、取证主体、取证时间、取证方法、证明责任以及非法证据排除六个方面进行考虑。广义说具有合理性,但是"非法证据一般不应作为定案证据而予以排除",否则我国行政诉讼中从广义上界定的非法证据排除,会使具体行政行为容易因为失去证据依据而陷入败诉风险。③

(二) 非法证据的证明力

我国行政法学界对于非法证据证明力的争论较大,主要有四种观点:第一,否定说。无论证据本身是否真实有效,只要该证据的取得方式违反法定程序或者证据形式等不符合法律规定,都要一律排除。该种观点严格贯彻依法行政原则,虽能够更大范围地保障公民的合法权益,但可能会纵容违

---

① 参见马怀德主编:《行政程序立法研究:〈行政程序法〉草案建议稿及理由说明书》,法律出版社 2005 年版,第 167 页。
② 参见李云峰:《对行政诉讼认证若干问题的思考——兼谈对〈关于行政诉讼证据若干问题的规定〉的认识》,载《法律适用》2003 年第 3 期。
③ 参见张慧清:《证据的合法性与行政诉讼败诉风险关系辨析》,载《法学杂志》2011 年第 1 期。

法,不利于打击违法行为。第二,真实肯定说。该说基于对客观性与关联性的坚持与侧重,主张应当区别"非法取证行为"与"非法取得的证据"。可视情节严重对非法行为予以追究处理,但不能因手段非法而否认"客观真实"的证据价值。① 第三,衡量说,即赋予法官决定是否排除非法证据的权力。具体而言,法官在审查证据的可采性时,要结合案件对社会造成的影响、取证的难易程度、取证所投入的人力物力以及所取证据的违法程度等来进行综合判断。第四,排除加例外说。该说主张原则上对非法证据全部予以排除,但对某些特定案件中的非法证据材料以例外形式加以限制性肯定。②

(三) 衍生证据的排除

作为以非法证据为基础进而收集到的证据,该类证据的效力认定及其排除和排除程度问题一直以来在学界备受争议。有观点认为,应当从实体与程序的关系入手,以实际情况作为出发点,重在追求实体公正。只有实现实体公正才是真正的公正,因此,认可实践中肯定衍生证据效力的做法。同时,由于行政诉讼中对"毒树之果"排除的效力没有刑事诉讼的程度高,因此承认"毒树之果"的效力。③ 还有学者指出,虽然行政程序中涉及了人权保护问题,但是行政诉讼中不应当排除衍生证据。因为衍生证据对人权的侵犯程度并没有严重到需要刑事诉讼予以解决。从形式和效率方面来看,可以适当地采纳衍生证据。但是,有学者认为程序公正要远大于实体公正,应当以程序公正为基础。由非法方式取得的证据中进而获得的其他证据,通过"警察圈套"获得的证据,以及通过秘密手段获取的证据都应当作为非法证据排除。这是基于恢复与补救相对人的受损权益、实现程序正义、控制行政权的需要。④

---

① 参见张惠芳、管晓静:《非法证据的法律效力探讨》,载《河北法学》1999 年第 5 期。
② 参见高家伟:《行政诉讼证据的理论与实践》,工商出版社 2016 年版,第 11 页。
③ 参见朱新力:《论行政诉讼中的事实问题及其审查》,载《中国法学》1999 年第 4 期。
④ 参见金诚:《行政诉讼非法证据的内涵界定》,载《行政法学研究》2002 年第 3 期。

(四) 非法证据排除规则的完善

2014年《行政诉讼法》已经明确规定了行政诉讼非法证据排除规则,2018年《行诉解释》第43条又对如何界定"以非法手段取得"进一步解释。但由于法律规定的笼统性、例外规定缺失,行政诉讼对非法证据认定、非法证据排除标准等问题尚无一套完整的审理标准。为消除实践中对排除非法证据之谨慎甚至消极的态度,解决证据资格的认定问题和不自洽的环节,进一步完善我国行政诉讼证据排除规则应当是今后研究的方向。具体来说,可从如下三个方面努力:

第一,明确行政诉讼非法证据排除范围。在行政诉讼领域不再采用"非法手段取得的证据"的模糊表达,适用"非法证据"。如此规定,既包括非法取得的证据,又包括非法主体取得的证据和表现形式不合法的证据。在整个行政诉讼证据合法性体系中,非法证据排除规则与证据合法性审查规则相互应和①,非法证据排除规则是从反面对合法性问题展开论述。因此,可以按照证据主体、证据形式和取证程序三个方面的合法性标准来整合非法证据,明确非法证据排除范围。首先,就非法主体取得的证据而言,行政诉讼非法证据排除规则要求取证主体合法和提供证据的主体必须是合法的。前者指调查收集证据的主体符合法律规定,没有超越职权和滥用职权。后者是关于精神病人或者不能辨认自己行为的无、限制民事行为能力人提供的证据,但是这种证据能否直接使用,不能一概而论,应当根据具体情况具体分析。其次,证据的形式应当符合行政诉讼法规定的八种情形。若收集到的证据不符合证据法定形式之一或者证据形式存在轻微瑕疵,鉴于证据的形式问题不会严重影响案件主要事实,因此,法官可以灵活运用自由裁量权,根据案情的基本情况有限度地排除非法证据。最后,以非法手段获取的证据。以偷拍、偷录、窃听等方式取得的证据,若没有侵犯到他人的合法权益,基于行政效率原则,可以不予排除。但若侵犯他人的合法权益,就要严

---

① 参见毕惜茜:《非法证据排除与取证合法性审查》,载《国家检察官学院学报》2016年第2期。

格予以排除。若以利诱、欺诈、暴力、胁迫等不正当的手段获得的证据,由于严重侵犯到人权,应当一律予以排除。

第二,确立例外规则。比较学界关于非法证据证明力的四种学说,我国适合采用的是排除加例外模式,即在一般情况下,对于非法证据全部予以排除,但是根据现实情况的复杂性,可以规定一些例外情形。该学说在价值取向上能够兼顾实体正义与程序正义、打击违法犯罪和保障人权,符合我国的司法传统和价值理念。可以从两个方面确立例外规则:首先,国家利益或者重大社会公共利益的例外。如果行政机关采用非法证据排除规则,使得原本能够认定违法行为的证据无法使用,从而不能对行政违法行为予以认定,由此给国家或者社会公共利益造成了重大的损失。此时,可以不予排除非法证据。其次,紧急情况的例外。若当前不具备合法调取证据的条件,但是情况紧急,如果不立即取证,将会严重损害国家的利益或日后将难以取得。此种情况下,行政机关可以不按照相关步骤、程序而直接进行紧急取证。

第三,规定衍生证据的排除情况。由于"毒树之果"的问题多集中在刑事诉讼领域讨论,行政诉讼领域可以借鉴刑事诉讼的相关规定,但是也不能完全采纳。① 原则上行政机关以非法方式取证,并以此为基础获取的衍生证据应当予以排除。因为衍生证据的获取是以非法手段为前提和基础,目的具有不正当性,侵害了当事人合法权益,与现代法治公平正义的精神相违背,故不应当予以采纳。但是,若衍生证据的取得与执法人员的执法行为关系不大,即:若执法人员不采用违法行为,该衍生证据依然能够取得,此时基于行政效能的考量可以不予排除。因为行政诉讼的调整范围、对象等方面都与刑事诉讼有很大差别,且人权侵害程度也更轻微,故其采纳范围可以相对扩大。

主要参考文献

1. 刘善春:《行政诉讼举证责任新论》,载《行政法学研究》2000 年第 2 期。

---

① 参见江国华、张彬:《证据的内涵与依法取证——以行政处罚证据的收集为分析视角》,载《证据科学》2016 年第 6 期。

2. 彭海青：《论美国证据法上司法审查中的证明标准——兼论我国行政诉讼证明标准之革新》，载《当代法学》2001年第10期。

3. 许东劲：《论行政诉讼的举证责任》，载《行政法学研究》2002年第2期。

4. 张平：《论我国行政诉讼举证责任》，载《当代法学》2002年第1期。

5. 金诚：《行政诉讼非法证据的内涵界定》，载《行政法学研究》2002年第3期。

6. 刘善春：《行政诉讼举证责任分配规则论纲》，载《中国法学》2003年第3期。

7. 李云峰：《对行政诉讼认证若干问题的思考——兼谈对〈关于行政诉讼证据若干问题的规定〉的认识》，载《法律适用》2003年第3期。

8. 王晓杰：《行政诉讼证明标准的重构》，载《行政法学研究》2004年第2期。

9. 吴振宇：《行政诉讼中的证据评价与证明标准》，载《行政法学研究》2004年第3期。

10. 朱新力：《行政诉讼客观证明责任的分配研究》，载《中国法学》2005年第2期。

11. 沈福俊：《论行政诉讼被告举证规则的优化》，载《法商研究》2006年第5期。

12. 张慧清：《证据的合法性与行政诉讼败诉风险关系辨析》，载《法学杂志》2011年第1期。

13. 曹恒民：《行政诉讼中证明标准的重构》，载《法学杂志》2012年第8期。

14. 毕惜茜：《非法证据排除与取证合法性审查》，载《国家检察官学院学报》2016年第2期。

15. 江国华、张彬：《证据的内涵与依法取证——以行政处罚证据的收集为分析视角》，载《证据科学》2016年第6期。

16. 邓刚宏：《行政诉讼举证责任分配的逻辑及其制度构建》，载《政治与法律》2017年第3期。

17. 李大勇：《行政诉讼证明责任分配：从被告举证到多元主体分担》，载《证据科学》2018年第3期。

18. 罗智敏：《行政赔偿案件中原被告举证责任辨析》，载《中国法学》2019年第6期。

19. 江必新、徐庭祥：《行政诉讼客观证明责任分配的基本规则》，载《中外法学》2019年第4期。

20. 徐庭祥:《论建构我国行政诉讼的一般证明标准》,载《政治与法律》2019年第12期。

21. 马立群:《德国行政诉讼证据调查与客观证明责任的分配规则——兼评对我国的借鉴价值》,载《比较法研究》2020年第5期。

22. 王由海:《"政府信息不存在"案件中的举证困境与规则重塑》,载《证据科学》2021年第2期。

第九章

行政诉讼法律适用

行政诉讼要对行政程序中法律适用的合法性进行审查,行政诉讼在自身的程序中也涉及法律适用问题,需要统筹好两者的关系。理论界和实务界对于法律适用问题,围绕着法律冲突、法律原意、法律原则的适用规则,不同位阶法律规范的具体适用规则以及特殊规范的法律适用规则等一系列问题展开研究。本章在评述相关法律适用问题的同时,希望能够帮助进一步厘清相关法律在行政诉讼中的适用和裁判的规则。

一、法律适用的一般规则

有观点认为,行政诉讼法律适用规则应包括两个层面的内容:首先,是为法官选择何种规范性文件提供标准;其次,如果不同规范性法律文件对同一行政行为进行调整,法官如何选择的规则,即法律适用冲突规则。[①] 还有观点认为,行政诉讼的法律适用包括解决行政诉讼活动程序问题的法律适用和通过行政诉讼程序解决行政争议实体问题的法律适用两个方面。[②] 有学者提出了"行政诉讼中的法律适用是第二次法律适用"[③],行政诉讼必须以

[①] 参见杨海坤、章志远主编:《行政诉讼法专题研究述评》,中国民主法制出版社 2006 年版,第 351 页。
[②] 参见姜明安:《行政诉讼法》(第四版),法律出版社 2021 年版,第 287 页。
[③] 方世荣主编:《行政法与行政诉讼法》(第六版),中国政法大学出版社 2019 年版,第 452 页。

第九章　行政诉讼法律适用

审查行政机关所选择适用的作出行政行为的依据的合法性以及衡量行政机关行政行为合法性的依据的合法性为前提条件。① 行政法学界针对法律适用冲突情况下的处理深入研究,还针对法律规定不明确或者存在漏洞情形下如何探究法律原意、如何适用行政法基本原则展开研究。

(一)法律冲突适用规则

法律冲突情形下法律适用的选择问题,目前形成的共识如上位法优于下位法、特别法优于一般法、法不溯及既往等原则。② 有学者认为,法院在法律冲突中的选择适用以及评价可以看作是对立法的一种监督,但力度有限,提出应当将行之有效的规则赋予法规范上的效力,建议法律应当进一步明确规定,法院有权选择适用规范性法律文件,并在个案中严格依照《宪法》和法律的规定对是否适用某规范性法律文件作出评判。③ 有学者就法规变动情况下的法律冲突问题展开研究,认为法规变动分为四种,即新法规对旧法规没有规定的内容作出了新的规定、新法规对旧法规已有的规定作出了不同的新规定、法规规定没有变动但有权机关对法规的内容重新进行了解释、法规规定没有变动但执法机关对法规作了不同于既往案例的新见解;指出这四种情形下所形成的信赖利益各有不同,保护的措施和方式也有所侧重,既可以分别采取存续保障、损失补偿或者制定过渡条款方式保护相对人的信赖利益,也可在立法、执法和司法时分别采取不同的方式进行。④ 还有学者专门就最高人民法院应对地方立法适用冲突问题进行研究,认为最高人民法院在应对地方立法适用冲突过程中,借助制度规则、司法解释和司法文件、司法案例等基本方式,通过激活选择适用权明确权力基础、创制裁判规则强化供给、多元化司法技术应对审判压力和风险等策略选择,总体上维护了法治统一原则。然而,最高人民法院应对地方立法适用冲突的具体实践

---

① 参见董皞:《论行政审判对行政规范的审查与适用》,载《中国法学》2000 年第 5 期。
② 参见胡建淼:《行政诉讼法学》,法律出版社 2019 年版,第 404—413 页。
③ 参见王贵松:《法院对法律冲突问题的应对:现状与前瞻》,载《法商研究》2010 年第 2 期。
④ 参见耿宝建、王亚平:《法规变动与信赖利益保护》,载《法学》2011 年第 3 期。

在权力基础、制度规范和程序运作等方面也存在一些问题,应当在能动主义与自我克制、原则性与灵活性、立法监督与司法审查等理论逻辑之间应对地方立法适用冲突。① 需要关注的是,上位法优于下位法的优先适用规则系在法律冲突情形下的规则,在法律规范不存在冲突的情形下,即上位法与下位法的规定一致,而下位法如地方性法规、规章对相关问题的规定更为细致,则可以适用或参照适用下位法,不适用上位法优先的原则。

(二) 法律原意适用规则

法律适用多数时候可以通过文义解释来理解法律文本,但是在特定情形下仅靠文义解释难以解决问题,需要结合目的解释、历史解释、体系解释等法律解释方法理解法律原意。法律解释的任务是借助合理的、可控制的过程,以合理的、可预测的方式得出论证的结论,其核心问题是明确法律的真正界限、内容和本意,从而确保在具体案件中正确适用法律。② 关于法律原意的适用,有观点认为,可以从五个层次上适用:一是作为规则解释目标的法律原意,二是作为事实涵摄基准的法律原意,三是作为法律漏洞补充材料的法律原意,四是作为不同位阶法规适用判断依据的法律原意,五是增强说理的法律原意。③ 司法实践中,人民法院也往往通过探究立法原意的方式解决法律适用问题。然而,普通法官对立法目的获知途径有限,法官往往通过立法机关的立法资料、相关释义或者起草人员的书籍、文章等探寻,法官对于立法目的的理解是否准确也存有争议。有学者就曾对最高人民法院指导案例中的"目的性限缩"适用规则提出了异议。④ 因此,对于法律原意的探究虽然在一些疑难案件中不可避免,但是仍然需要谨慎适用,法官在探寻法律原意时不能仅依靠个人理解,必要时应当就法律原意征求立法机关意见,

---

① 参见彭军:《最高人民法院如何应对地方立法适用冲突》,载《法学》2021年第11期。
② 〔德〕汉斯·J.沃尔夫、奥托·巴霍夫、罗尔夫·施托贝尔:《行政法》(第一卷),高家伟译,商务印书馆2002年版,第312页。
③ 参见曹炜:《行政审判法律原意适用规则初探》,载《行政法学研究》2015年第3期。
④ 参见黄锴:《"目的性限缩"在行政审判中的适用规则——基于最高人民法院指导案例21号的分析》,载《华东政法大学学报》2014年第6期。

避免产生偏差。

(三) 法律原则适用规则

法律原则能够起到弥补规则漏洞的作用,在行政诉讼中亦逐步广泛适用。行政法原则在法律规定中也有所体现,如《中华人民共和国行政许可法》第 8 条体现了信赖保护原则,《中华人民共和国行政强制法》(以下简称《行政强制法》)第 5 条涉及比例原则。学界对于法律原则的研究也颇为丰富,且近年逐步走向精细化。① 司法实践中,法院在裁判文书中也逐步引入比例原则、正当程序原则等。② 学界还围绕法律原则的效力以及适用标准展开讨论。

1. 关于法律原则的效力问题

学界普遍观点认为,行政法基本原则并非仅仅起宣示性作用,而是有效力的,法院在司法活动中可以也应当予以适用。③ 在具体效力方面,有学者认为,行政法基本原则与法律规则都是法的基本构成要素,符合正义原则、符合法定程序,并能在实际生活中起作用的行政法原则通过国家的制定、认可或解释而成为行政法基本原则,同法律规则一样,具有普遍性的法律效力,必须得到贯彻执行,违反行政法基本原则的行政行为也构成一种违法行政行为。④ 还有学者认为,行政法原则的效力高于具体的法律规则。如果法律规则违反行政法原则或者两条法律规则相互冲突时,就需要以某行政法

---

① 林莉红教授专门就平等原则进行研究,认为法院可以依平等原则的适用需要引入行政先例等参考依据进行对比的特点,区分平等原则与比例原则的适用,参见林莉红、任沫蓉:《平等原则在行政审判中的适用偏差与应对——基于对行政行为实质合法性审查的提倡》,载《北京行政学院学报》2022 年第 1 期。杨登峰教授就目的正当性原则的归属进行了论述,参见杨登峰:《合理、诚信抑或比例原则:目的正当性归属之辩》,载《中外法学》2021 年第 4 期。陈太清就过罚相当原则展开研究,参见陈太清:《过罚相当原则的司法适用》,载《法学》2021 年第 10 期。

② 田永诉北京科技大学案中,北京市海淀区人民法院间接运用了正当法律程序原则作出判断;乔占祥诉铁道部铁路旅客票价管理案中,北京市高级人民法院也运用了正当法律程序原则。

③ 参见周佑勇:《法律原则在行政审判中的适用》,载《湖北社会科学》2006 年第 8 期。

④ 参见沈福俊、林茗:《行政法基本原则的司法适用问题探究——以行政判例制度的建立为视角》,载《华东政法学院学报》2006 年第 3 期。

原则为准绳加以调整和选择。①

2. 关于法律原则的适用标准问题

有学者对法律原则的适用作了总结:第一个条件是"穷尽规则";第二个条件是"实现个案正义";第三个条件是"更强理由"。② 还有观点认为,当法律规则没有规定行政自由裁量权时,行政主体应当依法作出羁束行为,严格依法律规则为行政相对人的行为定性,此时不要考虑相关原则。反之,当原则规定的内容比较具体,规则留下的裁量余地较小时则应选择原则。③

法律原则能够有效弥补法律规则的不足,应当在法律适用中发挥其作用,但需要注意适用的条件及效力,虽然法律原则的适用通常是在法律规则没有明确规定的情况下,但是不能一概认为法律规则相较法律原则具有优先性,还需要结合具体情况进行判定。

二、法律适用的具体规则

法律适用的具体规则系不同效力位阶的法律、法规、规章、规范性文件在行政诉讼中的法律地位的界定问题,根据行政诉讼法的规定,要以法律、法规为依据,参照规章,附带审查规范性文件。

(一)法律、法规的依据适用规则

1989年《行政诉讼法》第52条中规定:"人民法院审理行政案件,以法律和行政法规、地方性法规为依据。"2014年《行政诉讼法》第63条延续了之前的规定,并进一步明确了具体的适用问题:"人民法院审理行政案件,以法律和行政法规、地方性法规为依据。地方性法规适用于本行政区域内发生的

---

① 参见王贵松:《论行政法原则的司法适用——以诚实信用和信赖保护原则为例》,载《行政法学研究》2007年第1期。
② 参见舒国滢:《法律原则适用中的难题何在》,载《苏州大学学报(哲学社会科学版)》2004年第6期。
③ 参见关保英:《行政适用法律错误若干问题探讨》,载《法学》2010年第4期。

第九章 行政诉讼法律适用

行政案件。人民法院审理民族自治地方的行政案件,并以该民族自治地方的自治条例和单行条例为依据。"

1. "依据"的理解

一种观点认为,"依据"并非完全不可选择,对于法律、法规,法院适用时就像对待规章一样,也要进行各种各样的选择,对于未被选中的法律、法规,法院事实上就行使了拒绝适用的权力。① 另一种观点提出,法院无权对"依据"进行审查。法院和行政机关都要受"法"的拘束,审查"依据"就是对依法审判原则的挑战。② 法院在行政案件审理过程中,可以对法律、法规的具体适用进行选择,根据法律冲突下的一般适用规则,选择最贴合案件的法律、法规,但是,法院不对也不可能对法律、法规本身进行审查,即法院对法律、法规是选择适用权而不是审查权。

2. 行政法规的识别

《立法法》制定以前,由于行政法规的制定程序尚不规范,实践中出现了对国务院部门制定的规范性文件是否属于行政法规产生争议的情况,按照《行政法规制定程序条例》第27条规定,行政法规需要通过国务院令公布实施。但是,按照当时有效的《行政法规制定程序暂行条例》规定,由国务院批准、国务院主管部门公布这种程序制定公布的行政法规,在《立法法》公布之后,仍然是行政法规。③ 2004年《最高人民法院关于审理行政案件适用法律规范问题的座谈会纪要》(以下简称《纪要》)提到,考虑我国立法程序的沿革情况,现行有效的行政法规有以下三种类型:一是国务院制定并公布的行政法规。二是《立法法》施行以前,按照当时有效的行政法规制定程序,经国务院批准、由国务院部门公布的行政法规。但在《立法法》施行以后,经国务院批准、由国务院部门公布的规范性文件,不再属于行政法规。三是在清理行政法规时由国务院确认的其他行政法规。

---

① 参见赵清林:《"依据"与"参照"真有区别吗——行政诉讼法中是否适用规章之检讨》,载《政治与法律》2008年第5期。
② 参见吴鹏:《中国行政诉讼法律适用中的法律规范审查》,载《法学杂志》2007年第2期。
③ 参见孔祥俊:《行政诉讼证据规则与法律适用》,人民法院出版社2005年版,第295—296页。

3. 法律、法规的选择适用

虽然在行政诉讼法中规定法律和法规均是依据,但是两者的位阶并不相同。有观点认为,基于《行政诉讼法》第 1 条和《立法法》的相关规定,法院在审理行政案件时,有权对行政法规是否符合上位法的规定作出合法性"审查"。① 地方性法规与法律不一致情况的处理,最高人民法院曾作出批复,认为地方性法规设定了法律没有规定的罚种,属于与法律的规定"不一致",法院应当执行法律。② 行政法规和地方性法规虽然都是法规,但是从立法法规定看来,行政法规的位阶高于地方性法规,地方性法规同行政法规相抵触的规定,不应当予以适用。③ 对下位法与上位法不一致的理解通常需要通过请示进行适用,地方各级法院在司法审查中遇到其他此类情形,认为地方性法规或规章与上位法不一致的,仍应当逐级向上请示。④ 针对河南种子案,最高人民法院于 2004 年 3 月 30 日作出《关于河南省汝阳县种子公司与河南省伊川县种子公司玉米种子代繁合同纠纷一案请示的答复》:"根据《中华人民共和国立法法》和《最高人民法院关于适用〈中华人民共和国合同法〉若干问题的解释(一)》第 4 条的规定,人民法院在审理案件过程中,认为地方性法规与法律、行政法规的规定不一致,应当适用法律、行政法规的相关规定。" 2009 年 10 月 26 日发布的《最高人民法院关于裁判文书引用法律、法规等规范性法律文件的规定》第 7 条规定:"人民法院制作裁判文书确需引用的规范性法律文件之间存在冲突,根据立法法等有关法律规定无法选择适用的,应当依法提请有决定权的机关做出裁决,不得自行在裁判文书中认定规范性

---

① 参见章剑生:《依法审判中的"行政法规"——以〈行政诉讼法〉第 52 条第 1 句为分析对象》,载《华东政法大学学报》2012 年第 2 期。

② 地方性法规无权设定法律没有规定的罚种,有关林业处罚的地方性法规与法律不一致的,地方性法规设定的公路管理行政强制措施种类与法律相抵触的,应当适用法律。参见梁凤云:《最高人民法院行政诉讼批复答复释解与应用·法律适用卷》,中国法制出版社 2011 年版,第 149—153、369—373、351—356 页。

③ 有关盐业管理的地方性法规与行政法规不一致的,应当适用行政法规。参见梁凤云:《最高人民法院行政诉讼批复答复释解与应用·法律适用卷》,中国法制出版社 2011 年版,第 424—427 页。

④ 参见王振宇:《关于行政法规与地方性法规规定不一致时的适用问题》,载最高人民法院行政审判庭编:《行政执法与行政审判》(2003 年第 2 辑),法律出版社 2003 年版,第 29 页。

法律文件的效力。"法律、法规之间由于位阶不同,在发生冲突的情形下,遵循上位法优先的原则,而行政法规的位阶高于地方性法规,亦需遵循该原则。但是,人民法院在裁判文书中不能直接就法律、法规的效力进行认定。

4. 法律解释的效力

法律解释分为狭义的法律解释、中间意义的法律解释和广义的法律解释。狭义的法律解释仅指全国人大常委会的法律解释即狭义的立法解释;中间意义的法律解释即为广义的立法解释,包括法律、法规以及规章的解释;广义的法律解释除立法解释外,还包括行政解释和司法解释。关于狭义的立法解释和行政法规解释以及司法解释的效力问题,《立法法》第50条规定,全国人民代表大会常务委员会的法律解释同法律具有同等效力。《行政法规制定程序条例》第31条第3款规定,行政法规的解释与行政法规具有同等效力。2018年《行诉解释》第100条第1款规定,人民法院审理行政案件,适用最高人民法院司法解释的,应当在裁判文书中援引。2004年《纪要》也曾规定,法律解释的效力与法律的效力等同,在行政诉讼中作为审理的依据,这里的法律解释即为法律、法规以及规章的解释。而关于行政解释的适用问题,对行政解释这一概念的理解存在差异,有观点认为行政解释可以分为行政立法性解释和行政具体应用解释,行政具体应用解释当属于行政法中的"行政规范性文件"。[1] 还有观点将行政法规的立法解释排除在行政解释之外,认为人民法院对行政解释不能无条件地承认其效力,而应当对其合法性进行审查。[2] 结合以上观点,目前,对于法律、法规的立法解释以及司法解释的效力没有争议,它们与法律、法规具有同等效力,而唯有行政解释还需要进一步厘清其概念。

(二) 规章的参照适用规则

1989年《行政诉讼法》第53条规定:"人民法院审理行政案件,参照国务

---

[1] 参见彭霞:《走向司法审查:行政解释的困境与出路》,载《政治与法律》2018年第10期。
[2] 参见孔祥俊:《行政诉讼证据规则与法律适用》,人民法院出版社2005年版,第331—334页。

院部、委根据法律和国务院的行政法规、决定、命令制定、发布的规章以及省、自治区、直辖市和省、自治区的人民政府所在地的市和经国务院批准的较大的市的人民政府根据法律和国务院的行政法规制定、发布的规章"。2000年《执行解释》第62条第2款规定："人民法院审理行政案件，可以在裁判文书中引用合法有效的规章及其他规范性文件。"2014年《行政诉讼法》也规定了规章的参照地位。

1."参照"的理解

理论界对参照有不同理解：一种观点认为，"依据"和"参照"存在差别，"依据"是指法院对于法律、法规没有任何的司法审查的权力，而是负有必须适用的义务；"参照"则是指法院对于规章不是无条件的适用，法院对规章享有一定程度或者说是适当的审查权。① 另一种观点认为，依据与参照不存在实质性区别，而法律、法规与规章除了可能存在位阶上的差异外，在行政诉讼中实际上都处于"参照适用"的地位。措辞差异仅仅是"行政立法中不同层级之间规范的区别"。② 甚至还有观点认为，参照和依据之间没有明显区别，且无论对于行政行为、准立法行为抑或是立法行为，都有权进行审查，只是对它们的审查也应有所不同。③

实务界则指出，《行政诉讼法》制定之时曾有规章不是审判依据的意图，且"参照"是指"合法的规章应当参照，违法的规章不能参照"之说。随着《立法法》的施行，规章的地位澄清了，而"参照"的含义更加明确。根据《立法法》对规章的新定位，2004年《纪要》进一步澄清了"参照"规章的含义："在参照规章时，应当对规章的规定是否合法有效进行判断，对于合法有效的规章应当适用。"这说明，"参照"乃是对合法有效规章的依照，而对不符合上位法

---

① 参见姜明安：《行政诉讼法学》（第四版），法律出版社2021年版，第304页；应松年主编：《行政诉讼法学》（第七版），中国政法大学出版社2018年版，第293—295页；林莉红：《行政诉讼法学》（第五版），武汉大学出版社2020年版，第209—210页。
② 参见赵清林：《"依据"与"参照"真有区别吗——行政诉讼法中是否适用规章之检讨》，载《政治与法律》2008年第5期；沈岿：《解析行政规则对司法的约束力——以行政诉讼为论域》，载《中外法学》2006年第2期。
③ 参见马得华：《论"不予适用"：一种消极的司法审查——以〈行政诉讼法〉第63条和64条为中心的考察》，载《环球法律评论》2016年第4期。

的规章不予适用。基于行政机关之间的隶属或者业务领导关系,规章的执行机关显然要依照规章的。但是,人民法院在审理案件时如何对待规章,则涉及司法权与行政权的关系,对此在制定行政诉讼法时进行了相当充分的讨论。最终,行政诉讼法采用了"参照"规章的提法,很有创意,足见立法的灵活性、创造性和妥协性。因此,参照规章是制定行政诉讼法的创造物。[①]

2. 规章的效力

1994年,最高人民法院在《关于人民法院审理行政案件对缺乏法律和法规依据的规章的规定应如何参照问题的答复》中明确表明:没有法律、法规依据的规章对人民法院没有约束力。有学者认为,行政审判"参照规章",首先要审查规章,判断规章的合法性,行政审判"参照规章",不是无条件适用规章,而是只适用合法的规章,对违法的规章则不予适用;行政审判"参照规章",如认为行政机关在行政行为中适用的规章违法,决定在行政裁判中不予适用,可在裁判文书中说明理由,但不得在裁判文书中直接对规章的效力作出处分。[②] 规章与上位法冲突的,应当适用上位法,如部门规章与行政法规不一致的,适用行政法规。[③] 同理,当规章与法律不一致时,应当适用法律。关于地方性法规与部门规章的适用问题,根据《立法法》的相关规定,当不能选择如何适用时,应当报国务院处理,国务院认为应当适用地方性法规的,适用地方性法规;国务院认为应当适用部门规章的,提请全国人大常委会裁决。但是,对于地方性法规不涉及中央统一管理的事项,即国家在相关领域制定法律、法规之前,法院可以优先适用根据本地实际情况和需要制定的地方性法规。

(三) 其他规范性文件的审查适用规则

其他规范性文件是指除了法律、法规、规章以外的行政规范性文件,亦

[①] 参见孔祥俊:《行政诉讼证据规则与法律适用》,人民法院出版社2005年版,第308—312页。
[②] 参见姜明安:《为行政审判"参照规章"确立规则——评任建国不服劳动教养复查决定案》,载《中国法律评论》2019年第2期。
[③] 有关盐业管理的部委规章与行政法规不一致的,应当适用行政法规。参见梁凤云:《最高人民法院行政诉讼批复答复释解与应用·法律适用卷》,中国法制出版社2011年版,第418—421页。

称"规定",因其未被宪法和法律在法律体系中定位,故属于非法源性文件。因其不具有名称,故也有学者称其为"无名规范"。① 2000年《执行解释》及2004年《纪要》规定,可以引用合法有效的规范性文件,蕴含着审查适用的意思,2014年《行政诉讼法》则进一步规定了规范性文件的附带审查。2015年发布的《最高人民法院关于适用〈中华人民共和国行政诉讼法〉若干问题的解释》(以下简称《适用解释》)规定了规范性文件不合法的,人民法院不作为认定行政行为合法的依据,并在裁判理由中予以阐明。2018年《行诉解释》仍然规定可以在裁判文书中引用合法有效的其他规范性文件。

1. 特殊类型规范性文件的效力问题

一些规范性文件由于制定主体的级别较高,对其效力存有争议,较多的是全国人大常委会以及国务院部门颁发的法律、法规、规章以外的规范性文件,需要明确其效力。

第一,关于全国人大常委会规范性文件效力。由于全国人大常委会系立法机关,因此全国人大常委会制定的一些规范性文件通常会被视为法律。有学者指出,全国人大常委会工作部门将全国人大及其常委会制定的法律与规范性文件不加区分的做法是错误的,目前法理学教科书将全国人大及其常委会规范性文件的效力等级等同于法律、将国务院规范性文件的效力等级等同于行政法规的观点也是不能成立的。对于《立法法》通过之后没有经过国家主席签署主席令公布的立法性文件都只能称为"规范性文件",而不能称为"法律",在适用效力上也应有所区分。② 需要对规范性文件加以区分,不宜简单一概认为立法机关的规范性文件就等同于法律。

第二,关于国务院下发的规范性文件性质。国务院颁布的行政法规以外的规范性文件(如决定、命令、通知、意见)或者经国务院领导批准、由国务院办公厅颁布的文件,又被称为"法规性文件",尤其是关于国务院办公厅颁布的文件效力存在两种意见:第一种意见认为,1987年国务院办公厅发布的

---

① 参见朱芒:《对"规定"审查制度试析——〈行政复议法〉第7条和第26条的性质、意义及课题》,载《华东政法学院学报》2000年第1期。

② 参见黄金荣:《"规范性文件"的法律界定及其效力》,载《法学》2014年第7期。

《行政法规制定程序暂行条例》第 15 条规定,程序是"经国务院常务会议审议通过或者经国务院总理审定的行政法规,由国务院发布,或者由国务院批准、国务院主管部门发布"。因此,在《立法法》发布之前,国务院办公厅下发的规范性文件应当视为行政法规,《立法法》制定后,则根据《立法法》第 61 条"行政法规由总理签署国务院令公布"的规定,国务院办公厅发布的具有普遍约束力的规范性文件不应视为行政法规,其法律效力虽然低于行政法规,但高于地方性法规和规章。① 第二种意见认为,国务院办公厅下发的规范性文件无论是在《立法法》实施前下发的,还是在《立法法》实施后下发的,均不应视为行政法规。② 第一种意见更符合我国的实际情况,以《立法法》的制定为界限进行划分,即在《立法法》颁布以前,国务院批准国务院办公厅发布的具有普遍约束力的规范性文件与国务院下发的具有普遍约束力的规范性文件性质相同,均应视为行政法规,而之后则仅属于一般性的规范性文件。

2. 规范性文件的审查适用标准

2014 年《行政诉讼法》首次明确规定了当事人对规范性文件的附带审查请求权和法院审查判断权,其第 53 条第 1 款规定:"公民、法人或者其他组织认为行政行为所依据的国务院部门和地方人民政府及其部门制定的规范性文件不合法,在对行政行为提起诉讼时,可以一并请求对该规范性文件进行审查。"第 64 条规定:"人民法院在审理行政案件中,经审查认为本法第五十三条规定的规范性文件不合法的,不作为认定行政行为合法的依据,并向制定机关提出处理建议。"其他规范性文件由于种类繁多,制定标准不一,故在审查适用时的确存在一定的差异。

第一,关于规范性文件审查标准。有观点提出,行政规范性文件是指除行政法规、规章以外的由行政机关制定的具有普遍约束力的规范性文件。在我国,行政规范性文件由于其层级的多样性、对象的非特定性或普遍性、效力的可重复性、涉及范围的广泛性,使其在行政管理过程中产生着广泛而

---

① 参见蔡小雪、梁凤云、段小京:《现行有效行政诉讼司法解释解读应用》,人民法院出版社 2014 年版,第 472 页。

② 参见王曦、周卫:《论我国水资源费的若干法律问题》,载《法学》2005 年第 7 期。

重要的影响。但由于行政规范性文件在制定、审查和监督上缺乏明确的法律确认和保障,使其难以发挥应有的功效,在一定程度上成为我国依法行政乃至依法治国的一个障碍所在。① 有学者就最高人民法院发布的涉及规范性文件审查的14个公报案例进行了考察,认为就这些案例而言,并没有完全贯彻2004年《纪要》精神,对规范性文件进行审查,存在部分进行审查后适用、审查后排除适用、未经审查直接适用、未经审查辅助适用四种情形。② 还有学者分别从不同案件类型着手,分析了司法实践中规范性文件的审查适用问题。③ 规范性文件审查的确存在着审查标准、审查强度不一的情形。

第二,关于规范性文件适用标准。第一种观点认为,不宜在裁判文书中引用其他规范性文件,直接引用规范性文件违背法律规定。④ 第二种观点认为,法源与"依据"是两个不同的概念。作为法源的行为规范,无疑是行政行为和司法裁判的依据,但可以作为行政行为和司法裁判依据的,不一定就是法的具体表现形式。进而其认为,法源性行政规范和非法源性行政规范都可以作为行政行为和司法裁判的依据。⑤ 规范性文件的适用问题,无论是2014年修订的《行政诉讼法》实施前还是实施后,都需要审查后适用。2014年修订的《行政诉讼法》实施后,规范性文件附带审查的案例逐步增多,最高人民法院还曾发布了规范性文件附带审查典型案例。由于规范性文件附带审查的相关规定尚不够明确具体,在具体适用过程中也难免存有争议,需要

---

① 参见郑全新、于莉:《论行政法规、规章以外的行政规范性文件——由"王凯锋事件"引起的思考》,载《行政法学研究》2003年第2期。
② 参见余军、张文:《行政规范性文件司法审查权的实效性考察》,载《法学研究》2016年第2期。该文还分析上述违反行政规范性文件司法审查权运行规则的两种案件类型(单独适用和辅助适用),可进一步区分为三种情况:(1)行政规范性文件不具有直接、明确的上位法依据;(2)行政规范性文件虽不具有直接、明确的上位法依据,但可以得到高层级、权威性的政策性要素的支持;(3)法院可以得出司法裁判结论,但须援引行政规范性文件以增强其裁判的说服力。考察这些案件的裁判文书可以发现,法官在司法论证过程中均不同程度地显现出运用司法裁判技术或法律方法能力的欠缺,而这些案件占据了本章所选取的关于行政规范性文件司法审查案例的大多数。
③ 参见黄娟:《论行政法规范解释的司法审查——基于90个工商行政管理案例的分析》,载《华东政法大学学报》2012年第6期;俞祺:《上位法规定不明之规范性文件的效力判断——基于66个典型判例的研究》,载《华东政法大学学报》2016年第2期。
④ 参见周卫昕:《对行政裁判文书中引用其他规范性文件问题的思考》,载《华东政法学院学报》2001年第5期。
⑤ 参见叶必丰:《行政规范法律地位的制度论证》,载《中国法学》2003年第5期。

通过司法解释细化规定,亦可以在行政诉讼法再次修改时进一步加以明确。

三、特殊规范的适用规则

除了上述几种行政法规范适用问题,法律适用还需要关注民事法律规范的适用,关于裁量基准问题以及行政惯例、指导性案例等在法律适用中的地位也值得探讨。

(一)民事法律规范适用规则

行政诉讼审理中涉及的民事法律规范适用问题主要涉及民事诉讼法及民事实体法律规范两方面适用问题。有学者提出,对于民事诉讼的规定,行政诉讼法采纳了"适用论",同时对《中华人民共和国民事诉讼法》(以下简称《民事诉讼法》)可以适用到行政诉讼的内容作了"限定",并称之为"有限适用论"。该学者对行政诉讼法就民事诉讼法的适用从"适用——参照——适用"的过程及原因进行了分析,并提出了不抵触立法目的以及补充性规则。① 关于民事法律规范的适用问题集中体现在行政协议案件中,《最高人民法院关于审理行政协议案件若干问题的规定》(以下简称《行政协议规定》)中有诉讼时效、其他诉讼程序和实体法律规范三个方面。有学者指出,行政诉讼脱胎于民事诉讼,可以在诉讼程序方面"适用"《民事诉讼法》的相关规定,而行政协议在实体规则方面则只能是"参照"民事合同。由于行政协议统一立法为时尚早,《中华人民共和国民法典》(以下简称《民法典》)合同编的相关规定可以与《行政协议规定》结合起来,共同作为审理行政协议案件的依据,对民事法律规则的参照适用应以符合行政诉讼法立法目的为底线,避免依法行政原则被架空。② 实务界亦认为,行政协议案件中,行政法律规范优先

---

① 参见章剑生:《行政诉讼中民事诉讼规范之"适用"——基于〈行政诉讼法〉第101条展开的分析》,载《行政法学研究》2021年第1期。
② 参见章志远:《〈民法典〉时代行政诉讼制度的新发展》,载《法学》2021年第8期。

适用,参照民事法律规范的前提是不违反行政法和行政诉讼法强制性规定。① 有学者总结了关于行政协议适用民事法律规范的既有观点:一是"区别适用说",即公法的归公法,私法的归私法;二是"补充适用说",私法是公法的必要补充;三是"类推适用说",即以民法来填补行政法的法律漏洞;四是"直接适用说",公法与私法的"共通法"领域——民法的法主体、物、财产、法律行为、期间和时效等都可以直接适用于行政法。② 还有学者认为,民事法律规范包括直接适用和类推适用,一般法律原则、一般法律制度、法律技术性规定可直接适用;其他的民法规范与行政法所要解决的案件之间如果具有相似性,而行政的特殊需要又不足以排斥这些规范的适用时,可采取类推适用,以填补行政法的规范空白。③

(二) 裁量基准适用规则

裁量基准问题往往是行政机关内部掌握的标准,一般认为,裁量基准不具有法律效力,不同于一般的规范性文件的参照问题,行政诉讼法及相关司法解释中没有涉及裁量基准的适用问题。有学者就技术标准为研究对象,认为技术标准尽管不能在行政审判中作为判决的主文,但是它作为事实认定构成要件的基准对行政审判具有某种"先决效力",在事实上发挥着审判基准的作用。④ 对于裁量基准的态度,亦有不同观点:第一种观点认为,裁量基准是论证的"依据"而不是法定的"依据",法院是可以通过"间接附带式"的审查方式,展开对裁量基准的合法性评价的。基于基准具有行政自制的本质属性,法院的此种评判应当有所限度,特别是在被传统控权理论认为理

---

① 参见梁凤云:《行政协议司法解释讲义》,人民法院出版社2020年版,第264页;杨科雄、郭雪:《行政协议法律制度的理论与实践》,中国法制出版社2021年版,第335—338页;郭修江:《行政协议案件审理规则——对〈行政诉讼法〉及其适用解释关于行政协议案件规定的理解》,载《法律适用》2016年第12期。
② 参见王春蕾:《行政协议准用民法的逻辑证成》,载《行政法学研究》2021年第4期。
③ 参见王贵松:《民法规范在行政法中的适用》,载《法学家》2012年第4期。
④ 参见宋华琳:《论行政规则对司法的规范效应——以技术标准为中心的初步观察》,载《中国法学》2006年第6期。

所当然的设定义务、公开性等条款上。① 不可以在行政诉讼判决文书中单独援引裁量基准文本,这与裁量基准的控权逻辑存有冲突。在大多数情况下,裁量基准应当只能单独作为行政主体的自白,而不能成为司法过程中审查依据的主力军。② 第二种观点认为,法院经审查认为被诉行政行为依据的裁量基准合法、有效并合理、适当的,在认定被诉行政行为合法性时应承认其效力;法院可以在裁判理由中对裁量基准是否合法、有效、合理或适当进行评述。裁量基准在一定范围内可以作为法院审理行政案件的参考,但对法院无拘束力。如果认为裁量基准合法有效,法院可以作为衡量和判断行政行为是否合法的标准和尺度,并在判决书中予以引用;如果认为其不合法,则不予适用。③ 裁量基准能够一定程度上规范行政机关的行政行为,但裁量基准尚不能成为法律适用的依据或者参照,即便是合法的裁量基准也仅是参考作用,对于行政行为的合法性问题仍然要审查其是否有法律依据。

(三) 行政惯例和指导性案例适用规则

对于行政惯例、指导性案例等习惯法的具体适用问题,理论和实务界也都进行了探讨。有学者认为,行政习惯法承担着对行政成文法的弥补、与国际惯例的接轨、行政自由裁量的参考、行政管理新规则的派生等功能,并指出在我国行政习惯法包括行政判例法、行政裁例法、行政案例法、行政先例法、行政伦理法等。④ 有学者认为,行政惯例的形成条件是成文法没有明确规定,且存在着一个持续相当时间的行政"做法",获得了一定范围内民众的普遍确信,并由法院生效判决所确认。行政惯例的效力位阶也可以参照成

---

① 参见周佑勇:《裁量基准司法审查研究》,载《中国法学》2012年第6期。他在后续的文章中指出,裁量基准的司法审查由此也应具备一种双重视角:对裁量基准法源地位的承认,必然是对个别情况构成的否定,抑或是相反。否定的过程,其实质是各种理由的对比与权衡的过程。从系统论角度而言,理由在认知意义上的开放性决定了裁量基准的开放性,但其内部各种因素运作的统一性又决定了裁量基准在规范意义上的封闭性。参见周佑勇:《裁量基准个别情况考量的司法审查》,载《安徽大学学报(哲学社会科学版)》2019年第5期。
② 参见熊樟林:《裁量基准在行政诉讼中的客观化功能》,载《政治与法律》2014年第8期。
③ 参见伍劲松:《行政执法裁量基准的适用效力》,载《行政法学研究》2010年第4期。
④ 参见关保英:《论行政习惯法》,载《甘肃政法学院学报》2000年第3期。

文法源效力位阶确定。① 在具体适用问题上,形成了两种观点:一种观点认为,惯例往往是在正式法律缺位时才予以适用,只有在穷尽所有成文法源时才可以考量适用合法的行政惯例。对于行政惯例,法院要在对其进行合法性和有效性审查之后才能决定是否适用。② 另一种观点认为,应当将惯例引入行政审判依据体系,确立"参照"惯例制度。参照惯例的条件是惯例合法有效。惯例的适用性审查不以原告申请为前提,"参照"的内涵为"裁判依据引用"而非"裁判理由引述"。③ 就目前而言,行政惯例还没有能够达到参照的条件,只能是参考,系对成文法的补充。

就指导性案例的适用而言,有观点认为,作为一种重要的法律渊源,指导性案例也能够成为裁判文书说理的重要依据。④ 还有学者就类案适用问题展开研究,并认为指导性案例的裁判要点直接发挥了一般性规则的作用,案例指导制度能够发挥统一法律实施的功能。⑤《关于加强和规范裁判文书释法说理的指导意见》第13条规定,法官可以运用最高人民法院发布的指导性案例作为论据论证裁判理由,《〈最高人民法院关于案例指导工作的规定〉实施细则》第10条则将"参照"的内涵界定为"将指导性案例作为裁判理由引述,但不作为裁判依据引用"。可见,指导性案例虽然属于参照适用的范畴,但仍然不属于法律适用的范畴,在裁判中不能作为依据引用。

法律适用问题是行政诉讼中的一个重要环节,是连接事实和裁判的重要纽带,也决定着最终裁判的结果,"司法的每个判决都是从法律适用开始"⑥,法律适用错误或不当,将直接导致裁判结果错误,因此,把握好法律适用问题至关重要。近年来,最高人民法院先后出台了《最高人民法院关于完善统一法律适用标准工作机制的意见》《最高人民法院统一法律适用工作实

---

① 参见章剑生:《论"行政惯例"在现代行政法法源中的地位》,载《政治与法律》2010年第6期。
② 参见周佑勇:《论作为行政法之法源的行政惯例》,载《政治与法律》2010年第6期。
③ 参见柳砚涛:《构建我国行政审判"参照"惯例制度》,载《中国法学》2017年第3期。
④ 参见孙光宁:《裁判文书援引指导性案例的效果及其完善——以弘扬社会主义核心价值观为目标》,载《苏州大学学报(法学版)》2022年第1期。
⑤ 参见杨知文:《类案适用的司法论证》,载《法学研究》2022年第5期。
⑥ 〔德〕奥托·迈耶:《德国行政法》,刘飞译,商务印书馆2013年版,第108页。

施办法》《最高人民法院关于统一法律适用加强类案检索的指导意见(试行)》《最高人民法院关于法律适用问题请示答复的规定》等司法文件,不断推进法律适用的统一,行政法理论界和实务界也共同就该问题进行深入探讨研究,共同推进行政诉讼法律适用问题更加完善。

主要参考文献

1. 梁凤云:《最高人民法院行政诉讼批复答复释解与应用·法律适用卷》,中国法制出版社 2011 年版。

2. 蔡小雪、梁凤云、段小京:《现行有效行政诉讼司法解释解读应用》,人民法院出版社 2014 年版。

3. 朱芒:《对"规定"审查制度试析——〈行政复议法〉第 7 条和第 26 条的性质、意义及课题》,载《华东政法学院学报》2000 年第 1 期。

4. 董皞:《论行政审判对行政规范的审查与适用》,载《中国法学》2000 年第 5 期。

5. 周卫昕:《对行政裁判文书中引用其他规范性文件问题的思考》,载《华东政法学院学报》2001 年第 5 期。

6. 郑全新、于莉:《论行政法规、规章以外的行政规范性文件——由"王凯锋事件"引起的思考》,载《行政法学研究》2003 年第 2 期。

7. 叶必丰:《行政规范法律地位的制度论证》,载《中国法学》2003 年第 5 期。

8. 沈岿:《解析行政规则对司法的约束力——以行政诉讼为论域》,载《中外法学》2006 年第 2 期。

9. 沈福俊、林茗:《行政法基本原则的司法适用问题探究——以行政判例制度的建立为视角》,载《华东政法学院学报》2006 年第 3 期。

10. 周佑勇:《法律原则在行政审判中的适用》,载《湖北社会科学》2006 年第 8 期。

11. 王贵松:《论行政法原则的司法适用——以诚实信用和信赖保护原则为例》,载《行政法学研究》2007 年第 1 期。

12. 吴鹏:《中国行政诉讼法律适用中的法律规范审查》,载《法学杂志》2007 年第 2 期。

13. 赵清林:《"依据"与"参照"真有区别吗——行政诉讼法中是否适用规章之检讨》,载《政治与法律》2008 年第 5 期。

14. 王贵松:《法院对法律冲突问题的应对:现状与前瞻》,载《法商研究》2010年第2期。

15. 关保英:《行政适用法律错误若干问题探讨》,载《法学》2010年第4期。

16. 伍劲松:《行政执法裁量基准的适用效力》,载《行政法学研究》2010年第4期。

17. 章剑生:《论"行政惯例"在现代行政法法源中的地位》,载《政治与法律》2010年第6期。

18. 周佑勇:《论作为行政法之法源的行政惯例》,载《政治与法律》2010年第6期。

19. 耿宝建、王亚平:《法规变动与信赖利益保护》,载《法学》2011年第3期。

20. 章剑生:《依法审判中的"行政法规"——以〈行政诉讼法〉第52条第1句为分析对象》,载《华东政法大学学报》2012年第2期。

21. 王贵松:《民法规范在行政法中的适用》,载《法学家》2012年第4期。

22. 周佑勇:《裁量基准司法审查研究》,载《中国法学》2012年第6期。

23. 黄金荣:《"规范性文件"的法律界定及其效力》,载《法学》2014年第7期。

24. 熊樟林:《裁量基准在行政诉讼中的客观化功能》,载《政治与法律》2014年第8期。

25. 曹炜:《行政审判法律原意适用规则初探》,载《行政法学研究》2015年第3期。

26. 余军、张文:《行政规范性文件司法审查权的实效性考察》,载《法学研究》2016年第2期。

27. 马得华:《论"不予适用":一种消极的司法审查——以〈行政诉讼法〉第63条和64条为中心的考察》,载《环球法律评论》2016年第4期。

28. 柳砚涛:《构建我国行政审判"参照"惯例制度》,载《中国法学》2017年第3期。

29. 彭霞:《走向司法审查:行政解释的困境与出路》,载《政治与法律》2018年第10期。

30. 姜明安:《为行政审判"参照规章"确立规则——评任建国不服劳动教养复查决定案》,载《中国法律评论》2019年第2期。

31. 章剑生:《行政诉讼中民事诉讼规范之"适用"——基于〈行政诉讼法〉第101条展开的分析》,载《行政法学研究》2021年第1期。

第九章 行政诉讼法律适用

32. 王春蕾:《行政协议准用民法的逻辑证成》,载《行政法学研究》2021年第4期。
33. 章志远:《〈民法典〉时代行政诉讼制度的新发展》,载《法学》2021年第8期。
34. 彭军:《最高人民法院如何应对地方立法适用冲突》,载《法学》2021年第11期。
35. 杨知文:《类案适用的司法论证》,载《法学研究》2022年第5期。

第十章

行政诉讼审查标准

依法行政是法治发展的基本内涵和法治政府建设的基本要求,司法审查则是实现行政法治的制度依托。正如庞德指出,法是"作为行为规则而被承认或建立的权威法则体系,用于调整人与人之间的关系,并被政治组织社会的审判官及行政机构适用以决定争议","法律秩序是通过有秩序并系统地适用政治组织社会的力量来调控行为并调整关系的体制"①。为了保证行政活动的合法性,追求良法善治目的,必须由客观、中立的法院,依据合理、科学的标准,对行政行为作出评价。我国行政诉讼法确立了以合法性审查为原则、合理性审查为例外的司法审查标准体系,不断推动着行政法治从形式向实质的转变。② 司法审查标准与审查强度和审查范围密切关联,既影响着行政权与司法权之间的力量博弈与平衡,同时又是观察二者之间关系变迁的重要窗口,因此属于理论研究中的核心内容。《行政诉讼法》第70条规定了六项司法审查依据,学界将其进一步提炼为主体合格、事实有据、条件符合、程序正当和处理得当五种。③ 其中,事实有据、程序正当和处理得当构成了理论研究中的主要内容,并形成了有关事实问题、行政程序和行政裁量

---

① Roscoe Pound, *Administrative Law: Its Growth, Procedure, and Significance*, University of Pittsburgh Press, 1942, p. 4.
② 参见江必新:《论实质法治主义背景下的司法审查》,载《法律科学(西北政法大学学报)》2011年第6期。
③ 参见何海波:《行政行为的合法要件——兼议行政行为司法审查根据的重构》,载《中国法学》2009年第4期。

司法审查标准的丰富研究成果。

一、行政程序审查标准

现代行政法治的重要标志之一即行政程序制度的完善，决定了"行政法更多的是关于程序和补救的法，而不是实体法"[①]。在法学范畴下，行政程序是指由行政行为的步骤、顺序、时间、方式要素构成的行政行为过程之总和。[②] 行政程序作为约束和规制行政机关的依据，在接受司法审查时，不仅要坚持合法性审查标准，更需面临其他审查标准的检视。1989年《行政诉讼法》确立了以"违反法定程序"为主的一元审查标准，彰显了行政程序的独立价值，但却忽视了行政程序瑕疵类型的多样性特性。2014年《行政诉讼法》吸取了经验教训，在坚持程序瑕疵类型多元化立场的前提下，新增"程序轻微违法"标准，开创了行政程序司法审查标准二元化时代。事实上，早在《行政诉讼法》修订之前，学界便在"违反法定程序"标准之外，对行政程序司法审查的其他标准作了探讨，并基本形成了以合法性为主、正当性为辅的司法审查二元体系下多重标准并存的共识。

（一）行政程序司法审查的二元体系

自行政诉讼制度创立以来，我国逐渐形成了以合法性审查为主、以正当性审查为辅的行政程序司法审查格局。所谓行政程序的合法性审查，是指判断行政程序是否符合成文法的明确规定。行政程序的正当性审查，主要指向程序裁量权的滥用。在司法审查视阈下，正当性与合法性呈现出一种互补关系。在某种程度上，正当性的概念高于法定性，其对行政程序的要求更高，并可以弥补法定性之不足。在行政程序司法审查体系中，违反法定程序标准扮演着合法性审查的角色，正当程序原则发挥着检验正当性的作用。

[①] 〔美〕伯纳德·施瓦茨：《行政法》，徐炳译，群众出版社1986年版，第3页。
[②] 参见应松年、杨小君：《法定行政程序实证研究——从司法审查角度的分析》，国家行政学院出版社2005年版，第1页。

合法性与正当性相辅相成的行政程序司法审查体系之形成,呈现出司法探索—学理支撑—立法确认的独特路径。

面对1989年《行政诉讼法》确立的行政程序司法审查"一元标准"之不足,法院开始自发探索并引入了正当程序原则予以评价违法行政程序。早期观点认为,违反法定程序就是违反法律、法规或者规章明文规定的程序,凡是不违背上述制定法明文规定的,就属于行政机关的自由裁量范围。[①] 受此观点和立法影响,彼时对行政程序司法审查的焦点基本停留在法律规定上,围绕合法性进行。针对法律未明文规定的行政程序,法院则尝试引入正当程序原则理论予以判断,企图借助个案判决弥补成文法规定不足。[②] "在过去十多年中,正当程序原则在司法审查中获得了比较广泛的认可,开始成为中国法律的一部分。这一事实显示了中国法院在相对局促的空间里的能动主义立场,以及由个案判决所推动的一种法律发展的特殊路径。"[③]

然而,"即便是个别法院大胆地迈出了一步,其判案对其他法院来说,也不具有规则性的指导作用,充其量只是在法院之间的经验交流会或者有关经验材料的交换阅读中给其他法院一些启发"[④]。有鉴于此,行政法学界开始加入这场行政程序"正当性"审查形成之战,总结司法经验、形塑理论基础并鼓吹立法。有论者即指出,"法治实践表明,通过合法性标准规制政府权力虽仍有必要,但其效用已递减至极低限值,故应突破传统法治主义预设的合法性窠臼,辅以正当性标准,形塑合法性与正当性并用的二元体系"[⑤]。为了回应司法实践和理论研究,2014年《行政诉讼法》修订时,新增明显不当标准,正式确立了行政程序正当性司法审查的地位。

[①] 参见罗豪才、应松年主编:《行政诉讼法学》,中国政法大学出版社1990年版,第247页;罗豪才主编:《行政审判问题研究》,北京大学出版社1990年版,第318页;罗豪才主编:《中国司法审查制度》,北京大学出版社1993年版,第373页;应松年主编:《行政诉讼法学》,中国政法大学出版社1994年版,第257页;姜明安:《行政诉讼法学》,北京大学出版社1993年版,第202页。

[②] 参见章剑生:《对违反法定程序的司法审查——以最高人民法院公布的典型案件(1985—2008)为例》,载《法学研究》2009年第2期。

[③] 何海波:《司法判决中的正当程序原则》,载《法学研究》2009年第1期。

[④] 余凌云:《法院如何发展行政法》,载《中国社会科学》2008年第1期。

[⑤] 江必新:《行政程序正当性的司法审查》,载《中国社会科学》2012年第7期。

（二）行政程序司法审查的标准

行政程序的具体司法审查标准，与行政程序的类型相匹配。依据不同标准，行政程序可以划分为不同类型。例如，以法律是否明确规定为标准，行政程序可以分为法定程序和裁量程序两种，前者适用违反法定程序标准，后者则适用于正当程序标准。依据行政程序瑕疵的类型不同，又存在"二分法"和"三分法"两种立场。"二分法"由2014年《行政诉讼法》所确立。与1989年《行政诉讼法》单一的行政程序瑕疵类型相比，2014年《行政诉讼法》采取了"违反法定程序"与"程序轻微违法"的"二分法"立场。然而，有学者基于对复杂的司法实践考察，认为"二分法"忽略了司法实践中大量存在的不被撤销或确认违法，由法院予以指正并判决驳回诉讼请求的"狭义程序瑕疵"，由此提出我国应引入"狭义程序瑕疵"之新类型，转向行政程序瑕疵的三分法。[①]《行政诉讼法》修订契合了我国行政诉讼理论发展的精细化趋势，强化了行政程序瑕疵司法审查的科学性，但并未彻底平息实务界和理论界有关行政程序类型的争议。然而，在一片喧嚣声中，可以确定的是，不论是采取何种类型化方法，"违反法定程序"和"程序轻微违法"在制度定位上，同时扮演着程序类型和审查标准的双重角色。由此可知，行政程序的司法审查标准主要包括三个，分别是违反法定程序标准、程序轻微违法标准和正当程序原则标准。

首先，违反法定程序标准。"违反法定程序"作为行政诉讼法最早确立的行政程序司法审查标准，经历了内涵由模糊到相对确定的发展历程。法定程序中"法"的范围究竟如何划定，是早期研究中的核心争议问题，主要存在"法律、法规规定说""法律、法规和规章规定说""法律、法规、规章和宪法规定以及行政规定补充说"和"重要程序说"四种学说。[②] 随着研究的深化，

[①] 参见梁君瑜：《行政程序瑕疵的三分法与司法审查》，载《法学家》2017年第3期。
[②] 参见章剑生：《对违反法定程序的司法审查——以最高人民法院公布的典型案件（1985—2008）为例》，载《法学研究》2009年第2期。

"法律、法规、规章和宪法规定以及行政规定补充说"成为通说。①

其次,程序轻微违法标准。"程序轻微违法"作为2014年《行政诉讼法》的亮点规定之一,改变了旧法"一刀切"的做法,适应了程序类型具有多样化的特性,进一步完善了司法审查制度。有关程序轻微违法的讨论,主要涉及两方面内容。一是程序轻微违法的内涵。程序轻微违法作为不确定法律概念,在学理研究中争议较大。有学者认为,"轻微违反法定程序,是指行政机关的行政行为虽然违反了法律、法规或者规章中的法定程序,但这种程序并不是作出行政行为时主要程序或者是关键程序,也不会对相对人实体权益造成影响,只是造成了行政行为在程序上的某种缺陷"②。有学者在整理法院判例的基础上,列出了"程序轻微违法"的八种情形,即超过法定期限、文书记载错误、行政程序颠倒、未履行公告程序、未履行告知义务、未正确告知处罚事实、落款日期错误和未严格审查当事人的申请材料。③ 二是程序轻微违法与违反法定程序的关系。有学者通过体系解释的方法,认为《行政诉讼法》第70条规定的"违反法定程序"与第74条规定的"程序轻微违法"是一般与补充的关系,即"程序轻微违法"属于"违反法定程序"情形之一,两者不是并列关系。④ 有学者则综合采取体系解释和历史解释的研究方法,认为"程序轻微违法"是对司法实践中广泛运用的"狭义程序瑕疵"概念之扬弃,具有独立性、补充性两大特点。针对部分法院未能严格遵循"程序轻微违法"的立法既定路径所导致的"程序轻微违法"认定空间被挤压和被虚置与被滥用的双重误区,该论者进一步提出,法院应当秉承程序瑕疵类型二分法立场,坚持"撤销是原则、确认违法是例外",严格把握"程序轻微违法"标准的适用条件。⑤

---

① 参见于立深:《违反行政程序司法审查中的争点问题》,载《中国法学》2010年第5期。
② 江必新主编:《中华人民共和国行政诉讼法及司法解释条文理解与适用》,人民法院出版社2015年版,第494页。
③ 参见王玎:《行政程序违法的司法审查标准》,载《华东政法大学学报》2016年第5期。
④ 参见章剑生:《再论对违反法定程序的司法审查——基于最高人民法院公布的判例(2009—2018)》,载《中外法学》2019年第3期。
⑤ 参见李烁:《行政行为程序轻微违法的司法审查》,载《国家检察官学院学报》2020年第3期。

最后,正当程序原则标准。正当程序原则起源于英国的自然正义原则,其最为核心的内涵在于避免偏私和听取意见。正当程序原则最早通过"田永案"①进入我国司法实践,后在行政程序司法审查中发挥着重要作用。在成文法未明确规定行政程序时,法院一般通过引入正当程序原则辅助审查。质言之,"在缺乏有关程序的法律依据时,构成行政机关对程序的行政裁量权"②。在法定程序空白之处,法院引入正当程序原则作为"违反法定程序"补充性裁判标准,逐渐成为司法判例规则,并在不断扩大使用范围。③ 直至今日,正当程序原则尚未被法律明确规定,在缺乏实定法依据的情况下,法院并未放弃该原则,而是通过扩充正当程序原则的内涵、模糊正当程序与法定程序的界限、调试正当程序原则的审查强度等方法继续适用。④ 然而,正当程序原则作为行政程序司法审查标准,不仅面临着自身的正当性质疑,而且存在着"单一适用"和"选择适用"之间的选择困顿,需要回归规范立场来弥合其作为裁判理由和裁判依据之间的沟壑。⑤

(三) 行政程序司法审查困境的解决

有关行政程序司法审查标准的讨论,洋溢着浓厚的案例研究风格。现有研究不约而同选取了群案分析的研究路径,通过对数量繁多的典型、权威案例作出细致分析,从中归纳共性的规律并上升为理论阐释。这种研究风格对于理论与实务良性互动氛围的营造和维持具有重要意义,是反映行政审判现状和提炼行政审判经验的最佳路径。然而,案例研究固然具有弥补法律规定模糊、推进法治统一的作用,但是过分依赖于单一研究方法,必然会丧失"横看成岭侧成峰"的观点碰撞。此外,现有研究多停留于司法实践

---

① 田永诉北京科技大学案,北京市海淀区人民法院(1998)海行初字第142号行政判决书。
② 许春晖:《正当程序:滥用程序权的判断标准》,载《法学评论》2019年第2期。
③ 参见章剑生:《再论对违反法定程序的司法审查——基于最高人民法院公布的判例(2009—2018)》,载《中外法学》2019年第3期。
④ 参见孟凡壮:《论正当程序原则在行政审判中的适用——基于75份运用正当程序原则的行政诉讼判决书的分析》,载《行政法学研究》2014年第4期。
⑤ 参见蒋红珍:《正当程序原则司法适用的正当性:回归规范立场》,载《中国法学》2019年第3期。

描绘与总结的初步阶段，尚未得出高度抽象化的学理判断，并未实现从事实到理论的惊心动魄的飞跃。因此，未来研究应充分利用现有判例研究形成的宝贵实证研究成果，掌握面向案例与面向理论双向互动的研究风格，进一步作出类型化、抽象化和拓展化研究，丰富行政程序司法审查研究成果。

行政程序司法审查标准与程序瑕疵类型息息相关。针对现有研究中的"二分法"与"三分法"之争，笔者只想强调一点，即要考虑到行政程序司法审查后果背后所隐藏的更为复杂的行政诉讼多重目的之博弈与实现。在当下强调行政纠纷实质性化解目的背景下，如何科学设计司法审查标准、合理确定司法判决结果，是行政诉讼制度必须考量的因素。"设计判决方式时要兼顾法律逻辑和社会效果，原告本来是对的，法院不仅没有撤销违法行政行为，还要驳回原告诉讼请求，判原告败诉，法理情理都说不通，也必然难以解决行政争议。"①如果采取三分法立法，延续狭义程序瑕疵、法院判决驳回原告诉讼请求的司法实践做法，如何真正做到定分止争、案结事了，则是研究者必须予以解决的难题。

"审查标准在司法审判中的运用，实质上是对多重价值进行衡量后的取舍。审查标准的确立是将行政效率、法的安定性、信赖保护利益和公共利益等多种价值列为'魔术多角形'中的各个顶角，取其平衡中心点后，使行政程序发挥恰当效益的结果。这种取舍受制于地域法治状况发展的历史因素和地域法治环境的空间因素。"②可预期的一点是，行政程序司法审查标准必然会随着程序瑕疵类型的多样化，而呈现出愈发明显的精细化、多元化发展趋势。

二、行政裁量审查标准

既然"当代的强有力的政府不能不具备许多自由裁量权"③，"绝对的和

---

① 信春鹰主编：《中华人民共和国行政诉讼法释义》，法律出版社2014年版，第198页。
② 傅玲静：《论德国行政程序法中程序瑕疵理论之建构与发展》，载《行政法学研究》2014年第1期。
③ 〔英〕威廉·韦德：《论英国法治的几个原则问题》，徐炳译，载《法学译丛》1992年第3期。

无约束的自由裁量权的观点受到否定"①则属于法治的应有之义。行政法治并非消灭自由裁量权,或者无限制追求自由裁量权压缩至零,其实质在于建构起一整套防止裁量权滥用的规则,确保权力始终在法治轨道上运行。正如美国行政法学者施瓦茨所言:"行政法如果不是控制自由裁量权的法,那它是什么呢?"②司法作为控制裁量权的基本方式,不仅应以合法审查为追求,更要"确定哪些限制,以在行政效率与对公民的法律保护之间作出最为适当的平衡"③。司法审查标准的合理确定,则是实现价值平衡与权力制约的主要手段。"有关行政裁量权的主要问题是法院如何统治行政裁量的问题。"④行政裁量具有不同形态,决定了法院需采取不同的司法审查强度和方式,由此产生不同的审查标准。例如,有学者将其概括为六项标准,分别为滥用职权、目的不当、错误的事实认定、不适当的考虑、法律适用不当和程序不当。⑤

(一)滥用职权标准

滥用职权标准作为我国行政诉讼审查标准体系的组成部分,确立时间较早。作为法院撤销判决的法定情形之一,"滥用职权"在司法审查制度中处于重要地位。然而,由于立法规定的模糊性和学术研究的多元化,滥用职权标准在司法适用中比较混乱。有鉴于此,理论界立基司法适用客观现状,从实证的角度对"滥用职权"展开系列研究,以期借助事实分析实现内涵精准阐释,通过科学理论建构消弭司法适用困境,从而实现理论研究服务于实践的使命。

首先,滥用职权标准的内涵界定。自1989年《行政诉讼法》明确规定"滥

---

① 〔英〕威廉·韦德:《行政法》,徐炳等译,中国大百科全书出版社1997年版,第68页。
② 〔美〕伯纳德·施瓦茨:《行政法》,徐炳译,群众出版社1986年版,第566页。
③ 〔英〕威廉·韦德:《行政法》,徐炳等译,中国大百科全书出版社1997年版,第68页。
④ 杨建顺:《论行政裁量与司法审查——兼及行政自我拘束原则的理论根据》,载《法商研究》2003年第1期。
⑤ 参见王振宇、郑成良:《对自由裁量行政行为进行司法审查的原则和标准》,载《法制与社会发展》2000年第3期。

用职权"后,便在理论界掀起了内涵讨论,一直持续至今,仍未形成定论。学理上关于"滥用职权"的涵义界定,主要有四种观点。第一,违反授权目的说。该学说主张"滥用职权"是指行政机关行使职权虽然形式上在其职权范围内,但是实质内容背离法律、法规的目的和基本原则。① 该观点提出于1989年《行政诉讼法》颁布之初,并被诸多教材所沿用。② 该学说在坚持合法性与合理性二元标准并存的基础上,提出合目的性审查标准,准确把握了滥用职权标准的基本内核,但是未能完整揭示其内涵。第二,主观故意说。该学说认为,"滥用职权"是指行政机关所实施的具体行政行为虽然在法定范围之内,但既不符合法律要求的目的、精神和原则,同时具有非法的目的和意图。③ 该学说发展了违反授权目的说,强调主观故意是构成"滥用职权"的基本要素,但是并未对主观状态中的故意与过失作出进一步研究。就主观故意这一构成要素而言,多数学者均持支持观点,但亦有反对声音,认为将主观故意作为"滥用职权"的要件,不仅有悖立法本意,而且难以认定"滥用职权"。④ 第三,滥用裁量权说。该学说认为"滥用职权"仅存在于行政裁量领域,"滥用职权"即滥用行政裁量权。⑤ 对于裁量权的理解又分为狭义和广义。多数学者认为"滥用职权"仅针对自由裁量权。少数学者则认为"滥用职权"不仅限于自由裁量权,应当包括羁束裁量权⑥,甚至绝大多数"滥用职权"的行为发生在自由裁量权之外。⑦ 基于职权范围的争议,有学者提出,我国行政诉讼法中的"滥用职权"应当更名为"滥用裁量权"。⑧ 第四,主观过错说。该学说提出应从主观上的合法目的、相关性及客观的行为结果两方面,

---

① 参见罗豪才、应松年主编:《行政诉讼法学》,中国政法大学出版社1990年版,第250页。
② 参见姜明安主编:《行政法与行政诉讼法》,北京大学出版社、高等教育出版社1999年版,第381页。此后的第二版至第五版均沿用了该定义。
③ 参见皮宗泰、李庶成:《行政审判中作为撤销根据的超越职权和滥用职权》,载《现代法学》1990年第6期。
④ 参见蔡小雪:《论滥用职权》,载《中国卫生法制》1997年第3期。
⑤ 参见朱新力:《行政滥用职权的新定义》,载《法学研究》1994年第3期。
⑥ 代表性的成果参见胡建淼:《有关行政滥用职权的内涵及其表现的学理探讨》,载《法学研究》1992年第3期;朱新力:《行政滥用职权的新定义》,载《法学研究》1994年第3期。
⑦ 参见关保英:《论行政滥用职权》,载《中国法学》2005年第2期。
⑧ 参见施立栋:《被滥用的"滥用职权"——行政判决中滥用职权审查标准的语义扩张及其成因》,载《政治与法律》2015年第1期。

解释"滥用职权"内涵。① 主观过错说以"滥用职权"条款为核心,尝试从"立法—学说—判决"的互动关系中考察"滥用职权"的内涵,进行法释义学上的体系性建构,是对违反授权目的说、主观故意说和滥用裁量权说的继承和发展。另有学者提出了"严重过错说"。② 该学者通过考察最高人民法院公报上有关案例,发现法院存在分离型裁判逻辑和结合型裁判逻辑,其中,结合型裁判逻辑是现阶段司法审查遵循的基本路径。在结合型裁判逻辑下,"滥用职权"应被界定为一种具有严重主观过错的行政行为③,必须具备"职权"与"滥用"双重要素。

虽然理论界对"滥用职权"的确定内涵尚存有较大争议,但也形成了最低限度的共识。其一,"滥用职权"发生在职权范围之内,因此与"超越职权"具有本质区别。其二,"滥用职权"与"明显不当"标准相区分,以主观状态为基本构成要素,且至少要求存有主观上的故意。其三,"滥用职权",不能限于字面意思将其理解为滥用职权,其实质是滥用行政裁量权。其四,"滥用职权"作为司法审查标准,并不等同于刑法上的滥用职权罪之表述,也不同于行政违法。在实际生活中,存有"把'滥用职权'的范围错误地扩大至'行政违法'"④的问题,"会打破《行政诉讼法》第54条第2项中五种审查标准之间相并列的逻辑结构,导致其他四种标准被滥用职权所架空"⑤。

其次,滥用职权标准的司法适用困境及消解。"滥用职权"作为一项较早确立的、独立的司法审查标准,在行政审判实践中却面临着适用困境,突出表现为低频适用和泛化适用。一方面,"滥用职权"的低频适用困境。与其他审查标准相比,滥用职权标准一直存在适用比例较低问题,可以分为两个阶段予以说明。在1989年颁布的《行政诉讼法》实施之后,有学者以《人民

---

① 参见朱思懿:《"滥用职权"的行政法释义建构》,载《政治与法律》2017年第5期。
② 参见周佑勇:《司法审查中的滥用职权标准——以最高人民法院公报案例为观察对象》,载《法学研究》2020年第1期。
③ 参见全国人大常委会法制工作委员会行政法室编:《〈中华人民共和国行政诉讼法〉解读与适用》,法律出版社2015年版,第158页。
④ 胡建淼:《有关行政滥用职权的内涵及其表现的学理探讨》,载《法学研究》1992年第3期。
⑤ 施立栋:《被滥用的"滥用职权"——行政判决中滥用职权审查标准的语义扩张及其成因》,载《政治与法律》2015年第1期。

法院案例选》(行政卷 1992—1999)中选录的 270 个案例为样本,通过分析后发现,在 182 件行政机关败诉案件中,法院适用滥用职权标准的只有 6 件。① 另有学者以《最高人民法院公报》《人民法院案例选》中刊载的 33 件案例为样本考察,法官以滥用裁量权为理由作出判决的仅有 1 件。② 从 2014 年修订的《行政诉讼法》实施至今,该问题依旧存在。有学者对 2015 年 5 月 1 日至 2019 年 10 月 1 日期间法院适用滥用职权条款的情况进行了统计,具有"滥用职权"关键词的行政裁判文书,在所有行政裁判文书中的占比不及 0.6%。③ 另一方面,"滥用职权"的泛化适用困境。与低频适用相对,"滥用职权"在司法实践中同时存在泛化适用问题,表现为两种情形:一是"滥用职权"与其他审查标准之间的界限不分明,导致法院将符合其他标准的违法行政行为,错误认定为"滥用职权"。④ 二是法院将"滥用职权"泛化理解为违法,作为其他违法事由的上位概念。⑤

针对滥用职权标准的司法适用困境,有学者分析认为,受日常用语的影响,"滥用"往往被执法者视作一项主观恶评,法官因之亦避讳适用该项审查标准。⑥ 有学者通过分析筛选出的典型案件,认为法院较少适用滥用职权标准的原因有三:一是法院容易在事实认定、法律适用与行政裁量之间发生混淆。二是法院因行政裁量司法审查标准体系不完善而运用了"转换型"审查策略。三是行政裁量司法审查因涉及审查的力度与边际这一敏感问题,导致法院有意规避滥用职权标准。⑦ 同样是案例分析的研究路径,有学者则系

---

① 参见沈岿:《行政诉讼确立"裁量明显不当"标准之议》,载《法商研究》2004 年第 4 期。
② 参见施立栋:《被滥用的"滥用职权"——行政判决中滥用职权审查标准的语义扩张及其成因》,载《政治与法律》2015 年第 1 期。
③ 参见周佑勇:《司法审查中的滥用职权标准——以最高人民法院公报案例为观察对象》,载《法学研究》2020 年第 1 期。
④ 参见何海波:《行政行为的合法要件——兼议行政行为司法审查根据的重构》,载《中国法学》2009 年第 4 期。
⑤ 参见施立栋:《被滥用的"滥用职权"——行政判决中滥用职权审查标准的语义扩张及其成因》,载《政治与法律》2015 年第 1 期。
⑥ 参见郑春燕:《论"行政裁量理由明显不当"标准——走出行政裁量主观性审查的困境》,载《国家行政学院学报》2007 年第 4 期。
⑦ 参见余凌云:《对行政机关滥用职权的司法审查——从若干判案看法院审理的偏好与问题》,载《中国法学》2008 年第 1 期。

第十章 行政诉讼审查标准

统总结为三个方面原因：一是滥用职权标准的内涵与外延模糊。二是从整个审查标准体系来看，相比于"违反法律""程序违法""超越职权"等更加客观明确的客观层面的外部形式审查标准，滥用职权标准明显难以获得法官青睐。三是对于违反目的、错误考虑等裁量瑕疵进行主观性审查，极其困难。①

由此可见，"滥用职权"内涵模糊、与相关审查标准之间界限不明、"转换型"审查策略的运用、法院有意规避和法院难以认定，是导致滥用职权标准陷入司法适用困境的主要原因。其中，与相关审查标准之间界限不明、"转换型"审查策略的运用和法院难以认定三个原因，事实上都源于"滥用职权"内涵模糊。因此，可以将上述原因进一步提炼为"滥用职权"内涵模糊和法院有意规避两个主客观相结合的因素。与之相应，滥用职权标准摆脱司法困境的出路即在于明确内涵和提升法官适用意愿。就后者而言，滥用职权标准面临司法适用困境的本质原因在于，司法审查中普遍存在规则中心主义审查进路。有学者通过实证研究发现，为了应对滥用职权审查标准存在的主观性和模糊性问题，法院经常采取一种转换型审查策略，倾向使用已经被法律制度具体化、客观化的外部形式合法性审查标准，以此寻求标准上的确定性。②"滥用"的主观过错难以认定是影响滥用职权标准司法适用性的主要因素，主观取向的滥用职权标准又因对主观动机认定的敏感性与隐蔽性，而难以受到司法者的青睐，这些"体现出的仍是一种典型的规则中心主义思维模式"。为此，需要选择一种相对于规则主义的功能主义立场，通过功能主义进路实现裁量权的司法制衡，从"规则之治"转向"原则之治"，并借助均衡性的法律原则与功能性的自我规制技术，从而化解"滥用"之主观动机认定难的问题。③ 此外，还有学者从立法完善的角度，提出应将超越职权标准修改为"超越管辖权"，将滥用职权标准调整为"滥用裁量权"，从而保持

---

① 参见周佑勇：《司法审查中的滥用职权标准——以最高人民法院公报案例为观察对象》，载《法学研究》2020年第1期。
② 参见沈岿：《行政诉讼确立"裁量明显不当"标准之议》，载《法商研究》2004年第4期。
③ 参见周佑勇：《司法审查中的滥用职权标准——以最高人民法院公报案例为观察对象》，载《法学研究》2020年第1期。

各审查标准之间相对清晰的内涵分界。①

(二) 明显不当标准

明显不当标准作为2014年《行政诉讼法》的新增内容,事实上早在行政诉讼法制定之初就已产生。首先,1989年《行政诉讼法》规定了行政处罚显失公正标准,基于法院变更权内涵的一致性,"显失公正"在本质上属于"明显不当"的前身。其次,1999年《行政复议法》明确规定了明显不当标准。最后,2014年《行政诉讼法》修订时,以"明显不当"代替"显失公正",并超越了"显失公正"的范围,扩展到了所有可诉类型的行政行为。② 明显不当标准至此成为一项独立的司法审查标准,标志着我国的行政诉讼"堂而皇之地进入合理性审查的时代"③。

首先,明显不当标准的法律属性。就"明显不当"的法律属性而言,理论争议尚未真正停歇。理论界与实务界存在着"合法性审查标准"和"合理性审查标准"两种截然不同的认识,但是从现阶段来看,明显不当标准属于合理性审查标准下辖的一项子标准,已获得多数学者支持。虽然关于"明显不当"的法律属性依然存在认识分歧,但是学界普遍认为其适用对象为裁量性行政行为。正如全国人民代表大会法律委员会在《关于〈中华人民共和国行政诉讼法修正案(草案)〉修改情况的汇报》中所言,明显不当审查标准入法的主要理由在于,"对于行政机关明显不合理的行政行为,没有规定人民法院可以判决撤销,不利于解决行政争议"④。

其次,明显不当标准的内涵界定。现有研究一般从以下三个方面理解明显不当标准:

一是从文义解释的角度,认为就词义本身而言,"明显"与"显失"都代表

---

① 参见施立栋:《被滥用的"滥用职权"——行政判决中滥用职权审查标准的语义扩张及其成因》,载《政治与法律》2015年第1期。
② 参见梁凤云:《新行政诉讼法讲义》,人民法院出版社2015年版,第12页。
③ 何海波:《论行政行为"明显不当"》,载《法学研究》2016年第3期。
④ 全国人大常委会法制工作委员会行政法室编著:《行政诉讼法修改前后条文对照表》,人民法院出版社2014年版,第116页。

了一种程度。"显失公正的行政处罚,属于非常不合理的行政处罚。"①"明显不当,其主要特征是行政机关及其工作人员实施的行政行为虽然没有违反法律的禁止性规定,但却明显不合情理或不符合公正要求。"②从语义上阐释明显不当标准,固然具有直接、明了的作用,但必然会面临同一概念在"法律概念"与"一般概念"之间具有差异性的问题,难以探寻其确定内涵。

二是从行政裁量合理性要求的角度,认为"不当"和"公正"均指裁量权的行使不符合法律目的。例如,有学者指出,评判明显不当审查标准构成的内容主要包括:没有考虑依法应当考虑的因素,或者相反,考虑了不应当考虑的因素,处理方式违反比例原则,没有正当理由的区别对待,重复处罚,同一地区不同标准或不同地区同一标准,以及违背业已形成的裁量准则等。③从裁量权行使的合理性要求出发阐释"明显不当",符合和反映了法律规定,可以指明适用的方向性和条件性,但也可能导致与其他审查标准之间的混淆。④

三是从案例提取的角度,通过选取相关案例提炼司法实践中的"明显不当"共性特征,作出理论上的归纳。有作者即借助群案分析的方法,通过观察最高人民法院发布的相关指导案例、公报案例及其他典型案例,发现法院在司法审判实践中通过"同案对比"的事实审、"规则适用"的法律审和"利益均衡"的原则审等三种不同的司法裁判技术,将明显不当审查标准的内涵变得日益丰满。明显不当标准的内涵至少包括三个层面,不仅意味着行政裁量决定不能在"事实"上存在"偏私",更强调其在"规范"上要符合"法律的规定",在"价值"上要"实质合理且利益均衡"。⑤依据群案分析阐释"明显不当"内涵,有助于实现理论研究与司法实践的统合,不失为一种科学的内涵

---

① 胡康生主编:《行政诉讼法释义》,北京师范学院出版社1989年版,第53页。
② 马怀德主编:《新编〈中华人民共和国行政诉讼法〉释义》,中国法制出版社2014年版,第331页。
③ 参见何海波:《论行政行为"明显不当"》,载《法学研究》2016年第3期;崔卓兰:《论显失公正行政处罚的不合法》,载《法学研究》1990年第6期。
④ 参见周佑勇:《司法审查中的行政行为"明显不当"标准》,载《环球法律评论》2021年第3期。
⑤ 同上。

界定方法。

最后,明显不当标准的适用范围。行政机关作出行政行为,既要遵循实体法规范,还要符合程序法要求,否则会构成行为违法或不当。关于作为行政裁量合理性审查标准的明显不当标准,是否可以适用于行政程序,在理论与实务中存有两点争议:一是行政程序中有无裁量问题,二是行政程序裁量能否适用明显不当标准。第一点争议根源于对程序独立价值的认识程度,随着程序工具主义在现代社会的消亡,该种争议已经平息。"行政自由裁量权运用的合理与否,不仅表现在运用实体权力方面,也表现在运用程序方面。"①"在法律和一般程序原则没有严格限制的领域,贯彻落实程序原则的关键是行政机关的程序裁量权。"②程序性审查具有保障民主和自由、防止专断和独裁的作用,是行政权力正常运行的安全装置。③ 因此,行政程序存在裁量问题。第二点争议更为激烈,既有支持适用的观点,也有排斥适用的主张。

排斥适用者的主要理由在于,行政诉讼法规定了专门针对程序问题的"法定程序"审查标准,由此排除明显不当标准之适用。有关行政程序的司法审查,应遵循"法定程序"审查标准,"明显不当"作为合理性审查之下的一个支流,没有必要流淌到行政程序审查的"河床"之中。④ 在司法实践中,"法定程序"审查标准的内涵在不断变化并已逐渐包含正当程序的要求,这就决定了该原则可以同时承担起行政程序的合法性审查和合理性审查问题。通过扩大"违反法定程序"的内涵,使之包容行政程序裁量要求的迂回路线,虽然形成于《行政诉讼法》修改之前,但得到广泛支持。⑤ 即便是在"明显不当"

---

① 毕可志:《论对行政自由裁量权的司法监督》,载《法学论坛》2000年第6期。
② 〔德〕汉斯·J.沃尔夫、奥托·巴霍夫、罗尔夫·施托贝尔:《行政法》(第二卷),高家伟译,商务印书馆2002年版,第203页。
③ 禚达宇、伍建卿:《论司法监督对行政自由裁量权的控制》,载《当代法学》2003年第9期。
④ 参见余凌云:《行政诉讼上的显失公正与变更判决——对〈中华人民共和国行政诉讼法〉第54条第(4)项的批判性思考》,载《法商研究》2005年第5期。
⑤ 参见何海波:《司法判决中的正当程序原则》,载《法学研究》2009年第1期;章剑生:《对违反法定程序的司法审查——以最高人民法院公布的典型案件(1985—2008)为例》,载《法学研究》2009年第2期;孟凡壮:《论正当程序原则在行政审判中的适用——基于75份运用正当程序原则的行政诉讼判决书的分析》,载《行政法学研究》2014年第4期。

入法后,这种认识惯性和既定的路径依赖,也较难发生明显松动,因此维持原有趋势和理解,继续坚持通过"扩大'违反法定程序'的内涵使之包含正当程序原则的要求,应当是一种比较稳妥的做法"①。

支持适用者则基于司法审查体系逻辑性和连贯性之考量,认为应坚持行政诉讼法赋予明显不当标准的独立地位,通过审查和规制行政程序裁量,实现形式法治和实质法治相统一目标。有学者立足于2014年《行政诉讼法》之规定,认为行政程序裁量的司法审查标准可以确定为实质法治立场下的"裁量理由明显不当"标准。② 有学者认为,行政程序裁量权的存在,意味着行政行为在实体上和程序上均要实质合理,"只有'明显不当'以及'滥用职权'作为行政程序裁量的审查标准,才可以全面与彻底地将裁量权所要求的那种内在品格体现出来"③。该学者进一步指出,要注意区分行政程序裁量"瑕疵"和"明显不当",行政程序"明显不当"构成的判定内容与技术,与实体内容或利益的衡量有关。

在行政审判实践中,最高人民法院已经通过发布指导案例,确立了明显不当标准在行政程序裁量司法审查中的独立地位。在2017年最高人民法院指导案例第88号"张道文、陶仁等诉四川省简阳市人民政府侵犯客运人力三轮车经营权案"中,行政机关因为未告知相对人行政许可期限,被法院认定为在程序上存在"明显不当"。④ 早在88号指导案例发布之前,最高人民法院就已经开始将"明显不当"作为行政程序审查标准。因此,不论是基于对行政诉讼法规定的分析,还是对现行行政审判实践经验的观察,均应承认明显不当标准在行政程序裁量问题中具有适用空间。

(三)"滥用职权"与"明显不当"的比较

"滥用职权"与"明显不当"在行政裁量司法审查过程中发挥着重要作

---

① 何海波:《论行政行为"明显不当"》,载《法学研究》2016年第3期。
② 参见郭兵:《论行政程序裁量的司法审查标准》,载《政治与法律》2015年第4期。
③ 周佑勇:《司法审查中的行政行为"明显不当"标准》,载《环球法律评论》2021年第3期。
④ 参见最高人民法院指导案例第88号,《最高人民法院关于发布第17批指导性案例的通知》(法〔2017〕332号),2017年11月15日。

用,但是因为体系定位和功能优势不同,二者存在着适用次序问题。我国《行政诉讼法》第70条罗列的各种审查标准实际上暗含着适用次序,形式合法审查标准先于实质合法审查标准,"滥用职权"先于"明显不当"。[①] 在理论研究中,二者在司法审查体系中的定位及二者之间的关系探讨,属于研究重点。

首先,"滥用职权"与"明显不当"的关系。在学理上,有关二者之间的关系,主要有四种观点。该四种观点与行政诉讼法的修订和发展具有密切关系。

一是从属关系说,主张"滥用职权"同时包括主客观两种滥用权力行为,并视"明显不当"为"滥用职权"的一种类型。有观点认为,"滥用职权"是"发生在自由裁量权限范围内严重违反行政合理性原则的行为的总概念"[②]。与之相应,行政处罚"显失公正"属于"滥用职权"或滥用行政裁量权的一种类型[③],是"滥用职权"的子标准。[④] 从程度上而言,"显失公正"属于"严重滥用职权"。[⑤] 从属关系说诞生于彼时行政诉讼制度尚不健全的背景之下。自1989年《行政诉讼法》确立滥用职权标准以来,在理论界,"滥用职权"长期被视作以审查"意图和目的"为主要内容的主观面向的审查标准,以具有主观故意为成立要件。[⑥] 然而,在实践中必然会存在因过失或不存在任何主观意图而发生的违法或不当的行政后果,针对这类行为司法无法进行审查。针对此种审查困境,扩展滥用职权审查标准的内涵便成为理论界的主要对策,因此推动了滥用职权标准由狭义走向广义,并产生从属关系说。正因为如此,在《行政诉讼法》修订时,有学者建议将"滥用职权"修改为"滥用裁量权",并

---

① 参见余凌云:《论行政诉讼上的合理性审查》,载《比较法研究》2022年第1期。
② 朱新力:《司法审查的基准:探索行政诉讼的裁判技术》,法律出版社2005年版,第354页。
③ 参见李哲范:《"显失公正"之定位》,载《当代法学》2010年第4期。
④ 参见余凌云:《对行政机关滥用职权的司法审查——从若干判案看法院审理的偏好与问题》,载《中国法学》2008年第1期。
⑤ 参见孙笑侠:《法律对行政的控制——现代行政法的法理解释》,山东人民出版社1999年版,第288页。
⑥ 参见张尚鷟主编:《走出低谷的中国行政法学——中国行政法学综述与评价》,中国政法大学出版社1991年版,第534页;崔巍:《滥用职权违法形态探》,载《人民司法》1994年第7期。

删除"明显不当",以体现和确立"明显不当"从属于"滥用职权"的地位。[1]

二是交叉关系说,即明显不当审查标准和滥用职权审查标准是一种相互包容的交叉关系。"显失公正有可能是因为行政机关工作人员故意所为,当然这同时属于滥用职权,滥用职权实施的行为一定是不公正的,但这种不公正不一定是明显的和构成显失公正,显失公正可能因滥用职权而造成,但却不都是因滥用职权造成的。"[2]交叉关系说不对主观状态作明显区分,只强调依据不公正的程度区分"滥用职权"和"明显不当",同样会不可避免地造成二者的混淆使用。况且,试图借助本就十分抽象的不公正程度标准,区分两个同样抽象的审查标准,几乎难以在实践中得到实施,而只能停留于概念逻辑上的严密。

三是新从属关系,主张在行为结果方面,滥用职权标准从属于明显不当标准。随着明显不当审查标准在 2014 年《行政诉讼法》中确立,通过扩大滥用职权审查标准内涵来弥补前述审查空白的方法,便失去了存在基本根据,滥用职权审查标准开始回归狭义层面,开始凸显主观审查特性。然而,尽管滥用职权审查标准仅适用于主观故意行为,但这些行政行为同样必须造成"不当"的客观结果,而且这种"不当"只有达到"明显不当"时,法院才可以审查。[3] 因此,"滥用职权标准同时属于客观审查标准,行政行为的客观表现和结果是滥用职权的基本构成要素"[4]。质言之,"如果行政主体虽有不当,但尚未达到显失公正之结果,那么便不属于滥用职权违法,而是行政不当"[5]。从这个角度来看,滥用职权审查标准是明显不当审查标准的次级标准,聚焦于规制具有主观故意的"明显不当"行政行为。[6]

---

[1] 参见江必新主编:《中华人民共和国行政诉讼法理解适用与实务指南》,中国法制出版社 2014 年版,第 324 页。
[2] 罗豪才、应松年主编:《行政诉讼法学》,中国政法大学出版社 1990 年版,第 256 页。
[3] 参见〔日〕田村悦一:《自由裁量及其界限》,李哲范译,中国政法大学出版社 2016 年版,第 147 页。
[4] 马怀德主编:《新编中华人民共和国行政诉讼法释义》,中国法制出版社 2014 年版,第 330 页。
[5] 胡建淼主编:《行政违法问题探究》,法律出版社 2000 年版,第 302 页。
[6] 参见高鸿、殷勤:《论明显不当标准对行政裁量权的控制》,载《人民司法》2017 年第 19 期。

四是并列关系。事实上，从属关系说和新从属关系说在论证内核上具有一致性，前者以主观状态为标准分析二者关系，后者则立足于客观后果考察二者关系，但是二者均不符合行政诉讼法的立法原意。一方面，"滥用职权"侧重于对行政机关本身运用权力之能力的评价，而包括"明显不当"在内的其他审查标准则是对行政行为内容是否合法、合理的评价。① 将"滥用职权"列为"明显不当"的子标准，不能准确揭示二者在内涵上的实质差异性。另一方面，既然2014年《行政诉讼法》修订时，未选择通过扩张滥用职权审查标准内涵的方式填补审查漏洞，而是新增明显不当审查标准，那么基于审查标准既定、审查体系融贯和立法目的尊重，如何合理确定两项标准的适用范围、实现功能互补，则是理论界应予解决的问题。为此，有学者便旗帜鲜明地提出并列关系说，"滥用职权"作为一项主观面上的审查标准，"明显不当"则承担行政裁量客观面上的审查标准。在行政裁量合理性审查领域，"滥用职权"和"明显不当"分别代表了行政行为的"行为无价"和"结果无价"两个面向，分别承担着主观审查和客观审查的任务。②

其次，"滥用职权"与"明显不当"的区分标准。在行政裁量合理性审查视域下，能否准确区分明显不当标准与滥用职权标准，影响着司法审查的效果。既然"明显不当"与"滥用职权"属于并列存在的两项独立性司法审查标准，要区分二者，就应从主观状态入手予以确认。有学者提出"主观故意"标准说，认为"明显不当"与"滥用职权"之间的区分标准，实质在于如何认定行政机关在裁量决定的过程中是否存在主观故意，具体可以从三个层面展开认定"主观故意"：其一，行政机关如果存有不正当乃至非法的目的或动机（意欲），当然构成故意；其二，即便行政机关的主观动机无可非议，或无法确定主观动机是否存在或是否正当，只要行政机关对裁量权的不正当行使有着明确的"认识"，仍可构成故意；其三，对故意中"认识"内容的判定，并不要求行政机关对行为结束后的具体因果发展进程有明确的认识，只要求对行

---

① 参见张春生主编：《中华人民共和国行政复议法释义》，法律出版社1999年版，第143页。
② 参见周佑勇：《司法审查中的行政行为"明显不当"标准》，载《环球法律评论》2021年第3期。

为不当性的认识无误,则不论因果流程发生何种偏离,均不影响故意的成立。①

(四) 裁量基准的司法审查标准

行政裁量基准自2004年左右在地方行政执法实践中开始兴起后,经各地方政府相继试点和推广,到2008年正式演变成为一项制度,引起了行政法学理论界和司法界的共同关注。裁量基准这一在我国本土实践中自发生成并发展起来的新兴制度,在性质上兼具"行政自制"和"规则之治"的双重品质。② 受行政裁量基准"法源"和"对象"双重性质所影响,行政裁量基准在司法审查中相应呈现出"审查根据"和"审查对象"双重面貌。作为司法审查对象的行政裁量基准,给人民法院带来了有关审查范围、审查强度、审查标准和审查方式等一系列难题。就行政裁量基准的司法审查标准而言,其必然因制度功能的特殊性而与其他司法审查要素存在较大差异。"如果将法院对一个具体行政行为的审查权视为完整的审查权,那么,相对于这一参照系,法院对裁量基准所拥有的审查权则是不完整的,这主要体现为两个方面:一是审查的权能限制;二是审查强度和范围限制。"③有学者基于我国行政诉讼法所限定的合法性审查标准以及学界对合理性与合法性审查标准的统合,认为应在择取合法性审查标准的同时,对合理性审查有所兼顾。裁量基准司法审查之合法性标准,具体细分为程序性审查(程序违法)、形式性审查(越权)、实质性审查(滥用职权)三种裁判路径。④ 另有学者提出裁量基准司法审查的三层次论,分别为合法性、正当性和合理性。⑤ 裁量基准作为行政自制的外在形式,必须借助司法审查实现外部控制,以追寻实质正义。但

---

① 参见周佑勇:《司法审查中的行政行为"明显不当"标准》,载《环球法律评论》2021年第3期。
② 参见周佑勇:《行政裁量基准研究》,中国人民大学出版社2015年版,第6页。
③ 朱新力、唐明良:《尊重与戒惧之间——行政裁量基准在司法审查中的地位》,载《北大法律评论》2009年第10卷第2辑。
④ 参见周佑勇:《裁量基准司法审查研究》,载《中国法学》2012年第6期。
⑤ 参见熊鹰、李桂红:《行政裁量基准司法审查的理论溯源与模式建构》,载《行政法学研究》2015年第2期。

是，人民法院在具体审查裁量基准时，必须秉持谨慎的态度，坚持尊重的基本立场，注意把握司法权与寓于基准之中的裁量权之间的关系。因为司法审查并不追求理想的或完美的行政决定，其功能仅仅在于确保行政决定最低限度的公正合理性。①

以"滥用职权"和"明显不当"为主构成的合理性审查标准，是法院介入行政裁量领域的主要审查标准。现有研究围绕内涵界定、法律性质、司法适用和二者之间的关系等基本问题产出了系列成果，有力推动了行政裁量司法审查体系的形成和完善。从纵向历史演变的角度来看，现有理论研究可以划分为两个明显的阶段，前一阶段着眼于对行政裁量司法审查作出整体性研究，从司法审查的必要性、原则、强度和方式等入手，探讨司法审查的标准；后一阶段则聚焦于"滥用职权"和"明显不当"这两项独立的标准作出深入研究，且在研究数量上更为丰富。现有研究顺应了从裁量不予审理、裁量界限论到裁量类型化审查的理论发展态势，但对裁量类型化的关注度相对较低。由于"审查标准如果不能精确地、较为客观地确定下来，那么，必然会更加加剧法的不确定性和不可预测性，会不适当地扩大法官的自由裁量权，变成地地道道地用司法裁量来替代行政裁量"②，因此必须进一步加强对行政裁量司法审查标准的类型化和精细化研究。此外，尽管学界对滥用职权标准和明显不当标准作为主要裁量司法审查标准的地位达成了共识，但在两项审查标准的具体构成要素上尚存较大争议。理论研究的争论不休，必然会对行政审判实践产生影响，面临理论与实践脱节的困境。"如果立法者是神，总能洞明并预见一切世事，行政裁量就没有存在的必要；如果行政者是神，总能依据卓越的见识与经验，公正无私地采取最佳措施，司法也就无需控制裁量。然而现实却是，公权力行为者并不是神。"③行政裁量的司法控制和司法监督是推进法治政府建设的重点，在这个过程中，如何平衡好裁量

---

① 参见〔美〕恩斯特·盖尔霍恩、罗纳德·M.莱文：《行政法（英文）》，法律出版社2001年版，第72页。
② 余凌云：《行政自由裁量论》（第三版），中国人民公安大学出版社2013年版，第7页。
③ 刘权：《行政裁量司法监督的法理变迁——从〈自由裁量及其界限〉谈起》，载《中国法律评论》2020年第4期。

控制和裁量尊重之间的关系,是行政审判制度必须面对的核心问题之一。

三、事实问题审查标准

事实认定是行政行为作出的基础,更是法院审查行政行为合法性的前提。所谓事实审查标准,"实际上是在行政机关和法院之间进行权力和责任的分配,即行政机关有多大的权力,法院有多大的权力"①。

(一) 是否是事实审的争论

《行政诉讼法》实施之初,尚存在法院是否审查事实的争论。根据1989年《行政诉讼法》第5条规定,法院围绕行政行为的合法性审查行政案件,由此产生了反对事实审的观点。该观点认为,人民法院审理行政案件,只审查行政机关作出的具体行政行为是否合法,而不涉及行政机关认定的事实。例如,有论著认为:"人民法院审理行政案件只对合法性进行审查,或者说,人民法院无权对事实问题进行审查。"②反对事实审的理由主要有:人民法院对具体行政行为的审查,包括对事实结论的审查,而非对事实问题重新作出结论;对具体事实进行重新判断不具有实质意义,还可能淡化对具体行政行为的审查;行政机关对事实问题更具有发言权;外国行政诉讼一般只限于法律审。③ 针对反对论,有学者回应道:"确定具体行政行为是否合法,离不开对该行为据以作出的具体事实的认定",因此"对具体行政行为的司法审查既包括法律审查,也包括事实审查"④。

这种争论持续到21世纪初后便趋于消失。随着对我国政治体制对国家权力分配的要求、行政权力运行机制和诉讼模式等认识的深化,学界对该问题达成共识,认为司法审查的范围同时包括法律审和事实审,司法审查应区

---

① 曾繁正等编译:《美国行政法》,红旗出版社1998年版,第137页。
② 江必新:《行政诉讼法——疑难问题探析》,北京师范学院出版社1991年版,第65页。
③ 参见薛刚凌:《对行政诉讼审查范围的几点思考》,载《行政法学研究》1997年第2期。
④ 罗豪才主编:《中国司法审查制度》,北京大学出版社1993年版,第4页。

分法律问题和事实问题。① 行政诉讼的审查对象以法律问题审查为着眼点和重心,符合行政诉讼制度的特性,但是从我国现行的诉讼模式和诉讼观念出发,可以发现我国尚不具备只实行法律审的条件,司法审查范围既包括事实问题,也包括法律问题。② 由此,有关事实问题司法审查问题的焦点,由人民法院是否事实审转为事实审查的强度及具体标准。

(二) 事实审查的标准

事实问题纳入司法审查范围,必然面临审查强度问题。事实审查程度过浅、标准过于宽泛,会导致司法审查流于形式,法院则扮演着橡皮图章的角色,只能认定而非审查行政机关决定;审查程度过强、标准过于严格,则会使司法审查权力过大,法院具备重新认定事实的权力,而不需遵循"谦让"原则,由此面临司法权干预行政权的风险。如何确立和选取适当的司法审查标准,成为理论界研究的重点,并主要形成一元标准说和三元标准说。

一元标准说,即主张行政诉讼事实审查的标准具有唯一性,具体包括两种观点。第一,主要证据充分标准。法教义学是研究行政诉讼法的基础路径,有学者基于1989年《行政诉讼法》规定,认为行政诉讼事实问题审查标准,不是第61条规定的"事实清楚",而是第54条规定的"主要证据充分"。该学者指出,《行政诉讼法》实施十多年期间,行政审判实践确立了"事实清楚"标准。这一标准是沿袭民事审判思维的结果,不仅违背了合法性审查原则,侵犯了行政机关在事实认定上的自由裁量权,而且在执行中存在诸多问题。第61条中"事实清楚"中的"事实",实际上指向一审判决的依据,而非具体行政行为的事实依据。事实问题审查标准的法律规定应为第54条规定,即"主要证据充分"标准。该标准既符合合法性审查原则,同时与当前人民法院行政审判实际情况相吻合。"主要证据充分"标准的内涵在于四方面:其一,"主要证据"是指行政机关认定事实必不可少的证据,具体指证明"法

---

① 参见朱新力:《论行政诉讼中的事实问题及其审查》,载《中国法学》1999年第4期。
② 参见潘福仁、金泽刚:《行政案件之法律审与事实审辨析》,载《政治与法律》2001年第1期。

定事实要件"的证据。其二,审查"主要证据"是否充分,无须通过重新查证认定事实。其三,"充分"包括两层含义,证据能力经得起质证(即证据的可采性)和证明力充足。其四,适用标准应注意,事实审查的对象是被诉具体行政行为认定事实的主要证据,而非争议事实本身;法院行使司法调查的目的在于核实认定事实的主要证据,而非发现争议事实本身;第三人在诉讼中的举证,只起到验证被告证据的作用,而非被告证据链的一个环节。① 第二,确凿可信标准。有学者从比较角度出发,认为行政诉讼的目的不同于刑事、民事诉讼,必须同时兼顾人民权利保障、行政合法性控制以及行政效率,由此决定了法官对事实问题的审查强度应居于刑事诉讼和民事诉讼之间,既不应要求达到排除合理怀疑的高度,也不应低于优势证明的程度,而应采介于其中的确凿可信的强度。确凿可信标准与美国法上的实质性证据规则非常接近,要求行政机关有关事实认定的证据只要达到一个有正常理性的人可以接受并能证实其结论的程度即可。在具体适用中,要以实质性证据规则为底线,在必要时,法院可根据行政行为涉及相对人权益性质、不同证明对象以及判决种类,提高对事实问题的审查强度,以适应控制错综复杂的行政行为之需要。②

  三元标准说。有学者通过结合我国实际和借鉴两大法系国家做法,并在综合考量影响法院对事实问题审查强度因素的基础上,认为我国行政诉讼在事实审查中应坚持三项标准。一是规则审查标准,即通过审查行政主体对行政程序中证据规则的遵守情况来确认事实认定是否成立。证据规则是指与事实认定密切相关的规则,具体包括行政调查规则、行政案卷排除规则、非法证据排除规则、不得强迫被管理者自证违法规则、禁止可定案证据全部为传闻证据规则和证明标准规则。二是合理审查标准,即法院以行政主体的证据判断是否合理为标准,对其事实认定进行审查。该标准作为事实认定审查的最一般标准,要求法院要充分尊重行政主体的独占判断权和首次判断权,只能围绕目的适当、相关因素考虑和先例遵守三个具体尺度,

---

① 参见公衍义:《行政审判事实审查的几个问题》,载《行政法学研究》2004年第2期。
② 参见潘荣伟:《行政诉讼事实问题及其审查》,载《法学》2005年第4期。

审查行政主体的判断是否合理和公平。三是严格审查标准,即不仅要审查行政行为是否有事实依据,还要运用证据规则审查事实与证据之间的证明与被证明关系。该标准事实上赋予了法院对行政主体的事实认定实行重新审理的权力,因此有严格的适用范围,即适用于行政主体实施属于司法性质的裁决行为和对个人利益有重大影响的行政行为案件中。

以上三个标准是相辅相成的关系,规则审查标准侧重于从程序角度对事实认定进行审查,而合理审查标准和严格审查标准则从实体角度保证了事实认定的客观性。① 还有学者提出相对尊重行政权的观点,认为法院在事实审查中尊重行政权是相对的。鉴于行政诉讼的首要价值在于保障人权,因此以事实认定对相对人权利影响的大小为标准,确定司法审查事实问题的强度和审查标准。具体而言,对于人身方面的行政制裁行为和非常重大的非人身性制裁行为,应采"排除一切合理怀疑"标准;对其他行政行为,应遵循实质证据标准;对于突发性的、需要行使行政紧急权的行为,应确立更低的证明标准。②

事实审查标准问题争议较大,争议的背后实质上隐含着更为深刻的问题,即对事实审查的本质和司法审查事实问题强度的认知。在当下波澜壮阔的司法改革浪潮中,法律审与事实审正在实行有限分离,而学界对此基本尚未关注。应从更为宏观的视野,将四级法院审级职能改革纳入研究视野,在一审、二审和再审程序职能分层的情形下,对事实审和法律审问题作出重新思考,而非局限于全面审的制度框架之下,不顾改革趋势和现实变化。

总体来看,与上一个十年相比,随着立法上的变动,晚近十年的理论研究出现了三个明显的突变:第一,出现了"主观过错"与"客观结果"的二元划分,使"滥用职权"与"明显不当"获得了理论上的区分标准。第二,进一步拓宽了"明显不当"的外延,除了目的不适当之外,以往理论上认为属于"滥用职权"的其他情形都被归入了"明显不当"的范畴。③ 第三,随着形式法治不

---

① 参见周少华、高鸿:《试论行政诉讼对事实审查的标准》,载《法商研究》2001年第5期。
② 参见王锴:《行政诉讼中的事实审查与法律审查——以司法审查强度为中心》,载《行政法学研究》2007年第1期。
③ 参见余凌云:《论行政诉讼上的合理性审查》,载《比较法研究》2022年第1期。

第十章 行政诉讼审查标准

断向实质法治转型,对合法性与合理性的认识发生变化,将合理性重新定位为实质不合法,并出现了呼吁确立一元审查标准的学术主张。尽管如此,仍有两个问题值得进一步深入研究。

首先,司法审查标准体系是否应重构,转型为"一元"格局？将合法性作为唯一的审查标准,固然具有诸多合理性,但我们认为应继续坚持二元标准格局。因为强调合法性审查标准与合理性审查标准相并列互补充的定位,可以防止陷入行政行为非黑即白的评价体系。通过扩容行政合法性概念内涵,以实质合法包容合理性标准,虽然可以起到替代合理性审查标准功能的作用,但这种颠覆性做法,既不符合社会公众的既定认知,也可能会使行政机关因丧失了合理性这一中性的审查和评判,陷入更为"合法""不合法"这种被动的地位。即便不合法包含不符合实质法治的这一内涵,但在外在形态上却一致被评价为"不合法",对于公众而言,该行为就是不合法并进而发生进一步削弱政府信任度的问题。因此,一元标准实际上会产生压缩行政裁量空间的效果,导致行政机关不敢积极作为、创新作为的后果。在学理上,我们可以基于形式法治正在不断向实质法治转型的法治现状,探讨合理性标准的本质,并将其视作实质法治的产物而纳入合法性标准范畴。但是,该种探讨应只停留于理论层面,而不应盲目引入行政实践。至少在现阶段,我们国家还不具备重新颠覆行政诉讼原则、彻底变革合法性理念的条件。值得注意的是,即便随着法治的不断进步,是否确立单一的合法性理念,依然值得商榷。作为一个概念,必然在内涵和外延上存在限度,而社会生活却总在发展变化,企图以一个概念解释所指现象,是否会面临概念容量的不堪重负而导致概念崩塌,同样值得慎重思考。

其次,关于合理性审查标准的适用范围需予明确。所谓合理性审查标准适用范围,实质上是指涉行政裁量的范围。根据德国主流学说,"裁量的客体是法律后果,而不确定的法律概念和判断余地的客体是法定事实要件"[1]。但

---

[1] 〔德〕哈特穆特·毛雷尔:《行政法学总论》,高家伟译,法律出版社 2000 年版,第 132—133 页。

是,"不确定法律概念与裁量是否应予区别,学说上不无争议"①。英美法系国家的学者对此则基本不作区分,"认为行政机关在解释与适用法律时也具有裁量权,行政法规范中所运用不确定法律概念意味着其授予行政机关裁量权"②。"只要公职人员权力的实际界限允许其在可能的作为或不作为方案中自由做出选择,那么他就拥有裁量。"③由此可知,在英美法系,行政裁量的范围非常广。行政裁量是实质法治观念下需要面对的关键问题。如果否认实质法治观点的存在,在严格的依法行政体系下,几乎不会存在裁量及其评判与监督问题。既然现代国家强调行政法治的合法性与合理性,尤其是在我国法律效果、社会效果和政治效果相统一评判体系下,裁量问题非但不会消失,而且具有非常深厚的存在基础,必将存在进一步扩张的趋势。但是,行政裁量有其范围,而非存在于行政行为的每一个阶段。从司法审查要素的角度来看,事实问题中不存在裁量问题,因为事实认定是一个客观性问题,只能通过同样客观的证据展示和还原,而不能由行政机关或法院凭主观去剪裁。除了事实问题,法律适用、行政程序和行政职权等要素中都存在裁量空间,理应属于合理性审查标准的适用范围。

主要参考文献

1. 罗豪才主编:《中国司法审查制度》,北京大学出版社1993年版。
2. 王振宇、郑成良:《对自由裁量行政行为进行司法审查的原则和标准》,载《法制与社会发展》2000年第3期。
3. 周少华、高鸿:《试论行政诉讼对事实审查的标准》,载《法商研究》2001年第5期。
4. 杨建顺:《论行政裁量与司法审查——兼及行政自我拘束原则的理论根据》,载《法商研究》2003年第1期。
5. 公衍义:《行政审判事实审查的几个问题》,载《行政法学研究》2004年第

---

① 陈清秀:《依法行政与法律的适用》,载翁岳生编:《行政法》(上册),中国法制出版社2002年版,第253页。
② 周佑勇、邓小兵:《行政裁量概念的比较观察》,载《环球法律评论》2006年第4期。
③ 〔美〕肯尼斯·卡尔普·戴维斯:《裁量正义》,毕洪海译,商务印书馆2009年版,第2页。

2 期。

6. 沈岿:《行政诉讼确立"裁量明显不当"标准之议》,载《法商研究》2004 年第 4 期。

7. 潘荣伟:《行政诉讼事实问题及其审查》,载《法学》2005 年第 4 期。

8. 关保英:《论行政滥用职权》,载《中国法学》2005 年第 2 期。

9. 余凌云:《行政诉讼上的显失公正与变更判决——对〈中华人民共和国行政诉讼法〉第 54 条第(4)项的批判性思考》,载《法商研究》2005 年第 5 期。

10. 郑春燕:《论"行政裁量理由明显不当"标准——走出行政裁量主观性审查的困境》,载《国家行政学院学报》2007 年第 4 期。

11. 王锴:《行政诉讼中的事实审查与法律审查——以司法审查强度为中心》,载《行政法学研究》2007 年第 1 期。

12. 余凌云:《对行政机关滥用职权的司法审查——从若干判案看法院审理的偏好与问题》,载《中国法学》2008 年第 1 期。

13. 章剑生:《对违反法定程序的司法审查——以最高人民法院公布的典型案件(1985—2008)为例》,载《法学研究》2009 年第 2 期。

14. 何海波:《司法判决中的正当程序原则》,载《法学研究》2009 年第 1 期。

15. 何海波:《行政行为的合法要件——兼议行政行为司法审查根据的重构》,载《中国法学》2009 年第 4 期。

16. 于立深:《违反行政程序司法审查中的争点问题》,载《中国法学》2010 年第 5 期。

17. 江必新:《行政程序正当性的司法审查》,载《中国社会科学》2012 年第 7 期。

18. 施立栋:《被滥用的"滥用职权"——行政判决中滥用职权审查标准的语义扩张及其成因》,载《政治与法律》2015 年第 1 期。

19. 郭兵:《论行政程序裁量的司法审查标准》,载《政治与法律》2015 年第 4 期。

20. 王玎:《行政程序违法的司法审查标准》,载《华东政法大学学报》2016 年第 5 期。

21. 何海波:《论行政行为"明显不当"》,载《法学研究》2016 年第 3 期。

22. 朱思懿:《"滥用职权"的行政法释义建构》,载《政治与法律》2017 年第 5 期。

23. 梁君瑜:《行政程序瑕疵的三分法与司法审查》,载《法学家》2017 年第

3 期。

24. 章剑生:《再论对违反法定程序的司法审查——基于最高人民法院公布的判例(2009—2018)》,载《中外法学》2019 年第 3 期。

25. 许春晖:《正当程序:滥用程序权的判断标准》,载《法学评论》2019 年第 2 期。

26. 蒋红珍:《正当程序原则司法适用的正当性:回归规范立场》,载《中国法学》2019 年第 3 期。

27. 李烁:《行政行为程序轻微违法的司法审查》,载《国家检察官学院学报》2020 年第 3 期。

28. 周佑勇:《司法审查中的滥用职权标准——以最高人民法院公报案例为观察对象》,载《法学研究》2020 年第 1 期。

29. 刘权:《行政裁量司法监督的法理变迁——从〈自由裁量及其界限〉谈起》,载《中国法律评论》2020 年第 4 期。

30. 余凌云:《论行政诉讼上的合理性审查》,载《比较法研究》2022 年第 1 期。

第十一章

行政诉讼判决

"对行政诉讼判决的系统改造"是2014年修订《行政诉讼法》时的一项重要革新。[①] 1989年《行政诉讼法》依托一个条文初步搭建起了由撤销判决、维持判决、重作判决、履行判决和变更判决组成的行政诉讼判决体系。2000年《执行解释》又增设了驳回诉讼请求判决和确认判决。2014年《行政诉讼法》进一步增至10条,既扩充了诸多判决类型,丰富了行政判决类型,亦初步完成了"判决方式类型化"的目标[②],"是行政诉讼由单向度的'行为诉讼'转向多向度'关系诉讼'的重要标志"[③]。行政诉讼判决方式的设置不仅关涉公民权利救济的广度和深度、行政诉讼目的与功能的实现程度,而且与国家权力分工及运作效率息息相关。行政诉讼判决兼具多重功能,是诉讼程序终结的最后结果、国家机关的司法判断、原告诉讼请求的具体对应和纠纷解决手段的理想状况。[④] 正因如此,行政诉讼判决的类型设置、体系构造、功能定位、适用条件等问题,在立法、司法和学理中均占有一席之地。依据不同标准,行政诉讼判决可以划分为不同类型,诸如以判决所处过程为标准的终局

---

① 参见马怀德:《行政诉讼法的时代价值——行政诉讼三十年:回首与前行》,载《中国法律评论》2019年第2期。
② 参见郭修江:《行政诉讼判决方式的类型化——行政诉讼判决方式内在关系及适用条件分析》,载《法律适用》2018年第11期。
③ 梁凤云:《不断迈向类型化的行政诉讼判决》,载《中国法律评论》2014年第4期。
④ 参见江必新、梁凤云:《行政诉讼法理论与实务》(第三版·下),法律出版社2016年版,第1579—1580页。

判决和中间判决，以争议解决范围为标准的全部判决和部分判决，以相对人行政法上的权利类型为标准的救济防御权型判决和救济收益权型判决等①。本部分则依据行政诉讼判决效力标准，以形成类、给付类和确认类三种判决类型为参照系，对七种主要判决类型的研究作出系统梳理和理论展望。

一、形成类判决

行政诉讼形成类判决主要包括撤销、变更、重作、舍弃和认诺判决，其中，前三者是法定判决形式。形成判决，又称"权利变更判决"或"创设判决"，是指法院认定原告申请的可致某种法律效果的权利存在而作出的，关于某种行政法律关系发生、变更或者消灭的判决。②形成判决赋予法院更多的作为空间，从而可以更好保护行政相对人的合法权益。正如拉伦茨所言："无论如何，在法律适用者的'判断余地'以及行政机关的裁量（个别裁量）之间至少有一点不同：在具体化须填补的标准之程序中，是透过法院范例性地取得个别决定，因此，是由法院来协助缩小残余的判断余地的，在行为裁量时，法院就不具有相同强度的影响。"③在我国行政诉讼法学研究中，以撤销、变更和重作判决组成的法定判决类型，是形成判决研究的主战场。

（一）撤销判决

在行政诉讼判决体系中，撤销判决是最经典的判决类型。许多国家和地区的行政诉讼均围绕撤销之诉展开，呈现出"撤销之诉"中心主义的迹象。撤销判决在我国行政诉讼中亦处于核心地位。④"在行政诉讼中原告请求最

---

① 参见张旭勇：《行政判决原论》，法律出版社2017年版，第202—215页。
② 参见江必新、梁凤云：《行政诉讼法理论与实务》（第三版·下），法律出版社2016年版，第1587页。
③ 〔德〕卡尔·拉伦茨：《法学方法论》，陈爱娥译，商务印书馆2003年版，第177页。
④ 参见熊勇先：《论行政撤销诉讼中心主义及其缓和》，载《政治与法律》2013年第6期。

第十一章 行政诉讼判决

多、法院矫正违法具体行政行为最有效、适用范围最广的判决形式就是撤销。"① 与行政撤销判决在判决体系中的基础地位和司法适用中的常驻嘉宾角色相比,理论界的研究相对薄弱。除了行政诉讼判决研究专著之外,以撤销判决为题的论文屈指可数。现有学术研究中,撤销判决的理论争议呈集中和较少特点。未来研究中,应改变单一和单薄的现状,以丰富内容、加大力度和进一步推进深度为宗旨。

首先,撤销判决的特殊适用情形。我国《行政诉讼法》第 70 条同时发挥着确立司法审查标准和明确撤销判决适用情形之作用。就撤销判决而言,除了六种法定情形之外,还有诸多特殊情形需要关注。有学者即关注到了未送达行政行为这一现象,对其判决适用展开研究。在我国法律实践中,未送达的行政行为通常被法院以违反法定程序或正当程序原则为由予以撤销,但这种做法存在与行政行为送达后生效的效力制度相抵牾、给行政相对人和利害关系人带来不利影响以及增加行政成本的问题。将行政行为未送达视为行政程序的中止,并将未送达的行政行为确认为未生效,则可以解决上述问题,给行政机关预留一个继续送达的空间。②

其次,撤销判决的效力。行政诉讼判决的效力主要包括既判力、形成力和拘束力,其中,因拘束力与判决的实效性和法秩序统一性密切相关,而被称为"疑义最多的一个制度"③。我国行政诉讼法并未对判决效力作出明确规定,更别提更为具体的拘束力。学界对判决的拘束力关注度亦十分低,仅有一位学者对行政撤销判决的拘束力进行了深入研究。该学者选取比较法的视野,以日本法相关制度和学理为借鉴蓝本,结合我国实践,对撤销判决拘束力的性质与根据、消极效果与积极效果和范围展开了研究。具体而言,与就行政撤销判决主文拘束法院和当事人的既判力相比,拘束力是在诉讼程序之外,就判决理由拘束案件的相关行政机关的效力,其在本质上是一种

---

① 江必新、梁凤云:《行政诉讼法理论与实务》(第三版·下),法律出版社 2016 年版,第 1602 页。
② 参见杨登峰:《对未送达行政行为作出撤销判决还是确认未生效——基于第 38 号指导案例及相关案例的思考》,载《政治与法律》2016 年第 3 期。
③ 〔日〕藤田宙靖:《行政法总论》,青林书院 2013 年版,第 494 页。

植根于保护私人的消除结果请求权、维护法秩序统一性和依法行政要求的特殊效力,是使撤销判决形成力取得实效性的辅助效力。行政撤销判决的拘束力既可产生禁止反复的消极效果,也可产生撤销矛盾行为义务、重新处理义务等积极效果。①

最后,撤销判决与确认违法判决的关系。撤销判决的适用条件严格,除了被诉行政行为属于行政作为且违法,还需具有可撤销的内容及撤销不会给国家利益或公共利益造成损害,否则应适用确认违法判决。因此,如何正确处理撤销判决与确认违法判决的关系,构成司法适用和学理研究的重要内容。上述两种不能适用撤销判决的情形中,后者在学理上被称为情况判决,常见于房屋建设许可案件和招投标案件。若不具有可撤销的内容,自然便无撤销被诉行政行为的可能性,确认违法判决和其他判决的组合适用,则可以弥补撤销判决之不足,发挥权利救济和监督行政的作用。对于维护国家利益和公共利益之需要,而限制撤销判决之适用,同样具有正当性和可接受性。然而,有学者认为,基于维护社会关系的稳定性,应限定撤销判决,但不能仅限于维护国家利益和公共利益,而应扩充至善意第三人。在私人因合理信赖该行政行为而作出行为安排时,同样会发生利益衡量的问题,会构成不撤销该违法行政行为的必要性和可能性。②

(二) 重作判决

重作判决是具有中国特色的行政判决类型之一。根据《行政诉讼法》第70条规定,可以发现重作判决最根本的特征在于辅助性、补充性。从整个行政判决体系中来看,重作判决与其他判决的关系属于主从关系。重作判决功能的实现必须依赖于主判决,总是依附于撤销判决出现在行政审判实践。重作判决属于撤销判决的附带性判决,不仅是司法经验的客观呈现,更获得了理论界的普遍认可。作为一种特殊判决类型,重作判决自出现便受到高

---

① 参见王贵松:《行政诉讼判决对行政机关的拘束力——以撤销判决为中心》,载《清华法学》2017年第4期。
② 参见张旭勇:《行政判决原论》,法律出版社2017年版,第539—540页。

度关注,其中尤以存废之争最为激烈。

有关重作判决存废之争的讨论,始终方兴未艾。否定论者主要从四个方面提出质疑:一是重作判决是无诉而判,有违司法监督行政的被动性,违背了诉判一致原理;二是司法的任务是通过判决确定是非曲直,而重作判决则在一定程度上侵犯了行政机关的首次判断权,构成了司法权对行政权的干预;三是重作判决系行政审判权与法律监督权的错位;①四是基于判决的拘束力和形成力原理,行政机关重作的义务蕴含在撤销判决的效力之中,故而在理论上不存在通过重作判决来督促行政机关重作有关行政行为的需要。②支持论者则认为,重作判决与我国行政诉讼客观法秩序维护功能模式相兼容,既弥补了撤销判决功能的不足,还具有监督行政与保护个人利益的双重功能。③诚然,重作判决具有诸多缺陷,具有"地方性知识"特性,④但其同样有其理论基础,具有存在的合理性、合法性。正因如此,学界对重作判决的态度并不如维持判决一般坚决,提出应予暂时保留。尽管重作判决是立法机关为保证撤销判决效力的实现而实施的"对症下药",但考虑到当前行政审判环境,在现阶段重作判决仍有存在的必要,以后随着法治的不断发展、司法权威的不断提高以及行政诉讼制度的不断完善,重作判决必将退出历史舞台。⑤

有关重作判决适用范围的讨论,同样属于热点议题。伴随行政中心主义向合作行政转型、管制理念被治理理念替代,行政权与司法权的关系愈发缓和,俨然呈现出良好的"府院互动"⑥景象。在此背景下,重作判决的适用空间同样发生变化。在《行政诉讼法》首次修订之前,重作判决集中适用于授益性行政行为领域。对于行政机关拒绝对原告作出授益性行政行为的,

---

① 参见张宏、高辰年:《反思行政诉讼之重作判决》,载《行政法学研究》2003年第3期。
② 参见刘欣琦:《新〈行政诉讼法〉实施后重作判决适用探析》,载《政治与法律》2016年第5期。
③ 参见邓刚宏:《行政诉讼中重作判决的理论基础与完善》,载《华东理工大学学报(社会科学版)》2014年第4期。
④ 参见张宏、高辰年:《反思行政诉讼之重作判决》,载《行政法学研究》2003年第3期。
⑤ 参见刘欣琦:《新〈行政诉讼法〉实施后重作判决适用探析》,载《政治与法律》2016年第5期;罗英:《行政诉讼重作判决的比较及其启示》,载《湖南科技大学学报(社会科学版)》2008年第6期。
⑥ 章志远:《中国行政诉讼中的府院互动》,载《法学研究》2020年第3期。

法院可以判决撤销并责令被诉机关重作。2014年修订的《行政诉讼法》实施后,因为给付判决的增加,给付之诉的"撤销＋重作"判决之双重效果正式被立法所确认,不仅进一步撼动了重作判决的存在必要性,而且对其适用空间产生了影响。有学者即提出,在授益性行政行为领域,重作判决被履行和给付判决所取代,重作判决仅适用于负担性行政行为,且适用空间有限,仅限于负担性行政行为因实体上存在法律法规错误以及明显不当被撤销的情形。① 重作判决的适用空间不仅与诉讼类型化和诸判决类型之间的体系定位与功能实现密切相关,而且受到主判决影响。一般认为,重作判决属于撤销判决的从判决。② 但有观点则对此提出质疑,认为重作判决虽在性质上属于附带性判决,但其所依附的主判决不限于撤销判决,而是所有否定性判决。除了撤销判决,确认无效和确认违法判决同样是对违法行政行为的否定,后两者只有在针对侵益行政行为且存在维护重大公共利益或第三方合法权益的需要时,才能与重作判决组合适用。③

(三) 变更判决

行政诉讼变更判决旨在通过直接变更行政行为内容以终结诉讼程序和处理行政争议,是最能体现司法权与行政权关系、彰显司法变更权的判决类型。变更判决由法院判断直接取代行政判断,具有明显的实质性化解纠纷、提升权利救济实效和强化行政监督的优势,同时面临抵触权力分立原则的合宪性争议和司法干预广度扩张和深度延伸的质疑,因而被称为"行政诉讼领域内的一种革命性的但也是颇具争议的变革"④。变更判决是《行政诉讼法》制定时激烈争议和妥协的产物,各方对其态度更是截然不同,有主张严格限制之声,亦有肯定其价值之论。尽管争议不断,但因变更判决具有独特价值,"既体现对公权的态度,又体现对诉请的回应;既否定不当行政行为的

---

① 参见刘欣琦:《新〈行政诉讼法〉实施后重作判决适用探析》,载《政治与法律》2016年第5期。
② 参见章剑生:《判决重作具体行政行为》,载《法学研究》1996年第6期。
③ 参见张旭勇:《行政判决原论》,法律出版社2017年版,第541页。
④ 余凌云:《行政诉讼上的显失公正与变更判决——对〈中华人民共和国行政诉讼法〉第54条第(4)项的批判性思考》,载《法商研究》2005年第5期。

效力,又解决悬而未决的权利状态;既最大限度救济受损利益,又使纠纷得以实质解决"①,因而其在《行政诉讼法》修订时,不仅继续保留,而且迎来新的制度发展。立法的表态并未消除理论论争,有关变更判决的适用范围、适用条件和适用限度之争,依旧在行政诉讼法学研究之林中占据一席之地。

首先,变更判决的适用范围。我国变更判决的确立及其适用范围是行政诉讼法制定及修订过程中的主要争议内容之一。《行政诉讼法》制定时,在各方博弈下,变更判决终被确认,但其范围被严格限定在行政处罚领域。立法之所以采取"有限变更说",主要是基于四种原因:一是行政权和审判权之间具有界限,行政行为是否适当,一般由熟悉行政事务的行政机关决定;二是完整的审判权应当包括撤销、给付和变更等,否则审判权是不完整的;三是行政处罚存在"三多"问题,应予强化监督;四是人民法院对经济行政案件本来就具有变更权。②《行政诉讼法》实施后,人民法院应当拥有司法变更权逐渐被各界广泛接受,但是对于司法变更权的范围和界限,依旧具有较大争议。有学者考虑到我国法院面临的执行难问题、行政审判力量薄弱的现状以及行政机关对法院判决的消极态度,认为变更判决仍有进一步拓宽到涉及金钱的羁束行政行为和行政裁决行为的余地和必要。③ 有学者则认为,变更判决会对宪政秩序下的分权关系产生一定的负面冲击,并面临技术性难题,因而主张变更判决不应扩张,且应受到严格限制,只有在两种情形下才能适用:一是当有证据表明被告行政机关有意对抗司法权,在法院撤销行政行为之后,仍会作出基本相同的行政决定;二是法官对如何变更才更加公正,有着较为客观、有说服力的依据。④

2014年《行政诉讼法》修订,变更判决被调整。与1989年《行政诉讼法》相比,主要有两个变化:一是将原条文中的"行政处罚显失公正"改为"行政

---

① 张静:《论行政诉讼变更判决》,载《行政法学研究》2015年第2期。
② 参见胡康生:《〈行政诉讼法〉立法过程中的若干问题》,载最高人民法院《行政诉讼法》培训班编:《行政诉讼法专题讲座》,人民法院出版社1989年版,第51—52页。
③ 参见杨伟东:《履行判决变更判决分析》,载《政法论坛》2001年第3期。
④ 参见余凌云:《行政诉讼上的显失公正与变更判决——对〈中华人民共和国行政诉讼法〉第54条第(4)项的批判性思考》,载《法商研究》2005年第5期。

处罚明显不当"。根据全国人大常委会法工委和最高人民法院法官的解释，该变动并无实质变化①，只是为了与行政复议法和撤销判决中的"用语"保持一致。② 二是扩大了变更判决的适用范围。在行政处罚明显不当之外，增加了其他行政行为涉及对款额的确定、认定确有错误的情形。立法延续了"有限变更"的立场，对变更判决作出扩大适用的制度安排，主要考虑在于改变因原变更判决适用范围过小导致的判决弃置、纠纷实质化解效果差困境，改善撤销并重作判决带来的行政成本和司法成本浪费问题，以及借鉴域外司法实践经验。③ 从立法变革历程可以发现，变更判决寄托着强化行政监督功能和实质化解行政纠纷功能的期望，也是对行政诉讼新增"解决行政争议"立法目的之顺应，但是理论界对其适用范围扩张依旧秉持着较为客观和冷静的态度。"变更判决是行政诉讼中对权力分工冲击最大的判决类型，因此法院在适用时必须谨慎。"④诚然变更判决是司法能动和行政审判权有为的重要武器，但是其所具有的负面影响亦不容小觑。变更判决适用范围扩张固然具有诉讼经济、司法效率、定分止争、强化监督等诸多优势，但司法权和行政权之间的宪制分工安排和司法的本质特性应被一如既往地尊重、保障，因此应在坚持"有限变更"原则的基础上，对变更判决适用范围之扩张秉持谨慎的态度。

其次，变更判决的适用条件。《行政诉讼法》第77条第1款将"行政处罚明显不当"与"对款额的确定、认定确有错误"（简称"款额确有错误"）设定为变更判决的条件。"行政处罚明显不当"与"款额确有错误"涉及诸多不确定法律概念，存在理解差异、适用模糊和标准不一、非理性等问题。⑤ 就"行政处罚明显不当"条件而言，如何界定其基本内涵、内容范围和判断标准，是正

---

① 参见信春鹰主编：《中华人民共和国行政诉讼法释义》，法律出版社2014年版，第203页。
② 参见江必新、梁凤云：《行政诉讼法理论与实务》（第三版·下），法律出版社2016年版，第1622页。
③ 同上。
④ 王锴：《行政诉讼中变更判决的适用条件——基于理论和案例的考察》，载《政治与法律》2018年第9期。
⑤ 同上。

第十一章 行政诉讼判决

确适用该条件的关键。① 变更判决的法律效果在于直接变更行政行为的内容。一般而言,处理结果、事实认定和法律适用均属于行政处罚的内容,"行政处罚明显不当"指向的具体内容仅针对处理结果。司法实践中,对于因法律适用错误、法律适用正确但理解错误、主要证据不足等导致行政处罚结果明显不当时,存在不同的判决形式。针对该司法实践难题,有学者提出区分适用观点,即以行政机关的裁量权是否收缩至零为标准,若收缩至零,则应优先适用变更判决以实质解决行政争议,反之则应适用撤销判决。②

就"款额确有错误"条件而言,理论争议主要集中在"款额"的界定和"确有错误"的理解。对于"款额"的界定而言,一般认为"款额"指向数字,但司法实践作了扩张解释,在钱款之外,将与款额相关的权利归属认定错误同样纳入变更判决的适用范围。③ 此外,有研究将"款额"的范围突破了"其他行政行为"的限定,认为行政处罚中涉及"款额确有错误"的,法院可以作出变更判决。④ 对于"确有错误"的理解而言,实务界和理论界的观点差异更为明显。司法实践中认为"确有错误"包括两种情形:款额的确定错误指向客观事实的确认错误;款额的认定错误则针对纯粹数额的计算错误。与司法实践中形成的广义观点而言,理论界既有阵线统一者⑤,又有质疑者。质疑的声音包括两种,一种观点认为,"款额确有错误"系技术性问题,无论由法院抑或行政机关完成,其结果应当是一致的。⑥ 将"款额确有错误"认定为行政

---

① 鉴于"明显不当"的司法审查标准属性,有关内涵界定和判断标准的讨论,在司法审查标准部分有详细论述,故本部分仅论述其内容范围。
② 参见梁君瑜:《行政诉讼变更判决的适用范围及限度》,载《法学家》2021年第4期。
③ 例如,在江管农业经济合作社诉百色市政府等再审案中,法院认为:"所谓'涉及对款额的确定、认定',通常是指被诉行政行为涉及的钱款的具体数字确定,或者与款额相关联的权利归属的认定出现错误,主要包括两种情形:一是行政补偿、行政赔偿案件中,涉及补偿、赔偿具体数额的计算确有错误的;二是土地、山林、草原确权行政裁决案件中,涉及争议地中各方权利归属具体面积数额的确定确有错误的。"参见最高人民法院(2019)最高法行再134号行政判决书。
④ 参见江必新、梁凤云:《行政诉讼法理论与实务》(第三版·下),法律出版社2016年版,第1622页。
⑤ 参见梁君瑜:《行政诉讼变更判决的适用范围及限度》,载《法学家》2021年第4期。
⑥ 参见江必新主编:《中华人民共和国行政诉讼法理解适用与实务指南》,中国法制出版社2015年版,第329页。

处理"显然错误",更符合变更判决的本义。① 还有一种观点则主张,"款额确有错误"仅指"行政机关在确定数额时作了错误认定",也即事实认定错误。② 这两种观点事实上都坚持狭义观,对"款额确有错误"作了严格解释。变更判决与其他判决类型相比,最大的优势在于实质化解行政争议的能力,只有坚持广义理解,才能更好实现行政诉讼解决争议和保护权利的目的。

最后,变更判决的适用限度。行政诉讼变更判决固然具有诸多优势,但是其所具有的动摇权力分立宪制的内在缺陷亦应时刻警惕。司法权对行政权的干预就如笼中猛兽,如果坚持有限有度,可以有效提升行政审判的能力,若过分放任,则会诱发难以想象的后果。为此,变更判决的适用空间必然存在边界。《行政诉讼法》第77条第2款明确了"禁止不利变更"原则,划定了变更判决的适用范围。除此,有学者从控制司法裁量权和避免滥用变更判决的角度出发,提出应当坚守"只有没有行政裁量或者判断余地以及行政裁量收缩为零,才能用法院直接变更行政行为来代替行政行为重作"的原则。③ 面对变更判决背后的"最强干预",基于权力分立原则,为了避免侵犯行政权,有学者提出,有必要对变更判决设置严格的限度——被告裁量权缩减至零,而"'行政处罚明显不当'仅适用于财产罚""变更判决仅限于法定幅度内的变更"之观点,不应作为该判决的适用限度。④

二、给付类判决

在"行政并非仅系国家实践法律与权力目的之手段,而是应作为国家福利目的之工具,来满足社会之需求"⑤的背景下,更好回应民众需求和及时

---

① 参见王锴:《行政诉讼中变更判决的适用条件——基于理论和案例的考察》,载《政治与法律》2018年第9期。
② 参见应松年主编:《〈中华人民共和国行政诉讼法〉修改条文释义与点评》,人民法院出版社2015年版,第226页。
③ 参见王锴:《行政诉讼中变更判决的适用条件——基于理论和案例的考察》,载《政治与法律》2018年第9期。
④ 参见梁君瑜:《行政诉讼变更判决的适用范围及限度》,载《法学家》2021年第4期。
⑤ 陈新民:《公法学札记》,中国政法大学出版社2001年版,第105页。

提供给付是现代行政的基本任务。给付行政的兴起,必然会引起行政法学和行政诉讼法学知识体系的变革。正如德国学者所言:"这就使得一直铁板一块的诉的种类系统开始松动——它已经开始排斥仅仅专注于点对点调整的撤销之诉和义务之诉,并使给付之诉和确认之诉获得了重要性,因为这两类诉就上述那些新型行政方式而言,显得更加灵活。"①给付行政理念反映到行政诉讼制度之中,是给付类诉讼类型和判决类型在行政审判舞台中的崛起和发展。给付判决主要包括狭义履行判决、给付判决和禁令判决,其中前两者作为我国的法定给付判决类型,属于理论研究的重点。

(一) 履行判决

履行判决作为行政诉讼的主判决,自1989年《行政诉讼法》诞生时便在行政审判实践中发挥着重要作用,关涉着当事人行政诉权的切实保障程度。2014年《行政诉讼法》修订时,在吸取司法经验和适用理论研究的基础上,对履行判决作出较大修改,将"被告不履行或者拖延履行法定职责的"调整为"查明被告不履行法定职责的"。从司法实践来看,履行判决的运用比例仅低于撤销判决,②可见履行判决在行政判决体系和司法审查实践中的地位。理论界对履行判决的关注热度虽相对较低,但对其一直持续跟进,并围绕适用要件、裁判结果、适用边界和规则确立等问题,产生了一定的争议。

首先,履行判决的规范构造。根据《行政诉讼法》第72条规定,履行判决的适用要件为"查明被告不履行法定职责",裁判方式为"判决被告在一定期限内履行"。2018年《行诉解释》作出进一步细化,但依旧未能填补所有立法空白。有鉴于此,结合法律规定和司法实践,明确履行判决的规范结构,便成为理论研究的重点。履行判决与给付判决的规范构造类似,由适用要件和裁判方式组成。履行判决的适用要件呈现"三阶层"结构。第一阶层,基

---

① 〔德〕弗里德赫尔穆·胡芬:《行政诉讼法》(第5版),莫光华译,法律出版社2003年版,第17页。
② 参见江必新、梁凤云:《行政诉讼法理论与实务》(第三版·下),法律出版社2016年版,第1662页。

础法律关系成立,即相对人具有履责请求权。第二阶层,法定职责存在,即被诉行政机关负有公法上的职责。关于法定职责的范围,实务界、立法界和理论界的争议较大。实务界采广义理解,认为"法定职责"的内涵既包括"法律规定的职责",还包括"法律认可的职责",其来源一般有以下几种:法律、法规、合法规章及其他规范性文件的规定;①上级行政机关的指令、先行行为及行政协议的约定;②行政机关的事先承诺。③立法界作狭义理解,认为法定职责仅限于法律和法规明确规定的职责,除此之外的如约定职责、先行行为等,均不能属于法定职责范围。④理论界则持中观态度,认为法律、法规当然构成行政机关的职责来源,规章与其他规范性文件应以"合法有效"为前提,上级行政机关的指令和行政主体的先行行为均可产生作为的法定义务,而行政协议和行政允诺则不属于法定职责来源,而应适用行政协议诉讼的判决方式。⑤第三阶层,不履行法定职责。关于"不履行"的表现形式,同样存在较大争议。根据2018年《行诉解释》第91条规定,"不履行"的形式为被告"违法拒绝履行""无正当理由逾期不予答复",但是该规定并不能涵盖所有的"不履行"形式。实务界作了扩张解释,采取了广义内涵,认为"不履行"的形态包括拒绝履行、部分履行、拖延履行和不适当履行,同时强调履行不能和预期不履行不能构成履行判决的适用条件。⑥理论界亦持相对宽泛的观点,但对于"拖延履行"是否属于"不履行"的形态产生了分歧,肯定论认为拖延履行属于"不履行",否定论则持相反观点。目前,肯定论处于主流地位。观点对立的深层原因在于对"拖延履行"内涵的理解不一。关于拖延履行的内涵,学界存在两种观点。一种观点认为,拖延履行是行政机关未及时履行

---

① 参见江必新、梁凤云:《行政诉讼法理论与实务》(第三版·下),法律出版社2016年版,第1658页。
② 参见最高人民法院行政审判庭编著:《最高人民法院行政诉讼法司法解释理解与适用》(上),人民法院出版社2018年版,第425页。
③ 参见江必新主编:《中华人民共和国行政诉讼法理解适用与实务指南》,中国法制出版社2015年版,第65页。
④ 参见信春鹰主编:《中华人民共和国行政诉讼法释义》,法律出版社2014年版,第193页。
⑤ 参见梁君瑜:《行政诉讼履行判决的构造与边界》,载《北方法学》2021年第4期。
⑥ 参见江必新、梁凤云:《行政诉讼法理论与实务》(第三版·下),法律出版社2016年版,第1657—1658页。

其职责义务,滞后采取措施或滞后作出行为[1],本质上属于因超过期限而面临程序轻微违法的行政作为。[2] 另一种观点则提出,拖延履行属于行政不作为[3],其本质系消极性质的滥用职权且尚未作出行政行为,即"行政机关在法定期限或者合理期限内不作出可以终结行政程序的行政行为之状态"[4]。履行判决的创设目标在于更好维护当事人合法权益,基于此立法目标,应对"不履行"内涵作相对宽泛解释,将"拖延履行"视为"不履行"的一种特殊形态。值得注意的是,"不履行"的内涵在立法中经历了由狭义到广义的变迁。2014年修订《行政诉讼法》前,"不履行"以狭义外观与"拖延履行"并列,修法后则演变为广义,涵盖包括拖延履行在内的诸多形态。

  履行判决的裁判方式呈现"二元"格局。根据裁判内容的明确程度,行政裁判类型可以划分为程序性裁判和实体性裁判两种。关于履行判决的裁判方式,随着行政诉讼法的发展,发生了相应的变化。以2014年《行政诉讼法》修订为分界点,修订前的履行裁判方式主要为程序性裁判,修订后则转变为以程序性裁判为原则、以实体性裁判为例外。《行政诉讼法》实施之初二十余年,理论界普遍认为履行法定职责案件中不能作出实体性裁判。[5] 尽管随着行政诉权有效性保护观念的不断普及,司法实务开始拓展司法审查强度,出现了实体性裁判方式,但学者依旧对此持谨慎态度,认为此种司法实践探索不符合1989年《行政诉讼法》的立法宗旨,法院有僭越法律规范之嫌。[6] 后随《行政诉讼法》和相关司法解释的修订,履行判决的裁判方式获得法律上的明确。依2018年《行诉解释》第91条规定,履行判决的裁判方式有

---

[1] 参见杨小君:《行政不作为形式及其违法性》,载《重庆工学院学报(社会科学版)》2009年第1期。
[2] 参见余洋:《论行政诉讼中的"拖延履行法定职责"》,载《苏州大学学报(法学版)》2019年第1期。
[3] 参见陈骏业:《不履行、拖延履行法定职责的一种学理阐释》,载《法商研究》2004年第2期。
[4] 章剑生:《行政诉讼履行法定职责判决论——基于〈行政诉讼法〉第54条第3项规定之展开》,载《中国法学》2011年第1期。
[5] 参见罗豪才、应松年主编:《行政诉讼法学》,中国政法大学出版社1990年版,第252页;姜明安主编:《行政诉讼与行政执法的法律适用》,人民法院出版社1995年版,第465页。
[6] 参见章剑生:《行政诉讼履行法定职责判决论——基于〈行政诉讼法〉第54条第3项规定之展开》,载《中国法学》2011年第1期。

两种：判决被告在一定期限内依法履行原告请求的法定职责；尚需被告调查或者裁量的，应当判决被告针对原告的请求重新作出处理。两种裁判方式的适用区别在于行政机关有无裁量空间，如果无裁量余地，即裁量收缩至零时，法院可以直接判决被告依照原告请求履行特定职责，作出实体性裁判；如果尚有裁量余地时，则作出程序性裁判，判决行政机关重新作出处理。虽然立法未明确两种裁判方式在履行判决中的次序，但根据立法原旨追溯和规范用语分析，可以得知我国确立了履行判决"以程序性裁判为原则、以实体性裁判为例外"的立场。① 针对司法实践中存在的"指示性裁判"迹象，有学者将其视为程序性裁判的具体化，否定履行判决的裁判方式还有"第三条道路"。②

其次，履行判决的适用边界。适用边界明晰的关键在于，理顺相似判决类型之间的关系。履行判决与给付判决、确认违法判决和撤销判决之间的关系比较复杂，应予以重点分析。履行判决与给付判决的关系呈现三种模式。③ 履行判决与撤销判决之间的关系主要体现于"拒绝履行"的判决方式选择。我国司法实践存在三种方案，即撤销并重作判决、履行判决和撤销并履行判决。2014年《行政诉讼法》修订前，受履行判决主要适用于行政不作为理论所影响，撤销并重作判决是"拒绝履行"的主要判决方式。因为"拒绝履行是以一种积极作为的方式拒绝履行法定职责。由于它存在着一个行政行为，因此宜适用撤销判决并附带重作判决。"④ 2018年《行诉解释》明确了履行判决作为"拒绝履行"的法定判决方式地位，但产生了是否同时适用撤销判决的争议。肯定说认为，履行判决已包含撤销拒绝履行行为的功能，法院作出履行判决的行为，实际上暗含着默示撤销的意思表示，因此法院不必对被告的拒绝履行再作出撤销或确认违法的判决。⑤ 否定说则认为，基于彻底

---

① 参见李傲、胡煜：《我国行政履行判决的省思及完善》，载《河北法学》2018年第5期。
② 参见梁君瑜：《行政诉讼履行判决的构造与边界》，载《北方法学》2021年第4期。
③ 履行判决与给付判决的关系问题将置于"给付判决"部分予以论述，故先不予展开。
④ 参见章剑生：《行政诉讼履行法定职责判决论——基于〈行政诉讼法〉第54条第3项规定之展开》，载《中国法学》2011年第1期。
⑤ 参见江必新、梁凤云：《行政诉讼法理论与实务》（第三版·下），法律出版社2016年版，第1666页。

解决行政纠纷、明确法律秩序之目的,法院应明示撤销行政机关的"拒绝履行",而不能默示撤销。① 履行判决作为法院的一种强司法审查工具,应兼具"确认违法"和"撤销拒绝履行行为"的功能,如此才能更好发挥法院的功能。此外,司法实践中还存在法院同时适用确认违法判决和履行判决的做法。这种做法实际上是对确认违法判决"补充性"定位的背离和对履行判决"确认违法"功能的错误忽视。无论是从行政判决体系来看,还是基于行政判决类型化理论,确认违法判决和履行判决均不具有组合的可能。二者之间的衔接关系有且仅体现在《行政诉讼法》第74条第2款中。唯有被告不履行或者拖延履行法定职责,且判决履行没有意义时,才能适用确认违法判决。

最后,履行判决的规则重构。在给付行政和服务行政理念逐步深入和拓展的背景下,履行判决作为法定判决方式被赋予了诸多功能。然而,由于司法权与行政权界限之分、名亡实存的维护行政立法目的之影响,履行判决在行政审判实践中存在理想与现实之间的显著落差。有学者通过实证研究的方法,发现行政履行判决存在行政不履行法定职责"多"与履行判决"少"之间的张力,且愈发明显。履行判决备受"冷落",面临因适用范围不明确而难以适用、判决内容明晰度过低、对未成熟行政行为救济力度不足等问题,亟须进行重构。履行判决之重构应以权利救济的深度和力度为根本导向,遵循宏观与微观并行模式,即在实体法基本框架内逐步实现由判决类型化到诉讼类型化的转变,明确履行判决是义务之诉的一种判决方式之地位;在判决类型化的制度框架内通过逐步解决现存问题,实现履行判决向课予义务判决的转变。② 有学者选取实质性解决行政争议视角,发现履行判决司法适用中存在程序空转和诉权保障不足等现象,具体表现为:履行判决的适用背离实质解决行政争议立法目的,司法审查标准与司法审查强度存在忽视原告诉求和压缩司法审查空间弊端,内容履行程度和判决基准具有模糊性。针对上述问题,该学者结合域外经验和我国审判实践,从履行判决的司法审查标准、司法审查强度、判决基准、内容履行程度等方面,提出实质合法性审

---

① 参见徐瑞晃:《行政诉讼法》,元照出版有限公司2015年版,第103页。
② 参见温泽彬、曹高鹏:《论行政诉讼履行判决的重构》,载《政治与法律》2018年第9期。

查标准、合目的性及履责程度、审查强度、裁判时机成熟及实体性裁判等适用规则,以期促进履行判决的实质解决行政争议能力。①

(二) 给付判决

在行政诉讼判决系统改造进程中,2014年《行政诉讼法》新增的给付判决类型,象征了"司法对社会需求和实质正义的回应"②,回应了理论界的立法呼吁研究③,是判决类型中"最大的变化"④。根据全国人大常委会法工委的解释,给付判决是专门针对行政给付行为而设置的相应判决。⑤ 行政给付判决的创设,体现了立法对行政给付制度不断发展的回应。然而,由于行政诉讼法及配套司法解释规定较为原则,"一主两辅"的粗疏规定导致给付判决在司法适用中乱象丛生。给付判决在司法适用中存在适用条件不清、裁判明确程度不一、与其他判决类型关系不明等问题⑥,会致使新增给付判决的立法目的落空。尽管理论界从司法适用面向和规范构造面向对给付判决展开了相应研究,但对其制度功能、适用范围以及与履行判决的关系等基本问题,尚未形成一致认识。

首先,给付判决的制度功能。给付判决作为判决体系中的新成员,与形成类判决和确认类判决之间属于外部关系,与同为给付类判决子类型的履行判决之间为内部关系。就外部关系而言,给付判决与撤销判决、确认判决等经典判决之间的体系定位较为明确,与履行判决的关系则较为模糊。一般而言,填补原有判决类型漏洞是给付判决的基础性、直接性功能,与之相

---

① 参见刘群:《实质解决行政争议视角下的行政履行判决适用研究》,载《行政法学研究》2019年第2期。
② 参见全国人大常委会法制工作委员会行政法室编:《行政诉讼法立法背景与观点全集》,法律出版社2015年版,第318页。
③ 吴红宇、肖帮华:《试析给付判决应当成为我国行政判决的种类》,载《行政法学研究》2009年第4期。
④ 余凌云:《行政法讲义》,清华大学出版社2019年版,第484页。
⑤ 参见信春鹰主编:《中华人民共和国行政诉讼法释义》,法律出版社2014年版,第194页。
⑥ 参见董巍:《行政诉讼一般给付判决适用的分析与规范——以中国裁判文书网142份一般给付判决书为样本》,载贺荣主编:《深化司法改革与行政审判实践研究(下)——全国法院第28届学术讨论会获奖论文集》,人民法院出版社2017年版,第1614页。

应,其当然具有弥补履行判决之不足的功能,并因此被学者视为履行判决的"补丁"。① 然而,将给付判决简单定位于"补丁"的观点,同样是不准确的,不符合法规范的内在精神和司法运行逻辑。"作为一种独立的判决方式,给付判决有其特有的适用范围,绝不是仅仅起到拾遗补阙的作用。"②对法律条文的理解必须立足制度本身,给付判决的功能定位必然与整个行政诉讼制度的立法目的调整和功能变迁具有紧密联系。行政诉讼法"监督行政—纠纷解决"的立法目的,塑造了"低强度审查模式—高强度审查模式"的司法审查强度区间,要求法院对程序性裁判与实体性裁判作出区分。给付判决的制度功能在于确立实体性裁判的裁判方式,弥补以程序性裁判为原则的履行判决之不足。③"给付判决作为一种新的判决形式,具有重要的价值,但我们并不能完全按照外国行政诉讼理论中所阐释的给付诉讼类型来对本条所确立的给付判决作对应性理解。"④只有立足于我国行政诉讼制度基础,适当引入域外理论拓宽视野,同时基于我国行政诉讼判决方式以程序性裁判为原则、实体性裁判为例外的特征,才能科学确定给付判决在行政诉讼判决体系中的定位。

其次,给付判决的适用范围。2018年《行诉解释》通过列举与概括相结合的立法方式,将给付判决的适用范围规定为"支付抚恤金、最低生活保障待遇或者社会保险待遇等给付义务"。这种立法技术有助于在提升司法操作性的同时,预留足够的立法适应现实变化的空间范围,却同时造成了文本解释上的差异。有学者通过梳理和分析适用给付判决的173份判决书,发现法院在最宽泛意义上适用给付判决,表现为两方面:一是采用最宽泛的标准理解给付义务,只要是行政机关给予行政相对人某项财产或是某个行为,均

---

① 参见黄锴:《论给付判决的适用范围——以〈行政诉讼法〉第73条为分析对象》,载《浙江学刊》2017年第4期。
② 黄学贤:《给付判决在行政诉讼判决体系中的定位》,载《苏州大学学报(哲学社会科学版)》2021年第4期。
③ 参见黄锴:《行政诉讼给付判决的构造与功能》,载《法学研究》2020年第1期。
④ 应松年主编:《〈中华人民共和国行政诉讼法〉修改条文释义与点评》,人民法院出版社2015年版,第233页。

被理解为给付义务,不论其内容和来源;二是不严格区分给付义务和法定职责。① 司法实务界呈现出扩张解释给付判决基础法律概念的趋势,可以提高给付判决的可适用性,使其展现出"多用途武器"之样貌,但是一味扩张解释同时会导致给付判决适用边界模糊、与其他判决类型适用范围混乱,导致其面临"不可承受之重"的困境。明确给付判决适用范围,是发挥其独特功能的必然要求。给付判决适用范围的划定,关键在于明确给付内容的范围。

  围绕给付判决适用的范围是同时包括金钱、财物和行为,还是仅指向金钱和财物,学界产生了较大的争议。有学者认为,2018 年《行诉解释》第 92 条中的"等"字,"除了物,还包括行政行为。这里的'行政行为'是一个大概念,可能是一种积极的作为,也可能是一种消极的不作为;既可能是一种行政行为,也可能是一种非行政行为"②。有学者则认为,给付的内容仅限于金钱或财物,"行为"应被排除在给付内容外。③ 给付判决作为 2014 年《行政诉讼法》新创的一类判决方式,具有填补和扩充给付类判决的重要意义,与履行判决一起发挥着实质解决纠纷、强化司法审查力度的功能。给付判决与履行判决二者之间的功能互补的关系,决定了双方在适用范围上的合理分工。既然履行判决主要针对行为,那么给付判决应限于金钱和财物,如此才能实现泾渭分明。正如有学者所指出的,如果给付的内容同时包括行为和物,不仅会导致行政机关的给付义务和《行政诉讼法》第 71 条确定的法定职责发生抵牾,引发法律适用上的混乱和司法实践中的困扰④,更会扰乱初步成型的行政诉讼判决类型化体系。将给付判决的内容限定为物,亦与最高人民法院的观点相符。根据最高人民法院《关于审理行政案件适用法律规范问题的座谈会纪要》,"法律规范在列举其适用的典型事项后,又以'等''其他'等词语进行表述的,属于不完全列举的例示性规定。以'等''其他'等概括性用语表示的事项,均为明文列举的事项以外的事项,且其所概括的

---

① 参见黄锴:《论给付判决的适用范围——以〈行政诉讼法〉第 73 条为分析对象》,载《浙江学刊》2017 年第 4 期。
② 江必新主编:《新行政诉讼法专题讲座》,中国法制出版社 2015 年版,第 276 页。
③ 参见章剑生:《现代行政法总论》,法律出版社 2019 年版,第 501 页。
④ 参见黄锴:《行政诉讼给付判决的构造与功能》,载《法学研究》2020 年第 1 期。

情形应为与列举事项类似的事项"。由此可知,2018年《行诉解释》第92条中的"等",应与"抚恤金、最低生活保障待遇或者社会保险待遇"的外延范围保持一致,至少不能突破"物"的范畴。

最后,给付判决与履行判决的关系。给付判决和履行判决的规范构造结构非常相似,导致有关"法定职责"与"给付义务"之间的实务适用和关系认知呈现混乱状态。例如,有学者直接将给付判决作为履行判决的内容。[①] 有关给付判决与履行判决之间的关系,理论界形成了相互对立的观点和三种相应的解释方案。观点一基于比较法视野,引入一般给付判决与课予义务判决的理论分野,主张二者之间为包含关系。给付义务属于法定职责的上位概念,履行判决与给付判决系特别规定与一般规定的关系。[②] 2014年《行政诉讼法》在保持原有履行判决的同时,所新增的给付判决实际上只是一般给付判决。[③] 观点二则基于法教义学视野,认为二者之间为并列关系。

履行判决与给付判决的三种关系模式分别为:一是"行政决定—非行政决定"模式。该观点借鉴了德国法上的课予义务诉讼与一般给付诉讼的理论,主张法定职责对应行政决定,给付义务对应非行政决定的其他给付。[④] 这种关系模式属于对域外理论借鉴和改造的成果,也符合立法原旨和司法解释的原旨[⑤],但在我国目前的制度背景下,尚不具备清晰界分行政决定与非行政决定的基础。二是"行为—物"模式。该观点认为,行政机关不履行行为义务的,适用履行判决;行政机关不履行金钱给付、财物交付义务的,适用给付判决。[⑥] 这种关系模式符合司法实践,但无法对履行判决与给付判决相并列的立法变动提供更为深刻的解释力。三是"低审查强度—高审查强

[①] 参见侯丹华:《新〈行政诉讼法〉中几种特殊类型诉讼的判决方式》,载《法律适用》2016年第8期。

[②] 参见梁凤云:《新行政诉讼法讲义》,人民法院出版社2015年版,第444页。

[③] 参见黄学贤:《给付判决在行政诉讼判决体系中的定位》,载《苏州大学学报(哲学社会科学版)》2021年第4期。

[④] 参见熊勇先:《行政给付诉讼研究》,法律出版社2016年版,第119页;杨东升:《论一般给付诉讼之适用范围——〈行政诉讼法〉第73条评释》,载《行政法学研究》2015年第6期。

[⑤] 参见梁君瑜:《行政诉讼履行判决的构造与边界》,载《北方法学》2021年第4期。

[⑥] 参见郭修江:《行政诉讼判决方式的类型化——行政诉讼判决方式内在关系及适用条件分析》,载《法律适用》2018年第11期。

度"模式。根据 2018 年《行诉解释》第 68 条第 1 款第 2 项的规定,"法定职责"与"给付义务"之间"或者"一词的使用,意味着"法定职责"与"给付义务"系相互排斥的关系。从立法目的考量,履行判决与给付判决之间呈现出"程序性裁判—实体性裁判"功能分野的对应关系。以实体性裁判为原则的给付判决,代表了司法权对行政权的较强干预,可以更好地服务于 2014 年《行政诉讼法》新增的"解决行政争议"之立法目的。该论者进一步指出,囿于现阶段法院能力有限,应节制给付判决的适用,具体将其适用空间限于法律规范规定的给付义务、给付行政范畴内的给付义务和以金钱或财产为内容的给付义务。①

根据《行政诉讼法》第 73 条和 2018 年《行诉解释》第 92 条的规定,行政给付判决的适用条件为"原告申请被告依法履行给付义务的理由成立""查明被告依法负有给付义务""被告拒绝或者拖延履行义务",裁判结果为"判决被告履行给付义务"。给付判决规范构造中的适用条件呈现为"三层次结构",看似层层递进,实则存在诸多理解上的不确定性。给付义务来源、给付具体内容、拖延履行和拒绝履行的内涵等核心问题十分抽象,法律并未给出确定答案,理论研究亦相对较为薄弱。给付判决具有独特功能,"金钱或财产给付与行为给付不同,它不仅具有直接的财产内容,而且义务非常具体,法院没有必要将诉讼之'球'踢回行政机关重新处理一遍,完全可以也应当直接通过给付判决彻底解决行政争议,实现案结事了"②。行政诉讼法使边缘化的、被遮盖的,甚至是"不存在"的给付判决重磅出现,但并未引起理论界和实务界的广泛关注,尤其是在学术研究中遇冷。"构建服务型政府是全面建成小康社会的重要任务,在这个背景下,政府给付义务是行政诉讼不可回避的一个领域。"③理论界应持续关注给付判决,立足司法适用现状,提炼本土理论,不断顺应和回应给付行政理念不断增长的政府治理趋势。

---

① 参见黄锴:《行政诉讼给付判决的构造与功能》,载《法学研究》2020 年第 1 期。
② 胡建淼:《行政诉讼法学》,法律出版社 2019 年版,第 467 页。
③ 江必新、邵长茂:《新行政诉讼法修改条文理解与适用》,中国法制出版社 2015 年版,第 272 页。

三、确认类判决

确认类判决是指法院对法律效果或法律关系存在与否作出的判决。行政诉讼确认类判决包括维持判决、确认判决和驳回诉讼请求判决。行政诉讼法制定之初,仅对维持判决作出规定。根据行政审判实际需要和学理研究呼吁,[①]2000 年《执行解释》确立了由确认合法、有效判决和确认违法判决、确认无效判决组成的确认判决。2000 年《执行解释》的立法创新基本被 2014 年《行政诉讼法》所确认,仅取消了确认合法、有效判决,扩充了确认违法判决的适用情形(第 74 条第 1 款第 1 项)。此外,2014 年《行政诉讼法》取消了维持判决,并正式确立了驳回诉讼请求判决。确认类判决在每次立法变动中均属于重点内容,其中争议最大的莫过于维持判决的存废之争。[②] 与确认之诉被认定为"最棘手的"和"最令人头疼的"[③]一样,确认类判决是判决体系中较为复杂的类型,其不仅对应着多种诉讼情形,而且因为其补充性和基础性地位而与其他判决类型的关系比较繁复。确认类判决在民事诉讼和行政诉讼中的作用大相径庭[④],尤以确认判决最为明显。情况判决又属于特殊的确认违法判决,因此汇聚了大量的研究目光。整体来看,确认违法、确认无效与驳回诉讼请求判决属于现有研究的主要内容。

(一) 确认违法判决

确认违法判决作为否定行政行为效力的主要判决形态之一,由 2000 年《执行解释》首次规定,经由 2014 年《行政诉讼法》正式确立后,在行政诉讼判

[①] 参见王克稳:《行政诉讼应增加确认判决》,载《政治与法律》1999 年第 6 期;潘昌锋:《论我国行政判决形式的局限性及其完善》,载《人民司法》1997 年第 10 期。

[②] 相关争论参见张旭勇:《行政诉讼维持判决制度之检讨》,载《法学》2004 年第 1 期;邓刚宏:《行政诉讼维持判决的理论基础及其完善》,载《政治与法律》2009 年第 4 期;杨桦、张显伟《行政诉讼维持判决制度之辩护》,载《法学杂志》2010 年第 4 期;张显伟:《废弃抑或保留:对行政诉讼维持判决制度的思考》,载《国家行政学院学报》2010 年第 5 期。

[③] 章志远:《行政诉讼类型构造论》,法律出版社 2021 年版,第 183 页。

[④] 参见张旭勇:《民事、行政确认判决辨析》,载《行政法学研究》2006 年第 2 期。

决体系中发挥着重要作用。《行政诉讼法》第74条两款分别规定了两种不同类型的确认违法判决类型:第1款规定了确认违法不撤销保留效力判决,主要适用于两种情形:行政行为违法依法应当撤销,但撤销会给国家利益、社会公共利益造成重大损害;行政行为程序轻微违法,但对原告权利不产生实际影响。第2款规定了确认违法否定效力判决,主要适用于三种情形:行政行为违法,但不具有可撤销内容;被告改变原违法行政行为,原告仍要求确认原行政行为违法;被告不履行或者拖延履行法定职责,判决履行没有意义。两种确认违法判决,虽然文字表述相似,但存在不同法律效果、规范构造与适用要件。因此,如何准确把握确认违法判决的定位、适用对象以及适用情形,是现有研究的主要着力点。

首先,确认违法判决的体系定位。与确认诉讼的补充性地位相应,确认类判决在行政诉讼判决体系中处于基础性地位,发挥着宣示性作用。因为"对行政机关潜在的违法倾向或结构性的违法进行审理并给以有效的制约这一课题实际上却非常困难……在这样的情况下,法院往往很难以命令一定的作为或不作为的方式给以具体明确内容的判决"[1]。确认判决则成为解决此困境的补充性手段。形成类判决和给付类判决均隐含着确认违法判决功能,同时还能给予当事人直接的救济,因而处于优位地位。"法院对优先适用其他种类的判决方式负有义务。"[2] 确认违法判决是其他诉讼类型中的"变种"判决[3],是行政诉讼判决体系中的替补性类型。理论界基本形成共识,确认违法判决一般处于静默,唯有无法作出其他判决类型时,方能获得发挥作用的空间。确认违法判决包括多种亚类型,有学者从事实行为和法律行为二分法的角度出发,认为只有确认事实行为违法判决具有独立性,其他的确认行为违法判决、确认不作为违法判决均为撤销诉讼、课予义务诉讼

---

[1] Abram Chayes, The Role of the Judge in Public Law Litigation, *Harvard Law Review*, Vol.89,No.7,1976. 转引自〔日〕棚濑孝雄:《纠纷的解决与审判制度》,王亚新译,中国政法大学出版社2004年版。

[2] 江必新、梁凤云:《行政诉讼法理论与实务》(第三版·下),法律出版社2016年版,第1688页。

[3] 参见梁凤云:《不断迈向类型化的行政诉讼判决》,载《中国法律评论》2014年第4期。

的衍生品。①

其次,确认违法判决的适用对象。违法行政行为一般应予撤销以恢复原状,但是若存在特殊情形时,只能适用确认违法判决。在此种意义上而言,确认违法判决是撤销判决的补充。从本质来看,确认违法判决的适用对象为特殊类型的违法行政行为。有学者基于行政行为的合法性评价与有效性评价的可分性以及效力的相对性与可分性理论,将该特殊的违法行政行为称为"不可撤销具体行政行为",具体指否定性效力评价不可能或无必要的具体行政行为。由于不可撤销具体行政行为因其效力处于不可评价或无必要评价状态,因此应从效力角度出发探索界定标准,通过效力评价不可能标准和行为执行力固定化标准,理解和识别确认违法判决的适用对象。②

再次,确认违法判决的适用情形。根据 2000 年《执行解释》第 57 条第 2 款的第 1 项、第 2 项规定,以及第 58 条规定,确认违法判决的适用情形包括三种:被告不履行法定职责,但判决责令其履行法定职责已无实际意义;被诉具体行政行为违法,但不具有可撤销内容;被诉具体行政行为违法,但撤销该具体行政行为将会给国家利益或公共利益造成重大损失。2014 年《行政诉讼法》在 2000 年《执行解释》的基础上,对法律规定作出调整,并新增"行政行为程序轻微违法,但对原告权利不产生实际影响的"和"被告改变原违法行政行为,原告仍要求确认原行政行为违法的"两种情形。确认违法判决的五种法定适用情形,可以进一步归纳为不宜(公益考量与程序轻微违法)、不必要(履行无意义)与不能(不具有可撤销内容与被告改变行为)三种类型。虽然立法尝试穷尽确认违法判决的所有情形,但依旧存在不完备之处。有学者将立法的局限性总结为三点,即"不具有可撤销内容"表述的不科学性,"公共利益"规定的武断性,以及忽视了个人利益遭受重大损失的可能

---

① 参见王贵松:《论我国行政诉讼确认判决的定位》,载《政治与法律》2018 年第 9 期。
② 参见叶平:《不可撤销具体行政行为研究——确认违法判决适用情形之局限及补正》,载《行政法学研究》2005 年第 3 期。

性,并提出应根据不可撤销具体行政行为理论修改完善有关规定。①

最后,有关情况判决的讨论。根据适用情形不同,确认违法判决可以分为不宜类、不必要类与不能类三种类型。整体来看,学界对第一种类型的研究热情较高,而对后两种的关注度较低,几乎未有专门论述。基于公益考量而不宜撤销的确认违法判决,一般被学界称为情况判决,又称为基于特别情况的驳回判决②,自20世纪被日本创造后,很快被韩国所借鉴,并于2000年在我国广泛确立。情况判决自在我国确立以来便饱受争议,引发关于制度定位及功能、法治困境观察及纾解、制度完善等一系列探讨。

第一,情况判决的制度定位及功能。情况判决作为域外引介的制度,与日本、韩国相比,既有差异,又存在相同的制度内核,表现为三点:一是适用对象为已经作出并执行的行政行为,且该行为违法;二是属于两难抉择之下的利益衡量产物;三是适用必须同时判定做出替代性措施的补偿。③ 在我国,情况判决是确认判决的特殊类型之一,既秉承了确认判决的补充性特点,又表现出了突破宣示功能定位的个性。④ 作为利益衡量的产物,基于维护公益目的,情况判决既需对被诉行政行为作出违法性宣示,还要考虑对私益牺牲的救济,责令行政机关采取补救措施和赔偿措施。情况判决的产生源于实践需求,是国家变革和社会转型时期妥善处理"依法行政"与"深化改革"两者关系的产物,因而具有强烈的时代特色,并呈现出一定的应急性色彩。因为时代的变化,在发源地日本,"特例法时期各地之裁判所曾作出若干情况判决,行政事件诉讼法施行后,此类裁判已难得一见"⑤。在我国,情况判决的制度背景同样发生变化,决定了其制度功能和生存空间必将发生改变。学界已然出现针对情况判决的完全否定说、限制适用说及积极适

---

① 参见叶平:《不可撤销具体行政行为研究——确认违法判决适用情形之局限及补正》,载《行政法学研究》2005年第3期。
② 参见黄学贤:《行政诉讼中的情况判决探讨》,载《行政法学研究》2005年第3期。
③ 参见金成波:《行政诉讼之情况判决检视》,载《国家检察官学院学报》2015年第6期。
④ 参见马艳:《情况判决的适用标准》,载《行政法学研究》2020年第2期。
⑤ 吴庚:《行政争诉法论》,三民书局2005年版,第200页。

第十一章　行政诉讼判决

用说等主张。①

第二,情况判决的困境及纾解。情况判决作为域外引介的一种特殊类型判决,虽然已经作为例外判决存在于我国行政判决体系之中,但其始终面临来自理论与实施方面的双重困境。就理论困境而言,尽管情况判决的规范意旨在于追求法安定性、行政效率和公共利益②,但其还是面临着理论检视。"情况判决在允许性上一直受到质疑,有抵牾法治主义之虞",以尊重既成事实和考量公共利益作为情况判决的必要性基础,存有可检讨之处,而其违法追求公益的妥当性,也备受违背依法行政原则质疑。③ 此外,情况判决是对第一次权利保障优先原则的违背。④

就实施困境而言,一方面,因为实施中面临公共利益难以定性和违背禁止诉外裁判原则问题,情况判决处于边缘地位。针对此困境,有学者主张,应抛弃起诉不停止执行制度和建立和解制度,以避免情况判决的适用,同时应列举规定适用该判决的行政事件和明确"确认违法"在情况判决中的地位,以完善情况判决制度本身。⑤ 另一方面,情况判决存在异化为行政机关刻意违法而不惧司法审查之避风港的问题。有学者以行政拆迁为例,发现情况判决存在明显误区:"公益"的泛滥与"重大损失"的缩水,为以公益之名行私益之实提供了可能;对"补救措施"的理解偏差导致对违法行政行为能否治愈的忽视,并引发连续性行政行为的确认违法之困难。域外制度借鉴的缺位和变形是情况判决面临法治困境的根本原因,问题的解决则有赖于三层次路径:以回归情事判决或情况判决原型为长期目标;将"补救措施"拟制为判决的条件和扩张"损害赔偿"的"损失补偿"面向,作为现阶段主要手

---

① 参见郑崇煌:《情况决定及情况判决制度之研究》,载《月旦法学杂志》第 121 期。
② 参见金成波:《行政诉讼之情况判决检视》,载《国家检察官学院学报》2015 年第 6 期。
③ 参见尹权、金松华:《情况判决的理论与现实反思及其完善》,载《政治与法律》2008 年第 3 期。
④ 参见蔡志方:《诉愿法与诉愿程序解说》,正典出版文化有限公司 2001 年版,第 293 页。
⑤ 参见尹权、金松华:《情况判决的理论与现实反思及其完善》,载《政治与法律》2008 年第 3 期。

段;以慎待情况判决为根本所在。① 此外,情况判决还存在与其他确认判决类型混为一用②,适用不够谨慎,"重大损失"认定泛化,"补救措施"不明确,执行期限自由空间大,"国家利益"和"公共利益"缺少说理等问题。③

第三,情况判决的制度完善路径。情况判决是基于公共利益考量而允许的一个违法状态存在,虽然具有推进社会发展和维护公益的作用,但其始终面临与法治原则相悖的质疑,严重挑战着人们对于法律的信仰。④ 就现阶段而言,情况判决依旧与我国法治发展相适应,应予继续保留,因为我国存在情况判决的适用基础,且无情况判决的替代制度。⑤ 针对情况判决面临的理论质疑与现实困境,应不断完善以下三方面以解决其法治困境,从而更好发挥制度优势。

一是应在秉持慎重态度的基础上,限缩其适用空间。与域外国家不断缩减情况判决的适用范围不同,我国的情况判决适用非常广泛且不够谨慎。应对情况判决作严格解释⑥,在适用上持目的性限缩,即"必须要严格限定法院参酌事项"⑦。

二是选择合适的改进方案。理论研究中形成了改进情况判决的三种典型方案,三种改进方案各具优势。构建行政和解方案,有利于在当事人对诉讼标的的处分权与公益之间谋求平衡,妥善化解行政争议。⑧ 应用"驳回诉讼请求判决"取代"确认违法判决"方案,既符合"禁止诉外裁判"原则,同时具有逻辑自洽性。⑨ 引入中间判决方案,对于纠正行政执法中的违法行为、

---

① 参见郑春燕:《论"基于公益考量"的确认违法判决——以行政拆迁为例》,载《法商研究》2010年第4期。
② 参见马艳:《情况判决的适用标准》,载《行政法学研究》2020年第2期。
③ 参见金成波:《中国情境下的情况判决——经由案例的钩沉》,载《行政法学研究》2011年第1期;金成波:《行政诉讼之情况判决检视》,载《国家检察官学院学报》2015年第6期。
④ 参见郑崇煌:《情况决定及情况判决制度之研究》,载《月旦法学杂志》第121期。
⑤ 参见金成波:《行政诉讼之情况判决检视》,载《国家检察官学院学报》2015年第6期。
⑥ 参见马艳:《情况判决的适用标准》,载《行政法学研究》2020年第2期。
⑦ 江必新、梁凤云:《行政诉讼法理论与实务》(第三版·下),法律出版社2016年版,第1718页。
⑧ 参见尹权、金松华:《情况判决的理论与现实反思及其完善》,载《政治与法律》2008年第3期。
⑨ 参见金成波:《行政诉讼之情况判决检视》,载《国家检察官学院学报》2015年第6期。

维护社会稳定和督促行政机关主动采取补救措施等具有积极作用。① 然而，行政和解方案存在国家利益和公共利益不可被处分的理论质疑，且我国尚不完全具备行政机关和相对人理性沟通协商的环境与基础。行政行为确定违法但法院却驳回了当事人的诉讼请求，使其面临败诉结果，因此驳回诉讼请求判决方案难以被行政相对人所接受。有鉴于此，中间判决方案应是最佳选择。

三是完善具体适用规则。有学者在借鉴域外经验、总结本土实践的基础上，提出应从五个方面完善情况判决制度：严格界定"国家利益"以及"公共利益"，将"个人利益"纳入考量范围，利益衡量时考虑"重大损失"的要求，明确具体的补救方式及期限以及用"驳回原告诉讼请求判决"取代"确认违法判决"。② 鉴于《行政诉讼法》中关于情况判决的条文表述赋予了法院相对较大的裁量权，且欠缺对"私益"范畴保护的规定，有学者提出，应将"公益"的单方认定变为多方的责任分配，重大损害的认定必须考虑相关因素及在诉讼中增加"沟通协议"环节。③

（二）确认无效判决

2000年《执行解释》首次规定了行政诉讼确认无效判决，具有完善行政判决类型、丰富诉讼救济手段和提升权利保障效果等多重意义，是行政诉讼制度发展史上浓墨重彩的一笔。2014年《行政诉讼法》修订，对确认无效判决作了三方面完善：一是取消了行政行为"不成立"的规定与表述；二是增加了"原告申请确认行政行为无效"适用条件；三是确立了无效行政行为的判断标准并予以例示。2018年《行诉解释》第94条第2款的规定，隐含了确认无效判决的功能定位，从个体权利特别救济迈向对行政的司法监督。④ 此次

---

① 参见李道清：《行政诉讼应当设立部分判决》，载《行政法学研究》1997年第3期。
② 参见金成波：《行政诉讼之情况判决检视》，载《国家检察官学院学报》2015年第6期。
③ 参见马艳：《情况判决的适用标准》，载《行政法学研究》2020年第2期。
④ 参见王宏宇：《从起诉期限看确认无效判决功能定位的转化——以新〈行诉解释〉的观点转变为视角》，载《内蒙古社会科学》2020年第2期。

修法吸取了司法经验和理论研究,推动了确认无效制度的发展,但仍存有若干问题需理论研究进一步明晰。

首先,确认无效判决的适用对象。根据《行政诉讼法》第75条规定,确认无效判决具有三层次的规范构造。第一,确认无效判决的确认对象,顾名思义为行政行为,但是由于立法不完备,造成了法条释义的逻辑混乱问题。根据2000年《执行解释》第57条第2款第3项,确认无效判决的确认对象为被诉行政行为无效与不成立两种。该条款中的"无效",自然指无效的行政行为,而对于何为"不成立"及其与"无效"的关系是什么,引发了讨论。有学者认为,不成立的行政行为包含在无效行政行为之内。[1] 还有学者认为,行政行为不成立包括非行政行为与行政行为不成熟两种情况。[2] 行政行为存在是基本起诉条件,不成立的行政行为根本无法进入实质审查程序,更无启动确认无效判决的可能性。判决确认不成立的行政行为无效,与行政诉讼起诉条件存在矛盾。行政行为依法"不成立"的渊源是原《行政处罚法》第41条。2000年《执行解释》与行政处罚法所规定的"不成立",事实上具有特定的历史涵义,指向行政行为重大且明显违法,以至于将其拟制为不存在。[3] 因此,2000年《执行解释》规定的"不成立",在内涵上等同于"无效",确认无效判决的适用对象为业已成立的行政行为。[4] 有关确认无效判决对象的讨论随着2014年《行政诉讼法》修订而告终。2014年《行政诉讼法》对2000年《执行解释》的不当之处作了纠正,正式排除了"不成立"情形,仅保留了行政行为无效规定。

其次,无效行政行为的判断标准。如何判断行政行为无效,是正确适用确认无效判决的前提。除了2000年《执行解释》对"无效"的规定,其他行政法律规范和司法解释中亦涉及无效行政行为规定,诸如"不准予执行""不予认可""严重违反"等表述。但是,我国实定法并未形成一个统一的、明确的

---

[1] 参见蔡小雪:《行政确认判决的适用》,载《人民司法》2001年第11期。
[2] 参见张树义主编:《寻求行政诉讼制度发展的良性循环》,中国政法大学出版社2000年版,第251页。
[3] 参见张旭勇:《行政判决原论》,法律出版社2017年版,第536—537页。
[4] 参见张旭勇、尹伟琴:《行政诉讼确认无效判决三题》,载《行政法学研究》2004年第4期。

无效行政行为判断标准。立法的模糊性,诱发了理论探讨,出现了"重大说""重大明显说""明显性要件补充说""明显瑕疵说"等诸多学说。[1] 2014年《行政诉讼法》第75条首次出现"重大且明显违法"术语,结束了规范缺失、观点各异的混乱局面,正式确立了无效行政行为判断标准。"重大且明显违法"标准将违法行政行为区分为两种形态,明确了无效与可撤销的最大区别在于违法程度不同。然而,"重大""明显"均属于不确定法律概念,二者叠加造成了判断标准的实际适用和具体阐释之困难。司法实践继续摸着石头过河,小心翼翼适用无效判决,尝试形成确定可行的司法经验。理论研究中同样以司法经验为蓝本,提取共性,提炼理论。然而,目前尚未对"重大且明显违法"标准作出客观、明确的阐释。就理论研究而言,能否揭开"重大且明显违法"的神秘面纱,是行政诉讼研究必须面对和攻克的难题。

最后,确认无效判决的适用情形。《行政诉讼法》第75条列举了确认无效判决的两种适用情形,即"实施主体不具有行政主体资格"和"没有依据"。由于行政行为理论尚不完备、法律规定用语笼统,有学者指出,例示的两种无效情形均有不妥之处,需作进一步细化。列举式立法技术必然会存在"挂一漏万"的问题,确认无效判决适用的情形也绝不限于法律列举的情形。该学者以群案研究为方法,收集了142份行政判决书,通过对司法实践中关于行政行为无效的判定标准加以提炼与反思,致力于"重大且明显违法"的客观化。[2] 具体而言,对于行政裁决遗漏申请事项未处理、行政登记欠缺事实基础、违法但不具有可撤销内容、行使其他部门的专属职权等情形,适用确认无效判决值得商榷,应予摒弃;对于行政处罚"不能成立"或没有法定依据、行政强制措施或行政强制执行课以事实不能之义务、漏盖公章或加盖无效公章、行政许可严重不符合法定形式等情形,应予肯认;此外,书面行政行为的作出主体无法被辨认和行政行为要求或许可相对人从事违法或犯罪活动,同样属于"重大且明显违法"的客观情形。适用情形的确定,有助于确认判决的正确、适当适用。而随着客观环境的变化,必然会出现新情况和新问

---

[1] 参见张旭勇:《行政判决原论》,法律出版社2017年版,第536页。
[2] 参见梁君瑜:《论行政诉讼中的确认无效判决》,载《清华法学》2016年第4期。

题,需要予以准确识别。因此,确认无效判决的适用情形范围,属于一直处于变化之中的学问。要想从容应对此种"变化",还需回归原点,通过探索、研究和提炼出科学确定的行政行为无效判断标准,以不变应万变。

我国行政诉讼确认无效判决尚有较大的完善空间。就现阶段而言,理论研究应重点关注以下几点:一是确认无效判决与撤销判决的关系。有学者基于行政诉讼的权利救济制度功能,认为对于行政相对人而言,撤销判决与确认无效判决的效果并无差别,因此主张一般应当作模糊处理,只有当原告要求宣告无效或者在常规诉讼时限之外起诉时,法院才有必要严格区分"无效"与"可撤销"。然而,行政诉讼具有多重目的,确认无效判决所具有的宣示功能、监督功能和预防功能,同样不能忽视。如何正确处理确认无效判决与撤销判决的关系,关涉行政诉讼目的功能之实现程度和效果。二是作为确认无效判决的适用前提,"重大且明显违法"内涵需予明确,这也有利于澄清违法程度,进而准确适用确认无效判决与撤销判决。三是确认无效判决的适用规则需要完善。有关起诉期限的特别规定[①]、举证责任的规则设计等,仍需重点研究。

(三) 驳回诉讼请求判决

驳回诉讼请求判决作为一种否定性的确认类判决,由 2000 年《执行解释》首次规定。这一判决形式源于司法实践需求,被司法解释规定后,颇受法院重视,运用频次不断增长。在 2014 年全国法院审结的各类一审行政案件中,驳回原告诉讼请求的判决占到 18.9%,远超维持判决的比例(11%)。[②] 2014 年《行政诉讼法》修改,废弃了维持行政行为的判决方式,正式确立驳回诉讼请求判决。与其他判决形式不同,驳回诉讼请求判决不具有对应的行政诉讼类型,其不仅在三大类型诉讼中均得存在,而且可以适用于行政赔偿、行政协议等特殊行政案件中。学理对于驳回诉讼请求判决的研究热情呈现出从高涨到断崖式跌落的变化,表现出整体数量较少、新近研究短缺、

[①] 参见梁君瑜:《论行政诉讼中的确认无效判决》,载《清华法学》2016 年第 4 期。
[②] 参见何海波:《行政诉讼法》(第 3 版),法律出版社 2022 年版,第 497 页。

实务界更为关注的研究特点。在为数不多的研究成果中,有关是否确立驳回诉讼请求判决的论争最为激烈,其余研究大都集中于驳回诉讼请求判决的适用范围及其与维持判决的关系两方面。

首先,是否确立驳回诉讼请求判决的论争。针对我国行政诉讼制度中是否确立驳回诉讼请求判决,学理研究在2000年《执行解释》出台之前,形成了针锋相对的观点。支持派的理由在于:第一,1989年《行政诉讼法》规定的判决形式较为简单,无法应对实际情况,如法院对具体行政行为的合法性无法准确认定,判决维持或撤销都不合适的情况;第二,我国《民事诉讼法》中规定了驳回诉讼请求判决方式,作为脱胎于民事诉讼的行政诉讼应得确立;第三,国外和我国台湾地区提供了可资借鉴的经验;第四,在原告承担举证责任的情况下,原告只有提供诉讼理由和事实根据,才能使诉讼请求得到支持,否则法院可作出驳回诉讼请求判决。[1] 设立驳回诉讼请求判决具有多重意义,表现为保护原告诉讼权利、防止当事人滥诉与缠诉、简化行政审判程序、提高行政行为法律效力、更好保护公益与实现诉讼价值等。[2] 此外,驳回诉讼请求判决具有法律基础和法理基础。有学者指出,1989年《行政诉讼法》第41条第3款暗含了确立该判决的意思,同时设立该判决符合一般的诉讼原理。[3] 反对派的理由在于:第一,驳回诉讼请求判决不符合合法性审查原则,违背了行政诉讼的功能要求,偏离了行政诉讼的主题;[4]第二,驳回诉讼请求判决有悖于举证责任倒置规则;第三,驳回原告诉讼请求判决不具备实践基础。[5] 实践证明,明确驳回诉讼请求判决在行政判决体系中的地位,可以弥补维持判决的制度缺陷、完善行政判决类型和更符合司法权与行政

---

[1] 参见江必新主编:《中国行政诉讼制度的完善:行政诉讼法修改问题实务研究》,法律出版社2005年版,第291页。
[2] 参见叶必丰:《行政法学》,武汉大学出版社1996年版,第53—67页。
[3] 参见张辅伦:《论行政驳回诉讼请求判决》,载《法律适用》2000年第6期。
[4] 参见张树义主编:《寻求行政诉讼制度发展的良性循环》,中国政法大学出版社2000年版,第241—242页。
[5] 参见江必新主编:《中国行政诉讼制度的完善:行政诉讼法修改问题实务研究》,法律出版社2005年版,第297页。

权各自的界限要求①,是符合实践需求和基本原理的。

其次,驳回诉讼请求判决的适用范围。驳回诉讼请求判决适用范围在立法上经历了限缩。2000年《执行解释》规定了四种适用情形,2014年《行政诉讼法》则限定为两种,分别为被诉行政行为证据确凿,适用法律、法规正确,符合法定程序;原告申请被告履行法定职责或者给付义务理由不成立。学理研究对于该问题亦存在两种观点。一种观点认为,应拓展驳回诉讼请求判决的适用范围,将原告提起行政诉讼超过法定的起诉期限、对行政机关合法的行政事实行为起诉、起诉行政机关不作为理由不成立、行政机关合法但不合理的具体行政行为、相对人单独或附带提起的行政赔偿诉讼请求不能成立、行政诉讼中被告改变其所作的具体行政行为且原告不申请撤诉、被诉具体行政行为合法,但因情况变化需要变更或废止等情形纳入了驳回判决的适用范围。② 另一种观点则认为,驳回诉讼请求判决是最后选择判决方式,在实践中无限扩大该判决的适用范围是灾难性的,必须严格控制其适用,严格坚持原告诉讼请求"明确无误的排除"标准。③ 驳回诉讼请求判决背后关涉司法权与行政权的分工与边界问题,其在某种程度上属于法院的裁量权限,并反映着行政审判能力。因此,就现阶段来看,应对驳回诉讼请求判决秉持谨慎态度,限制其适用范围。

最后,驳回诉讼请求判决与维持判决的关系。判决维持是具有中国特色的一种判决方式。由于维持判决可以体现"维护和监督行政机关依法行使行政职权"的立法目的,有助于缓和行政人员对行政诉讼的抵触情绪,确保行政诉讼制度顺利推行④,因此被1989年《行政诉讼法》确立为主要判决

---

① 参见刘峰:《论行政诉讼判决形式的重构——从司法权与行政权关系的角度分析》,载《行政法学研究》2007年第4期。

② 参见张辅伦:《论行政驳回诉讼请求判决》,载《法律适用》2000年第6期;张静:《行政确认判决和驳回诉求的适用》,载《人民司法》2006年第4期。

③ 参见江必新、梁凤云:《行政诉讼法理论与实务》(第三版·下),法律出版社2016年版,第1717—1718页。

④ 参见江必新:《论行政诉讼中的肯定裁判》,载《法学杂志》1988年第6期;甘文:《行政诉讼法司法解释之评论——理由、观点与问题》,中国法制出版社2000年版,第159页;张旭勇:《行政诉讼维持判决制度之检讨》,载《法学》2004年第1期。

方式。然而,在行政诉讼法实施后,维持判决逐渐暴露出制度缺陷,被法院逐渐搁置。与此同时,法院创造了驳回诉讼请求判决方式,由此激起了二者关系的探讨,直至 2014 年《行政诉讼法》对维持判决的废除和对驳回诉讼请求判决的确立,这场学理争论才彻底平息。对于驳回诉讼请求判决与维持判决的关系,有学者认为,二者的实质效果在行政法理论上来看基本相同,但是二者具有本质区别,维持判决是针对行政行为合法性的判定,驳回诉讼请求判决是对原告的诉讼理由是否成立而作出的。① 有学者从原告与法院之间的诉讼关系出发,提出维持判决兼具确认被诉行为合法和驳回原告诉讼请求之双重功能,维持判决可以称为"驳回判决"。② 主流观点则认为,驳回诉讼请求判决不仅具备维持判决功能,而且有其独特优势,可以弥补维持判决之不足,更好发挥行政诉讼制度功能,因此应全面取代维持判决。驳回诉讼请求判决全面取代维持判决,可以使行政诉讼制度恢复其原貌,更符合司法权的性质和在宪政体制中的自我定位。③ 由此可知,判决驳回原告诉讼请求的实质是替代过去的维持判决。④

行政判决制度在行政诉讼制度中占据重要地位,虽在行政诉讼法修订中以主要内容身份获得了完善,但依旧存有不足。行政法唯一不变的就是在变化,"行政法最引人注目的,不仅是它的重要性,而且还包括其不断变化的性格"⑤。行政诉讼法更是如此。距《行政诉讼法》首次修订已将近十年,新型行政争议不断涌现,行政审判的内外部环境亦发生较大变化,在这种背景下,行政诉讼判决制度面临着诸多新的挑战,当然也有发展机遇,亟须学理研究予以关注、回应和推进。总体来看,有三个问题可以进一步研究思考。

---

① 参见甘文:《行政诉讼司法解释之评论——理由、观点与问题》,中国法制出版社 2000 年版,第 160 页。
② 参见陈新民:《中国行政法学原理》,中国政法大学出版社 2002 年版,第 324 页。
③ 参见刘峰:《论行政诉讼判决形式的重构——从司法权与行政权关系的角度分析》,载《行政法学研究》2007 年第 4 期。
④ 参见郭修江:《行政诉讼判决方式的类型化——行政诉讼判决方式内在关系及适用条件分析》,载《法律适用》2018 年第 11 期。
⑤ 王威海编著:《韦伯:摆脱现代社会两难困境》,辽海出版社 1999 年版,第 274 页。

首先，判决类型之间的关系需进一步梳理。"每一个法条，都紧密交织在法体系中，构成一个有意义的整体关系。"①各行政判决方式均有自己独特的功能定位和适用范围，同时又统一于行政诉讼制度体系之中，秉持既相互独立又互相辅助的立场，共同服务于行政诉讼目的之实现。行政判决方式个性功能的发挥，离不开体系相容性。从理论上来看，形成类、给付类和确认类判决之间存在排斥、交错、选择、结合、转换、补充六种关系。不同的排列组合，会产生不同的法律效果。针对行政争议，如何选择合适的判决方式，处理好判决之间的关系，确保纠纷化解、权利救济和行政监督三大行政诉讼目的之平衡，实现法律效果、社会效果和政治效果相统一，是行政判决制度研究的核心问题。

其次，行政判决类型与行政诉讼类型之间的关系需深入研究。诉讼精细化是诉讼制度走向成熟的标志，行政判决类型化与行政诉讼类型化则是我国行政诉讼制度走向成熟的标志。一般而言，行政诉讼类型与行政判决类型之间属于对应关系，在诉讼程序过程中表现为起点和终点的关系。例如形成之诉的发动，通常应伴随着形成判决方式的运用。然而，我国行政诉讼制度中不仅存在特殊诉讼类型，还有驳回诉讼请求判决这种难以与诉讼类型相匹配的判决类型。正因如此，我国学者多认为判决方式与诉讼类型之间不存在一一对应的关系。"判决方式并不能决定诉讼类型，例如对于撤销之诉，法院可能会作出维持判决、撤销判决、变更判决或确认判决。"②此外，现有研究中存在依判决类型倒推行政诉讼类型的研究进路，并随即产生了反对诉讼类型化的声音。行政诉讼无须急切类型化，"因为在现有狭窄的受案范围之内行政诉讼类型与行政判决种类呈对应关系，已经有的行政判决类型化完全可以替代行政诉讼类型化，而且还可能更加节约制度成本"③。"类型化是分析和研究问题的重要途径和方法。把事物按照一定的特征，进行分类，然后进行细化分析，是深入探求问题的内在要求。"④在研究行政判

---

① 黄茂荣：《法学方法与现代民法》（第五版），法律出版社 2007 年版，第 344 页。
② 刘飞：《行政诉讼类型制度的功能》，载《法学研究》2013 年第 5 期。
③ 张旭勇：《行政判决原论》，法律出版社 2017 年版，第 24 页。
④ 杨伟东：《权力结构中的行政诉讼》，北京大学出版社 2008 年版，第 197 页。

决类型化时,必须关注行政判决类型与行政诉讼类型之间的关系,积极回应现有研究中存在的主张二者之间为对应或替代关系的观点。

最后,行政判决作为法定结案方式,与和解、调解的关系亟待厘清。创造多元化的裁判方式和多元化的纠纷解决方式是现代司法制度和治理体系的基本走向。行政诉讼本就以解决纠纷为直接目的,在强调行政争议实质性化解的当下,该目的能否实现,以及实现到何种程度,成为考验行政审判制度能力和纠纷解决机制效能的重要指标。基于行政诉讼繁简分流目标和实质解纷之双重考量,一方面,形成类判决和给付类判决被强调应予大胆适用;另一方面,以调解、和解为典型的非诉手段被提倡优先适用。近些年,诉前协调手段的急速兴起和大力适用,确实起到了从人案矛盾凸显走向繁简分流推进、从偏重定分止争走向兼顾定分止争效果的作用。然而,司法实践中同样出现了片面追求诉前协调率的异化现象,似有往昔"大调解"浪潮回光返照之迹象,会对行政判决的地位造成冲击。在这种背景下,行政判决与和解、调解的关系认识,不仅司法实践应予重视,学理研究更应深入思考,从而寻求出一条有序合作、协调发展的治理现代化和审判现代化道路。

主要参考文献

1. 熊勇先:《行政给付诉讼研究》,法律出版社 2016 年版。
2. 张旭勇:《行政判决原论》,法律出版社 2017 年版。
3. 杨伟东:《履行判决变更判决分析》,载《政法论坛》2001 年第 3 期。
4. 张宏、高辰年:《反思行政诉讼之重作判决》,载《行政法学研究》2003 年第 3 期。
5. 章剑生:《论利益衡量方法在行政诉讼确认违法判决中的适用》,载《法学》2004 年第 6 期。
6. 张旭勇、尹伟琴:《行政诉讼确认无效判决三题》,载《行政法学研究》2004 年第 4 期。
7. 张旭勇:《行政诉讼维持判决制度之检讨》,载《法学》2004 年第 1 期。
8. 黄学贤:《行政诉讼中的情况判决探讨》,载《行政法学研究》2005 年第 3 期。

9. 余凌云:《行政诉讼上的显失公正与变更判决——对〈中华人民共和国行政诉讼法〉第 54 条第(4)项的批判性思考》,载《法商研究》2005 年第 5 期。

10. 叶平:《不可撤销具体行政行为研究——确认违法判决适用情形之局限及补正》,载《行政法学研究》2005 年第 3 期。

11. 吴红宇、肖帮华:《试析给付判决应当成为我国行政判决的种类》,载《行政法学研究》2009 年第 4 期。

12. 邓刚宏:《行政诉讼维持判决的理论基础及其完善》,载《政治与法律》2009 年第 4 期。

13. 郑春燕:《论"基于公益考量"的确认违法判决——以行政拆迁为例》,载《法商研究》2010 年第 4 期。

14. 杨桦、张显伟:《行政诉讼维持判决制度之辩护》,载《法学杂志》2010 年第 4 期。

15. 张显伟:《废弃抑或保留:对行政诉讼维持判决制度的思考》,载《国家行政学院学报》2010 年第 5 期。

16. 金成波:《中国情境下的情况判决——经由案例的钩沉》,载《行政法学研究》2011 年第 1 期。

17. 章剑生:《行政诉讼履行法定职责判决论——基于〈行政诉讼法〉第 54 条第 3 项规定之展开》,载《中国法学》2011 年第 1 期。

18. 杨东升:《论一般给付诉讼之适用范围——〈行政诉讼法〉第 73 条评释》,载《行政法学研究》2015 年第 6 期。

19. 张静:《论行政诉讼变更判决》,载《行政法学研究》2015 年第 2 期。

20. 梁君瑜:《论行政诉讼中的确认无效判决》,载《清华法学》2016 年第 4 期。

21. 刘欣琦:《新〈行政诉讼法〉实施后重作判决适用探析》,载《政治与法律》2016 年第 5 期。

22. 杨登峰:《对未送达行政行为作出撤销判决还是确认未生效——基于第 38 号指导案例及相关案例的思考》,载《政治与法律》2016 年第 3 期。

23. 王贵松:《行政诉讼判决对行政机关的拘束力——以撤销判决为中心》,载《清华法学》2017 年第 4 期。

24. 温泽彬、曹高鹏:《论行政诉讼履行判决的重构》,载《政治与法律》2018 年第 9 期。

25. 王锴:《行政诉讼中变更判决的适用条件——基于理论和案例的考察》,

载《政治与法律》2018 年第 9 期。

26. 王贵松:《论我国行政诉讼确认判决的定位》,载《政治与法律》2018 年第 9 期。

27. 刘群:《实质解决行政争议视角下的行政履行判决适用研究》,载《行政法学研究》2019 年第 2 期。

28. 黄锴:《行政诉讼给付判决的构造与功能》,载《法学研究》2020 年第 1 期。

29. 马艳:《情况判决的适用标准》,载《行政法学研究》2020 年第 2 期。

30. 梁君瑜:《行政诉讼变更判决的适用范围及限度》,载《法学家》2021 年第 4 期。

第十二章

行政诉讼起诉

作为行政诉讼立案制度的核心,起诉条件是衡量当事人是否可以无障碍行使诉权的首要制度要素,也是法院行使司法审查权的准据。[①] 我国行政诉讼法关于起诉制度的一般规定,是以《行政诉讼法》第49条和列于第六章"起诉和受理"之下的其他条款所构成的,分别涉及原告资格、被告资格、诉讼请求、事实依据、受案范围、管辖等起诉条件。而分散在行政诉讼法其他条款以及司法解释的起诉条件,则包括了起诉期限、复议前置、重复起诉等多项内容。目前,行政诉讼起诉存在混淆程序启动要件与实体判决要件的现象,对诉讼请求是否成立等胜诉内容前移至起诉阶段进行严格审查,是人为设置的起诉条件,过分抬高了起诉门槛。这也造成了行政诉讼存在裁定比例偏高、实体判决比例偏低、实质解决纠纷不足等问题。[②] 除此之外,起诉期限、重复起诉的认定以及撤诉制度的规定等问题,同样在理论和实践层面引发讨论,本章将逐一进行分析。

一、行政诉讼的起诉条件

行政诉讼起诉条件,是公民、法人或者其他组织提起行政诉讼时应符合

---

① 参见陈海萍:《行政诉讼起诉条件的规范缺陷与修正》,载《行政法学研究》2020年第1期。
② 参见殷勤:《严格起诉条件审查对行政诉判关系的影响与矫正》,载《人民司法》2022年第1期。

行政诉讼法所规定的基本要求。起诉条件是一个问题的两个方面：对公民、法人或者其他组织而言，是提起诉讼的基本要求；对人民法院而言，又是行政案件的受理条件和立案标准。行政案件的起诉条件是实践中颇有争议的问题，这种争议可能来源于法律概念的不明确，如对权利可能产生实际影响、利害关系等，也可能源于当事人基于某种事实所产生的争议，如对被告主体资格的认定、起诉期限计算起点的确认、是否属于重复处理等。有学者从行政诉讼制度供给的角度进行观察，总结了当前行政诉讼起诉高阶化、行政诉讼纠纷解决功能难以有效发挥的关键因素在于过于复杂和不尽科学的起诉条件制度设计、起诉要件与诉讼要件之间缺乏分层，以及相应审判结构的缺陷。① 目前，起诉条件与法院实体审理内容的混淆，进一步加剧了起诉条件"高阶化"的问题，这需要从起诉条件的具体内涵、审查标准以及结合"立案登记制"改革实践进行思考。

（一）行政诉讼起诉条件的具体内涵

关于起诉条件的具体内容，主要集中在《行政诉讼法》第49条："提起诉讼应当符合下列条件：（一）原告是符合本法第二十五条规定的公民、法人或者其他组织；（二）有明确的被告；（三）有具体的诉讼请求和事实根据；（四）属于人民法院受案范围和受诉人民法院管辖。"此外，还与《行政诉讼法》第44—47条和2018年《行诉解释》第69条规定有关。从程序视角观之，起诉条件的审查应当是基础审查。对此，有法官认为，可以将诉讼程序分为起诉要件、诉讼要件以及本案要件审理三阶段。② 法院在不同阶段针对不同要素进行审查。只有在判断符合起诉条件，形成诉讼系属后，法院才会对诉讼要件和本案要件进行审查。

在学理上，起诉要件是指诉的适法提起所必需的条件，其涉及诉的成立问题，自立案阶段开始便受到审查。倘若缺乏起诉要件，诉讼将无法启动，

---

① 参见高鸿：《行政诉讼起诉条件的制度与实践反思》，载《中国法律评论》2018年第1期。
② 参见耿宝建：《立案登记制改革的应对和完善——兼谈诉权、诉之利益与诉讼要件审查》，载《人民司法》2016年第25期。

尽管存在当事人的起诉行为,也不产生诉讼系属的法律效果。一般而言,对起诉要件的审查集中表现为诉状审查,即核对诉状中是否写明必要记载事项,例如当事人、诉讼请求及理由是否明确。有学者从内容入手,对起诉条件的具体内涵进行了分析,认为起诉条件实则包含了学理上的诉的三阶层要件。首先,"原告与行政行为有利害关系"属于当事人适格的内容,应归入诉讼要件中;而作为起诉要件中针对原告的要求,仅需达到在诉状中有明确的原告即可。其次,"有明确的被告"属于诉状中的必要记载事项,应当纳入起诉要件。再次,"有具体的诉讼请求与事实根据"虽然语焉不详,"具体"一词属于不确定法律概念,司法实践中存在采取证实理论的空间。最后,"属于法院受案范围和受诉法院管辖"涉及主管与管辖权限的问题。①

由于起诉要件、诉讼要件甚至本案审理要件的混合,使得立案法官享有极大的裁量空间。有学者提出,《行政诉讼法》第 49 条未能明确界分起诉要件和诉讼要件,虽然具备诉的主体(原告与被告)、诉的客体(程序标的)和诉的原因(诉讼请求和事实)三部分内容,但是混杂了"诉是否成立"和"诉是否合法"的条件。基于此,三项旨在逐步推进起诉条件有效适用的路径及方法应运而生:在既有诉讼构造格局上,运用诉讼法和实体法二元观界分起诉条件并进行适度审查,建构起诉条件教义学促进概括性要件的认定,并在今后依据诉讼类型对特别判决要件进行类型化审查。② 这三项路径对于保障当事人依法行使诉权、解决立案难题颇有现实意义。

(二) 行政诉讼起诉条件的审查标准

就起诉条件的审查标准而言,有学者认为,应当采取"以形式审查为主、浅程度实体审查为辅"③。其中,可以进行"浅程度实体审查"的问题主要涉及两方面:一是起诉人与被诉行政行为是否有"利害关系";二是被诉行政行

---

① 参见梁君瑜:《我国行政诉讼立案登记制的实质意涵与应然面向》,载《行政法学研究》2016 年第 6 期。
② 参见陈海萍:《行政诉讼起诉条件的规范缺陷与修正》,载《行政法学研究》2020 年第 1 期。
③ 黄先雄、黄婷:《行政诉讼立案登记制的立法缺陷及应对》,载《行政法学研究》2015 年第 6 期。

第十二章 行政诉讼起诉

为是否属于法院的受案范围。对于前者应当就"利害关系"作宽松认定,只要起诉人的权益可能受到被诉行政行为的侵犯,法院就应当立案。立案阶段不能进行深度审查,区分是"直接利害关系"还是"间接利害关系",是"法律上的利害关系"还是"事实上的利害关系",否则有违立案登记制的初衷。强调"利害关系"要素,只是为了排除他益诉讼或纯公益诉讼,这两者从形式上较为容易判断。对于后者受案范围问题,只要不属于《行政诉讼法》第13条明确排除受案范围的情形,起诉人认为自己的合法权益受到行政行为侵犯的,均应先行立案,不能以不属于第12条明确列举的范畴不予立案。对于其他起诉条件,应当只进行形式审查:一是关于"有明确的被告",仅要求被告明确即可,不得作是否适格的审查。二是关于"有具体的诉讼请求和事实根据",只要诉讼请求具体、有事实证据材料即可,不得审查诉讼请求是否成立、能否胜诉,不得审查证据材料的真实性、合法性,只能适度审查关联性。有法官指出,对于诉讼请求所依据的事实、理由的"具体"标准应作宽泛理解,其记载不以详尽、真实为必要条件,事实的记载只需要足以辨别诉讼标的,而无需足以支持起诉人的诉讼请求。[①] 三是关于管辖法院,如果案件不属于受案法院自身管辖的,应告知起诉人向哪一法院起诉,当事人要求书面告知的,应书面告知。

也有学者认为,起诉条件适度的审查标准可以依据"明显属于诉讼法律问题——需要事实和证据予以认定——复杂疑难"这一渐进式难度予以判别。将原告适格和诉的利益等内容从现有的起诉条件中剥离,将诉讼要件中与行政实体法关联密切的要件区分处理,并通过司法解释等形式授权审判庭审理。而对起诉期限、重复起诉、复议前置程序、诉讼标的已为生效裁判或调解书所羁束等诉讼要件,需要衡量司法资源的有限性与审判效率之间的关系,以前置审查方式交由立案庭审理并根据具体案情作适度审查。[②]

从司法实践角度出发,有法官对行政诉讼起诉条件成为高阶门槛的表

[①] 参见罗重海、张坤世:《行政案件起诉审查制度之检讨与重构》,载《法律适用》2012年第2期。

[②] 参见陈海萍:《行政诉讼起诉条件的规范缺陷与修正》,载《行政法学研究》2020年第1期。

现进行了概括,具体包括严格界定可诉的行政行为、严格认定利害关系和被告资格、原告对起诉事实承担严格的举证义务、有具体的诉讼请求被严格解释为"一行为一诉"、排除诉的具体事由被主动严格审查这几方面。① 行政诉讼起诉条件高阶化与立案登记制改革不无关系,下文将继续展开。

(三) 行政诉讼立案登记制的改革与完善

行政诉讼在实施立案登记制前曾经存在"起诉难"的问题,有的地方为限制受理行政案件,形成了一些立案"潜规则",设置"隐形门槛",少数法院对当事人的起诉态度是既不立案也不作出驳回起诉的裁定,在立案受理问题上游离于行政诉讼法的条文规定之外,形成行政诉讼的"立案政治学"。② 2015年通过的《关于人民法院推行立案登记制改革的意见》指出,改革法院案件受理制度,变立案审查制为立案登记制,对人民法院依法应该受理的案件,做到有案必立、有诉必理,保障当事人诉权。《行政诉讼法》不仅在总则部分对"起诉权保障"作了原则性规定,还通过第51条第4款内容对"登记立案制"予以细化规定。行政诉讼立案登记制实施至今,在规范立案程序、提高立案率、保护当事人行使行政诉权等方面发挥了积极作用,但起诉条件范围不明的问题依旧存在。《行诉解释》第3条的规定扩宽了《行政诉讼法》第49条对起诉条件的界定范围,将超过起诉期限、重复起诉、对合法权益明显不产生实际影响等均纳入起诉条件的范畴,将起诉条件的范围和程度向更广、更深层次延展,有学者指出,这导致了起诉条件与诉讼要件的混同,出现起诉条件高阶化的现象。③ 虽然起诉条件"高阶化"问题在民事诉讼中也同样存在,但是行政诉讼中权力和权利复杂交织,使得行政起诉"高阶化"成为饱受诟病的话题。④

法院在行政诉讼中实施的审查包括程序审查和实体审查,程序审查完

---

① 参见殷勤:《严格起诉条件审查对行政诉判关系的影响与矫正》,载《人民司法》2022年第1期。
② 参见汪庆华:《中国行政诉讼:多中心主义的司法》,载《中外法学》2007年第5期。
③ 参见杨寅、李晓:《行政诉讼立案登记制的成效与完善》,载《行政法学研究》2018年第2期。
④ 参见谭炜杰:《行政诉讼受案范围否定性列举之反思》,载《行政法学研究》2015年第1期。

第十二章　行政诉讼起诉

成于起诉立案阶段,实体审查完成于案件审理阶段。在审理行政行为合法性等实体问题之前,法院需要首先完成对是否符合起诉条件的审查。对起诉条件的审查从简单的形式审查变成立案阶段提前进行的实质审查,因听取双方当事人意见等保障程序的暂付阙如,使得法院只要是不想受理、不愿受理的案件,就能够人为设置高起诉门槛即将其拒之门外。"登记立案"写入行政诉讼法并未从实质上改变先前"立案审查制"的思维惯性,起诉条件的高阶化至今仍是饱受诟病的话题,并引发了新一轮的"立案难"问题。有学者认为,这在无形中暗含着立案审查制的内核,已然背离原本化解"立案难"的改革方向。① 正是由于将本该后置的诉讼要件乃至本案要件都纳入到起诉要件的审查行列,使得立案登记制的实施陷入立案难度不断上升的局面。然而,在当下司法实践中,对行政诉讼立案登记制并不局限于起诉状的形式审查,"立审分离"改革背景下设置的立案庭实则承担起部分审判职能,而立案庭对起诉状的审查已超出了形式审查的范畴,通常会在审查起诉要件的本职工作之外,还越俎代庖地审理诉讼要件乃至本案要件的内容,无形中增加了当事人诉累。

值得一提的是,虽然将案件受理和审理两个阶段加以区分、分别审查,体现了审判方式的精细化,但仍有必要注意到争议的整体性、实质性化解问题。法院在处理本案要件之前,往往拘泥于对是否符合起诉条件的审查,这将导致原告与法院难以有效对话,法院也无法对原告的实质诉求作出有效回应。对此,有法官提出,贯彻落实立案登记制需要从审查体系和审查方式入手进行改革。应当重新审视行政诉判关系,确立一次性解决纠纷的审理理念。具体而言,在审理体系上独立诉讼要件审查,在审查方式上汲取主、客观诉讼结构的各自优势,既体现诉与判相对应,又及时对起诉事由、诉讼请求加以规范、引导与合理解释。② 过分注重程序与实体、起诉与审理的界分,的确会在一定程度上割裂两者的内在关联,把原本整体性质的行政争议

---

① 参见梁君瑜:《行政诉权本质之辨:学术史梳理、观念重构与逻辑证成》,载《政治与法律》2017年第11期。

② 参见殷勤:《严格起诉条件审查对行政诉判关系的影响与矫正》,载《人民司法》2022年第1期。

却做了不恰当的碎片化分割处理,实则无益于行政争议的实质性化解。

在实务中,部分地方法院立案庭也会出于对当事人节省诉讼费用、预留进一步寻求司法救济空间的司法关怀等考虑,采取将符合起诉条件的案件裁定驳回起诉,这类处理方式是最常见的做法。法院有时也会利用设置严格审查起诉条件的手段,对部分棘手行政争议进行暂时搁置的"冷处理",这些不妥当的做法将大量案件拦在了法院实体审查的大门之外。最高人民法院在(2020)最高法民终604号民事裁定书中表明了对这种裁判思路持否定态度,并在裁判要旨里指出,将符合起诉条件的案件裁定驳回起诉,不符合关于起诉条件的法律适用要求,也不符合保障和便利当事人行使诉讼权利的原则要求,属适用法律错误。事实上,当事人能否提供充分的证据证明等内容均属于胜诉要件,法院在起诉条件中已然进行了实体审理并提前作出判断,显然是一种不恰当的提前干预。实体审查条件与胜诉要件前置性地嵌入到起诉的要件之中,是变相剥夺和限制当事人的起诉权,有悖于"立案登记制"的制度初衷。

对上述存在的情况,有学者提出,应当从完善制度自身及其配套入手,合理建构起诉条件,使立案和审理在审查范围和程度上具有层次性和递进性。可以通过"区分审查阶段""限定起诉条件范围""区分审查强度"的方式,明确行政诉讼起诉条件与诉讼要件的范围,并对起诉条件与诉讼要件坚持不同的审查标准,进而对两者分阶段、程度进行审查。[①] 也有学者认为,可以形成"递进式"的立案阶段、程序审理阶段与实体审理阶段,分别针对起诉要件、诉讼要件、本案要件展开相对集中审查,并且唯有在前一阶段具备该阶段的相对集中审查要件时,诉讼才能向后一阶段推进。[②] 还有学者提出,只要当事人提交了记载必要事项的起诉书并预交诉讼费,行政诉讼程序即应启动,从而有效减少法院在立案审查阶段的裁量权,防止法院基于各种不相关因素考虑而任意拒绝受理案件。同时,需要将实体判决要件制度引进

---

① 参见杨寅、李晓:《行政诉讼立案登记制的成效与完善》,载《行政法学研究》2018年第2期。
② 参见梁君瑜:《我国行政诉讼立案登记制的实质意涵与应然面向》,载《行政法学研究》2016年第6期。

第十二章　行政诉讼起诉

我国行政诉讼程序中,进而合理排定受案范围在行政诉讼中的位置,将对改变我国起诉条件"高阶化"、促进司法审查制度的完善起到积极作用。① 有法官则认为,可以将《行政诉讼法》第49条规定的起诉条件归入起诉要件,尽量低阶化或无阶化。对于诉从成立到请求被支持或驳回依次包含三个阶段构成要件,需要分别审查:一是起诉要件审查,即审查原告在诉状中是否明确被告、诉讼请求、事实和理由等形式要素;二是诉讼要件审查,即审查是否具备司法审查权行使的界限、正当当事人、审理必要性、特殊情况下排除诉的障碍等诉讼法律关系成立的要件;三是本案要件审查,即审查原告的诉讼请求能否得到支持。行政诉讼中的受案范围、原被告适格、起诉期限等均为诉讼法律关系成立要件,应当归入诉讼要件并通过对席审判的方式加以审查。②

基于行政诉讼起诉条件的学理讨论和行政诉讼立案登记制的改革实践,降低行政诉讼起诉门槛、起诉条件的去高阶化势在必行。对此,应当从两方面思考修正目前行政诉讼起诉条件的内涵,回归其制度本位。一方面,我们有必要明确立案登记制的应有构造,让起诉条件的设定回归其在行政诉讼过程中的本位,并适当做一些"减法"改良。立案登记制应当有效避免法院"未立先审",需要剥离现行法规定的"起诉条件"中本属于诉讼要件、本案要件的内容,将这两部分置于立案之后的阶段进行审查,让法院在立案阶段仅审查起诉状中是否包含必要记载事项,且审查方式限于形式核对,进而完成现行法中行政诉讼起诉条件的低阶化回归,恢复正常的和社会所欲求的行政诉判关系,避免对权利救济的阻隔。这既是对形式审查的坚守,有助于回归学理上的起诉要件的理论支点,妥当发挥起诉条件的实效,这也应当成为我国进一步推进立案登记制改革的应然面向。另一方面,行政审判实务中倾向于将行政意志和客观法秩序视为重要的法价值并予以维护,这体现了秩序行政思维。为此,需要从价值位阶的角度出发,思考起诉条件设置

---

① 参见谭炜杰:《行政诉讼受案范围否定性列举之反思》,载《行政法学研究》2015年第1期。
② 参见殷勤:《严格起诉条件审查对行政诉判关系的影响与矫正》,载《人民司法》2022年第1期。

的合理性问题。实质性解决行政争议、有效化解矛盾应当是行政诉讼更高层次的价值追求,高阶化的行政诉讼起诉条件不符合立法初衷,只有让当事人尽快从行政争议中终局性地解放出来,才有助于其权益更好实现和社会更好发展,实现社会对司法权力行使的要求和期待。

二、行政诉讼的起诉期限

在行政诉讼中,起诉期限与行政诉权密切相关,在法定期限内提起行政诉讼是行政诉权从应然向实然转变的基本条件之一,并由此引起诉讼系属。自1989年《行政诉讼法》颁布以来,学界对于我国行政诉讼起诉期限制度的讨论主要集中在具体规则层面,譬如直接起诉期限与经复议后起诉期限设置的合理性问题,以及存在多个起诉期限并存的情况、最长起诉期限的适用度不高、起诉期限起算点的判断标准模糊等。对此,2014年《行政诉讼法》以及2018年《行诉解释》作出部分回应,勾勒出我国行政诉讼起诉期限制度的样貌,具体包括以下几点:一是细化了应受起诉期限调整的内容,包括行政行为、行政不作为、行政复议决定、行政复议不作为、行政协议等。二是基本明确了起诉期限的适用范围。请求确认2015年5月1日以后作出的行政行为无效的,不受起诉期限的限制。三是将直接起诉的一般期限由3个月延长至6个月,强化行政诉权保障。同时,对法定期限之外的起诉期限延误,在延长情形的基础上增加了扣除情形,规定在《行政诉讼法》第48条中。综观学术界既有的研究,行政诉讼起诉期限的功能定位三大学说的探讨,以及确认无效诉讼起诉期限两种学说立场的价值权衡,是引发学界集中关注的话题。

(一)行政诉讼起诉期限的功能定位

行政诉讼起诉期限的功能定位是建构起诉期限制度的基础和关键,决定了该制度的整体架构与规则的具体设计,是对行政诉讼起诉期限立法目的之回应。行政诉讼起诉期限可以概括为"一元说""二元平衡说"和"三元并列说"三种学说,其中,"二元平衡说"是我国行政诉讼法设置起诉期限制

第十二章 行政诉讼起诉

度的立法选择。

支持"一元说"的学者认为,起诉期限是行政诉讼法针对行政行为的形式确定力所做的具体设计[①],规定起诉期限是行政行为形式确定力的必然要求[②],是源于对法安定性的考量。"二元平衡说"兼顾行政效率维护和行政效率保障的双重任务,认为起诉期限的目的除了要考虑到行政行为效力(形式确定力)和行政效率,还要体现出对当事人行政诉权的保障,实现两者的平衡。[③] 我国《行政诉讼法》第 46 条将"直接起诉"的一般起诉期限由原来的 3 个月延长至 6 个月,事实上采纳了"二元平衡说"。[④] 支持"三元并列说"的学者认为,司法资源的有限性对诉讼程序中时效制度提出了要求,起诉期限的功能应当对当事人诉权的积极限制、对行政行为效力(形式确定力)的维护和对司法管辖权行使的合理限制这三方面内容进行综合考量。[⑤]

对于上述三种行政诉讼起诉期限功能定位的学说讨论,有学者认为,行政诉讼起诉期限功能定位应当与行政诉讼性质以及我国行政诉讼法立法目的相匹配和协调,进而在行政诉讼框架下充分体现行政诉讼制度的特殊性,并分别指出三种学说存在的缺漏:"一元说"未能体现权利救济意义上公民权益保障这一行政诉讼立法目的和核心关怀;"二元平衡说"虽然是"一元说"的改良版本,但其本质上未从"维护行政"的固有思维中突围,以督促及时提起行政诉讼的方式保障行政诉权在事实上带有的强制色彩,有违行政诉权自由选择的本质属性,在司法实践中陷入了以保障行政诉权之"名",行维护行政行为效力与行政效率之"实"的窘境;"三元并列说"实际描绘的是行政诉讼起诉期限经过的客观效果,即行政诉权灭失、行政行为形式确定力形成和司法管辖权排除,并非主观意义上的功能定位。对此,也有学者提出,应当将起诉期限的功能定位修正为一种新的一元说,即行政诉权的时间

---

① 参见叶必丰:《行政行为的效力研究》,中国人民大学出版社 2002 年版,第 99—116 页。
② 参见赵清林:《论我国行政诉讼起诉期限的立法完善》,载《河南省政法管理干部学院学报》2004 年第 6 期。
③ 参见林莉红:《行政诉讼法学》(第四版),武汉大学出版社 2015 年版,第 155 页。
④ 参见信春鹰主编:《中华人民共和国行政诉讼法释义》,法律出版社 2014 年版,第 122 页。
⑤ 参见林俊盛:《行政诉讼起诉期限制度研究》,法律出版社 2014 年版,第 64-66 页。

限制,其终极目的仍应当是切实保障行政诉权。①

通过对起诉期限功能定位问题的反思与修正,有学者提出,行政诉讼起诉期限的功能定位应当修正为行政诉权的时间限制。这有助于促成起诉期限作为行政诉讼概念和内涵的回归,有利于匹配行政诉讼性质及行政诉讼法立法目的,同时也能回应不断扩大的受案范围及日臻完善的行政诉讼制度。基于公民权益保障是行政诉讼法的主要目的和根本目的这一观点②,起诉期限虽是对行政行为确定力与效率予以确认和保护的立法策略,但它必须立足于行政诉讼监督行政权力运行与维护相对人合法权利这一前提性的功能之上。③

(二) 确认无效诉讼的起诉期限之争

确认行政行为无效诉讼是否适用起诉期限,行政法学理论界的观点呈现出二元对立格局,在法律规范和司法实务层面也争议不断,存在"否定说"和"肯定说"两种学说。其中,不受约束之"否定说"立场与大陆法系传统的无效行政行为理论保持一致,认为应当保障确认无效诉讼的独立价值;而受约束之"肯定说"立场则发端于法安定性的考量,这也由此产生了学界分别选择起诉期限不受约束与受约束两种路径。

具体而言,"否定说"观点认为,无效行政行为自始、当然且确定无效,行政相对人可随时提起确认无效之诉,无须受到起诉期限的限制。我国不少学者支持"否定说"的主张。其中,有学者认为,对确认无效诉讼采不受起诉期限约束的立场,才能彰显其独立价值、最大程度发挥其与撤销诉讼的权利保护合力。④ 有学者同样主张无效行政行为起诉期限绝对无期限的观点,认

---

① 参见范伟:《行政诉讼起诉期限功能定位之反思与修正》,载《行政法学研究》2021年第2期。
② 参见马怀德:《保护公民、法人和其他组织的权益应成为行政诉讼的根本目的》,载《行政法学研究》2012年第2期。
③ 参见赵美容、石珍:《权利救济之殇:行政诉讼期限起算基点的功能缺失——给付行政模式下的一种新视野》,载《西南政法大学学报》2011年第1期。
④ 参见梁君瑜:《实然与应然:确认无效诉讼的起诉期限辨析》,载《行政法学研究》2021年第1期。

为"不受起诉期限限制,是保证我国行政诉讼体系中确认无效之诉独立地位的程序性标志"。① 因为从诉讼功能视角观之,确认无效诉讼既是为监督无效瑕疵之行政行为而设,也是为相对人提供无期限限制的权益诉求保障。此外,确认无效之诉具有特别救济意义,属于一种"超过一般的起诉期限的"诉讼,否则将与撤销诉讼的功能无异。② 对比而言,"肯定说"的支持者主要出于法安定性的考虑,认为起诉无效行政行为仍应适用行政诉讼法及司法解释中有关起诉期限的规定。从当前的立法予以考量,并无特别规定确认无效诉讼不适用起诉期限的规定,这意味着在立法层面,确认无效诉讼仍受到起诉期限约束的立场是明确的。

除"肯定说""否定说"两种学说外,"折中说"的支持者则主张,确认无效诉讼仍应在"适当期间"内进行。原因在于,"适当期间"因赋予了法院裁量空间而比法定起诉期限更灵活,且"适当期间"不宜低于起诉期限。③ 也有法官从司法实践的角度进行分析,提出应将"肯定说"修正为"有限肯定说",即原则上适用起诉期限,真正不受期限限制的无效行政行为只是"否定说"和"有限肯定说"的交集。只有经法院确认无效的,法院有权排除期限适用,原告起诉、法院审查和审理均不受起诉期限限制,并同时建立适当机制发挥行政自我纠错和过滤功能。④

综上所述,确认无效诉讼是否应当受起诉期限约束的问题,实际上取决于两种学说立场的价值权衡,是倾向于权利保护的不受约束立场,抑或是侧重法安定性的受约束立场。正如有学者所言,无效行政行为具有"重大且明显违法"的色彩,此时的法安定性理念应让位于标榜"权利保护"的实质正义理念。⑤ 我们认为,有必要平衡权利保护与法安定性,遵循确认无效诉讼起诉期限不受约束的"否定说"立场是更为恰当的一种选择,这也有助于发挥

---

① 参见李政洋:《我国确认无效诉讼没有起诉期限之考辨——兼评行政诉讼法司法解释第162条的合法性》,载《行政法学研究》2021年第5期。
② 参见王贵松:《论我国行政诉讼确认判决的定位》,载《政治与法律》2018年第9期。
③ 参见刘春:《确认无效诉讼起诉期限的司法填补》,载《行政法学研究》2019年第3期。
④ 参见曹淑伟:《确认行政行为无效诉讼的期限研究》,载《行政法学研究》2017年第4期。
⑤ 参见梁君瑜:《实然与应然:确认无效诉讼的起诉期限辨析》,载《行政法学研究》2021年第1期。

确认无效诉讼的独立价值和意义。

三、行政诉讼的重复起诉

《行政诉讼法》的实施和立案登记制的推进,极大地便利了行政相对人依法行使诉权,行政诉讼起诉成本的降低也使得行政诉讼案件数量迎来爆发式增长,行政案件受案量在各层级法院呈现出"倒金字塔"的结构。然而,部分地方出现了恶意诉讼、滥用诉权的现象,滥用行政诉讼起诉权的行为也引发法院的关注。由于少数当事人缺乏理性维权的意识,随意提起诉讼,更有甚者变换不同地方、不同管辖法院重复起诉,这不仅浪费行政审判资源、增加被告讼累,也可能增加法院之间的矛盾裁判。最高人民法院在2000年、2015年先后出台的两部行政诉讼法司法解释中均出现了"重复起诉"字眼,2018年《行诉解释》第106条首次明确规定了行政诉讼中重复起诉的判断标准,在法规范层面为行政审判提供指引。但因规范设置的原则化以及司法实践中滥用行政起诉权的情况较为复杂,法院在行政诉讼重复起诉的判断方面尚有缺漏。[①] 基于此,有必要通过对滥用行政起诉权实践样态的观察,明晰行政诉讼重复起诉的判断标准,进而归纳出行政诉讼重复起诉的完善路径,以期对重复起诉问题进行法律规制,保障行政审判资源的合理利用。

(一)滥用行政起诉权的实践样态

不同学者对滥用行政起诉权的实践样态的归纳也有所不同。有学者将司法实践中出现的滥用行政诉讼起诉权案件归纳为四种表现形式,即同时申请多种行政救济、针对不可诉的同类行为多次起诉、针对已决案件多次起诉、针对同一机关的不同行为和其他机关的类似行为纠缠诉讼。[②] 有学者从规范入手,将2018年《行诉解释》第106条行政诉讼重复起诉的类型概括为"三同型重复起诉"和"诉求包含型重复起诉"的二分格局。其中,"三同型重

[①] 参见梁君瑜:《论行政诉讼中的重复起诉》,载《法制与社会发展》2020年第5期。
[②] 参见孔繁华:《滥用行政诉权之法律规制》,载《政法论坛》2017年第4期。

复起诉"是指两诉之当事人、诉讼标的、诉讼请求均相同的重复起诉;"诉求包含型重复起诉"是指两诉之当事人、诉讼标的相同,且后诉请求被前诉裁判所包含的重复起诉。① 也有学者在对司法判决梳理后发现,司法实践中重复起诉的情形不只包含法条所规定的三种,还包括撤诉后重新起诉、多阶段行政行为单独起诉、两种救济制度反复缠诉的情形。②

通过对滥用诉权行为的实践样态归纳可以发现,滥用起诉权的行为基本不符合起诉要件的规定,不具有诉的适法性特征。法院审查后,对于存在滥用起诉权的行为,通常的做法是直接通过程序审查裁定不予受理或者驳回起诉,不进行开庭审理,避免案件启动后续的司法程序、浪费司法资源。对此,有必要从理论和实践的不同层面探讨行政诉讼重复起诉的判断标准。

(二)行政诉讼重复起诉的判断标准

最高人民法院在《关于进一步保护和规范当事人依法行使行政诉权的若干意见》(法发〔2017〕25号)中明确提出,要正确理解立案登记制的精神实质,既要防止过度审查,也要坚持必要审查。在理论层面,以"当事人""诉讼标的"两要素识别行政重复起诉得到广泛肯认。在法规范层面,2018年《行诉解释》第106条将重复起诉的判断标准细化为两诉在当事人、诉讼标的方面相同,且在诉讼请求方面相同或后诉请求被前诉裁判所包含,通过增加"诉讼请求"作为第三要素,在法规范层面形成了"三要素说",这与学理层面的"两要素说"判断思路不同。此外,在司法实践层面,事实上法院并没有严格适用2018年《行诉解释》里设置的行政重复起诉的判断标准。究竟何种学说能实现规范层面的逻辑自洽,需要比较"三要素说"与学理层面的"两要素说"在判断重复起诉上的实际效果。

目前,行政重复起诉的判断标准存在过于原则化的问题,解释空间和法官的自由裁量范围极大。因此,细化解读三要素与两要素是正确判断重复起诉的关键环节。有学者认为,可以将三要素与两要素的重复起诉要件分

---

① 参见梁君瑜:《论行政诉讼中的重复起诉》,载《法制与社会发展》2020年第5期。
② 参见陈姿君:《行政诉讼重复起诉的识别》,载《公法研究》2021年第1期。

别记为"当事人+诉讼标的(=行政行为个别违法性)+诉讼请求"与"当事人+诉讼标的(=诉讼请求+事实理由+个案中应适用之实体法规)"。对比发现,二者的差异在于"行政行为个别违法性"与"事实理由+个案中应适用之实体法规"之间。该学者还提出四点优化建议:首先,"当事人相同"除两诉当事人完全一致外,还包括诉讼担当人与被担当人分属两诉中的当事人、前诉类似原(被)告地位的第三人作为后诉原(被)告、当事人与其承继人分属两诉中的当事人等。其次,"诉讼标的相同"即两诉系争行政行为的个别违法性一致。再次,"诉讼请求相同"除前、后两诉中的诉讼请求完全一致外,还包含诸如诉请撤销与诉请确认无效等诉讼请求实质一致的情形。最后,"后诉请求被前诉裁判所包含"涵盖"后诉请求被前诉请求或判决主文所包含",但不涵盖"后诉请求被前诉的判决理由所包含"。①

从长远观之,《行政诉讼法》第 69 条第 6 项存在修法的现实需要。在未来修法时,明确并回归"当事人+诉讼标的"的两要素行政重复起诉判断标准,有助于缓解司法实践重复起诉判断裁量权过大的现象。同时,重复起诉的相关表述也可以进一步明晰诉讼系属的本质内涵,如将"重复起诉"修改为"已存在诉讼系属的"或"已处于诉讼系属之下的"。此外,在重复起诉的判断标准中,当事人同一、诉讼请求同一作为重复起诉的判断标准维持不变,但对于诉讼标的同一的内涵可以有别于民事诉讼法,可以以"案件事实"代替"诉讼标的"的表述,形成当事人、案件事实、诉讼请求"三同一"的重复起诉判断标准。

(三) 规制行政诉讼重复起诉的完善路径

为了保障法院对行政重复起诉的正确判断,更好地规制滥用行政起诉权的行为,学者提出了不同的完善路径。有学者指出,《行政诉讼法》及 2018 年《行诉解释》已经规定了相应的程序规则,行政审判实践需要借助非诚信诉讼样态的灵活解释加以大胆适用。针对重复起诉、执意缠讼的现象,可以将其纳入诚信诉讼的程序规则支撑体系之中,同时完善径行裁定驳回起诉

---

① 参见梁君瑜:《论行政诉讼中的重复起诉》,载《法制与社会发展》2020 年第 5 期。

机制。另外,可以通过行政诉权分层保障机制的健全,引领依法维权、理性维权、诚信维权社会新风尚的形成,从根本上转变重复起诉的风气。①

有学者认为,应从准确辨析行政重复起诉与相关概念、细化解读行政重复起诉之要件、矫正实践中行政重复起诉之错误认定等方面作出努力。首先,对于诉讼标的应当进行羁束,羁束诉讼标的者必须为生效的裁判或调解书,羁束对象必须是诉讼标的本身;其次,依照行政行为个别违法性说,当先后起诉内容相同的多个程序标的时,这些诉讼并不涉及同一个"行政行为违法性",属于不构成重复起诉的情况。② 也有学者认为,规制滥用行政起诉权的行为应从两方面着手:一是遵循审慎原则这一重要前提,法院在滥用诉权的认定上不能过度,不能在规制滥诉的名义下侵害当事人的权利,要在保障公民诉权和维护正常的司法秩序之间寻求平衡。二是要准确把握起诉条件的适法性审查,在不能判断是否立案的情况下,先行立案。立案后认为不符合起诉条件的,不需要开庭审理,直接裁定驳回起诉。③

综上所言,对于滥用行政诉讼起诉权的行为,需要在遵循审慎原则的基础上细化行政重复起诉要件,准确把握起诉条件的适法性审查,矫正司法实践中行政重复起诉的错误认定,合理平衡诉权行使和司法秩序维护两者的关系。在正确判断确属重复起诉情形之后,妥当适用驳回起诉或驳回诉讼请求的方式进行规制,同时发挥诚信诉讼程序规则体系建设的功用,构建依法理性维权的社会风气。

主要参考文献

1. 罗重海、张坤世:《行政案件起诉审查制度之检讨与重构》,载《法律适用》2012年第2期。
2. 黄先雄、黄婷:《行政诉讼立案登记制的立法缺陷及应对》,载《行政法学研究》2015年第6期。
3. 梁君瑜:《我国行政诉讼立案登记制的实质意涵与应然面向》,载《行政法

---

① 参见章志远:《行政诉权分层保障机制优化研究》,载《法学论坛》2020年第3期。
② 参见梁君瑜:《论行政诉讼中的重复起诉》,载《法制与社会发展》2020年第5期。
③ 参见孔繁华:《滥用行政诉权之法律规制》,载《政法论坛》2017年第4期。

学研究》2016 年第 6 期。

4. 耿宝建:《立案登记制改革的应对和完善——兼谈诉权、诉之利益与诉讼要件审查》,载《人民司法》2016 年第 25 期。

5. 孔繁华:《滥用行政诉权之法律规制》,载《政法论坛》2017 年第 4 期。

6. 曹淑伟:《确认行政行为无效诉讼的期限研究》,载《行政法学研究》2017 年第 4 期。

7. 梁君瑜:《行政诉权本质之辨:学术史梳理、观念重构与逻辑证成》,载《政治与法律》2017 年第 11 期。

8. 高鸿:《行政诉讼起诉条件的制度与实践反思》,载《中国法律评论》2018 年第 1 期。

9. 杨寅、李晓:《行政诉讼立案登记制的成效与完善》,载《行政法学研究》2018 年第 2 期。

10. 王贵松:《论我国行政诉讼确认判决的定位》,载《政治与法律》2018 年第 9 期。

11. 刘春:《确认无效诉讼起诉期限的司法填补》,载《行政法学研究》2019 年第 3 期。

12. 陈海萍:《行政诉讼起诉条件的规范缺陷与修正》,载《行政法学研究》2020 年第 1 期。

13. 章志远:《行政诉权分层保障机制优化研究》,载《法学论坛》2020 年第 3 期。

14. 梁君瑜:《论行政诉讼中的重复起诉》,载《法制与社会发展》2020 年第 5 期。

15. 陈姿君:《行政诉讼重复起诉的识别》,载《公法研究》2021 年第 1 期。

16. 梁君瑜:《实然与应然:确认无效诉讼的起诉期限辨析》,载《行政法学研究》2021 年第 1 期。

17. 范伟:《行政诉讼起诉期限功能定位之反思与修正》,载《行政法学研究》2021 年第 2 期。

18. 李政洋:《我国确认无效诉讼没有起诉期限之考辨——兼评行政诉讼法司法解释第 162 条的合法性》,载《行政法学研究》2021 年第 5 期。

19. 马立群:《行政诉讼一事不再理原则及重复起诉的判断标准》,载《法学评论》2021 年第 5 期。

20. 殷勤:《严格起诉条件审查对行政诉判关系的影响与矫正》,载《人民司法》2022 年第 1 期。

第十三章

行政诉讼审理程序

　　审理程序是行政诉讼制度的核心,是保障司法公正的重要途径。经过多年来行政立法与审判实践的丰富,已实现以二审终审制为原则,多元化发展的行政案件审理程序。行政诉讼繁简分流从改革实践走向正式制度,为行政诉讼资源的合理配置提供保障,提高诉讼效率。行政诉讼的协调化解同样是当下解决人案矛盾问题的重要举措,法院通过调解或和解化解行政争议,有利于当事人对案件事实争议达成共识,减轻诉累。随着以审判为中心的司法改革深入推进,二审程序与再审程序的重要性不断提升,司法责任和裁判要求愈加严格。本章拟通过整理近年来我国行政诉讼审理程序的主要研究成果,对具有代表性的观点予以梳理评述,以期为完善行政诉讼审理程序体系提供参考建议。

一、行政诉讼的繁简分流

　　行政诉讼繁简分流改革对促进审理程序高效运行,缓解司法机关案多人少的工作压力具有十分重要的作用。在我国,繁简分流制度最早运用于民事审判改革,按案件难易程度分工审理,为提高法院工作效率和审判质量提供可能。① 行政法于单行法中最先体现繁简分流精神,如《行政处罚法》中规定的简易程序、一般程序参考事件性质的严重程度进行划分处理。② 自行政诉讼简易程序建立以来,行政审理程序繁简分流的讨论热度不减,在习近平法治思想指导下,效益为先的繁简分流制度对降低公民追求公平正义的成本以及司法秩序的维持来说颇为重要。

(一) 简易程序的初步构建

随着行政诉讼案件数量加剧,研究热点从探讨如何进行文书上的简化③到第一审简易程序的建立④,进一步优化行政诉讼法审理程序和审理方法的繁简分流探索逐渐起步。行政诉讼第一审程序是审理程序的第一道关卡,包括第一审普通程序和简易程序,2014年《行政诉讼法》修正后,增加了简易程序的相关规定。相比于民事诉讼与刑事诉讼,行政诉讼简易程序的立法起步较晚,且当时审理程序的基本设置尚属于探索完善阶段,建立简易程序的基础尚未扎实。自 2003 年起,理论界和实务界多位专家呼吁、强调行政诉讼繁简分流程序的设置,主要围绕简易程序设置的必要性、可行性和构建路径三个方面展开讨论。

关于简易程序设置的必要性。学者与实务人员研究主要从行政诉讼现状考察入手,着眼于当前以合议制为原则的普通程序在现实中遇到的诸多挑战,认为当下应积极回应现实对提高司法机关诉讼效率的迫切需要,持续探索行政案件简化审理方式。⑤ 早在 2009 年,有实务界人士通过实证研究,对 20 年来的审判数据进行调研,并根据江苏省各市法院行政案件审理天数的收集数据,证明当前行政案件总数正快速增长,对司法机关造成不小的审

---

① 参见北京市海淀区人民法院:《改革民事审判方式新举措——繁简分流》,载《人民司法》1993 年第 8 期。
② 参见王万华:《行政程序法论》,载《行政法论丛》2000 年第 1 期。
③ 参见上海市高级人民法院:《正确处理入世后行政审判中的四个关系》,载《人民司法》2003 年第 3 期。
④ 参见崔勇:《困境与出路——构建行政诉讼简易程序的必要性与可行性分析》,载《行政法学研究》2004 年第 1 期。
⑤ 参见贺荣:《依法行政与行政诉讼的辩证关系》,载《法学杂志》2005 年第 5 期。

判压力,并提出人民群众对简化行政诉讼程序的需要。① 除了诉讼效率的考量之外,有学者指出,设立简易程序是行政行为类型化的结果。根据诉讼标的繁简不同应当进行诉讼的分类,在这种分类之中,达到平衡诉讼标的和司法资源的合理配置。②

关于简易程序设置的可行性。现代司法制度的完善离不开对司法效率的追求,人民法院设置简易程序一方面可以节约当事人的参讼时间,另一方面可以让法官腾出手来研究疑难杂案,这些显而易见的优势早已在刑事与民事诉讼简易程序先有实践中得到论证。再从行政审判已积累的实践经验来看,有实务界人士认为,行政诉讼具有比其他诉讼更适合适用简易程序的独特特点。行政行为经行政机关作出,行政机关应依法行使其职权,人民法院审理行政案件,是对行政行为是否合法进行审查,被告行政机关应对作出的行政行为负有举证责任。行政机关及其委托组织或法规范授权组织应具备相关法律知识,举证时应比一般公民更具专业素养。因此,行政诉讼的这一特性体现了行政诉讼实行简易程序的适当性。③ 不少学者对程序简易与司法工作之间的关系进行法理分析,辩证地提出司法效率与公正的有机统一具时代性,不同案件对公正有着不同的要求,对程序正义的保障必须兼顾效率。④ 当然,在加快简易程序设立的一片呼声之中也有反对的声音,有学者认为,目前我国行政诉讼程序在审判组织简化、诉讼程序简化和审级简化等方面条件尚不成熟,恐影响司法权威和公信力,为此应继续完善行政诉讼普通程序以待条件成熟。⑤

关于简易程序构建路径的设想。各位学者提出主要的几点设想为:第一,简易程序适用的阶段。人民法院可在审前建立诉讼前的分流制度,从行

---

① 参见宁杰、马倩:《行政诉讼简易程序研究》,载《行政法学研究》2009年第3期。
② 参见沈福俊:《行政诉讼简易程序构建的法治化路径——〈最高人民法院关于开展行政诉讼简易程序试点工作的通知〉评析》,载《法学》2011年第4期。
③ 参见崔勇:《困境与出路——构建行政诉讼简易程序的必要性与可行性分析》,载《行政法学研究》2004年第1期。
④ 参见李燕:《现行政诉讼法的缺失与修正——设置行政诉讼简易程序的思考》,载《法律适用》2006年第9期。
⑤ 参见陈良刚:《设立行政诉讼简易程序的冷思考》,载《法治研究》2009年第10期。

政案件中区分出简单案件按简易程序审理。① 第二,简易程序的具体适用规则。由法院主动决定适用,也以当事人合意或不持异议为前提。发回重审、再审及上诉案件不得适用简易程序。第三,简易程序的适用范围。简易程序的适用以案情简单、事实清楚、证据确凿为条件。第四,简易程序审理的法院组织。简易程序采用独任制,由一名法官主审并裁判。至于行政诉讼简易程序与普通程序的转换和衔接问题,普通程序进行审理后不得转为简易程序,但简易程序实质审理后可转换为普通程序。

(二) 繁简分流的发展完善

经历简易程序试点推进与法律明文规定后,行政诉讼繁简分流制度逐步完善,但适用中仍受到制度发展因素和现实因素制约。在民事诉讼的繁简分流发展中,民事审判实践大大扩展了现行法确定的独任制和简易程序的适用范围,并在简易程序基础上形成了更为"简易"的民事速裁程序。与民事诉讼简易程序的高适用率相比,行政诉讼简易程序适用率不高,其内部制度构造有待完善,法院适用积极性有待提升。简易程序内部的优化和繁简分流构造的探索依然是当下研究热点。

关于行政诉讼简易程序的优化。针对2014年《行政诉讼法》新设的简易程序,不少学者对其中的个别条款进行评价并提出意见。在简易程序适用范围与适用程序启动规则中,有学者提出,对简易程序适用范围进行修正,制定更为明确的实质标准;同时,应当赋予当事人程序异议权,由立案庭负责建议或询问当事人是否同意。② 有学者认为,应当由法院掌握是否适用简易程序的主导权,在是否简化审理方面法院比当事人更有发言权,应将程序选择的权力交由对审理程序更为精通的法院一方。③ 在新《行政处罚法》实

---

① 参见林念贺:《论行政诉讼审前程序及其运行机制之构建——从适用普通程序的视角设计》,载《行政法学研究》2003年第3期。
② 参见刘一玮:《行政诉讼简易程序的理性反思与完善途径》,载《行政法学研究》2019年第4期。
③ 参见章志远:《行政诉讼繁简分流的制度逻辑》,载《东方法学》2021年第5期。

施之际,有实务界人士倡导扩大简易程序的适用范围,更多地应用简易程序来提高行政权的运用效能。① 完善简易程序的具体规则也是学者关注的焦点问题,目前2017年《行政诉讼法》关于简易程序的条款仅由第82条、第83条与第84条这三条进行具体规定。有观点认为,应对简易程序的具体规则进行名副其实的简化改造,对当前简易程序规定具体化,应以落实简易程序区别于普通程序的各项程序规定为重要工作。②

普通程序的程序简化是繁简分流的直接表达,在此基础上,繁案精审也是繁简分流所欲达到的司法效果。有法官介绍了其所在的上海市第二中级人民法院正积极探索的"简案简审简写,繁案精审精写"的审判方法。对案情简单、争议较小案件,围绕争议焦点直接阐述;对新类型与代表性案件围绕合法性审查五个方面详细说明。③ 繁简分流旨在以合乎理性的规范使案件各入其道,使普通程序的正当化在司法资源与司法需求的剧烈冲突中获得现实可能性。④ 关于繁案精审,有学者提出了四个方向:一是充分发挥专业行政法官会议的作用,二是充分发挥类案强制检索制度的作用,三是充分发挥外部专家作为咨询委员会委员的作用,四是充分组建外部专家咨询委员会。⑤ 可以看出,繁案精审对于法官自身专业的素养要求达到一个高峰。因此,除了司法机关不断锻炼法官执业能力、完善制度体系外,借鉴学界专家意见对行政审判的作用也不容小觑。但在借鉴的同时也对审理程序提出了更高的要求,如何合理将外部的力量吸纳入当前的审理程序,同时保证案件在规定期间内结束审理,是繁案区别于简案所需回答的相似问题。

不可否认的是,当前繁简分流制度的重中之重仍应放在简易程序具体审理细节的继续完善之中,据学者研究得知,在法院受理的案件中,只有20%的小部分案件属于疑难复杂案件,剩余近80%的大部分案件属于简单

---

① 参见黄海华:《新〈行政处罚法〉制度创新的理论解析》,载《行政法学研究》2021年第6期。
② 参见章志远:《行政诉讼繁简分流的制度逻辑》,载《东方法学》2021年第5期。
③ 参见殷勇:《重视行政审判的管理工作》,载《人民司法》2005年第1期。
④ 参见傅郁林:《繁简分流与程序保障》,载《法学研究》2003年第1期。
⑤ 参见章志远:《行政诉讼繁简分流的制度逻辑》,载《东方法学》2021年第5期。

案件。① 提升简单案件的审理效率对合理配置行政审判资源和完善行政诉讼制度具有重要意义。最高人民法院发布《关于推进行政诉讼程序繁简分流改革的意见》对适用简易程序适用规则作出更完善的规定,并且提出对简单案件进行快速审理的要求,起到了激活规范保障的重要作用。

(三) 繁简分流的改革展望

习近平总书记指出:"要加快构建体系化、多元化、精细化的诉讼程序体系,推进案件繁简分流,提高办案质量和效率。"② 行政诉讼繁简分流是行政诉讼审理程序改革的基本方向之一,各地行政法庭的试点工作仍在不断继续,就行政诉讼繁简分流的制度优化和体制创新而言,可以从诉前程序和调解机制两个角度切入。

制定繁简分流的诉前程序。繁简分流的第一步就是将简易案件、普通案件与繁杂案件进行分流,以便法院进行诉讼力量的分配,确保将诉讼资源用在最需要的程序之中。③ 目前行政案件在诉前并没有进行统一分流的程序设置,而需依靠法官自身的判断或者法院经验的总结,完成各地法院行政诉讼的繁简分流工作。在简易程序建立初期,通过各法院自身经验来开展简易程序分流工作,或许是激发下层创新力量,因地制宜,以便达到最优效率的路径之一。眼观繁简分流制度工作发展至今,发展停滞的外部理由之一就是未能形成统一的法定适用程序。从分类标准来说,以实质标准统一繁简分流的诉前程序,根据案情事实、证据收集等实质要素作为繁简案件分流处理的前提,是当下行政审判中提高行政诉讼效率,促进简易程序依法运用,保障繁杂案件集中审判的关键一步。

将调解作为繁简分流的诉前纠纷化解手段。④ 调解是在和谐社会理念

---

① 参见李本森:《法律中的二八定理——基于被告人认罪案件审理的定量分析》,载《中国社会科学》2013年第3期。
② 习近平:《论坚持全面依法治国》,中央文献出版社2020年版,第234页。
③ 参见蒋惠岭:《论诉讼程序中影响司法职权配置的五个因素》,载《法律适用》2012年第8期。
④ 参见吴英姿:《法院调解的"复兴"与未来》,载《法制与社会发展》2007年第3期。

下,借助多方联动与双方支持配合途径从源头化解纠纷。根据我国行政争议案件的实际情况,多数案件未经行政复议便直接进入行政诉讼①,过早地选用司法解决争议固然能够得到追求公平裁决的机会,但顺利进入诉讼后,即使采用简易程序也免不了多重程序的诉累,更增添了司法机关审案的压力。案件的繁简分流步骤一般置于诉前,对符合法定要求的简单案件进行分流处理能够持续推进行政案件审理专业化。鉴于简单案件案情简明,无复杂的争议焦点,因此诉前是积极引导简单案件双方当事人选择调解或进行和解的黄金期。从行政案件的特点出发,行政机关作为争议一方,本身具有依法行政维护民众合法权益的义务以及化解公民社会矛盾的职责,应尽可能通过协调方式解决争议。

二、行政诉讼的协调化解

强化社会管理、化解社会矛盾是一项长期社会系统工程②,进入司法程序的行政诉讼案件,是民众和行政机关之间存在矛盾的综合集中体现,需要人民法院在解决法律问题的同时,多元化解双方存在的纠纷。最高人民法院《关于深化人民法院司法体制综合配套改革的意见——人民法院第五个五年改革纲要(2019—2023)》提出要完善诉源治理,完善多方参与调解机制的改革要求。诉源治理强调"把非诉讼纠纷解决机制挺在前面"的治理方案③,依靠社会力量补充司法救济的不足,推动从源头上减少诉讼增量。当下我国正处于社会转型期,各类社会矛盾纠纷呈现新、杂、多的态势,调解与和解的制度作为协调化解纠纷的代表性路径,发挥着越来越重要的作用。

---

① 参见沈福俊:《行政复议委员会体制的实践与制度构建》,载《政治与法律》2011 年第 9 期。
② 参见张柏峰:《积极参与社会管理创新努力构建大调解工作格局——天津法院开展大调解情况调查》,载《法律适用》2012 年第 8 期。
③ 参见龙飞:《"把非诉讼纠纷解决机制挺在前面"的实证研究——以重庆法院实践为样本》,载《法律适用》2019 年第 23 期。

(一) 调解适用争议与制度构建

1989年《行政诉讼法》规定人民法院审理行政案件,不得适用调解,但赔偿诉讼可以适用调解。虽然当时立法否定了调解的司法适用,数十年来学界仍为此争论不休。认为不宜设置调解制度的一方,认为在我国现行审判的现实环境下,撤诉制度已经起到调解作用,在立法上规定调解制度意义并不大;①另一种观点则认为,行政诉讼适用调解将会造成人民法院推卸职责,从而导致行政机关利用其优势地位对相对人进行压迫的不良后果。但随着时间推移,有越来越多的学者认为,应设置调解制度。有学者肯定地指出:"调解是相对成熟和完善的诉讼制度,可以在行政诉讼中参照适用。"②其他学者支持适用的理由可分为三类:第一类从法院实际运行角度出发,行政诉讼确有进行调解的需要。有学者提出了法院不适用调解存在的三个弊端:一为造成司法资源的浪费,二为不能有效地对和解协议实施监控,三为法院默许调解使得行政诉讼撤诉率依旧居高不下。③还有学者提出,由于调解制度缺乏法律依据,人民法院进行调解时仍采用迂回的手段,长此以往将在很大程度上损害法律的严肃性和司法的权威性。④第二类从行政诉讼的特殊性考虑,认为行政机关对其作出的部分行政行为拥有裁量权。有学者认为,行政机关在诉讼中能改变其作出的具体行政行为,既然行政争议能在诉讼中得到化解,那么人民法院调解制度的存在具有相当合理性;⑤还有学者提出,我国正处于由经济建设带动社会发展时期,行政权能独大,因此通过调解能更好地兼顾各方面利益,让司法进行建设性监督,形成更符合中国特色法治的司法实践。⑥第三类从原告角度考虑其诉讼成本。有学者认为,我国

---

① 参见朱新力、高春燕:《行政诉讼应该确立调解原则吗?》,载《行政法学研究》2004年第4期。
② 胡建淼、唐震:《行政诉讼调解、和解抑或协调和解——基于经验事实和规范文本的考量》,载《政法论坛》2011年第4期。
③ 参见陈立风:《在我国行政诉讼中建立调解制度的实践需要及理论可行性分析》,载《法学杂志》2007年第3期。
④ 参见刘东亮:《论行政诉讼中的调解》,载《行政法学研究》2006年第2期。
⑤ 参见李琳、闫丽彬:《论行政诉讼可以适用调解原则》,载《法制与社会发展》2000年第4期。
⑥ 参见罗礼平:《行政诉讼调解制度论纲》,载《当代法学》2011年第1期。

第十三章　行政诉讼审理程序

行政机关由于执法水平参差不齐,通常在实体上无误,反而易在程序上出现违法或不当行为,通过调解,行政机关一般更乐于作出部分实体上的让步,让原告得到相对容易接受的行政行为。① 对行政相对人来说,诉讼调解不仅是暂时的利益获得,而且影响整个和谐社会氛围的形成以及正常行政管理秩序的建立。②

2014年《行政诉讼法》拓宽了可以适用调解的行政案件范围,规定行政赔偿、补偿以及行政机关行使法律、法规规定的自由裁量权的案件可以调解;同时确定了调解应遵循自愿、合法原则,并承认调解书的法律效力。调解的范围得到扩大,但关于调解事项范围讨论的热度余温不减。关于调解的范围,早期学者们多从正面列举适用行政诉讼调解的争议类型,也有学者采取了否定列举的方式。经过持续的讨论与研究,出现了兼顾正反两方面进行列举的学说,提出行政协议案件应适用行政诉讼调解,行政赔偿、补偿案件、抚恤金、最低生活保障待遇或者社会保险待遇等财产给付类案件,行政机关若不具有处分权,不能适用诉讼调解。③ 还有学者尝试采取设立标准的方式设定范围,主张调解范围的规定宜粗不宜细,可采用一个裁量权标准来界定有限调解的范围,或者不作具体规定。④

(二) 协调和解撤诉的实践运用

正如日本学者所言:"公共利益性本身具有阶段性,以行政案件的公益性为理由,一概否定和解,似乎存在逻辑上的飞跃,是不恰当的。"⑤行政诉讼和解制度尚未经法律明文规定,但在司法实务中,已通过发布工作文件等形式积极探索,组建起行政和解制度的基本框架。甚至很长一段时间里,和解

---

①　参见赵艳花、耿宝建:《行政诉讼中的调解:西方的经验与中国的选择》,载《行政法学研究》2009年第3期。
②　参见杨海坤:《中国行政诉讼调解制度探讨》,载《法学论坛》2008年第3期。
③　参见谷骞:《论行政诉讼调解的适用范围》,载《行政法学研究》2021年第3期。
④　参见喻文光:《行政诉讼调解的理论基础与制度建构》,载《华东政法大学学报》2013年第1期。
⑤　〔日〕南博方:《行政诉讼中和解的法理(上)》,杨建顺译,载《环球法律评论》2001年第1期。

作为法外"漏网之鱼"补充了法院禁止调解的缺憾,成为行政案件裁判之外的最佳途径。①

关于行政诉讼和解制度司法适用的讨论中,许多学者通过将调解与和解的概念进行对比,总结两者的共通性与差异性。通说认为,调解中须由人民法院作为第三方或主持进行协调,而和解中只包含争议双方,由当事人主动进行协调。这类解释参考了民事诉讼中的调解与和解,根据《民事诉讼法》相关规定,民事诉讼中调解由人民法院主持协调,而和解由双方自行进行协调。虽行政诉讼制度发展中对民事诉讼制度多有借鉴,但具体落实中仍需体现行政诉讼特殊之处。多数学者认为,在行政诉讼和解中,法院应行使相应职权,有学者认为,行政诉讼和解是原被告在人民法院主持下在庭审阶段就诉讼标的互谅互让达成合致以解决纠纷的诉讼制度。和解应发生在庭审阶段,作为行政审判权的继续而不是行政机关管理权的继续。② 根据上海市高级人民法院下发的《关于加强行政案件协调和解工作的若干意见》,当事人可在审理过程中达成和解,参与主体应包括法院和双方当事人,在性质上属于一种审判机制。③

关于和解制度的具体司法适用,学者及实务界人士围绕原则、内容、程序和限制适用等问题进行探讨。在和解原则的确定上,学者多数持与调解制度相仿的观点,认为双方进行和解必须在自愿、合法的基础上进行,这一点不过多赘述。在和解内容范围的划定上,有学者提出了两个方面的实质性参考条件:当事人对和解事项具有处分权及和解协议不违法。④ 有学者提出,可从诉行政不作为的纠纷、诉侵权赔偿的纠纷、诉精神侵害的纠纷与诉行政行为不当的纠纷这四个类型入手。⑤ 在和解程序的制定上,有实务人员提出,行政诉讼和解主体必须包含原告与被告,于判决确定前进行和解,人

---

① 参见章剑生:《寻求行政诉讼和解在法律规范上的可能性——法律解释方法之视角》,载《当代法学》2009年第2期。
② 参见张淑芳:《行政诉讼和解问题探讨》,载《行政法学研究》2004年第3期。
③ 参见李赟:《行政诉讼和解若干问题探讨——上海高院〈关于加强行政案件协调和解工作的若干意见〉评析》,载《法学》2007年第9期。
④ 参见周佑勇:《和谐社会与行政诉讼和解的制度创新》,载《法学论坛》2008年第3期。
⑤ 参见关保英:《行政诉讼庭前和解研究》,载《政法论坛》2014年第3期。

第十三章 行政诉讼审理程序

民法院应对和解内容审查确认并制作和解笔录或和解书。① 有学者认为,行政纠纷当事人自行和解可以发生在审理程序发生前,也可以在程序进行之中,司法机关应在其中起到协调的作用。② 还有学者提出,专家参与行政诉讼和解促进机制,该机制立足于对利益互相冲突又相互谋求解决途径的情况,通过相对独立的专家或社会公众等第三人在行政诉讼过程中发挥作用,营造法院主导下的原被告双方和解机制。③ 另有学者提出了以第三人或社会公众参与行政和解的方案。④

行政和解作为多元化解行政争议的重要制度之一,首要目的在于化解纠纷、定分止争,在行政诉讼中纠纷化解通常表现为法院结束审理程序,在和解案件中法院结案的主要方式为撤诉。⑤ 因原告基于诉讼目的已经达到而撤诉,是和解制度存在较高撤诉率的主要原因。⑥ 不少学者对此持否定观点。有学者认为,人民法院在法律没有规定行政诉讼和解制度的情况下,应作为监督行政权的一方对被诉行政行为合法性进行实质审查,若借助撤诉的方式实现和解,将强化行政机关对其行政行为的处分权,与法院独立审判的基本原则相违背。⑦ 若以撤诉方式和解在法律程序上存在诸多困境,撤诉裁定中和解协议的履行缺乏程序保障,在此情况下撤诉无法阻断当事人在此起诉,且若在二审程序中和解,撤诉也无法否定被诉行政行为和原审裁判的法律效力。⑧ 还有学者提出,我国行政诉讼制度关于撤诉的规定并不是行政诉讼"协调和解"的依据,对撤诉行为法院应进行必要的司法控制,对待撤诉行为法院应持的基本立场是限制而不是鼓励,这与和解体现的非诉目的

---

① 参见周公法:《试论行政诉讼和解制度》,载《行政法学研究》2005年第4期。
② 参见蔺耀昌:《行政争讼中的和解与调解》,载《行政法学研究》2006年第3期。
③ 参见崔俊杰:《论专家参与的行政诉讼和解促进机制的建构》,载《行政法学研究》2014年第1期。
④ 参见张旭勇:《论行政诉讼和解的正当性困境及其化解》,载《法商研究》2010年第5期。
⑤ 参见王云霞:《行政诉讼司法建议的功能扩张及省思》,载《中国法学》2022年第4期。
⑥ 参见肖军、张亮、叶必丰:《法治政府的司法指数研究》,载《行政法学研究》2019年第1期。
⑦ 参见李赟:《行政诉讼和解若干问题探讨——上海高院〈关于加强行政案件协调和解工作的若干意见〉评析》,载《法学》2007年第9期。
⑧ 参见谭炜杰:《从撤诉到契约:当代中国行政诉讼和解模式之转型》,载《行政法学研究》2012年第3期。

并不一致。法院作为审判机关,应严格按照法律规范进行审查和解。①

(三) 诉前调解的功能与运行

随着最高司法机关对裁判和调解政策的调整,协调和解的难度和成本上升,撤诉率逐年下降,实体判决率逐年上升,这一方面反映了司法改革对法官裁判独立性的保障,另一方面也体现了行政诉讼中案多人少矛盾的加剧。② 最高人民法院《关于进一步推进行政争议多元化解工作的意见》中总结了各地实践经验,强调以非诉讼渠道化解行政争议。在协调调解制度与繁简分流制度的衔接中,最高人民法院《关于推进行政诉讼程序繁简分流改革的意见》规定,"人民法院可以在立案前引导当事人自行和解或者通过第三方进行调解",将诉前调解制度行政争议置于诉前,通过法院形式参与,协调双方矛盾。若诉前调解制度得到良好贯彻,一方面可以实现行政争议的和谐化解,另一方面可以有效减少行政诉讼案件数量。③ 有实务界专家总结了诉前调解可供成为实质性化解行政争议所体现的多方面作用:第一,诉前调解兼有释明、探求利益平衡方案、评估多方面作用;第二,诉前调解争议解决方式比裁判更广泛、更灵活、更彻底;第三,降低"发现事实"的行政成本和司法成本。④

有学者对诉前调解的功能持怀疑态度,认为法院不能依法裁判,当事人的调解就没有预期可言,若凡有起诉先搞调解,恐影响法院公正裁判目标的达成。⑤ 还有学者认为,在缺乏基本程序规范的前提下,诉前调解难以在自愿协商的条件下进行,"调解可能会'动摇'实体法规范的根基,但程序可以控制这种'动摇',或者减小它'动摇'的幅度,从而使得调解结果偏离实体法

---

① 参见沈福俊:《和谐统一的行政诉讼协调和解机制》,载《华东政法大学学报》2007年第6期。
② 参见耿宝建:《行政处罚案件司法审查的数据变化与疑难问题》,载《行政法学研究》2017年第3期。
③ 参见于厚森、郭修江:《充分发挥行政审判在多元化解行政争议中的职能作用——对〈关于进一步推进行政争议多元化解工作的意见〉的解读》,载《法律适用》2022年第6期。
④ 参见梁凤云、陈默:《行政争议诉前调解的功能定位和制度设想》,载《中国应用法学》2022年第2期。
⑤ 参见何海波:《行政法治,我们还有多远》,载《政法论坛》2013年第6期。

第十三章　行政诉讼审理程序

规范的幅度仍在法治可以容忍的范围之内"①。持肯定论的学者提出,应当在特殊案件中发挥诉前调解的司法作用,社会习俗、道德伦理也是司法裁判中所需考量的因素,"调解制度是修复型正义的重要制度依托形式"②,调解作为缓和的纠纷化解途径,可以在保障当事人合法权利的同时充分发挥道德、亲情等情感作用。还有学者认为,因道路交通事故案件频发,且纠纷通常交由交通运输部门与法院协作处理,对此可以进一步发挥行政调解作用,采用诉前调解,避免旷日持久的诉讼争议。③

关于诉前调解的运行方式,不少学者提出,以专家或社会公众等第三人参与行政诉讼审理的方案,以便监督调解、和解过程依法进行。但有实务人士认为,保障两者高效运行的作用点还应落在法院身上,法官应承载纠纷柔性化解这一司法政策的目标期待。④ 应在实践中发挥审理程序的自我完善功能,进一步明确调解与和解的范围、程序、效力、瑕疵救济,以及探索调解、和解与审判的关系等具体问题。通过进一步细化人民法院在调解和和解中的地位和参与程度,区分两者的应用空间和界限。行政诉讼调解与和解中均存在人民法院的介入,但两者最大的不同在于当事人的主动性,在调解过程中,人民法院需根据案情简易与矛盾深度主动进行调解,采取合理合法方式化解矛盾;在和解中,人民法院可以作为监督、促进的第三方,通过了解当事人双方是否有和解意愿,若有则引导原被告双方自行和解,若无则自主判断是否可以进行调解。当下,法院在线办案机制的推行,将当事人和人民法院的距离极大地缩短,使得案件流程和内容沟通更为直接与便捷。在行政案件开启实质审理之前,法院可以主动告知原被告双方其案件适合采用调解化解矛盾,法官应更为主动引导纠纷双方达成合意。

---

① 参见章剑生:《行政诉讼"解决行政争议"的限定及其规则——基于〈行政诉讼法〉第1条展开的分析》,载《华东政法大学学报》2020年第4期。
② 参见赵树坤、殷源:《老年人赡养权益司法保障与修复型正义——以2013—2018年司法裁判文书为研究对象》,载《人权》2019年第4期。
③ 参见王聪:《作为诉源治理机制的行政调解:价值重塑与路径优化》,载《行政法学研究》2021年第5期。
④ 参见刘星:《调解合意困境:现象、肇因与应对》,载《人民司法》2022年第13期。

三、审理程序的继续及补充

二审程序是一审程序的延续,再审程序则是二审程序的再补充,两者皆为具纠正法院错误、保护当事人合法权益、维护法律统一适用三项功能于一体的司法补救程序。根据最高人民法院公报,行政诉讼二审和再审程序的启动数据逐年上升,其中反映出的程序问题与实体问题愈加明显。目前,针对二审与再审展开的研究文献在重点期刊中却不多见,对二审和再审的研究主要分散至具体案例或制度的研究之中。以下将对行政诉讼二审与再审中的热点研究问题作简要分析。

(一)二审程序的审查内容与裁判方式

《行政诉讼法》第 87 条规定:"人民法院审理上诉案件,应当对原审人民法院的判决、裁定和被诉行政行为进行全面审查。"二审如何对一审裁判进行全面审查?在学界主要有合法性审查与合法性审查兼合理性审查两种代表观点。有学者认为,主要应进行原审裁判合法性的审查,根据《行政诉讼法》第 89 条第 1 款规定的原审裁判违法的三种情形,可以得出二审应针对事实认定是否清楚、法律适用是否正确与审判程序是否违法等合法性审查要件进行审查。[①] 有学者指出,行政审判权在行政行为合法性全面审查上的运用体现了"行政争议实质性化解"的要义,将行政审判权运用结果延伸到对起诉人正当诉求的切实保护。[②] 另一种观点建立在合法性审查的基础上,认为应兼顾合理性审查。有学者认为,在 2014 年《行政诉讼法》修改中,审查依据中增加了"明显不当"一项,由此在立法层面确立了合理性审查标准。[③] 例如,在行政处罚明显不当案件中二审法院更注重审查合理性,通过全面审查

[①] 参见张旭勇:《复议机关作共同被告的逻辑转换与制度重构》,载《浙江学刊》2019 年第 5 期。
[②] 参见章志远:《以习近平法治思想引领行政审判制度新发展》,载《法学研究》2022 年第 4 期。
[③] 参见雷雨薇:《行政行为违法性继承的司法审查规则构造——以 13 个典型案例为分析对象》,载《华东政法大学学报》2022 年第 3 期。

原则的适用,法院在裁判中并不局限于原告请求,常作出变更判决。①

在行政实务中,二审或再审法院普遍具有维持原判的倾向。② 最高人民法院发布的 2017—2021 年《全国法院司法统计公报》中的相关数据显示,2021 年行政诉讼二审维持原判的比例为 83.07%,纵向比较,二审维持原判的比例呈逐年上升的趋势;从横向比较,均高于同年刑事诉讼与民事诉讼维持原判的比例。由此可见,在行政诉讼法规定的四种裁判方式中,维持原判的比例最高。案件裁判结果较高的维持率是人民法院裁判效率提高的证明,甚至有学者提出一审终审的设想,认为行政诉讼审级负荷不平衡,可根据行政诉讼内容进行分类,对经行政复议维持的简单案件实行一审终审。③

但也有学者对较高的维持率提出了相关质疑。有学者对二审中认定裁判错误的判断标准抱有怀疑态度。在适用法律错误的判断标准方面,根据最高人民法院《关于完善人民法院司法责任制的若干意见》第 28 条所规定不得作为错案进行追究责任的情形,当法官进行法律原则与法律规则的判断时,纠错标准和追责标准能否做到统一,这一点直接关系到是否维持原判的科学性。④ 关于二审维持原判的判决文书,一般文书中均以一审判决的描述为准。有学者针对行政复议决定维持的判决提出法院进行全面审查,不仅要在判决事实上陈述,在判决理由上也应对行政复议决定的合法性展开评价。⑤ 该提议对二审法院维持其他行政行为的判决也有借鉴之处。

(二) 行政诉讼申请再审机制改革

行政诉讼申请再审审查是根据《行政诉讼法》第 90 条规定,当事人可通过申请再审对已生效裁判的救济途径。当事人可以向上一级人民法院申请

---

① 参见郭延军:《我国法官裁判责任的追究限度》,载《法学评论》2021 年第 6 期。
② 参见史家鸣:《论行政处罚明显不当案件中司法变更权的边界——以 39 个案例为样本的分析》,载《研究生法学》2021 年第 6 期。
③ 参见徐磊、余友斌:《行政诉讼一审终审的理论设想与制度构建》,载《学术交流》2022 年第 1 期。
④ 参见郭延军:《我国法官裁判责任的追究限度》,载《法学评论》2021 年第 6 期。
⑤ 参见余凌云:《取消"双被告"之后法院对行政复议决定的评判》,载《法学》2021 年第 3 期。

再审,也可以向生效裁判法院申请再审。自规定再审申请条款以来,行政申请再审数量逐年增长,特别体现在高级人民法院和最高人民法院收案数量的上涨,呈现案件数量的"倒金字塔"现象。① 同时,根据最高人民法院公报关于行政申请再审的相关数据,再审案件的未审结率近30%,远远高于刑事诉讼与民事诉讼的申请再审审查未审结率。2021年3月,最高人民法院发布了《关于办理行政申请再审案件若干问题的规定》,旨在积极落实中央关于四级法院审级职能定位的总体要求,"积极优化四级法院定位和审级设置,减少最高人民法院办案数量,优化案件结构,把主要精力放在统一裁判尺度、监督公正司法上来"。文件通过明确最高人民法院统一法律适用的职能定位,对最高人民法院应审理再审与驳回的案件范围进行限定,并可决定由高级人民法院审查的具体情形。

根据上述背景,学者争相提出可参考执行的解决措施。有学者认为,当下上级人民法院案件激增态势的出现是由于管辖制度的相应缺陷所导致,如在作出行政行为的行政机关并非县级以上地方人民政府的情况下,强行将县级以上地方人民政府列为被告,由此造成中级人民法院任务繁重,继而影响高级人民法院与最高人民法院的再审数量。因此,建议推动司法管辖逐步向行政区划和基层人民法院适度回归,优化四级法院职能定位。② 还有学者在同期提出与之类似的观点,目前我国再审数量的激增也反映我国行政审判体制遭遇的全面性难题,体现于行政审判的地方化、行政化和职能弱化,应借助当下司法解释的政策规定探索行政诉讼管辖制度改革。③ 有学者认为,应从实质性化解行政争议角度,可以从源头减少上级审判机关的案件审理数量的角度出发,如推进行政检察化解行政争议,由检察机关主导,立足于中央的要求和行政诉讼监督主体地位,促进行政争议"案结事了"。④

---

① 参见梁凤云:《行政诉讼讲义》(下),人民法院出版社2022年版,第685页。
② 参见韦冉:《行政诉讼管辖改革指导思想的实践创新》,载《中国应用法学》2021年第4期。
③ 参见程琥:《国家治理现代化与行政审判体制改革——兼论跳出行政诉讼管辖改革周期率的因应之道》,载《中国应用法学》2021年第3期。
④ 参见沈福俊:《行政检察化解行政争议功能论析》,载《政治与法律》2022年第7期。

第十三章 行政诉讼审理程序

主要参考文献

1. 李琳、闫丽彬：《论行政诉讼可以适用调解原则》，载《法制与社会发展》2000年第4期。
2. 张淑芳：《行政诉讼和解问题探讨》，载《行政法学研究》2004年第3期。
3. 周公法：《试论行政诉讼和解制度》，载《行政法学研究》2005年第4期。
4. 刘东亮：《论行政诉讼中的调解——兼与朱新力教授商榷》，载《行政法学研究》2006年第2期。
5. 白雅丽：《论中国行政诉讼和解制度的建立》，载《现代法学》2006年第3期。
6. 蔺耀昌：《行政争讼中的和解与调解》，载《行政法学研究》2006年第3期。
7. 张坤世：《我国行政上诉制度之检讨与完善——由一起具体案件引发的思考》，载《行政法学研究》2006年第4期。
8. 陈立风：《在我国行政诉讼中建立调解制度的实践需要及理论可行性分析》，载《法学杂志》2007年第3期。
9. 沈福俊：《和谐统一的行政诉讼协调和解机制》，载《华东政法大学学报》2007年第6期。
10. 黄学贤：《行政诉讼调解若干热点问题探讨》，载《法学》2007年第11期。
11. 杨海坤：《中国行政诉讼调解制度探讨》，载《法学论坛》2008年第3期。
12. 周佑勇：《和谐社会与行政诉讼和解的制度创新》，载《法学论坛》2008年第3期。
13. 赵艳花、耿宝建：《行政诉讼中的调解：西方的经验与中国的选择》，载《行政法学研究》2009年第3期。
14. 章剑生：《寻求行政诉讼和解在法律规范上的可能性——法律解释方法之视角》，载《当代法学》2009年第2期。
15. 宁杰、马倩：《行政诉讼简易程序研究》，载《行政法学研究》2009年第3期。
16. 张旭勇：《论行政诉讼和解的正当性困境及其化解》，载《法商研究》2010年第5期。
17. 林莉红：《论行政诉讼中的协调——兼评诉讼调解》，载《法学论坛》2010年第5期。
18. 罗礼平：《行政诉讼调解制度论纲》，载《当代法学》2011年第1期。
19. 胡建淼、唐震：《行政诉讼调解、和解抑或协调和解——基于经验事实和规范文本的考量》,载《政法论坛》2011 年第 4 期。

20. 沈福俊:《行政诉讼简易程序构建的法治化路径——〈最高人民法院关于开展行政诉讼简易程序试点工作的通知〉评析》,载《法学》2011 年第 4 期。

21. 方世荣:《我国行政诉讼调解的范围、模式及方法》,载《法学评论》2012 年第 2 期。

22. 李晓定:《论行政案件立案后审理前判断型调解》,载《政治与法律》2012 年第 11 期。

23. 邹荣、贾茵:《论我国行政诉讼调解的正当性构建》,载《行政法学研究》2012 年第 2 期。

24. 谭炜杰:《从撤诉到契约:当代中国行政诉讼和解模式之转型》,载《行政法学研究》2012 年第 3 期。

25. 喻文光:《行政诉讼调解的理论基础与制度建构》,载《华东政法大学学报》2013 年第 1 期。

26. 刘群:《构建行政诉讼有限调解的思考》,载《行政法学研究》2013 年第 2 期。

27. 崔俊杰:《论专家参与的行政诉讼和解促进机制的建构》,载《行政法学研究》2014 年第 1 期。

28. 关保英:《行政诉讼庭前和解研究》,载《政法论坛》2014 年第 3 期。

29. 葛先园:《我国行政诉讼简易程序检视——以新〈行政诉讼法〉第 82 条为中心》,载《法律科学(西北政法大学学报)》2016 年第 2 期。

30. 章剑生:《行政诉讼"解决行政争议"的限定及其规则——基于〈行政诉讼法〉第 1 条展开的分析》,载《华东政法大学学报》2020 年第 4 期。

31. 谷骞:《论行政诉讼调解的适用范围》,载《行政法学研究》2021 年第 3 期。

32. 程琥:《国家治理现代化与行政审判体制改革——兼论跳出行政诉讼管辖改革周期率的因应之道》,载《中国应用法学》2021 年第 3 期。

33. 王聪:《作为诉源治理机制的行政调解:价值重塑与路径优化》,载《行政法学研究》2021 年第 5 期。

34. 章志远:《行政诉讼繁简分流的制度逻辑》,载《东方法学》2021 年第 5 期。

35. 章志远:《作为行政争议实质性解决补充机制的司法调解》,载《学习与探索》2021 年第 12 期。

36. 梁凤云、陈默:《行政争议诉前调解的功能定位和制度设想》,载《中国应用法学》2022 年第 2 期。

第十四章

行政诉讼检察监督

监督行政诉讼活动是行政检察监督的首要功能。在 2019 年之前,学界围绕行政诉讼检察监督的内涵、必要性、功能定位等传统问题进行讨论,集中关注检察机关如何对人民法院行政诉讼进行监督。在 2019 年 10 月最高人民检察院"加强行政检察监督 促进行政争议实质性化解"专项行动之后,行政诉讼检察监督发生根本性的方向转变,检察院的监督方式有了实质性的拓展。与此同时发布的 12 个行政检察监督典型案例,对各地检察机关进行指导,也为行政诉讼检察监督的学理研究提供了案例研究素材。之后,行政检察监督转化为检察机关的常态化、日常化工作,并形成"以行政诉讼监督为基石、以行政争议实质性化解为牵引、以行政违法行为监督为拓展、以行政非诉执行监督为延伸"的行政检察新格局,为检察机关进行检察监督、开展行政争议实质性化解工作指明了方向。在全国检察机关实质性化解行政争议取得良好的政治效果、社会效果和法律效果的同时,学界也有必要从理论视角出发,厘清检察机关实质性化解行政争议和"穿透式"行政检察监督的内涵,兼顾理论自治和实践需求,力争在二者中寻求合理的最大公约数①,从而更好地立足于中央要求和行政诉讼法的立法宗旨。因此,本章将以 2019 年为界,讨论行政诉讼检察监督的研究转向。

---

① 参见张相军、马睿:《检察机关实质性化解行政争议研究》,载《国家检察官学院学报》2022 年第 3 期。

一、行政诉讼检察监督的传统研究

在2019年之前,学界围绕行政诉讼检察监督的内涵、必要性、功能定位等传统问题进行讨论,主要是从狭义上理解行政检察制度,相关研究成果集中于对行政诉讼的监督层面,关注检察机关如何对人民法院行政诉讼进行监督。以下将从行政诉讼检察监督的内涵和必要性进行分析。

(一) 行政诉讼检察监督的内涵

行政诉讼检察监督机制与检察制度、行政诉讼之间的辩证关系,是学界探讨的传统问题之一。虽然不同学者关注的重点不尽相同,但对于控制行政权的必要性,行政法学界具有较高的共识度。[①] 多数学者认为,行政检察首先是一种检察制度,具有检察制度的全部特性,这是认识这一机制的基点。然后才是行政诉讼制度的组成部分,且需要与行政诉讼制度和谐共生。相较于检察制度而言,行政检察是其机体中内发的、自我生成的,是检察制度的自我延伸;而相对于行政诉讼制度来说,行政检察又是从外部植入的,两者之间并没有必然的联系,但行政检察机制的有无,则是行政诉讼制度是否完善的重要标志之一。

从制度层面而言,行政诉讼检察监督机制,是检察制度与行政诉讼制度相结合的实践产物,同时是两者相结合的纽带。检察制度是分权制衡和法律监督理论被普遍接受并付诸实践,并以防止并惩处行政权和审判权被滥用和法律被践踏为旨归。[②] 有学者指出,行政检察监督的根本价值应在规制国家公权、构建检察权威和保障公民权利之间寻求平衡,其根本面向是保障宪法和法律完整统一实施,从而实现对公共行政的控制。因此,行政检察监督是检察机关监督各方主体实施公共行政活动是否严格遵守宪法法律的特

---

① 参见张步洪:《行政检察基本体系初论》,载《国家检察官学院学报》2011年第2期。
② 参见胡卫列等:《行政诉讼检察监督机制的完善》,载《国家检察官学院学报》2007年第5期。

定检察活动。① 对行政诉讼检察监督的内涵展开研究,丰富了行政法学中的监督行政理论。行政检察监督是保障行政权正当行使的重要制度安排,具有监督行政诉讼活动的独特功能,下文将从必要性角度展开论述。

(二) 行政诉讼检察监督的必要性

在我国的宪法框架下,检察机关作为独立于行政和审判机关的法律监督机关,是国家权力的重要组成部分。以应松年为代表的一批学者认为,强化行政诉讼检察监督是完善专门法律监督体系、完善行政诉讼制度的需要。② 有学者从功能定位的视角出发,对行政诉讼检察监督的必要性进行论述,认为检察机关在行政诉讼中功能的实现离不开制度的支撑。我国检察机关在我国行政诉讼中的功能,应跳出诉讼法律救济的层面,站在行政行为的监督和控制角度上,赋予其更为广泛的法律监督职能。不应当仅局限在对行政诉讼整个活动的监督功能之上。③ 由此可见,行政诉讼检察监督一方面监督人民法院公正行使审判权,防止审判权滥用,为纠正错误裁判提供了救济途径;另一方面,也增强了人民法院对行政行为进行司法监督的质效,切实保障行政相对人的合法权益,进而促进行政诉讼制度的良性发展。此外,还具有促进依法行政、维护公共利益、防止司法腐败、推进依宪治国建设等多项制度功能。

关于履行诉讼监督职能的检察机关在行政诉讼中的地位,学界主要有三种观点:一是处于原告地位;二是处于法律监督者地位;三是具有双重地位,即从提起诉讼的角度来看,它处于原告的诉讼地位,同时它又行使法律监督者的职能,具有法律监督者的地位。④ 其中,大多数学者持第三种观点。

---

① 参见秦前红:《两种"法律监督"的概念分野与行政检察监督之归位》,载《东方法学》2018年第1期。
② 参见应松年等:《行政诉讼检察监督制度的改革与完善》,载《国家检察官学院学报》2015年第3期。
③ 参见薛刚凌、范志勇:《检察机关在行政诉讼中的功能定位》,载《国家检察官学院学报》2013年第3期。
④ 参见胡卫列等:《行政诉讼检察监督机制的完善》,载《国家检察官学院学报》2007年第5期。

但也有学者提出不同看法,认为检察机关在履行诉讼监督职能时具有双重身份的观点,其实混淆了诉讼监督职能和法律监督职能,笼统地将二者结合在一起,反而会导致制度设计的紊乱,进而影响检察机关诉讼监督职能的发挥。

二、行政诉讼检察监督的研究转向

2019年之后,行政诉讼检察监督产生根本性的方向转变,检察院的监督方式也有了实质性的拓展。最高人民检察院内设机构在2019年迎来"重塑性"变革,成立第七检察厅专司行政检察工作,确立了刑事、民事、行政、公益诉讼"四大检察"全面协调充分发展的检察监督格局。行政检察作为一项由检察机关主导、以法律监督为己任的制度,"做实行政检察促进行政争议实质性化解"已经成为各级检察机关实施行政检察监督的一项工作重点。检察院不但要监督人民法院行政审判活动,还要通过行政审判对政府的行政执法部门进行监督。2021年4月,最高人民检察院发布《"十四五"时期检察工作发展规划》,再一次明确提出"常态化开展行政争议实质性化解,努力实现案结事了政和"的目标。2021年6月印发的《中共中央关于加强新时代检察机关法律监督工作的意见》提出明确要求,检察机关"全面深化行政检察监督……在履行法律监督职责中开展行政争议实质性化解工作,促进案结事了",这为行政争议化解提供了新依据和新指引。2021年9月,最高人民检察院正式施行《人民检察院行政诉讼监督规则》,以司法解释的形式,明确开展行政争议实质性化解的任务、原则、方式,规定"人民检察院通过办理行政诉讼监督案件……推动行政争议实质性化解","人民检察院办理行政诉讼监督案件,应当查清案件事实、辨明是非,综合运用监督纠正、公开听证、释法说理、司法救助等手段,开展行政争议实质性化解工作"。《人民检察院行政诉讼监督规则》系统规定了检察机关履行行政诉讼监督职责的各项程序,成为检察机关对行政诉讼实施法律监督的基本遵循。[1] 这一规则新增的实质性化解行政争议任务与加强"穿透式监督"两部分内容,是尤其重点关注的修改亮点。不少学者从行政检察监督的制度定位、"穿透式"的内涵、功能以及完善进路提出新观点并阐发见解。

(一)检察机关实质性化解行政争议的制度定位

检察机关实质性化解行政争议与现行行政检察制度是何种关系,是否属于新增检察职能,与行政检察制度有无冲突,目前存在不同理解。有的学者认为,通过行政检察监督促进行政争议实质性化解,本质上是检察权的行使。[2] 有的认为,检察机关基于能动司法理念在履行法律监督职责时将实质性行政争议化解纳入进来,在人民检察院组织法上存在法律依据,至少存在较大的法律解释空间,可以视为检察机关的法定职责。[3] 有的认为,促成行政争议和解活动不属于司法职权,也并非检察机关法定职责,本质上属于权利救济范畴,是检察机关基于国家治理目的的新型司法服务。促成和解既不是检察机关行使监督职权的法定方式,也不能归功于检察职权的必然后果。[4] 还有学者认为,在某种程度上,行政争议化解已经形成为工作机制。行政争议实质性化解检察参与机制是以促进行政争议双方和解为目的,以行政争议法律关系主体申请或邀请为条件、以提供专业优势服务为内容,以行政诉讼监督机制为保障机制的行政检察工作机制。[5]

检察监督与化解争议辩证关系也可从实质法治的逻辑出发进行理解。有学者认为,实质法治是行政检察的学理根据和行为指引,通过监督来促成

---

[1] 参见张相军等:《〈人民检察院行政诉讼监督规则〉的理解与适用》,载《人民检察》2021年第17期。

[2] 参见王锡锌:《检察机关促进行政争议实质性化解的法理逻辑》,载《国家检察官学院学报》2021年第1期。

[3] 参见张步峰:《检察机关实质性行政争议化解的基本理据》,载《人民检察》2020年第21期。

[4] 参见张雪樵:《星星之火可以燎原——持续推进行政争议实质性化解工作》,载《人民检察》2020年第20期。

[5] 参见安兵等:《行政争议实质性化解检察参与机制的解释论研究》,载《西北民族大学学报(哲学社会科学版)》2021年第3期。

化解,在化解中推动监督,实现了法律监督的监督违法、恢复秩序、平复争议之多重功效,有利于保障和促进形式法治与实质法治的统一。行政检察"一手托两家"的职能作用,有助于实现行政诉讼法的根本目的。行政检察依托于对行政审判活动的监督,间接对行政行为合法性进行监督,有介入到行政争议来源的可能。① "穿透式"监督的理念或模式,决定了其价值追求的多元化、功能作用的多样性,检察机关穿透行政审判从而促进公正司法,穿透至行政行为从而促进依法行政,穿透及于行政争议从而促进矛盾化解,穿透到社会治理从而修复社会关系。由此可见,行政争议化解能够成为检察机关在形式法治与实质法治之间的联结途径,既是对机械司法背后无法实质性化解行政争议进行的努力,更是检察监督在实质法治主义观上发挥能动性以平衡司法被动性的体现。② 然而,行政争议实质性化解的行政检察也需注意限度。对此,有学者指出有两点尤其需要关注:一是尊重行政判断的优先性。法院在裁判时尚且要保持足够的谦抑性,检察机关虽可主动开展监督,但也要保持一定的审慎性,立足于对法律问题的监督,避免干涉行政机关的专业决定。二是尊重法院的司法裁判权,谨慎做好行政诉讼监督工作。检察机关在监督时应审慎处理行政诉讼监督案件,将行政检察的重点放在因诉讼制度限制而无法实质性化解行政争议的情况。③

对于"实质性"一词内涵,学界也有不同看法。有学者认为,"实质性"包含行政诉讼程序终结后未再启动新的法律程序和行政实体法律关系经由行政诉讼程序获得实质处理两方面内容。④ 有学者认为,行政争议实质性解决包含纠纷解决的妥善性、一次性和迅速性。⑤ 也有学者认为,行政争议实质

---

① 参见江国华、王磊:《检察机关实质性化解行政争议的制度分析和实践完善》,载《国家检察官学院学报》2022年第3期。
② 参见张相军等:《论"穿透式"行政检察监督》,载《人民检察》2021年第10期。
③ 参见秦前红:《在推进行政争议实质性化解中做实行政检察》,载《国家检察官学院学报》2021年第1期。
④ 参见王万华:《行政复议法的修改与完善——以"实质性解决行政争议"为视角》,载《法学研究》2019年第5期。
⑤ 参见钱弘道、吴亮:《纠纷解决与权力监督的平衡——解读行政诉讼法上的纠纷解决目的》,载《现代法学》2008年第5期。

性化解是指在法治框架下,根据政策、情理等法律外因素,在传统的行政法律程序和行政诉讼法律程序外,使得行政争议及相关法律争议不复存在的行为,其实质在于通过促进和解的方式除去行政争议,其本质是权利救济。①

对于检察机关实质性化解行政争议的活动也存在着不同理解。有学者认为,行政争议实质性化解应尊重法院生效裁判的既判力,尊重行政自由裁量权,符合必要性原则。相比法院"不告不理"的消极被动司法,检察机关在化解行政争议中有其独特优势和能动性。通过对行政审判和行政行为的双重监督,发现其中的错误和不当行为,在监督纠错中协调法院、行政机关落实对行政相对人的权利救济,化解矛盾纠纷,实现案结事了政通人和。根据行政检察监督在行政争议实质性化解中的强度具体包括监督驱动型、监督辅助型、监督备用型这三种类型。② 也有学者指出,检察机关办理行政诉讼监督案件,需要在坚守法治底线的前提下,以当事人各方认可的方式,实现法律程序终结或者将行政争议导入新的处理程序,达到自然消解案涉行政争议,实现案结事了政和的履职目标。检察机关在调查核实、公开听证、智慧借助、案例检索精细化审查案件的基础上,综合运用监督纠正、以抗促和、促成和解、服判息诉实现行政争议的实质性化解。同时,检察机关要积极履职主动担当,在化解超过起诉期限、遗落之诉、民行交叉等案件行政争议中发挥监督能动性,促进案结事了政和。③

我们认为,检察机关法律监督权是行政争议实质性化解的基础,检察机关依法对行政诉讼实行监督,通过抗诉、检察建议等方式,监督法院公正司法和行政机关依法行政。法律监督与争议化解如影随形、异曲同工,而且法律监督又是有效化解行政争议的保障,两者相辅相成。④ 虽然实质性化解行

---

① 参见安兵等:《行政争议实质性化解检察参与机制的解释论研究》,载《西北民族大学学报(哲学社会科学版)》2021年第3期。
② 参见傅国云:《检察机关实质性化解行政争议的属性、定位及效力》,载《人民检察》2022年第9期。
③ 参加张相军、马睿:《检察机关实质性化解行政争议研究》,载《国家检察官学院学报》2022年第3期。
④ 参见傅国云:《检察机关实质性化解行政争议的属性、定位及效力》,载《人民检察》2022年第9期。

政争议是当前检察机关行使行政检察监督职能时应当高度重视的一项重要目标,但也要防止一种倾向掩盖另一种倾向,将这项目标作为行政检察监督的唯一目标。①人民检察院行使行政检察监督职能除了追求实质化解行政争议的目标外,还应同时追求法治的价值,不能为了化解行政争议而牺牲法治价值,而是应当依据个案实现对两者的兼顾和平衡。

(二)"穿透式"行政检察监督的内涵与功能

司法实践已远走在法律规范前列。"穿透式监督"这一制度的提法发端于检察机关实务界,中国特色法律监督理论、实质法治理论、多元纠纷解决理论、国家治理理论等,均为"穿透式"行政检察监督提供了理论基础。有学者指出,"一手托两家"的特殊职能属性对于行政争议实质性化解具有不可替代的作用。检察机关应当充分发挥其监督职能,通过监督行政诉讼活动对行政行为的合法性予以监督,从而倒逼行政机关纠正错误行为、积极依法作为,使当事人在具体争议化解中切实感受到公平正义。②实务界认为,"穿透式"行政检察监督的制度功能奠定了其作为行政检察基本理念的根基,通过发挥"一手托两家"的监督作用,一方面采撷个案,从具体个案出发化解一个个具体的行政争议;另一方面汇聚类案,"拧线成绳"地参与社会治理,也成为了参与社会治理的内生动力。有学者将穿透式监督理论概括为四个层次:第一层以行政诉讼监督为起点,实现对审判权的监督;由表层穿透至第二层,实现对个案中行政行为的监督;由第二层穿透至第三层,从"依法监督"向"依法在监督中化解社会矛盾"转变,实现实质性化解行政争议;由第三层穿透至第四层,从个案纠偏到发现类案疏漏,实现社会治理前端的检察参与。在该理论模型的第三层,检察机关通过审查行政审判、案涉行政行为、关联行政行为,依法在监督中化解矛盾,实质性化解行政争议。由此,实

---

① 参见姜明安:《论新时代中国特色行政检察》,载《国家检察官学院学报》2020年第4期。
② 参见常锋:《行政检察创新监理理念回应人民群众更高要求——专访中国政法大学终身教授应松年》,载《人民检察》2021年第21期。

质性化解行政争议从理论上成为行政检察的履职目标。①

然而,对于"穿透式"检察监督模式的合理性问题,学界存在不同讨论声音。反对这一观点的学者曾对行政诉讼监督的模式提出质疑,认为行政检察应当直接对行政权进行监督。② 多数支持"穿透式"检察监督模式的学者认为,"穿透式"行政检察监督具有独特的价值,在现行法律框架下,行政检察直接对行政权实施监督尚缺乏明确的法律依据,而通过对行政诉讼的法律监督这一法定途径"穿透"进入行政权层面,进而发现问题、化解争议,实现案结事了,则是一个明智和合法的手段。③

总体上看,大多数学者赞成目前实务中"穿透式"检察监督的做法,但对于"穿透式"的内涵也有不同理解。有学者提出,对行政行为的合法性问题进行监督,这既是维护客观法秩序的逻辑要求,也是发挥法律监督效果的功能性要求。穿透行政审判活动的过程和结果而监督行政合法性的中介就是行政争议的化解。对行政争议问题是否实质性解决进行监督,既有利于主观诉讼目标的实现,也有利于客观诉讼目标的落实。④ 有学者认为,"穿透式"是检察机关立足《行政诉讼法》第 1 条、第 11 条和第 93 条的规定所探索出来的一个成果,既是近年来行政检察实践经验的总结,也是行政检察基本理论与制度在新时代的探索与创新。"穿透式"深入到行政行为领域和行政争议领域,检察机关对于行政诉讼进行监督,势必会涉及行政行为的合法性问题,从而实现对行政行为是否合法的监督。也就是说,通过监督法院在行政诉讼中对行政行为合法性的审查和评判结果,督促和促进法院或者行政机关实质性依法解决行政争议。此外,它通过监督行政诉讼,继而推进对行政行为的监督,具有对行政诉讼和行政行为监督的同步性。⑤ 由此可见,"穿

---

① 参见张相军等:《论"穿透式"行政检察监督》,载《人民检察》2021 年第 10 期。
② 参见王春业、马群:《论以行政检察监督制约行政权》,载《湖北行政学院学报》2014 年第 1 期。
③ 参见沈福俊:《行政检察化解行政争议功能论析》,载《政治与法律》2022 年第 7 期。
④ 参见王锡锌:《检察机关促进行政争议实质性化解的法理逻辑》,载《国家检察官学院学报》2021 年第 1 期。
⑤ 参见沈福俊:《行政检察化解行政争议功能论析》,载《政治与法律》2022 年第 7 期。

透式"监督具有极大的现实意义,对于主观和客观诉讼两大目标的实现均有裨益,在同步监督行政审判活动和监督行政机关活动上具有理论基础和现实优势,其实质效果值得在未来实践中进一步检验和拓展。

三、行政诉讼检察监督的制度展望

"穿透式"行政检察监督打破了行政诉讼的固有"遮蔽",弥补行政检察监督缺位。作为对行政诉讼监督这一本权的有益延伸,行政检察监督既非一项专门的法律监督程序,也非一种新的法律监督类别,而是为更好地发挥检察机关"一手托两家"作用,保障检察机关更加积极有效地参与社会治理。① 2021年《人民检察院行政诉讼监督规则》基于完善监督方式、强化监督职责、提升监督质效和促进解决共性问题的考虑,增加检察机关针对行政诉讼中的普遍性问题或者突出问题组织开展某一领域或某一方面的专项监督工作,针对多起案件中的同类问题开展类案监督等规定。② 不仅如此,"穿透式"行政检察监督功能的实现,还需遵循精准监督、双重监督、实质监督、类案监督等监督理念,同时应恪守行政检察监督边界,在新时代检察监督理念指引下,推进国家治理体系和治理能力现代化。

目前,加强新时代行政诉讼检察监督的法理研究、方式研究、与其他类型监督关系研究,都是未来行政检察监督制度发展中值得关注和思考的命题。第一,加强行政检察监督理论,尤其是行政争议实质性化解的基础理论研究。检察机关在行政争议实质性化解中的定位有必要进一步明晰,行政诉讼法中有关行政诉讼检察监督原则内涵存在极大的拓展解释空间,需要深入挖掘行政检察监督的制度基础,为开展"穿透式"监督工作提供坚实的理论支撑。如何通过发挥"一手托两家"的监督作用,监督行政诉讼活动、促

---

① 参见张相军等:《论"穿透式"行政检察监督》,载《人民检察》2021年第10期。
② 参见张相军等:《〈人民检察院行政诉讼监督规则〉的理解与适用》,载《人民检察》2021年第17期。

进依法行政、实质性化解行政争议、提升社会治理能力,使得四个面向的监督职能由浅入深、层层递进,并在司法实践中发挥由表及里的制度优势,最终融入社会治理的大格局之中,这同样值得深入挖掘。第二,以典型案例为研究工具,积极探索多元化的行政检察监督方式,深入研究检察机关参与行政争议解决的不同方式,将实践中检察机关的创新工作模式进行理论归纳和提炼。2021年至2022年期间,最高人民检察院先后发布了十四批行政检察典型案例。其中,年度十大行政检察典型案例、行政检察与民同行系列典型案例、行政检察类案监督等案例,对于推广行政诉讼检察监督的新方式、新做法有极大的积极作用,也有利于提炼可以覆盖全国的理论内涵与制度经验。类案检察建议的发布和专项监督活动的开展,对于促进重点行业和领域的治理发挥了积极作用,需要进一步深化类案监督在法律适用、政策依据上的典型意义,提炼监督方法,增强行政检察监督的社会治理效果,从而助推行政检察工作高质量发展。第三,从诉讼监督的逻辑分类出发,可以研究行政诉讼检察监督与民事检察监督、刑事检察监督之间的关系。民事、刑事、行政检察监督是以检察监督对象的性质差异为划分标准,三者之间具有理论上的共通性。与此同时,民事和刑事诉讼检察监督起步较早,相关制度的建构也更加完善,从检察监督的程序、方式等共性问题出发,吸纳民事、刑事检察监督的经验做法,不失为一大路径。第四,基于能动司法检察的理念,行政检察监督的过程中也可以从制度层面提出诉源治理的更多建议。行政检察监督不应限制于行政争议个案的处理,也可以适当超越行政争议化解的局限,以小见大、见微知著,这对于节约司法资源、减轻当事人诉累具有重要意义,也符合社会治理能力现代化的内在需求。理论与实践相辅相成,夯实理论基础才能助力行政检察行稳致远。期待新时代的行政诉讼检察监督制度将双重监督的目的贯穿于监督活动的各个环节,在法定权力范围内以法定方式推动行政法治更好发展。

主要参考文献

1. 胡卫列等:《行政诉讼检察监督机制的完善》,载《国家检察官学院学报》2007年第5期。

2. 钱弘道、吴亮:《纠纷解决与权力监督的平衡——解读行政诉讼法上的纠纷解决目的》,载《现代法学》2008年第5期。

3. 薛刚凌、范志勇:《检察机关在行政诉讼中的功能定位》,载《国家检察官学院学报》2013年第3期。

4. 王春业、马群:《论以行政检察监督制约行政权》,载《湖北行政学院学报》2014年第1期。

5. 应松年等:《行政诉讼检察监督制度的改革与完善》,载《国家检察官学院学报》2015年第3期。

6. 秦前红:《两种"法律监督"的概念分野与行政检察监督之归位》,载《东方法学》2018年第1期。

7. 王万华:《行政复议法的修改与完善——以"实质性解决行政争议"为视角》,载《法学研究》2019年第5期。

8. 姜明安:《论新时代中国特色行政检察》,载《国家检察官学院学报》2020年第4期。

9. 张步峰:《检察机关实质性行政争议化解的基本理据》,载《人民检察》2020年第21期。

10. 张雪樵:《星星之火可以燎原——持续推进行政争议实质性化解工作》,载《人民检察》2020年第20期。

11. 王锡锌:《检察机关促进行政争议实质性化解的法理逻辑》,载《国家检察官学院学报》2021年第1期。

12. 秦前红:《在推进行政争议实质性化解中做实行政检察》,载《国家检察官学院学报》2021年第1期。

13. 安兵等:《行政争议实质性化解检察参与机制的解释论研究》,载《西北民族大学学报(哲学社会科学版)》2021年第3期。

14. 张相军等:《论"穿透式"行政检察监督》,载《人民检察》2021年第10期。

15. 张相军等:《〈人民检察院行政诉讼监督规则〉的理解与适用》,载《人民检察》2021年第17期。

16. 常锋:《行政检察创新监督理念回应人民群众更高要求——专访中国政

法大学终身教授应松年》,载《人民检察》2021 年第 21 期。

  17. 江国华、王磊:《检察机关实质性化解行政争议的制度分析和实践完善》,载《国家检察官学院学报》2022 年第 3 期。

  18. 傅国云:《检察机关实质性化解行政争议的属性、定位及效力》,载《人民检察》2022 年第 9 期。

  19. 张相军、马睿:《检察机关实质性化解行政争议研究》,载《国家检察官学院学报》2022 年第 3 期。

  20. 沈福俊:《行政检察化解行政争议功能论析》,载《政治与法律》2022 年第 7 期。

第十五章

行政诉讼强制执行

行政诉讼强制执行,是指人民法院和其他的国家机关依法采取特定的方式,确保行政诉讼当事人履行人民法院生效裁判的活动。根据是否经过诉讼程序,强制执行可以划分为诉讼强制执行和非诉强制执行。在诉讼强制执行领域,行政诉讼的发动及其过程的完结,最后的保障线也是"执行"。的确,执行作为行政诉讼的最后环节,关系到行政诉讼判决的有效实现。[①]在行政诉讼程序中,执行是经过立案和审理后的最后一个环节,对于实现司法公信力有着举足轻重的作用,有利于当事人之间权利义务关系的实现。在非诉强制执行领域,非诉行政执行制度是实现行政管理职能和效率的重要途径,也是维护行政相对人合法权益的重要保障。根据现行法律的规定,我国行政强制执行以行政机关申请法院强制执行为原则,以行政机关自行强制执行为补充。[②]在我国,非诉强制执行体现了司法权对行政权的监督,对于建设法治政府和打造公平正义的司法制度都有着十分重要的意义。

一、行政诉讼强制执行

行政诉讼强制执行是相对于非诉强制执行而言的,两者是并列关系。

[①] 参见曾哲、赵钟根:《论行政诉讼执行程序》,载《东方法学》2012年第4期。
[②] 参见黄学贤:《非诉行政执行制度若干问题探讨》,载《行政法学研究》2014年第4期。

第十五章　行政诉讼强制执行

诉讼执行是指人民法院按照司法程序对行政争议审理后作出判决,由享有执行权的执行机构对生效司法判决所实施的执行。[①]《行政诉讼法》自实施以来,学界对行政诉讼制度关注的焦点主要集中在起诉、受理、审理等程序方面,对行政裁判执行制度,尤其是对行政机关拒不履行裁判问题的研究则明显缺乏;加之目前我国关于行政诉讼执行的法律规定粗疏简陋,执行手段和范围等问题又没有详尽的规定,因此行政裁判执行呈现难上加难的尴尬局面。[②] 对行政诉讼强制执行的研究,具有必要性和现实意义。

(一) 行政诉讼强制执行措施

根据行政诉讼法规定,适用于原告和被告的行政诉讼强制执行措施是不同的。对于行政机关而言,其适用《行政诉讼法》第96条的规定:"行政机关拒绝履行判决、裁定、调解书的,第一审人民法院可以采取下列措施:(一)对应当归还的罚款或者应当给付的款额,通知银行从该行政机关的账户内划拨;(二)在规定期限内不履行的,从期满之日起,对该行政机关负责人按日处五十元至一百元的罚款;(三)将行政机关拒绝履行的情况予以公告;(四)向监察机关或者该行政机关的上一级行政机关提出司法建议。接受司法建议的机关,根据有关规定进行处理,并将处理情况告知人民法院;(五)拒不履行判决、裁定、调解书,社会影响恶劣的,可以对该行政机关直接负责的主管人员和其他直接责任人员予以拘留;情节严重,构成犯罪的,依法追究刑事责任。"该条意味着被执行人为行政机关的场合,法院能适用的强制执行措施仅限于该条限定的五种情形。具体分析上述五种情形,有观点认为,行政诉讼法的规定和行政诉讼的理论把司法建议和追究刑事责任作为行政诉讼的强制执行措施过为勉强,典型的或者真正意义上的诉讼强制执行措施实际上只有两种,即划拨和罚款。[③] 但对于原告而言,可以结合适用

---

① 参见曾哲、赵钟根:《论行政诉讼执行程序》,载《东方法学》2012年第4期。
② 参见肖萍、裴春光:《行政裁判执行制度研究——以对行政机关的强制执行为视角》,载《法学评论》2009年第1期。
③ 参见杨小君:《行政诉讼强制执行措施再思考》,载《行政法学研究》2003年第3期。

《行政诉讼法》第 96 条和第 101 条的规定,即行政机关可以对原告采取《民事诉讼法》规定的全部强制执行措施。

有观点对这种现象提出批评,认为违反了平等原则。在行政诉讼中,对行政机关拒不履行法院生效裁判的,不能适用对公民、法人、其他组织一样的强制执行措施,而是要适用有所区别的强制执行措施,这既是我国行政诉讼强制执行制度的特点,也是我国行政诉讼制度自身的缺陷所在。① 另有类似观点对这种形式上的不平等持批判立场,作为诉讼制度,这种规定极其不公平,它造成了对一方当事人适用一种强制措施,对另一方当事人则适用另一种强制措施的局面,表现出浓厚的"官贵民贱"和行政机关高高在上、高人一等的立法思想。② 学界对于行政诉讼强制执行措施形式上的不平等多持批评立场,并建议参照民事诉讼的相关规定以解决上述不平等现象。

(二) 行政诉讼执行难的原因

2014 年《行政诉讼法》修改从实际出发,坚持问题导向,着力解决行政诉讼存在的立案难、审理难和执行难问题。③ 也就是说,破解"立案难、审理难、执行难"是修法的重要任务,如何破解则需要从制度设计上找到造成实践困境的原因并加以改进。④ 作为与立案及审理并驾齐驱的执行环节,执行难既是理论问题也是实践问题。学界讨论行政诉讼执行难的原因主要有以下两个方面。一是我国司法体制层面,缺乏司法权威。从司法的终局性而言,我们还没有形成这样一种社会氛围:对司法裁判绝对服从,不履行法院的裁判会受到政治、道德、舆论的极大压力和一致的谴责,以至于其无法继续为官或继续从事其他事业。⑤ 二是行政机关和法院之间缺乏有效衔接机制。实践中容易出现案件进入执行阶段法院久拖不结甚至未采取任何执行措施、

---

① 参见肖萍、裴春光:《行政裁判执行制度研究——以对行政机关的强制执行为视角》,载《法学评论》2009 年第 1 期。
② 参见杨小君:《行政诉讼强制执行措施再思考》,载《行政法学研究》2003 年第 3 期。
③ 参见童卫东:《进步与妥协:〈行政诉讼法〉修改回顾》,载《行政法学研究》2015 年第 4 期。
④ 参见薛刚凌:《行政诉讼法修订基本问题之思考》,载《中国法学》2014 年第 3 期。
⑤ 参见杨小君:《行政诉讼强制执行措施再思考》,载《行政法学研究》2003 年第 3 期。

法院终结本次执行或结案时行政机关不知情、执行未按照行政决定的内容全面足额执行等,一定程度上都会损害执法司法公信力。①

(三)行政诉讼执行改革的探索

有观点认为,从司法体制的角度,需要对外强化法院整体的独立性和对内改革人事任用体制。法院整体的独立性和权威性的缺失是目前审判体制最严重的问题,假如真能通过上述改革加以解决,即使产生了一些副作用,也是利大于弊。但法院整体的独立性并不意味着要靠建立行政法院实现,因为从理论上讲,即使是大陆法系学者也并不都认为必须设立特殊的行政法院来主管行政诉讼,而是认为主管法院只要公正、独立即可。② 该学者还认为,对于区分当事人适用不同强制措施的行为,不合理的原因在于其所代表的利益及其财产的公共性并未改变。因此,解决方案是在平等对待行政机关的基础上,对于行政机关并非用于行政管理的财产,如公务员的奖金、行政机关的超标用车等完全可以参照《民事诉讼法》的规定加以执行。总之,诸如查封、扣押财产等执行措施,只要不影响行政机关正常的行政管理活动就可以适用于行政机关。该观点还建议从加大对行政机关拒不履行行政裁判的制裁力度,明确公务员尤其是行政首长个人的责任,明确第二审人民法院的执行义务,动用舆论力量督促行政机关履行生效裁判等方面予以改革。

另有观点以增强对行政机关强制执行的力度为目标提出改革方案,具体的实现路径是增加对行政机关的强制执行措施种类,规定可以直接执行国库财产,加大制裁力度,增加行政诉讼强制执行措施的具体方法等。③ 该观点同样提出,对公民、法人、其他组织与对行政机关的强制措施应当形式上实现平等,同时可以规定给行政机关保留一定的进行行政管理的财产,或

---

① 参见万琪:《行政执行案件中加处罚款或滞纳金减免问题分析》,载《人民检察》2021年第4期。
② 参见肖萍、裴春光:《行政裁判执行制度研究——以对行政机关的强制执行为视角》,载《法学评论》2009年第1期。
③ 参见杨小君:《行政诉讼强制执行措施再思考》,载《行政法学研究》2003年第3期。

者规定一定的执行程度以规范执行,就像民事强制执行也要为被执行人保留一定范围的财产一样。

二、行政非诉强制执行

行政非诉强制执行指行政相对人对生效的行政行为既不履行也不向法院提起行政诉讼的情况下,行政机关等向法院申请执行的活动。"法院经行政机关的申请对未经过诉讼审查的具体行政行为的强制执行就是非诉讼行政执行。在我国,具体行政行为的强制执行主要采用非诉讼行政执行的形式。"[1]因此,对于非诉强制执行的研究有助于解决理论和实践中出现的普遍问题,进一步完善我国强制执行制度的制度体系,更好厘清非诉强制执行发挥的制度优势和作用。

(一) 非诉强制执行权的性质

非诉强制执行需要法院经过司法审查后裁定行政机关进行后续的强制执行。那么,行政机关执行经过司法审查的行为是司法性质的行为还是行政性质的行为?有观点认为,具体执行标的仍是行政决定,具体的执行过程仍属行政性事务执行,系行政权的范畴。[2] 这也是"裁执分离"中具体实施执行行为行政性的体现。类似观点认为,人民法院的准予执行裁定仅系在个案中赋予了行政机关组织实施强制执行的权力,就如法律对于行政机关的强制执行权进行规定一样,其本身并未改变该组织实施行为的行政行为属性。[3] 因此,行政机关组织实施行为的性质属于行政行为。有观点认为,在我国行政强制制度中,行政机关申请法院强制执行的执行权,其主体是法

---

[1] 傅士成:《我国非诉讼行政执行制度的几个问题》,载《中国法学》2002 年第 3 期。
[2] 参见王华伟、刘一玮:《非诉行政案件裁执分离模式再思考》,载《行政法学研究》2017 年第 3 期。
[3] 参见危辉星、黄金富:《非诉行政执行"裁执分离"机制研究——以浙江法院推进"裁执分离"机制的实践为基础》,载《法律适用》2015 年第 1 期。

院,因而其性质也自然属于司法权。① 这是从执行主体的角度而言的。有类似观点也认为,非诉强制执行属于司法行为,而且我国长期存在刑事强制执行和民事强制执行都是由法院或者在法院的指挥下实施的,因而强制执行权一直被人们视为司法权的认识。② 类似观点认为,非诉行政执行具有司法属性,是司法权行使的一种形式。即便过程中存在行政权的运用,也是基于司法审查的需要,属于司法权主导下行政权的运用。③ 还有观点认为,执行行为应兼有司法行为和行政行为两个方面的特征。④ 该观点主张需要区分实施权和审查权,执行实施权具备行政权的特征,而执行审查权具备司法权的特征。区分行政权和司法权的意义在于对当事人的救济方式不同,如果具体实施权由行政机关实施,那么行政机关的执行行为当属具体行政行为,且在阶段上属于执行阶段的具体行政行为。⑤ 在房屋拆迁领域,非诉强制执行性质的区分决定了救济方式的不同。"如果非诉行政执行属于行政行为,那么被拆迁人可通过行政复议、行政诉讼等方式获得救济。如果非诉行政执行属于司法行为,那么应当通过执行异议或申诉予以救济。"⑥

(二) 非诉强制执行的依据

具体执行的依据应包括行政机关的行政决定和法院的行政裁定书,前者为基础依据,后者为直接依据,基于这两份法律文件,行政机关具有了执行名义,享有对个案的执行力。⑦ 类似观点认为,非诉行政执行案件的依据只能是受法院准予执行裁定书约束的具体行政行为和受具体行政行为约束

---

① 参见黄学贤:《非诉行政执行制度若干问题探讨》,载《行政法学研究》2014 年第 4 期。
② 参见傅士成:《我国非诉讼行政执行制度的几个问题》,载《中国法学》2002 年第 3 期。
③ 参见应松年、冯健:《房屋拆迁非诉行政执行的困境与变革》,载《法学评论》2021 年第 2 期。
④ 参见曾哲、赵钟根:《论行政诉讼执行程序》,载《东方法学》2012 年第 4 期。
⑤ 参见王华伟:《试论非诉行政执行体制之改造——以裁执分离模式为路径》,载《政治与法律》2014 年第 9 期。
⑥ 应松年、冯健:《房屋拆迁非诉行政执行的困境与变革》,载《法学评论》2021 年第 2 期。
⑦ 参见裴蓓:《非诉行政案件"裁执分离"模式研究——以浙江法院实践为例》,载《行政法学研究》2014 年第 3 期。

的准予执行裁定书。① 该观点进一步指出,将具体行政行为或者法院准予执行裁定书孤立地作为非诉行政执行案件的依据都是错误的。也有观点认为,法院非诉讼行政执行的依据不是人民法院生效的裁判文书,也不是仲裁裁决书或有强制执行力的公证文书,而是行政主体作出的已生效的具体行政行为,即有执行内容的具体行政行为。② 类似观点认为,对于驳回诉讼请求的案件,非诉行政执行的依据是具体行政行为。③ 因此,作为非诉行政执行案件,执行的依据均是行政决定。

(三)"裁执分离"的探索

"裁执分离"指的是执行阶段的执行审查权和具体实施权的分离。目前的探索所面临的首要问题是重大改革法律依据欠缺,目前效力最高的仅有最高人民法院出台的司法解释。对此,有学者指出,应当在法治的框架下妥善解决"裁执分离"的法治漏洞并提出了改革方案。类似观点也对由司法解释规定行政机关申请法院强制执行具体行政行为的期限加以规定是否合适提出质疑,认为依《立法法》规定,这种权限划分应由法律规定。④ 有观点在此基础上认为,无法否定"裁执分离"模式的合法性,原因在于在《行政强制法》的立法过程中体现了对"裁执分离"这一改革方向的考虑。从立法层面而言,该观点还指出最高立法机关关于"裁执分离"模式试点的本意不应仅限于"双轨制"非诉行政案件。⑤ 但是,鉴于目前的探索依旧缺乏相应法律依据,所以该观点提出先进行立法解释的路径以解决当下的法治问题。

既然"裁执分离"目前具有一定的局限性,有观点主张,探索由法院委托

---

① 参见肖泽晟、高琪:《论非诉行政执行案件中的几个问题》,载《行政法学研究》2002年第1期。
② 参见傅士成:《我国非诉讼行政执行制度的几个问题》,载《中国法学》2002年第3期。
③ 参见危辉星、黄金富:《非诉行政执行"裁执分离"机制研究——以浙江法院推进"裁执分离"机制的实践为基础》,载《法律适用》2015年第1期。
④ 参见肖泽晟、高琪:《论非诉行政执行案件中的几个问题》,载《行政法学研究》2002年第1期。
⑤ 参见王华伟、刘一玮:《非诉行政案件裁执分离模式再思考》,载《行政法学研究》2017年第3期。

行政机关代为执行、由行政机关协助法院执行以及代整治的路径。① 该方案在承认具体实施权属于法院的基础上,由法院采用委托的形式确立具体实施阶段的分工关系,比较好地解决了"裁执分离"实践中的法治问题。另有方案建议采取执行诉讼模式,比较有代表性的是在程序上完善非诉执行制度,建议逐步将此制度深化为"执行诉讼"制度,主要在程序上更加完善,使非诉执行的审查程序更加制度化。② 也有观点对此提出批评,认为执行之诉方案只不过是对现有非诉审查的程序进行了诉讼化改造而已,只要适当改造现有非诉行政执行体制中对行政决定的司法审查程序,同样可以实现这样的功能,没必要再独立增加一个新的诉讼类型。③

关于"裁执分离"中执行审查权和具体实施权分别由谁承担,存在两种观点。多数观点认为,具体实施权应当由行政机关承担。少数观点认为,具体实施权由法院内部承担,分别由执行法官和执行员来行使执行审查权和执行实施权,实现执行机构内部的合理分工。④ 此外,"裁执分离"还涉及行政权和司法权之间的分工。有观点认为,司法回归裁判权,行政回归执行权,裁执分离模式中司法权与行政权应当协作。在司法审查阶段,行政机关应尊重司法权,及时提交申请材料,启动执行前的司法审查程序,并在必要时积极履行举证义务。在具体执行阶段,司法权应尊重行政权,不直接参与具体执行,但可就强制执行中需要防范、注意的事项与社会稳定风险及后续矛盾化解等,以书面司法建议方式为行政机关的执行提供法律意见。⑤ 上述观点区分了司法权和行政权的性质,较好地揭示了"裁执分离"不同阶段的特点。

关于有限的"裁执分离"还是彻底的"裁执分离",有观点认为,应实施彻

---

① 参见郑琦:《基层行政机关申请人民法院强制执行具体行政行为面临的问题与对策研究——以杭州市为实证分析》,载《行政法学研究》2009 年第 1 期。
② 参见曾哲、赵钟根:《论行政诉讼执行程序》,载《东方法学》2012 年第 4 期。
③ 参见王华伟:《试论非诉行政执行体制之改造——以裁执分离模式为路径》,载《政治与法律》2014 年第 9 期。
④ 参见曾哲、赵钟根:《论行政诉讼执行程序》,载《东方法学》2012 年第 4 期。
⑤ 参见刘雨嫣:《非诉行政强制执行的困境及出路分析》,载《人民论坛·学术前沿》2020 年第 11 期。

底的"裁执分离",允许财产类决定纳入"裁执分离"的范围,这是由行为性质、现有经验和司法体制改革趋势所决定的。① 有学者反对上述观点,认为根据《中华人民共和国商业银行法》规定,涉及金钱给付义务的,原则上不适用"裁执分离"。"裁执分离"从其适用范围上看,在行政决定具有金钱给付以及具有人身专属性质的作为义务的内容时,原则上不可适用。但对行政决定确定的被执行人的其他作为义务,人民法院可以在裁定准予强制执行的同时,一并裁定由行政机关组织实施。②

折中说认为,法院除执行罚款等经济性处罚内容外,行为类处罚的执行逐步会交由行政机关负责,从而渐进地形成较为彻底的"裁执分离"的执行模式。③ 还有观点主张,裁执分离模式应当坚持"突出重点、逐步推进、全面铺开"的原则,即先以社会矛盾最尖锐、执行难度最大的土地征收、房屋拆迁、土地违法等案件的执行为重点,逐步推进相关领域的司法实践,待最难执行的领域实现有条不紊的执行之后,再全面推进金钱给付义务等其他领域行政非诉案件的裁执分离。④ 另有观点认为,应当区分被执行人的不同,保留人民法院对行政裁判的执行权,但仅以行政机关为被执行人的行政案件为限;将行政相对人为被执行人的行政案件的执行权全部赋予行政机关。⑤ 另有观点认为,对于相对人权益的影响较轻的非诉具体行政行为的执行由行政机关自主执行,较为严重影响相对人权益的非诉具体行政行为的执行由上一级的主管行政机关审查执行,严重影响相对人权益具体行政行为的强制执行权交由人民法院行使。⑥

---

① 参见王华伟、刘一玮:《非诉行政案件裁执分离模式再思考》,载《行政法学研究》2017年第3期。
② 参见危辉星、黄金富:《非诉行政执行"裁执分离"机制研究——以浙江法院推进"裁执分离"机制的实践为基础》,载《法律适用》2015年第1期。
③ 参见裴蕾:《非诉行政案件"裁执分离"模式研究——以浙江法院实践为例》,载《行政法学研究》2014年第3期。
④ 参见王华伟:《试论非诉行政执行体制之改造——以裁执分离模式为路径》,载《政治与法律》2014年第9期。
⑤ 参见金川:《行政裁判执行制度变革及其模式选择》,载《法学杂志》2005年第1期。
⑥ 参见张海斌:《非诉行政执行案件之司法审查》,载《行政论坛》2006年第1期。

(四) 行政非诉执行审查标准

行政非诉执行审查标准具体规定在 2018 年《行诉解释》第 161 条,符合以下四种情形法院应当裁定不准予执行:(1) 实施主体不具有行政主体资格的;(2) 明显缺乏事实根据的;(3) 明显缺乏法律、法规依据的;(4) 其他明显违法并损害被执行人合法权益的情形。上述规定中除第一项外,其他三项确立了明显违法标准。有观点认为,应根据行政行为性质、对被执行人权益影响程度以及争议大小,确定不同的审查标准。对于土地征收补偿、房屋拆除、土地违法、环境违法等对被执行人权益影响重大争议很大的案件,采取严格审查;对于事实不复杂、法律规定明确、行政程序完备,当事人又没有提出意见的案件,应尊重行政行为先定力,采用形式审查标准;对于介于上述两者之间的案件,兼顾行政效率和司法公正,采取明显违法标准。① 还有观点对"明显"进行解释,认为"明显"需基于"常识""常理""常情"的判断,同时应当"在文义解释的基础之上充分运用体系解释"。具体而言,符合"明显违法标准"的行为包括越权行为、滥用职权行为、超期限行为、严重的程序违法行为四种。② 还有观点认为,严格实质审查在多数情况下既无必要亦无可能,适度审查在非诉审查诸标准中仍是最妥当的选择。"所谓非诉审查中重大明显的违法实质上标准应予以降低。如房屋征收补偿决定,如实质补偿畸轻畸重情形,即便均在合法标准范围之内,因其实质的不公平不合理,可能引发激烈的个体反应和群体对抗,在此情形下,非诉审查很可能因此较诉讼标准提高,产生否定性的非诉审查结果。"该观点还认为,必要时引入合理性审查标准,明确行政行为可执行性属于审查标准的重要内容。③ 另有观点认为,非诉行政执行采取的是适当审查原则,即审查申请执行的具体行政行

---

① 参见温辉:《行政非诉执行司法审查标准》,载《法律适用》2019 年第 20 期。
② 参见范跃:《行政非诉执行审查标准再解释》,载《法律适用》2020 年第 19 期。
③ 参见危辉星、谭星光:《试论非诉执行适度审查标准的再确立——从〈关于办理申请人民法院强制执行国有土地上房屋征收补偿决定案件若干问题的规定〉第六条谈起》,载《人民司法》2014 年第 5 期。

为是否明显违法并损害被执行人的合法实体权益。①

主要参考文献

1. 肖泽晟、高琪:《论非诉行政执行案件中的几个问题》,载《行政法学研究》2002年第1期。

2. 傅士成:《我国非诉讼行政执行制度的几个问题》,载《中国法学》2002年第3期。

3. 杨小君:《行政诉讼强制执行措施再思考》,载《行政法学研究》2003年第3期。

4. 肖萍、裴春光:《行政裁判执行制度研究——以对行政机关的强制执行为视角》,载《法学评论》2009年第1期。

5. 曾哲、赵钟根:《论行政诉讼执行程序》,载《东方法学》2012年第4期。

6. 裴蓓:《非诉行政案件"裁执分离"模式研究——以浙江法院实践为例》,载《行政法学研究》2014年第3期。

7. 黄学贤:《非诉行政执行制度若干问题探讨》,载《行政法学研究》2014年第4期。

8. 王华伟:《试论非诉行政执行体制之改造——以裁执分离模式为路径》,载《政治与法律》2014年第9期。

9. 危辉星、黄金富:《非诉行政执行"裁执分离"机制研究——以浙江法院推进"裁执分离"机制的实践为基础》,载《法律适用》2015年第1期。

10. 沈福俊:《非诉行政执行裁执分离模式的法律规制》,载《法学》2015年第5期。

11. 王华伟、刘一玮:《非诉行政案件裁执分离模式再思考》,载《行政法学研究》2017年第3期。

12. 应松年、冯健:《房屋拆迁非诉行政执行的困境与变革》,载《法学评论》2021年第2期。

---

① 参见黄学贤:《非诉行政执行制度存在的主要问题及其完善》,载《江苏社会科学》2014年第4期。

第十六章

行政公益诉讼

行政法学界最初将行政公益诉讼命名为"行政公诉",指"人民检察院代表国家向法院提起追究有关行政机关行政违法的法律责任的行政诉讼制度"①,由此形成行政自诉与公诉并存的双轨制行政诉讼格局。学界的研究集中在阐释建构行政公诉的目的,将检察机关在法律实施过程中的宪法角色回归到监督机关上,通过检察机关对政府行政活动的监督行为实现检察机关的宪定职能与其宪定组织地位之间的平衡。②进入21世纪后,我国是否应当建立行政公益诉讼制度成为行政法学界的讨论热点。多数学者对建立行政公益诉讼制度持肯定态度,其研究方法与角度呈现多元化发展的趋势,且主要集中于介绍国外行政公益诉讼制度、厘清行政公益诉讼制度的内涵与外延以及如何建构行政公益诉讼制度的初步设想。③同时,也有学者对建立行政公益诉讼制度表示担忧,认为我国行政诉讼制度的重心应当置于对行政私益诉讼的完善上。④2017年《行政诉讼法》在第25条增加一款作为第4款,规定人民检察院有权提起行政公益诉讼。自此行政公益诉讼制度在我国正式建立,学界对该制度的讨论也呈现出愈加精细化的特征。本章将先介绍行政公益诉讼理论基点的研究发展历程,再围绕行政公益诉讼诉前

---

① 王祺国:《行政公诉探讨》,载《政治与法律》1987年第3期。
② 参见武乾:《试论行政公诉》,载《法学评论》1999年第5期。
③ 参见林仪明:《我国行政公益诉讼立法难题与司法应对》,载《东方法学》2018年第2期。
④ 参见章志远:《行政公益诉讼热的冷思考》,载《法学评论》2007年第1期。

程序的实践效果、案件线索的获取、检察建议的运用等问题进行研究成果的梳理,最终回归行政公益诉讼制度的诉讼程序,就诉讼程序中的检察机关诉讼地位、举证责任、证明责任等具体制度进行理论探索进程的回顾。同时,本章将试图通过结合现有研究成果和制度实践经验进行总结与反思,为行政公益诉讼制度体系在我国的完善提供新思路。

一、行政公益诉讼的理论支点

"人们可以选择不同的理论基础作为出发点来设计检察行政公益诉讼制度,同样的法律制度因理论基础不同,其运行的作用与方式也必将不同,甚至可能完全相反。"[①]学界对域外实践经验的介绍使得行政公益诉讼基础理论构建之初,便在有关行政公益诉讼制度定位、主客观诉讼类型、原告资格等理论问题的阐述上呈现多重样态。

(一) 制度定位:从包容论到独立论

如何通过行政诉讼和检察制度的整合以实现权力监督功能效益的最大化,是行政公益诉讼制度构建中的重要问题。"政治制度的发展与建构,须基于和充分利用本国已有的政治资源,才可能稳定地、持续地以较低成本实现较高政治绩效",具有监督职能的检察机关提起行政诉讼制度,能够更加充分地运用行政诉讼的制度优势。[②] 行政公益诉讼制度是否能被行政诉讼法包含容纳,学界存在"包容论"与"独立论"的不同主张。其中,"包容论"的基本观点是行政诉讼制度框架中具备行政公益诉讼完整运行的空间,不需再另外制定单行规范或者额外制度作为行政公益诉讼的依据;而"独立论"是指行政公益诉讼是与行政诉讼并行的一套独立诉讼制度。[③]

[①] 参见高家伟:《检察行政公益诉讼的理论基础》,载《国家检察官学院学报》2017年第2期。
[②] 参见孙谦:《设置行政公诉的价值目标与制度构想》,载《中国社会科学》2011年第1期。
[③] 参见练育强:《争论与共识:中国行政公益诉讼本土化探索》,载《政治与法律》2019年第7期。

关于行政公益诉讼"包容论",有学者认为行政公益诉讼制度与1989年《行政诉讼法》基本原则和精神仍然存在可以协调的空间,将行政诉讼制度向行政公益诉讼开放并不存在理论上的阻碍。"从根本上说,一切诉讼无不以对公益的保护为目的,公益诉讼不过是传统私益诉讼对公益保护的深化,两者在本质上具有一致性",刑事公诉制度、依法行政与滥诉的利益权衡和行政诉讼抗诉制度等因素也从侧面印证了行政公益诉讼与行政诉讼存在理论与制度上的兼容性。① 同时,通过对行政诉讼法立法精神的考察,结合最高人民法院2000年《执行解释》有关受案范围和原告资格的规定,行政公益诉讼完全具备行政诉讼制度框架内的解释空间。② 也有学者认为在坚持包容论的观点时,不能通过对司法解释规定的逻辑推演来解决行政公益诉讼依据欠缺的问题,"从最初的原告资格、受案范围到最后的裁判方式有一个相互联系的完整的制度设计",必须由行政诉讼法甚至宪法和组织法相关制度的配套完善来解决。③ "对于司法解释的解释不能片面扩大或者根据实践需要而加以超出解释原意的解释,应当根据实际情况加以正当解释",不能将司法解释作为扩充原告资格的理论依据。④

关于行政公益诉讼的"独立论",有学者通过对法国主导型客观诉讼、德国主导型主观诉讼和日本保持主观诉讼并单设民众诉讼的比较考察,认为对行政公益诉讼制度模式的选择应当受到行政决策及其实施的民主化模式和机制的约束,这也是行政诉讼对相关公共利益的保护实现机制。我国应当"在现行《行政诉讼法》规定的制度外再单独建立一个比较完全意义上的公益诉讼制度",以符合现行宪法体制和行政决策及其实施体制。⑤ 还有学者则认为,行政公益诉讼与行政诉讼在诉讼目的、受案范围、原告资格、举证责任等制度上存在显著差别,存在构建独立行政公益诉讼法律规范体系的必要性。但是在行政公益诉讼制度的立法路径上,二者之间亦拥有共通性

---

① 参见王太高:《论行政公益诉讼》,载《法学研究》2002年第5期。
② 参见王太高:《新司法解释与行政公益诉讼》,载《行政法学研究》2004年第1期。
③ 参见黄学贤:《行政公益诉讼若干热点问题探讨》,载《法学》2005年第10期。
④ 参见马明生:《论行政公益诉讼的原告资格》,载《法学论坛》2008年第6期。
⑤ 参见于安:《公益行政诉讼及其在我国的构建》,载《法学杂志》2012年第8期。

和可以共同适用的程序规则,可以制定专门的《行政公益诉讼法》作为行政诉讼法的特别法,从而对《行政诉讼法》第25条第4款的规定进行落实。①

(二) 诉讼类型:从主观诉讼到客观诉讼

主观诉讼与客观诉讼的区分标准包括行政诉讼目的和法律争议的性质,这也是讨论如何建构我国行政公益诉讼基本制度的逻辑起点。② 根据诉讼目的的不同,大陆法系国家的行政诉讼通常被学理界划分为主观诉讼与客观诉讼,前者旨在保护公民个体的法律上权利和利益,而后者旨在维护社会公共利益以及客观的法律秩序。③ 行政公益诉讼以公共利益受损害为中心进行,原告资格、司法保护范围等因素与传统的行政诉讼体系存在较大差别,个中蕴含了主观诉讼与客观诉讼模式的根本分歧。

我国学者对客观诉讼理论及其本土化路径的讨论,主要着眼于为改造我国行政诉讼结构以实现公共利益的全面司法保护提供理论分析工具。比如,有学者以客观诉讼的运行机制为媒介,主张建立公益诉讼来填补我国行政诉讼公益保护上的制度缺陷,并强调了诉讼目的对改造行政诉讼模式的重要功能。考察法国诉讼种类越权之诉、日本民众之诉和英国检察官提起行政诉讼,主观诉讼注重当事人之间权利义务为内容的法律争议的解决;而客观诉讼目的和出发点在于维护国家和公共利益并保证行政行为的合法性,对于起诉主张的利益问题,公民、检察院等原告能够以"非本人个人利益"受到违法行政决定侵害提起行政诉讼。④ 另有学者考察日本的客观诉讼基本理论和实践状况,认为客观诉讼的目的在于对客观法律秩序的维持,而以行政相对人权益受损为前提通过行政诉讼进行的行政监督具有典型的自益形式,在主观诉讼的程序规制中运行有着明显的缺陷,无法在同类案件中实现统一的效果。⑤《行政诉讼法》2017年正式确立行政公益诉讼制度后,有

---

① 参见王春业:《独立行政公益诉讼法律规范体系之构建》,载《中外法学》2022年第1期。
② 参见成协中:《论我国行政诉讼的客观诉讼定位》,载《当代法学》2020年第2期。
③ 参见林莉红、马立群:《作为客观诉讼的行政公益诉讼》,载《行政法学研究》2011年第4期。
④ 参见于安:《行政诉讼的公益诉讼和客观诉讼问题》,载《法学》2001年第5期。
⑤ 参见林莉红、马立群:《作为客观诉讼的行政公益诉讼》,载《行政法学研究》2011年第4期。

学者认为,虽然新行政诉讼法确立了行政公益诉讼的基本框架,但在行政诉讼法主观诉讼的基本定位下,行政公益诉讼仍难以充分发挥保护公益的关键作用,需进一步建构行政公益诉讼的客观诉讼机制。对行政公益诉讼客观诉讼维度的强调,有利于继续扩大提起公益诉讼主体的范围,能够突破行政诉讼法仅关注主观诉讼的权利救济和纠纷解决功能的局限。同时,从公益保护范围上看,可将行政公益诉讼制度的作用从保护具体公益拓展到保护既定的制度公益。① 也有学者提出,将公益诉讼因素嵌入既有诉讼体制也是一种可行的选择,能够不改变原有的诉讼体制而解决有客观性效力的行政决定引发的公益行政案件。② 在现行主观诉讼的法律框架中,如何将行政公益诉讼回归或引入至客观诉讼的轨道上,是学界亟须解决的问题。

另外,有学者认为,主观行政公益诉讼亦具有重要价值,对行政诉讼基础分类的正确认识应当重点考虑诉讼目的和诉讼构造。学界对客观诉讼的研究混淆了行政诉讼中的两种公共利益,即秩序公益与特定领域的公共利益,不应简单以起诉人作为划分主观诉讼与客观诉讼的标准。对特定领域公共利益的保护应当属于主观诉讼的范畴,不能否认主观行政公益诉讼的模式在我国取得了明显成效。③

(三)起诉主体:从一元论到多元论

根据《行政诉讼法》第 25 条的规定,只有与行政机关行政行为有利害关系的公民、法人或者其他组织,才具备行政诉讼的原告资格。在传统行政诉讼的理论认识与司法实践中,行政诉讼原告应当与被主张违法的行政行为具有直接利害关系,是一种仅对"私人利益"提供司法救济的行政诉讼模式。在诸多原告资格学说中,利害关系理论的影响是决定行政公益诉讼原告资格去向的最关键因素。④ 在达成建立行政公益诉讼制度初步共识的基础上,

---

① 参见刘艺:《构建行政公益诉讼的客观诉讼机制》,载《法学研究》2018 年第 3 期。
② 参见于安:《公益行政诉讼及其在我国的构建》,载《法学杂志》2012 年第 8 期。
③ 参见薛刚凌:《行政公益诉讼类型化发展研究——以主观诉讼和客观诉讼划分为视角》,载《国家检察官学院学报》2021 年第 2 期。
④ 参加黄学贤:《行政公益诉讼若干热点问题探讨》,载《法学》2005 年第 10 期。

学界就行政公益诉讼的起诉主体或原告资格形成了多种观点。

检察机关在我国组织体系中占据特殊地位,其如何提起行政公益诉讼的问题始终是学界讨论的热点。就检察机关提起行政公益诉讼的资格,有学者从其监督机关角色定位的角度进行切入,认为提起公诉是实现检察独立的必要手段,检察机关通过起诉补充了各级人大及其常委会对行政机关依法行政的监督机制。从我国制宪背景来看,这也符合列宁法律监督思想的内在要求。[1] 有学者指出,"个人不宜提起行政诉讼时如何进行司法救济"构成了现行行政诉讼制度的一个疏漏,检察机关在性质上是我国的法律监督机关,其有权独立监督行政机关的行政活动。公益诉讼可以理解为人民检察院监督行政诉讼的一种特殊形式,在缺乏法依据时,可以通过寻求法解释的空间进行公益诉讼以保护受损的公共利益。[2] 检察机关作为行政公益诉讼提起主体的内在优势,如检察机关作为国家利益的当然代表,其优势包括行政部门利益独立性、廉洁性监督职责、取证优势、社会资源最大利用、理顺官民关系以及检察建议工具的运用,这些检察机关的内在优势能够有效助推行政公益诉讼促进法治政府建设的目标。[3] 有学者通过分析我国制度惯性和加入WTO的发展需求、域外实践做法,以及政府与公民起诉不具现实可能性等外部因素,认为将检察机关作为起诉主体的制度建构在我国具备较强的可行性,能够体现公平、正义的诉讼价值。[4] 可见,在2014年行政公益诉讼试点开始前,运用比较法或宪法原理讨论检察机关如何担当行政公益诉讼的原告角色是彼时学术研究的主要特点。随着2017年《行政诉讼法》确定检察机关是唯一的行政公益诉讼提起主体,学界的讨论亦发生转向,如何使具有较强行政性特点的检察机关充分发挥监督机制,成为学界讨论的重要命题。作为一项自上而下开展的制度建构,行政公益诉讼的改革需要依照司法权的性质和司法制度发展的客观规律,进行整体与部分系统

---

[1] 参见郝建臻:《我国建立行政公益代表人诉讼的法理分析》,载《政法论坛》2007年第6期。
[2] 参见解志勇:《论公益诉讼》,载《行政法学研究》2002年第2期。
[3] 参见马明生:《论行政公益诉讼的原告资格》,载《法学论坛》2008年第6期。
[4] 参见陈丽玲、诸葛旸:《检察机关提起行政公益诉讼之探讨——从现实和法理的角度考察》,载《行政法学研究》2005年第3期。

的思考。有学者指出,完善立法体系、协调诉讼组织衔接、厘清公益范围、检察建议的常态化适用等举措,均需在整个司法改革的框架之下,综合统筹协调不同公益诉讼的种类以推进改革的持续。①

另外,还有不少学者认为,界定行政公益诉讼的原告资格范畴,亦应当关注检察机关之外的公民或其他组织。比如,有学者通过考察西方国家原告资格的理论进展,认为"利害关系理论"与"私人检察官"理论过分限制了公民的起诉资格,这种限制与现代国家向民主法治化和现代社会向多元化发展的趋势明显不符,需要适当放宽公民行政公益诉讼原告资格,"公共信托理论"应当是未来的理想模式。② 还有学者对检察机关的积极性、能动性、独立性持怀疑态度,在"横向政治应责"和"纵向政治应责"都还不成熟的情况下,检察机关在行政公益诉讼方面的政治责任机制难以充分发挥应有效果,应当适当消除"诉的利益"对更少受政治体系中利益勾连的公民起诉资格的限制。③ 同时,针对这种扩张行政公益诉讼原告资格的观点,学界的反对意见亦不在少数。例如,有学者认为,不应将行政公益诉讼的提起主体范围设置过宽,限制公民的公益诉讼提起权不只是防范滥诉的风险的需要,还是一种基于现实可行性的考虑。④

从我国行政公益诉讼的实践状况来看,起诉主体的确定往往更多是一种法政策的安排,对行政公益诉讼原告资格的探讨应当考虑司法体制改革等政治动因。"检察公益诉讼制度作为我国国家治理体系现代化建设的一环,包含对现有体制机制和法律法规的改革,更包含新的体制机制、规范体系的构建"⑤,公益诉讼主体的确定,需要处理好改革的稳定性与灵活性的关系。立法机关对行政公益诉讼起诉机制的探索,应当建立在考察公民起诉意愿、人民法院业务承受能力以及检察机关职能转变等因素的基础上。本

---

① 参见秦前红:《检察机关参与行政公益诉讼理论与实践的若干问题探讨》,载《政治与法律》2016年第11期。
② 参见张晓玲:《行政公益诉讼原告资格探讨》,载《法学评论》2005年第6期。
③ 参见沈岿:《检察机关在行政公益诉讼中的请求权和政治责任》,载《中国法律评论》2017年第5期。
④ 参见胡卫列:《论行政公益诉讼制度的建构》,载《行政法学研究》2012年第2期。
⑤ 刘艺:《论国家治理体系下的检察公益诉讼》,载《行政法学研究》2020年第2期。

章认为我国可以参照民事公益诉讼制度的规定,赋予特定公益团体组织以起诉资格,作为检察机关提起行政公益诉讼的补充起诉机制。

二、行政公益诉讼的诉前程序

2015年7月1日,第十二届全国人大常委会第十五次会议通过了《关于授权最高人民检察院在部分地区开展公益诉讼试点工作的决定》(以下简称《公益诉讼试点决定》),明确"提起公益诉讼前,人民检察院应当依法督促行政机关纠正违法行政行为、履行法定职责,或者督促、支持法律规定的机关和有关组织提起公益诉讼"。在行政领域,法律监督权的核心内容包括保障法律的正确适用和具体公共利益。在行政公益诉讼初步试点伊始,行政机关与检察机关的关系便被确立为监督与被监督的关系[①],行政公益诉讼制度监督行政目的在诉前程序便已经开始。不仅在诉讼程序中,检察机关行使监督权的目的在诉前程序中也能得到展现。[②] 不同于一般行政诉讼在特殊领域的复议前置程序要求,诉前程序在行政公益诉讼制度中具有独立的地位与作用。由此,行政公益诉讼形成一个勾连检察机关与行政机关、融合外部监督与自我纠错的复合型模式,其具备公共利益的救济手段、行政系统内自我监督的要求、违法行政责任的纠错形式等多重法律性质。[③]

(一)诉前程序的初步讨论

在行政公益诉讼试点工作正式开展前,便有学者认为,行政公益诉讼的程序设置应当与一般行政诉讼有明显不同,其中较为突出的观点即为诉前程序的设置。例如,有学者较早提出了在行政公益诉讼中设置必要的前置

[①] 参见杨解君、李俊宏:《公益诉讼试点的若干重大实践问题探讨》,载《行政法学研究》2016年第4期。
[②] 参见刘艺:《检察公益诉讼的司法实践与理论探索》,载《国家检察官学院学报》2017年第2期。
[③] 参见沈开举、邢昕:《检察机关提起行政公益诉讼诉前程序实证研究》,载《行政法学研究》2017年第5期。

程序。有学者认为,公民和社会组织在提起行政公益诉讼前须向有关行政机关提出相应请求,检察机关在发现行政机关侵害公共利益的违法行为后,应当先向其提出相应的司法建议。行政机关在收到请求或司法建议后未采取有效措施,相应主体可以提起行政公益诉讼,这种前置程序的设置既符合诉讼经济效率原则,也具有现实可行性。① 行政公诉权的启动机制明显不同于一般行政诉讼。在构建我国行政公益诉讼的具体程序时,有实务专家认为,应当根据公诉的特征确立诉前程序要求行政机关自行纠正规则,能够维护行政高效原则和减轻"两院"讼累,包括在提起行政公益诉讼之前需要向行政机关提出违法纠正通知书或检察建议。② 其中诉前程序对检察建议的运用,其实质是提醒行政机关对行政决定重新进行审慎的考量,其效力在于要求接受检察建议的行政机关应当在规定期限内作出处理。③ 另有学者认为,将诉前程序确定为必经程序并非必要,也可以将其设置为选择程序进行适用。④ 在直接通过诉讼程序能够更好查明案情、使公共利益得到完整修复的案件中,诉前程序的省略也能够起到节约司法资源、维护公共利益的法律实施效果。

(二) 诉前程序的试点讨论

行政公益诉讼经历了实践先于制度建构的复杂探索过程,不仅为公益诉讼的理论研究提出了新的问题,也极大推动了相关理论研究的活跃和深入。⑤ 诉前程序的设置,符合行政诉讼中的"成熟原则"和"穷尽救济原则",其价值包括激活行政机关自我纠错的积极性、经济性以及尊重行政机关在

---

① 参见黄学贤:《行政公益诉讼若干热点问题探讨》,载《法学》2005年第10期。
② 参见邓思清:《我国检察机关行政公诉权的程序构建——兼论对我国〈行政诉讼法〉的修改》,载《国家检察官学院学报》2011年第4期。
③ 参见胡卫列:《论行政公益诉讼制度的建构》,载《行政法学研究》2012年第2期。
④ 参见季美君:《检察机关提起行政公益诉讼的路径》,载《中国法律评论》2015年第3期。
⑤ 参见胡卫列、迟晓燕:《从试点情况看行政公益诉讼诉前程序》,载《国家检察官学院学报》2017年第2期。

行政职责领域的决定权。① 从检察机关提起行政公益诉讼在各地的试点情况来看,诉前程序成为行政公益诉讼制度实施效果的最主要体现。根据最高人民检察院发布数据统计,截至 2016 年 12 月底,行政公益诉讼试点地区检察机关共办理行政公益诉讼案件 3763 件,其中仅有 437 起案件被提起行政公益诉讼,占据 75.4% 的案涉行政机关在诉前程序中主动将行政违法行为予以纠正。诉前程序成为发挥检察机关监督功能的主要途径,与我国检察机关和公益诉讼制度的本土生成环境有着密切联系。有学者指出,诉前程序不仅是检察机关提起公益诉讼的必经前置程序,也是检察机关实质性办理公益诉讼案件的开始,畏惧"反面典型"的心理为行政机关负责人主动协调资源、修复违法现状提供主观驱动力。同时,就诉讼程序与诉前程序的关系而言,最大限度地减少诉讼,正是诉前程序所蕴含的内在逻辑。② 但是,这并不意味行政公益诉讼程序便失去其实质存在价值。有实务专家认为,提起诉讼进一步强化了诉前程序的监督效力,诉讼程序的存在是诉前程序发挥高效监督作用的重要支撑。③

虽然诉前程序在试点中发挥着关键作用,也有观点认为,诉前程序的运行效果隐含着亟须解决的重大理论问题,包括诉前程序转为诉讼程序的要件和诉前程序的期限设置。其一,根据《行政诉讼法》第 25 条第 4 款规定,检察机关向行政机关提出检察建议并督促其依法履行职责,如果行政机关不依法履行职责的,人民检察院依法向人民法院提起诉讼。将诉前程序转向诉讼程序的过程进行解构,只有当行政机关"不依法履行职责"时,诉前程序阶段才能递进到诉讼程序,这蕴含着如何厘清"充分履职"法律概念的问题。设置行政公益诉讼诉前程序的目的不仅在于节省司法资源、提高监督效率,在公共利益未能有效修复的状况下,利用掌握的违法信息、公共利益受侵害

---

① 参见胡卫列、田凯:《检察机关提起行政公益诉讼试点情况研究》,载《行政法学研究》2017 年第 2 期。
② 参见胡卫列、迟晓燕:《从试点情况看行政公益诉讼诉前程序》,载《国家检察官学院学报》2017 年第 2 期。
③ 参见徐全兵:《检察机关提起行政公益诉讼的职能定位与制度构建》,载《行政法学研究》2017 年第 5 期。

状态为诉讼程序的开展提供事前准备,也是诉前程序的制度价值。有学者通过调研提出,诉前程序在优化司法资源配置的同时也引发了诉前程序与诉讼的对接问题,部分行政机关在收到检察建议书后的一个月期限内仅回复已经启动相关程序,这导致检察机关难以对案件进行准确定性。[①] 另外,在生态环境保护领域,经常出现检察机关在诉前程序对行政行为的审查中兼采行为标准与结果标准,并以未能制止侵害而提起行政公益诉讼的案件。[②] 这种结果导向的做法,虽然能够表明行政公益诉讼制度切实维护公共利益的态度,但是可能导致诉前程序与诉讼程序衔接机制中起诉标准紊乱的状况。其二,诉前程序中对行政机关履职期限的设置存在一定不合理之处。在诉前程序中设置行政机关答复或履行职责的期限,有利于敦促行政机关尽快调查案件事实、保全证据。但是结合试点过程中的情况,由于特定行政管理领域的行政管理手段方式多变、内容复杂,公共利益侵害的发生原因受到多方面影响,其侵害结果也往往具有较强的隐蔽性。有学者提出,应当延长行政机关的回复时间至 60 日,从而较好均衡"及时解决矛盾—维护法秩序稳定"这对需求。[③] 同时,结合行政公益诉讼制度的试点工作,实践中起诉标准存在从"履职标准"转向"恢复损害标准"的趋向。有学者指出,虽然检察建议往往以督促行政机关尽快履职作为出发点,但也需要保持对行政机关专业判断以及时间成本的尊重。法定行政程序和多部门执法机制的存在,也使得期求行政机关在较短的固定期限内履行职责缺乏可操作性。[④] 尤其是在环境公益诉讼中,行政机关履行职责是否能够符合保护损害公共利益标准,受到诸多自然条件的客观限制。

---

① 参见孔祥稳等:《检察机关提起行政公益诉讼试点工作调研报告》,载《行政法学研究》2017年第 5 期。
② 参见刘超:《环境行政公益诉讼诉前程序省思》,载《法学》2018 年第 1 期。
③ 参见沈开举、邢昕:《检察机关提起行政公益诉讼诉前程序实证研究》,载《行政法学研究》2017 年第 5 期。
④ 参见刘超:《环境行政公益诉讼诉前程序省思》,载《法学》2018 年第 1 期。

(三) 诉前程序的完善路径

诉前检察监督的有效实施能够提高办案效率,增强社会治理绩效,达到检察公益诉讼的双赢、多赢、共赢目的。[①] 诉前程序与诉讼程序具有同等重要的地位,但实践中亦存在忽视诉前程序独立价值的现象,应当重视诉前程序对于纠正违法行政行为的重要意义。[②] 诉前程序在试点实践中的实施效果,使得学界在论证如何具体建构行政公益诉讼制度时,将目光重点放在诉前程序的制度潜力上。行政公益诉讼"国家化"制度构造的立法安排,使检察机关占据相对主导地位,这在诉前程序阶段尤为突出。如何充分发挥行政公益诉讼诉前程序的作用并维持其效果的常态化,是现阶段行政法学界讨论的重要议题。

1. 案件线索的获取

在案件线索来源制度设计之初,曾存在着对地方检察机关滥用行政公益诉讼相关权力和干扰行政机关正常执法活动的担忧。但是,经过试点工作的探索总结,其主要问题反而在于检察机关存在的畏难情绪,这导致检察机关缺乏开展行政公益诉讼工作的积极性。从试点地区案件线索的收集情况看,对"履行职责中"的限缩解释引发的案源匮乏问题较为突出,检察系统内部相关业务部门的"横向移送机制"亦存在着运行不顺畅的问题。仅凭借检察机关在履行职责中主动发现案件线索,这在一定程度上限缩了公益诉讼案件的来源,也给试点工作的开展带来阻力。[③]

目前学界主流观点认为,应当对"履行职责中"进行较为宽泛的界定,将各类主体提供的案件线索均纳入行政公益诉讼案件的启动来源。[④] 有学者

[①] 参见陈晓景:《新时期检察环境公益诉讼发展定位及优化进路》,载《政法论丛》2019年第6期。

[②] 参见刘超:《环境行政公益诉讼诉前程序省思》,载《法学》2018年第1期。

[③] 参见朱全宝:《检察机关提起环境行政公益诉讼:试点检视与制度完善》,载《法学杂志》2017年第8期。

[④] 参见李洪雷:《检察机关提起行政公益诉讼的法治化路径》,载《行政法学研究》2017年第5期。

提出,主动介入与被动受理均能成为检察机关开启行政公益诉讼的方式,受制于公共利益受损害有时以较为隐蔽的形式发生,仅凭借检察机关的传统案件来源不足以启动诉前程序。[①] 也有学者从诉前程序适度司法化角度,认为检察机关虽然以"公益代表人"参与并主导诉前程序中的各项活动,但是在处理案件来源的渠道时应当保持中立的立场。除"在履行职责中"获取启动诉前程序的案件线索,应当允许公众参与到诉前程序的启动环节中,赋予其对行政违法或不作为进行监督举报的权利。[②] 将"履行职责中"解释为包含了检察机关主动发现违法情形和被动接受行政违法材料情形,能够有效避免案件来源单一和公益保护力度不足的问题,也为与公共利益受损案件具有直接利害关系的相对人充分救济自身权利提供便捷。同时,从案件线索获取等方式上来看,相较于督察、约谈等科层制内部手段,检察机关主导的行政公益诉讼在信息获取上应当更加敏锐和多元,这也是行政公益诉讼的组织激励与政策聚焦功能具备的独特优势所在。除检察机关内部的行政违法线索移送机制之外,还有地方试点建立了检察机关与行政机关之间的沟通协调与信息通报机制以避免信息不对称,这是拓展行政公益诉讼案件来源实效、实现国家机关共同治理的良好印证。[③]

另外,面对试点期间案件线索获取难、"趋易避难"选案倾向等问题,有学者提出,虽然行政公益诉讼"国家化"的制度构造是帮助其快速取得成效的重要策略,但也反映了检察机关在我国政治权力架构中的微妙处境,其尚未有足够力量抵挡来自更为强势政府的外来压力。[④] 拓展社会组织的行政公益诉讼主体资格是对行政公益诉讼进行"社会化"改造的重要方向,同时能够从根本上解决检察机关案件线索来源单一问题。

---

① 参见朱全宝:《论检察机关提起行政公益诉讼:特征、模式与程序》,载《法学杂志》2015年第4期。
② 参见王春业:《论行政公益诉讼诉前程序的改革——以适度司法化为导向》,载《当代法学》2020年第1期。
③ 参见卢超:《从司法过程到组织激励:行政公益诉讼的中国试验》,载《法商研究》2018年第5期。
④ 参见覃慧:《检察机关提起行政公益诉讼的实证考察》,载《行政法学研究》2019年第3期。

2. 检察建议的运用

检察建议是实现诉前程序制度效果的重要手段,也是提高司法效率、为行政机关提供主动整改机会的主要方式。《行政诉讼法》第25条明确规定,在法定情形发生时,检察机关应当先向行政机关提出检察建议。检察建议成为行政公益诉讼诉前程序中的核心环节,"应当"作为强制性规范用语,意味着检察机关在诉前程序中必须以检察建议的方式监督依法行政。

公共利益能否得到有效维护,一方面倚赖行政机关在面临被起诉的压力下积极主动履职,另一方面需要通过外部力量对检察建议的督促效果进行监督。有学者指出,实践中偏重于对行政机关的履职情况进行监督的模式,可能导致部分公共利益的维护效果不佳;而对检察建议的实际履行效果的监督,有利于实现诉前程序监督行政功能的完整性。① 同时,有学者提出,检察建议自身也应当受到有效的监督,法律应当规定对应机制以允许行政机关提出合理异议。② 为诉前程序中的检察建议制度设定双向监督机制,从保护公共利益的层面上看,有利于实现检察机关与行政机关的联动合作治理。有学者认为,作为国家权力中涉及面最广、最动态、最有力的一种权力,不应忽视行政权对国家经济发展、社会进步等的正面效应,如果这种权力被不当干预,反而会产生损害社会公共利益的负面效应。③ 尤其是在环境保护领域,与具有专业组织力量和技术资源的行政机关相比,检察机关直接介入公共环境事项上的正当性与有效性仍存在显著不足。④ 检察建议的运用需要坚守司法克制主义,要求检察机关保持对行政机关专业判断的充分尊重,僭越行政权的检察建议将违背公共利益保护的最终目的。

检察建议的提出,并不意味着检察机关在诉前程序中的职责履行完毕,

---

① 参见陈晓景:《新时期检察环境公益诉讼发展定位及优化进路》,载《政法论丛》2019年第6期。
② 参见秦前红:《检察机关参与行政公益诉讼理论与实践的若干问题探讨》,载《政治与法律》2016年第11期。
③ 参见姜涛:《检察机关提起行政公益诉讼制度:一个中国问题的思考》,载《政法论坛》2015年第6期。
④ 参见王明远:《论我国环境公益诉讼的发展方向:基于行政权与司法权关系理论的分析》,载《中国法学》2016年第1期。

便可以借由尊重行政优先原则的理由而退居幕后。在行政权与司法权的关系中,司法权对涉及行政机关职责的事项应当保持谦抑的原则,避免过度干预行政资源的调动机制和行政秩序。有学者提出,诉前程序亦是行政公益诉讼整体制度目标实现机制的重要环节,检察机关不仅应当在检察建议时全面、准确把握公共利益受损的状况①,在提出检察建议后,还应当根据公共利益积极维护的需求,建立与相关行政执法部门的协调联动机制,同时采取积极配合的措施促成检察建议涉及目标的顺利实现。②

此外,有学者还就检察建议援用法律的问题进行了专门研究。检察建议在实践中的运用呈现出政策导向、就事论事、中性化劝诫和工作总结的特征,其法律约束力未能在法律允许范围内得到最大程度的利用,其实质原因在于检察建议援用法律的制度尚未引起足够重视。对各类法律规范的充分援用,一方面能够保证检察建议具有充分的法律依据,另一方面能够为行政机关依法履职提供充分的指引。③ 在我国法治政府建设并不完全充分的情况下,检察机关在检察建议中对法律规范的充分全面援用,能够以其法律专业优势为提升政府依法行政水平提供有力指引。

3. "履行职责"的判断

对于如何理解"依法履职",学界形成两种主要观点:"行为标准说"和"结果导向说"。"行为标准说"认为,如果行政机关已经穷尽法律规定的行政管理职责,无论检察建议指向公共利益是否仍受侵害,都应当被认定为"依法履职";"结果导向说"则主张,无论行政机关采取了何种措施,只要社会公共利益仍处于受侵害的状态,就应当认定行政机关未"依法履职"。还有学者采纳"折中说",认为应当立足于行政公益诉讼的具体性质、目的和功能等进行审视,行为基准和结果基准均存在各自的优势和无法消除的

---

① 参见王万华:《完善检察机关提起行政公益诉讼制度的若干问题》,载《法学杂志》2018年第1期。
② 参见孙佑海:《如何用行政公益诉讼检察建议督促纠正政府违法行为?——海南省检察院一分院行政公益诉讼检察建议案评析》,载《中国法律评论》2020年第5期。
③ 参见关保英:《行政公益诉讼中检察建议援用法律研究》,载《法学评论》2021年第2期。

弊端。①

在"行为标准说"中,检察机关将行政机关的外在行为作为考察对象,固然容易进行外观上的判断,但是在诉前程序成为主流结案方式的情况下,可能有违行政公益诉讼保护公益的制度目标。行政机关是否符合依法"履行职责"标准,涉及诉前程序与诉讼程序衔接的问题。行政机关的行政行为进行到何种程度、行政机关履职期限,均体现了诉前程序制度的功能指向,并且与诉前程序功能定位和行政公益诉讼制度重心配置的问题有着密切关联。诉前程序的功能应当兼具监督依法行政和维护公共利益的职责,这既是诉前程序独立价值的彰显过程,也是防止司法资源被反复占用的现实需要。有学者通过观察实践,认为诉前程序标准应当侧重于对行政机关违法行使职权或不作为的形式性判断,而诉讼程序则应当采纳国家和社会公共利益受侵害是否得到抑制或恢复的实质性标准。② 考虑到大多数案件以诉前程序形式结案,在诉前程序中坚持单一的行为基准,意味着该部分案件只要在诉前程序中达成行为基准并通过了检察机关的形式审查后,行政公益诉讼制度对公共利益的维护作用便在此告一段落。如果后续损害未得到有效修复甚至是损害继续扩大,则需要重新启动行政公益诉讼程序,与诉前程序节约司法资源的制度目标明显违背。③

同时,"结果导向说"也存在着难以克服的理论短板。检察机关对被诉公共利益的合法性审查实际上是对被诉行政行为的实质合法性审查的一项内容。④ 然而,公共利益客观存在状况与行政机关的行为状态只能在理想状

---

① 参见王清军:《环境行政公益诉讼中行政不作为的审查基准》,载《清华法学》2020年第2期。
② 参见邢昕:《行政公益诉讼启动标准:基于74份裁判文书的省思》,载《行政法学研究》2018年第6期。
③ 参见刘加良:《行政公益诉讼中被告依法履行职责的判断标准及其程序应对》,载《国家检察官学院学报》2022年第2期。
④ 参见高家伟:《检察行政公益诉讼的理论基础》,载《国家检察官学院学报》2017年第2期。

态中保持一致,行政管理事务的复杂性决定了二者难以实现同频共振。① 有些学者指出,将公共利益目标实现等同于行政机关全面履行作为义务,忽视了行政相对人行为、自然规律演进过程和生态服务功能和结构变化等诸多变量引发的不确定性,这不仅加重了行政机关的负担,最终也无助于环境公共利益的持续有效实现。在一定程度上,结果标准可能会不当激励行政机关为实现预期结果而采用"私下协议"和"一刀切"等法外手段,不利于维持行政公益诉讼制度的正当性。②

如果简单采用"结果导向"起诉标准,并不代表通过后续诉讼程序便能实现充分维护公共利益的目的;而仅采取"履行职责"起诉标准,则难免出现行政机关敷衍了事、检察机关仓促结案的窘迫状况,更何况行政管理的复杂性难以要求每个领域的行政机关都能在固定期限内达到履行职责标准。因此,在采用行为标准的基础上,应当对行政机关运用监管措施是否穷尽进行审查和认定,从而考量行政机关是否依法全面纠正了违法行为或不作为行为,保护国家利益或社会公共利益最大化。③ 另外,履职期限的设置也为"履行职责"标准的厘定难题提供了法律框架内的解决出路。结合具体行政管理领域的特殊性,通过设置"结果导向"的类型化合理履职期限,以实现诉前程序监督行政和维护公益的功能。立法需要避免为了敦促行政机关尽快履职以保护公共利益而刻意设定较短的履职期限,从而保证行政公益诉讼程序启动机制的有序实现。

4. 实施效果的审视

诉前程序的设置,在节约司法资源、尊重行政自制、促进社会和谐方面,

---

① 2020年7月,最高人民检察院、中共中央网络安全和信息化委员会办公室、国务院食品安全委员会办公室等十一家单位印发《关于在检察公益诉讼中加强协作配合依法保障食品药品安全的意见》,其中第10条提出,对主观上有整改意愿和客观上实施一定履职行为的行政机关,须充分考虑环境污染、异常气候、检验能力、监管力量、突发情况等因素对其履职的影响。"客观因素对行政机关履职尽责的影响至此被正式提出,这有利于检察院和行政机关对食品药品安全领域履职尽责的判断标准尽快达成共识,但也存在使判断标准的适用趋于宽松的风险。"参见刘加良:《行政公益诉讼中被告依法履行职责的判断标准及其程序应对》,载《国家检察官学院学报》2022年第2期。

② 参见王清军:《环境行政公益诉讼中行政不作为的审查基准》,载《清华法学》2020年第2期。

③ 参见李瑰华:《行政公益诉讼中行政机关"依法履职"的认定》,载《行政法学研究》2021年第5期。

有着不可替代之功效。①结合试点期间以诉前程序方式结案的数据可知,诉前程序在节约司法资源方面发挥了不可忽视的重要功能,这与自上而下的改革动因和地方政府的充分响应有着密切关联。同时,这也是在考虑诉前程序实施效果的原因时必须正视的因素。诉前程序的优益效果部分依赖于检察机关与其他部门的良好沟通协调,以及不同检察职能之间的良性互动。②而推进行政公益诉讼改革的政策背景下地方各级党委、人民政府和行政部门积极性的调动,也使得行政资源、社会资源能够在较短时间内被集中运用在行政公益诉讼案件涉及的领域中,并使受损的公共利益得到较为迅速的修复。但行政公益诉讼的"行政式"推进方式具有运动式治理的弊端,"随着压力的消退,社会性监管失灵现象可能卷土重来"③。在行政公益诉讼改革试点结束后,如何维持诉前程序的实施效果是需要以理论视角解决的问题。

以行政公益诉讼的治理功效作为制度锚点,并厘清其治理体系结构、过程与策略,这为诉前程序实施效果的常态化提供了理论解决方案。我国并未照搬西方对抗性的公益诉讼制度设计,立法者从我国制度背景、文化传统出发,采用了检察机关与行政机关协同解决为主的制度设计。有学者指出,在检察公益诉讼中,检察机关与行政机关并非完全对立,而是完全有可能找到一个契合点,共同推动受损的公益得到恢复。④法治思维和法治逻辑是国家治理的重要工具,不应只强调法治思维和法治逻辑运用机制的法律监督属性,还应强调其是特定领域内检察权与行政权的合作治理机制。在网状的权力结构中,不同国家机关认识到彼此之间是相互依赖而非此消彼长的关系,这是形成共同治理合力的基础。在行政公益诉讼制度尤其是诉前程序中,检察权与行政权应当是补充与协调的关系,行政机关与检察机关通过

---

① 参见应松年:《行政公益诉讼试点亟待解决的几个问题》,载《人民论坛》2015年第24期。
② 参见胡卫列、田凯:《检察机关提起行政公益诉讼试点情况研究》,载《行政法学研究》2017年第2期。
③ 卢超:《从司法过程到组织激励:行政公益诉讼的中国试验》,载《法商研究》2018年第5期。
④ 参见胡卫列:《检察公益诉讼实践发展与理论聚焦》,载《国家检察官学院学报》2020年第2期。

发挥职能进行交换或集中资源的必要性便在于该制度的初衷——维护公共利益,行政机关应积极适应并借助检察力量,有利于充分释放行政公益诉讼制度中的合作治理效益。①

三、行政公益诉讼的诉讼程序

在强调诉前程序独立价值的同时,学界普遍认为,诉前程序之所以能够发挥重要功能,在于行政公益诉讼所赋予的监督效力。行政机关能够在诉前程序中主动履行职责,其底层逻辑是行政公益诉讼程序的存在。在大量行政公益诉讼案件以诉前程序的形式结案的同时,亦有部分案件进入了诉讼程序阶段。《最高人民法院、最高人民检察院关于检察公益诉讼案件适用法律若干问题的解释》(以下简称《公益诉讼解释》)和《行政诉讼法》第 25 条仅对受案范围、起诉资格、立案条件、判决类型等事项作较为模糊的规定,就其没有涉及的部分而言,不加区分地适用行政诉讼法规定将产生诸多问题。行政公益诉讼与传统行政诉讼存在本质上的区别,制度规则空缺将导致法院审理此类案件缺乏统一性。法院对行政公益诉讼案件的处理上缺乏能动性,有碍该制度效能的顺利发挥。② 行政公益诉讼制度的体系化完善和效能提升,是学界现阶段讨论的重要命题。

(一) 受案范围的公益领域

就行政公益诉讼的受案范围,有学者认为,行政公益诉讼意义上的"公共利益"是一种与行政权密切相关的行政法标准③,如果法律没有授权行政机关对部分公共利益进行处理的,则不属于行政公益诉讼公共利益的范围。案件范围的宽窄决定了检察权对行政权的司法监督力度,也直接影响着法

---

① 参见刘艺:《论国家治理体系下的检察公益诉讼》,载《中国法学》2020 年第 2 期。
② 参见杨寅:《论行政公益诉讼审理制度的完善》,载《政治与法律》2022 年第 5 期。
③ 参见姜涛:《检察机关提起行政公益诉讼制度:一个中国问题的思考》,载《政法论坛》2015 年第 6 期。

院行使司法裁判权的范围,进而决定公共利益通过司法监督得到维护的程度。① 对公共利益范围的准确界定,与行政公益诉讼的受案范围有着密切联系,关涉行政公益诉讼的内部运作机制是否能够顺利展开。

全国人大常委会授权最高人民检察院开展公益诉讼试点的领域包括生态环境和资源保护、国有资产保护、国有土地使用权出让、食品药品安全等,而在最高人民检察院的实施方案中,"食品药品安全"被从上述领域中去除。然而,经过试点,全国人大常委会的修法决定中仍然将食品药品安全明确列入了行政公益诉讼的受案范围。有学者指出,列举式规定是一种带有强烈的政策和社会治理倾向的制度安排方式,难以契合保护公共利益和排解公共利益纠纷的制度功能。② 学界在结合《行政诉讼法》第25条和《公益诉讼解释》第21条对行政公益诉讼受案范围进行讨论时,出现了对条文中"等"做"等内等"和"等外等"理解的分歧。一种观点认为,行政公益诉讼作为一项制度创新应当循序渐进,合理把握推进节奏,严格遵循法无授权则不可为的原则,通过解释扩大权力行使范围的做法并不可行;③另一种观点认为,检察机关具有法律监督机关的宪法定位,其提起行政公益诉讼作为监督权的行使,应当拓展至各个行政管理领域。有学者立足国情指出,提起行政公益诉讼的范围并非是一个法律逻辑问题,而是具有较强的政策性。既不宜过宽理解"法律监督机关",也不宜在缺乏实施经验的基础上大幅扩张其范围,立法可以逐步将公共利益问题较为突出的领域纳入行政公益诉讼制度的范围。④ 另有学者提出,采用"等"的行为方式本身便缺乏严谨性,应当采纳我国行政诉讼法有关受案范围的规定处理方式,在拓展列举领域数量的同时,通过做出概括性规定让享有诉权的主体能够选择更多的公共利益提起诉

---

① 参见王万华:《完善检察机关提起行政公益诉讼制度的若干问题》,载《法学杂志》2018年第1期。
② 参见关保英:《行政公益诉讼中的公益拓展研究》,载《政治与法律》2019年第8期。
③ 参见湛中乐、尹婷:《环境行政公益诉讼的发展路径》,载《国家检察官学院学报》2017年第2期。
④ 参见李洪雷:《检察机关提起行政公益诉讼的法治化路径》,载《行政法学研究》2017年第5期。

第十六章 行政公益诉讼

讼,从而实现强调某些案件中公众权利保护的重要性和减少受案范围受到限制约束的统一。① 也有学者从国家治理的角度,认为拓展公益诉讼新领域能够起到助推国家治理的作用。根据最高人民检察院关于公益诉讼新领域案件拓展的指导性原则,检察机关在拓展公益诉讼案件范围时应加强与相关部门沟通协调,要在现有的法定领域范围探索案件范围拓展空间。同时,既要适当展开对新领域的拓展探索,又要把办案质量、办案效果放在突出位置,这是实现行政公益诉讼制度政治效果、社会效果和法律效果的有机统一的重要前提。② 在2017年《行政诉讼法》规定四个具体的公共利益领域后,《中华人民共和国英雄烈士保护法》第25条、《中华人民共和国未成年人保护法》第106条、《中华人民共和国个人信息保护法》第70条等法律规范就检察机关提起公益诉讼作出规定,意味着以单行立法形式逐步拓展行政公益诉讼"公共利益"范围的路径正在我国生成,体现了行政公益诉讼制度构建中发展、改革与稳定的现实统一。

需要注意的是,检察机关诉前程序中的具体公益领域监督职能范围与行政公益诉讼受案范围应当具有相同的外延,需要在相同的语境下对二者进行讨论。具言之,我国行政公益诉讼制度诉前程序的设置,导致诉讼程序受案范围实际上决定了检察机关对哪些案件能够启动诉前程序,即检察权在诉前程序中,能够对哪些领域的行政行为进行公益诉讼监督。如果在诉前程序中,行政机关没有依法履行职责或未能按期限实现维护公共利益的目的,行政公益诉讼的诉讼程序将由"威慑状态"启动为"实用状态"。从理论上来看,诉前程序案件涉及的公共利益领域应当与法院对行政公益诉讼受案范围的要求符合,否则必然会造成检察机关提起行政公益诉讼但案件不被法院受理的尴尬局面③,诉讼程序对诉前程序的支撑作用也就无从谈起。

---

① 参见关保英:《行政公益诉讼中的公益拓展研究》,载《政治与法律》2019年第8期。
② 参见胡卫列:《国家治理视野下的公益诉讼检察制度》,载《国家检察官学院学报》2020年第2期。
③ 参见林仪明:《我国行政公益诉讼立法难题与司法应对》,载《东方法学》2018年第2期。

(二) 检察机关的诉讼地位

检察机关的诉讼地位是检察机关提起行政公益诉讼需要面对的首要问题[①],其称谓的确定并非仅停留在称呼用词的层面,而是直接影响了诉讼程序的设置、举证责任的分配等诸多问题。在行政公益诉讼制度试行初期,《人民法院审理人民检察院提起公益诉讼案件试点工作实施办法》等司法工作文件对检察机关的诉讼地位并未予以明确。虽然其规定检察机关以不同于一般行政诉讼的公益诉讼人身份提起诉讼,但是并未明确检察机关与一般行政诉讼中原告的区别。对于"公益诉讼人",学界主要形成了"行政公诉人说""公益代表人说""原告说"等多种理解。

"行政公诉人说"认为,在行政公益诉讼制度中检察机关代表着国家督促行政机关依法正确履职,其地位类似于刑事诉讼中的公诉人。比如,有学者认为,行政公益诉讼制度在宪法规定的国家权力结构的规定框架内展开,改变了仅由法院对行政机关依法行政进行间接监督的有限司法监督机制,检察机关提起行政公益诉讼制度属于司法监督行政机制的组成部分,"行政公诉人"的称谓能更准确反映检察机关的诉讼角色和地位。[②]

"公益代表人说"认为,检察机关在行政公益诉讼中代表着公共利益,即检察机关以公益代表人的身份提起行政公益诉讼。"基于法律的守护人的身份,站在维护社会公益的立场上提起诉讼",这是检察机关提起公益诉讼的原因所在,检察机关作为行政公益诉讼提起主体的决定因素便在于该制度公共利益的属性和检察机关维护公益的客观义务。[③]

"原告说"则主张,虽然检察机关有法律监督机关和公共利益代表的双重身份,但法律监督定位属于宏观层面的事物,不可替代提起诉讼者的诉讼

---

① 参见湛中乐、尹婷:《环境行政公益诉讼的发展路径》,载《国家检察官学院学报》2017年第2期。
② 参见王万华:《完善检察机关提起行政公益诉讼制度的若干问题》,载《法学杂志》2018年第1期。
③ 参见姜涛:《检察机关提起行政公益诉讼制度:一个中国问题的思考》,载《政法论坛》2015年第6期。

第十六章　行政公益诉讼

角色。检察机关在行政公益诉讼中的原告地位只是监督方式的选择,并不影响其法律监督权的存否。面对"原告说"中被质疑的检察机关诉讼监督权的问题,有实务专家认为,检察机关在公益诉讼中的诉讼监督权仍应被坚持,诉讼监督权行使的方式不会对其性质产生根本影响。[1] 检察机关作为公益诉讼人,其行使的行政公诉权与一般行政诉讼中原告所行使诉权不同,形成了二者之间诉讼地位的差异。此外,还有学者认为,应当淡化检察机关称谓对制度构建的影响,即使是在刑事诉讼中也存在检察机关是法律监督机关和检察机关"当事人化"的分歧。检察机关在行政公益诉讼的公诉人和原告的身份也并非截然对立,以"公益原告"的称谓确立检察机关的地位,能够避免陷入刑事诉讼法学界对检察机关在诉讼中地位的争议,同时又可以根据检察机关提起公益诉讼的特殊性,为检察机关设定特别的规则。[2]

《公益诉讼解释》第4条规定:"人民检察院以公益诉讼起诉人身份提起公益诉讼,依照民事诉讼法、行政诉讼法享有相应的诉讼权利,履行相应的诉讼义务,但法律、司法解释另有规定的除外。"该条文规定了检察机关以"公益诉讼起诉人"的身份提起公益诉讼,其称谓与传统行政诉讼中的原告有着显著区别,且在后半句的表达中并未出现"享有原告的诉讼权利义务"的意涵。检察机关在行政公益诉讼中的诉讼权利与义务如何依据或参照民事诉讼法和行政诉讼法,其诉讼地位仍需要予以明确。[3] 检察机关的诉讼地位应当与其在诉前程序中的地位相协调。无论是检察建议的提出,还是履职期限制度的确立,检察机关在诉前程序中身份具有较强法律监督机关属性。诉讼程序与诉前程序的关系,既应当在程序转继层面上彼此衔接,又应当在制度功能层面上作出适当区分,以体现二者在行政公益诉讼这一具有中国特色的合作治理模式中的内在价值。我国采取检察机关作为唯一诉讼提起主体的"国家化"模式,其诉的利益来源于诉讼制度的公益属性,检察机

---

[1] 参见张雪樵:《检察公益诉讼比较研究》,载《国家检察官学院学报》2019年第1期。
[2] 参见李洪雷:《检察机关提起行政公益诉讼的法治化路径》,载《行政法学研究》2017年第5期。
[3] 参见练育强:《争论与共识:中国行政公益诉讼本土化探索》,载《政治与法律》2019年第7期。

关在诉讼程序中的诉讼地位确定应当以实现公共利益保护的目的作为逻辑起点。《公益诉讼解释》所确立的"公益诉讼起诉人"具有较强的现实意义，但是，仍需要出台新的司法解释以明确该特殊身份在诉讼中的特别诉讼权利与义务。

（三）举证责任的分配机制

根据《行政诉讼法》第34条规定，行政诉讼中由被告承担举证责任。虽然立法将行政公益诉讼制度规定在了行政诉讼法的框架中，但行政公益诉讼中如何适用上述条文，仍有不少学者认为应当与传统行政诉讼的举证规则进行区分。举证责任通常包括行为意义上的举证责任和结果意义上的举证责任两方面的含义，行为意义上的举证责任指诉讼当事人应该对自己提出的主张提供证据加以证明以推进诉讼的进行，而结果意义上的举证责任则是指当待证事实真伪不明时应当由依法负有举证责任的人承担不利法律后果①，结果意义上的举证规则意味着不能让举证能力相对较弱的一方当事人承担与其能力不符的举证责任，在行政诉讼中的体现便是举证责任倒置规则。

有观点主张，行政公益诉讼应当采取"谁主张谁举证"的举证规则。其理由在于，检察机关必须提供相应足够的证据才能推翻已经形成的行政行为公定力秩序。同时，检察机关具有较强的举证能力和调查取证职权，由其承担举证责任符合公平正义原则，亦有利于防止检察机关滥用行政公益诉权。②还有观点综合考量检察机关特征和行政诉讼的举证责任原理，认为检察机关应当初步证明被告行政机关的违法性，被告行政机关也应当举证证明自己的合法性。③可见，检察机关的举证能力明显优于传统行政诉讼的原告，是"谁主张谁举证"观点的重要立论点。但是，仍有不少学者认为应当坚

---

① 参见邓刚宏：《行政诉讼举证责任分配的逻辑及其制度构建》，载《政治与法律》2017年第3期。
② 参见高志宏：《行政公益诉讼制度优化的三个转向》，载《政法论丛》2022年第1期。
③ 参见张雪樵：《检察公益诉讼比较研究》，载《国家检察官学院学报》2019年第1期。

持"举证责任倒置规则"。例如,有学者提出,实行何种举证责任应当由诉讼属性决定,行政公益诉讼的实质仍然是针对行政机关的不作为或违法作为进行的诉讼程序,只是因该行为构成对公共利益的损害而区分于传统行政诉讼,但仍属于行政诉讼的范畴,应当实行相同的举证责任。① 还有学者从承担举证责任的现实逻辑提出,检察机关的法律地位尤其是调查取证的能力并不逊于行政机关,但在行政公益诉讼案件中,行政机关取证上的专业性与便利性要胜过检察机关,行政机关对自身行为的合法性仍具有证明义务。② 另有学者在支持维持现有行政机关举证责任的同时,也承认既然检察机关本身掌握了公共利益受到侵害的证据,而且具有一定的调查核实权力和证明能力,检察机关在公益诉讼中通常会积极承担推进说明的证明责任。③

行政公益诉讼中检察机关的举证责任确定,应当充分考虑诉前程序与诉讼程序衔接的制度设计。行政诉讼法明确了检察机关在诉前程序中应当向行政机关提出检察建议,其目的便在于希冀检察机关能够将涉及公共利益的违法行为及时向行政机关进行提醒,这意味着检察机关在诉前程序中便有职责掌握证明行政行为违法或有违法嫌疑的证据。而《行政诉讼法》第25条第4款规定检察机关提起行政公益诉讼的前提便是"行政机关不依法履行职责",若检察机关未掌握行政机关未依法履职的证据或初步证据,无论是在检察机关系统内部还是在立案环节,都难以启动诉讼程序。行政公益诉讼制度体现了国家治理理论中多方治理的精神,检察行政公益诉讼不应变相成为一种问责机制,应当强调其是特定领域内检察权与行政权的合作治理机制。④ 多方治理精神在诉讼程序中的举证责任环节意味着,各方均应在自身职权范围内,将可证明行政行为违法或合法的证据予以提供。具

---

① 参见姜涛:《检察机关提起行政公益诉讼制度:一个中国问题的思考》,载《政法论坛》2015年第6期。
② 参见朱全宝:《论检察机关提起行政公益诉讼:特征、模式与程序》,载《法学杂志》2015年第4期。
③ 参见刘艺:《检察公益诉讼的司法实践与理论探索》,载《国家检察官学院学报》2017年第2期。
④ 参见刘艺:《论国家治理体系下的检察公益诉讼》,载《中国法学》2020年第2期。

言之,检察机关应当提供出具检察建议和决定提起诉讼时掌握的证明违法证据,以及事后收集的相关证据,行政机关则应当提供证明行政行为合法的证据(包括公共利益受损事实与行政行为无关的证据),前者更多是一种行为责任,而后者主要是结果意义上的证明责任。在保证举证责任法理自洽的基础上,检察机关和行政机关可以通过协力举证方式缩减调查取证时间,以争取在最短时间内实现对公共利益的司法救济实效。

主要参考文献

1. 王太高:《新司法解释与行政公益诉讼》,载《行政法学研究》2004年第1期。
2. 陈丽玲、诸葛旸:《检察机关提起行政公益诉讼之探讨——从现实和法理的角度考察》,载《行政法学研究》2005年第3期。
3. 黄学贤:《行政公益诉讼若干热点问题探讨》,载《法学》2005年第10期。
4. 章志远:《行政公益诉讼热的冷思考》,载《法学评论》2007年第1期。
5. 孙谦:《设置行政公诉的价值目标与制度构想》,载《中国社会科学》2011年第1期。
6. 林莉红、马立群:《作为客观诉讼的行政公益诉讼》,载《行政法学研究》2011年第4期。
7. 朱全宝:《论检察机关提起行政公益诉讼:特征、模式与程序》,载《法学杂志》2015年第4期。
8. 胡卫列:《论行政公益诉讼制度的建构》,载《行政法学研究》2012年第2期。
9. 于安:《公益行政诉讼及其在我国的构建》,载《法学杂志》2012年第8期。
10. 姜涛:《检察机关提起行政公益诉讼制度:一个中国问题的思考》,载《政法论坛》2015年第6期。
11. 应松年:《行政公益诉讼试点亟待解决的几个问题》,载《人民论坛》2015年第24期。
12. 高家伟:《检察行政公益诉讼的理论基础》,载《国家检察官学院学报》2017年第2期。
13. 湛中乐、尹婷:《环境行政公益诉讼的发展路径》,载《国家检察官学院学报》2017年第2期。

第十六章 行政公益诉讼

14. 胡卫列、迟晓燕:《从试点情况看行政公益诉讼诉前程序》,载《国家检察官学院学报》2017年第2期。

15. 胡卫列、田凯:《检察机关提起行政公益诉讼试点情况研究》,载《行政法学研究》2017年第2期。

16. 李洪雷:《检察机关提起行政公益诉讼的法治化路径》,载《行政法学研究》2017年第5期。

17. 孔祥稳等:《检察机关提起行政公益诉讼试点工作调研报告》,载《行政法学研究》2017年第5期。

18. 朱全宝:《检察机关提起环境行政公益诉讼:试点检视与制度完善》,载《法学杂志》2017年第8期。

19. 沈岿:《检察机关在行政公益诉讼中的请求权和政治责任》,载《中国法律评论》2017年第5期。

20. 刘超:《环境行政公益诉讼诉前程序省思》,载《法学》2018年第1期。

21. 王万华:《完善检察机关提起行政公益诉讼制度的若干问题》,载《法学杂志》2018年第1期。

22. 林仪明:《我国行政公益诉讼立法难题与司法应对》,载《东方法学》2018年第2期。

23. 刘艺:《构建行政公益诉讼的客观诉讼机制》,载《法学研究》2018年第3期。

24. 卢超:《从司法过程到组织激励:行政公益诉讼的中国试验》,载《法商研究》2018年第5期。

25. 张雪樵:《检察公益诉讼比较研究》,载《国家检察官学院学报》2019年第1期。

26. 关保英:《行政公益诉讼中的公益拓展研究》,载《政治与法律》2019年第8期。

27. 王春业:《论行政公益诉讼诉前程序的改革——以适度司法化为导向》,载《当代法学》2020年第1期。

28. 刘艺:《论国家治理体系下的检察公益诉讼》,载《行政法学研究》2020年第2期。

29. 王清军:《环境行政公益诉讼中行政不作为的审查基准》,载《清华法学》2020年第2期。

30. 胡卫列:《国家治理视野下的公益诉讼检察制度》,载《国家检察官学院学报》2020 年第 2 期。

31. 刘艺:《论国家治理体系下的检察公益诉讼》,载《中国法学》2020 年第 2 期。

32. 关保英:《行政公益诉讼中检察建议援用法律研究》,载《法学评论》2021 年第 2 期。

33. 江必新:《法律规范体系化背景下的行政诉讼制度的完善》,载《中国法学》2022 年第 3 期。

34. 杨寅:《论行政公益诉讼审理制度的完善》,载《政治与法律》2022 年第 5 期。

第十七章

行政协议诉讼

20世纪80年代以来,行政协议的诉讼经历了从民事诉讼向行政诉讼过渡的过程。起初,行政协议不被认为是一个行政行为,这是因为彼时行政诉讼法尚未制定,以及行政诉讼还没有做好纳入合同行为的准备。1989年《行政诉讼法》以及2000年《执行解释》,将具体行政行为作为法律用语,实际上蕴含了行政诉讼纳入双方行政行为的期望。2014年《行政诉讼法》以及2015年《适用解释》正式将行政协议纳入受案范围,2019年《行政协议规定》则进一步细化了行政协议的司法审查制度。经过多年的发展,行政协议的著述较为丰富。本章重点围绕行政协议的识别标准、司法审查、救济途径等问题,结合近年来的理论研究成果和实践经验,描摹我国行政协议诉讼的当代图景,以期助益于我国行政协议理论学说和运行机制的构建与完善。

一、行政协议的识别标准

行政协议的识别标准,是认识行政协议的起点。关于这一方面的问题,至今仍有争论,这些争论主要存在于理论和实务之间。2015年《适用解释》第11条将行政协议定义为"行政机关为实现公共利益或者行政管理目标,在法定职责范围内,与公民、法人或者其他组织协商订立的具有行政法上权利义务内容的协议"。2019年《行政协议规定》第1条则将行政协议定义为"行政机关为了实现行政管理或者公共服务目标,与公民、法人或者其他组织协商订立的具有行政法上权利义务内容的协议"。从司法解释的表述可以看出,行政协议的识别存在相当争议。

(一) 行政协议的"四要素"和"两标准"

2019年《行政协议规定》的出台,标志着行政协议"四要素"说成为实务界常用的识别标准。行政协议包括四个要素:一是主体要素,即必须一方当事人为行政机关;二是目的要素,即必须是为了实现行政管理或者公共服务目标;三是内容要素,协议内容必须具有行政法上的权利义务内容;四是意思要素,即协议双方当事人必须协商一致。① 只有同时满足上述四个要素,某个合同才属于行政协议。对此,有观点认为,主体要素不能成为行政协议的判别标准,将行政机关参与订立的协议都认定为行政协议不合适。② 这是因为,行政机关出于纯粹交易目的而缔结民事合同,亦可成为民事主体。对于意思要素而言,该要素是行政协议与民事合同的共性。因此,目的要素和内容要素则是识别行政协议的关键所在。有法官认为,行政协议与民事合同最显著的差异即在于目的要素。行政协议的内容涉及行政主体和行政相对人在行政法上的权利和义务,这是与民事合同的重要区别。③ 也有法官认为,识别一个协议是否为行政协议,主要参考主体和目的这两大要素,并遵循"先主体后目的"的步骤进行判断:第一步,先看主体要素,即原则上只有行政机关才能成为行政协议的缔约主体;第二步,看目的要素,即只有行政机关为了公共利益目的签订的协议才是行政协议。④ 目前的司法实践态度倾向于以内容要素(行政法上权利义务内容)补强职责要素,行政协议的标的及内容是行政法上的权利义务,意在提供一种指引,强调行政协议不同于

---

① 参见黄永维、梁凤云、杨科雄:《〈关于审理行政协议案件若干问题的规定〉的理解与适用》,载《人民司法》2020年第4期。
② 参见王利明:《论行政协议的范围——兼评〈关于审理行政协议案件若干问题的规定〉第1条、第2条》,载《环球法律评论》2020年第1期。
③ 参见梁凤云:《行政协议的界定标准——以行政协议司法解释第1条规定为参照》,载《行政法学研究》2020年第5期。
④ 参见麻锦亮:《纠缠在行政性与协议性之间的行政协议》,载《中国法律评论》2017年第1期。

民事合同,这一标准排除了行政机关基于自身民事权利义务而签订的协议。行政协议乃构成行政主体履行行政职责的手段。其中,"职责要素"吸收"目的要素"成为最本质的考量,"主体要素"必不可少,"内容要素"虽不是必要条件,但发挥着补强行政协议识别的重要功能。①

在四要素的基础上,行政协议的识别可以从以下两方面进行:一是形式标准,即是否发生于履职的行政机关与行政相对人之间的协商一致。二是实质标准,即协议的标的及内容有行政法上的权利义务,该权利义务取决于是否行使行政职权、履行行政职责;是否为实现行政管理目标和公共利益服务;行政机关是否具有优益权。② 行政协议识别的关键问题是如何区别于民事合同,对此,有法官认为,区分行政协议和民事合同的识别标准有形式标准和实质标准。前者是主体标准。行政协议的主体至少有一方是具有国家行政职权的机关和组织及其工作人员,但又不仅包括这一主体。后者是内容标准。行政协议的主要内容是行政法上的权利(力)义务,可以从是否行使行政职权、是否为实现行政管理目标或公共利益、是否行使行政优益权而判断。③ 两标准是在四要素的基础上发展而来,体现出行政协议识别标准的理论化发展方向。

(二) 行政协议识别标准的学理争论

除实务界常运用四要素判断行政协议之外,学理上对行政协议识别标准的讨论更为精细。学理与实践相辅相成,实践经验能促进学理的不断发展。行政协议识别标准的学理讨论,经历了由单一思维转向复合思维的过程。

在2014年《行政诉讼法》及其司法解释出台以前,学界关于行政协议区分于民事合同的标准,主要有目的说、标的说、主体说等论断。④ 这一阶段的

---

① 参见陈天昊:《行政协议的识别与边界》,载《中国法学》2019年第1期。
② 参见凌维慈:《行政协议实质标准的判断方式——最高人民法院行政协议典型案例第1号评析》,载《法律适用》2022年第1期。
③ 参见杨科雄:《试论行政协议的识别标准》,载《中国法律评论》2017年第1期。
④ 参见江必新:《行政协议的司法审查》,载《人民司法》2016年第34期。

讨论大多属于单一标准。目的说认为,只有为了实现特定行政目的或者行政管理目标签订的合同才属于行政协议。① 标的说侧重于行政法律关系视角,即"行政契约就是指以行政主体为一方当事人的发生、变更或消灭行政法律关系的合意"②。主体说认为,"行政契约的实质是双方当事人的合意,只要这种合意存在于行政主体之间,行政契约即可成立"③。主体说的问题在于忽略了行政主体开展民事活动、订立民事合同的可能性。目的说容易被泛化解释,难以精准判别行政协议和民事合同的差异。标的说在理论上相当自洽,符合逻辑,但缺乏足够的可操作性。④ 由于视角的局限,任何单一标准都存在周延性不足的缺陷,因此有观点认为,行政协议识别标准的本质是公法与私法的区别。行政协议的识别标准应当是全面的,既要区分行政协议和民事合同,又要区分行政协议和一般的行政行为。不过,目前我国行政协议诉讼首先面临的难题还是如何区分行政协议和民事合同,这要求必须重视行政协议的行政性,而行政性涉及以行政法为主要代表之一的公法与私法的区别标准。⑤ 实务中法院所运用的标准并不完全一致,有学者根据司法实践中的个案,总结了实务中法院识别行政协议的各个标准:主体的法定性、主体地位的不平等、以行政职责为前提、行政主体具有优益权、以行政目标为目的、适用行政法规范、行政法上的权利义务。⑥ 欲建构一个统一学说应该寻找一个基础,这个基础不仅是各种学说所共有的,而且其构成要素的内容又能涵盖各种学说的合理成分。⑦

仅立足于单一要素,并不能在所有情形下准确地界定行政协议。在2014年《行政诉讼法》及其司法解释出台以后,关于行政协议复合标准的讨论如雨后春笋般出现。根据行政协议的本质特征,学理上的识别标准可以概括为公权力作用说、行政性说、处分行政权说和其他复合性标准。公权力

---

① 参见王海峰:《试论行政协议的边界》,载《行政法学研究》2020年第5期。
② 余凌云:《行政契约论》(第二版),中国人民大学出版社2006年版,第40页。
③ 应松年主编:《当代中国行政法》(下卷),中国方正出版社2005年版,第989页。
④ 参见江必新:《行政协议的司法审查》,载《人民司法》2016年第34期。
⑤ 参见杨科雄:《试论行政协议的识别标准》,载《中国法律评论》2017年第1期。
⑥ 参见叶必丰:《行政合同的司法探索及其态度》,载《法学评论》2014年第1期。
⑦ 参见杨科雄:《试论行政协议的识别标准》,载《中国法律评论》2017年第1期。

作用说认为,在行政私法契约中,并未发生公权力的作用;在行政主体隐身的合同关系中,公权力恰恰可能发挥了作用。删繁就简,可将"公权力的作用"作为行政协议与民事合同区别的核心标准,它是二者之间最小的公倍数。① 也有学者认为,行政协议识别的核心要素是公务行为,"行政行为能够引起行政法律关系的产生,无论是给付行为还是处分行为,只要有公权力要素作用就会引起行政法上权利义务关系产生"②。关于行政性标准,有学者认为,行政性就是行政职权目的的实质特征,即合同形式只是外观,行政协议的识别应注重行政职权目的。"行政合同的行政性是指行政机关借助于合同形式实现其行使行政职权的目的,它不同于行政机关以民事法人的身份与他人就民事权益订立的私法上的合同。"③有学者认为,"处分行政权"是识别行政协议的核心标准。"行政机关基于公共利益而签订的合同,之所以可以成为一种行政协议,根本原因就在于,行政机关享有行政优益权,以及对未来行政权的行使与处分构成了整个合同的基调。"④关于其他复合性标准,有学者提出行政协议识别的三个层次:"1. 协议中权利义务所包含的具体内容;2. 协议中权利义务的来源;3. 行政机关所享有的权利中是否有部分可能质变为行政权。"⑤此外,有学者认为,应在公务性标准(公权力作用说)的基础上附加对缔约私法主体身份的限定,即将行政协议界定为行政机关在行政管理或公共服务活动中,与具有被管理者或被服务者身份的公民、法人或其他组织签订的协议。⑥ 有法官认为,行政协议主体的特定性、目

---

① 参见于立深:《行政协议司法判断的核心标准:公权力的作用》,载《行政法学研究》2017年第2期。
② 杨靖文:《行政协议的识别标准与类型研究——从公权到公务标准的渐进》,载《法律适用》2020年第14期。
③ 姜明安主编:《行政法与行政诉讼法》(第六版),北京大学出版社、高等教育出版社2015年版,第310页。
④ 余凌云:《行政协议的判断标准——以"亚鹏公司案"为分析样本的展开》,载《比较法研究》2019年第3期。
⑤ 韩宁:《行政协议判断标准之重构——以"行政法上权利义务"为核心》,载《华东政法大学学报》2017年第1期。
⑥ 参见宋华琳、郭一君:《行政协议识别标准的再探讨》,载《西北大学学报(哲学社会科学版)》2021年第3期。

的公益性、职权的法定性、行政主体的特权性,共同构成行政协议的识别标准。① 其实,行政协议的识别,目前上述学者的观点基本可以看作是行政目的和行政标的之复合标准,即只要是在合同基础上具有行政目的和行政权责的内容,并且存在根据公法规范调整而产生的行政法权利义务关系,则可以认定其为行政协议。

(三) 行政协议具体范围的确定

根据我国《行政诉讼法》第 12 条第 11 款,政府特许经营协议、土地房屋征收补偿协议等属于行政协议范围。《行政协议规定》第 2 条除承认上述类型之外,还列举了如下类型:矿业权等国有自然资源使用权出让协议、政府投资的保障性住房的租赁、买卖等协议、政府与社会资本合作协议、其他行政协议。由此,我国行政协议概念的具体范围已基本形成。

有民法学者认为,部分协议类型如矿业权等国有自然资源使用权出让协议,政府投资的保障性住房的租赁、买卖等协议,并没有超出民事合同的范畴,其在性质上仍然属于民事合同。凡是反映市场交易行为、以确定民事权利和义务为内容的协议,均可纳入民事合同的范畴。② 此观点将这类协议如数纳入民事合同的范畴,对于其中的涉行政法权利义务争议之解决,似无明显助益,同时也不适应《行政协议规定》中的相关内容。行政协议的内容要素是其区别于民事合同的重要标准,且已出现扩张适用的趋势。以德国学者的观点为例,其一般认为,协议的属性由协议客观方面判断;协议双方主观意思并不能作为判断标准,客观化的协议就是协议标的,即协议所确定的权利义务。由此,有法官认为,行政机关与行政相对人在签订行政协议时遵循的平等、自愿、有偿等原则,在公法上也有适用。签订协议的主体,不论是民事主体之间还是行政主体与相对人之间,均处于平等法律地位。行政法上的权利义务作为行政协议内容要素的重要意义,其不仅包括行政机关

---

① 参见王海峰:《试论行政协议的边界》,载《行政法学研究》2020 年第 5 期。
② 参见王利明:《论行政协议的范围——兼评〈关于审理行政协议案件若干问题的规定〉第 1 条、第 2 条》,载《环球法律评论》2020 年第 1 期。

与相对人之间因行政行为形成的行政法律关系,还包括因双方签订行政协议而形成的行政法律关系。① 关于国有土地使用权出让协议等是否为行政协议,有观点认为,国有土地使用权出让协议不是行政协议,而且政府招商引资协议、政府采购协议、农村土地承包协议、国有企业租赁承包经营协议、经济协作协议、科技协作协议等,都距离行政机关实现行政管理职能、公益性的目的较远,而其自身体现的是价值规律,产生的权利义务具有对等性,而非隶属和服从。② 但是,这种观点在整体法学的视野上并不周延,虽然正确提出了政府采购合同并非行政协议的观点,但总体上混淆了民事合同与行政协议的实质区别。对此,有学者提出,国有土地使用权的转让仍需遵循国家土地用途管制制度,符合国家土地利用的总体规划,实现公共利益、实施行政管理的内在目标包含在国有土地使用权出让过程中。而《中华人民共和国土地管理法》中,对"买卖或者以其他形式非法转让土地"的、擅自改农用地为建设用地等情况,多由行政机关实施行政处罚。在国有土地使用权出让过程中,必然会涉及行政主管部门的登记、监管等事项。因此,国有土地使用权出让过程中,行政权的深入是显而易见的,遑论存在行政权引发"强制出让"等情况的发生。至于土地、房屋等(公用)征收、征用补偿协议,行政机关委托科研、咨询协议(国家科研协议),经济协作协议,科技协作协议,探矿权出让协议等,皆可以此方式来衡量行政性、公益性以及行政管理意义在其间的作用,方不至于出现分类的偏差。③

  总之,行政协议一般与行政职权的行使或者与提供公共服务有关。对行政职权的行使而言,环境治理协议、征收补偿协议等都属于此类。对于公共服务的提供而言,未来随着公共服务水平的不断提高,越来越多的行政管理活动趋向于将服务纳入其中,即寓管理于服务,更多体现服务要素,淡化管理要素,因此将公共服务类协议纳入行政协议范畴可能是发展趋势。由

---

  ① 参见梁凤云:《行政协议的界定标准——以行政协议司法解释第1条规定为参照》,载《行政法学研究》2020年第5期。
  ② 参见崔建远:《行政合同族的边界及其确定根据》,载《环球法律评论》2017年第4期。
  ③ 参见王学辉、邓稀文:《也谈行政协议族的边界及其判断标准》,载《学习论坛》2019年第1期。

于目前我国学界对哪些协议应纳入行政协议范畴仍有争议,不宜将行政协议范围定得过大,多数潜在行政协议适用混合型规范,即共同适用公法和私法规范,较合适的路径是先将特别重要、特别需要加入公法元素加以调整的合同纳入行政协议范畴,防止"公法遁入私法"之弊。①

二、行政协议的审查方式

目前,我国关于行政协议司法审查方式的讨论,多聚焦于合法性审查与合约性审查的区分及运用,并由此衍生出行政协议效力审查的重要问题。

(一) 行政协议的合法性审查

行政协议作为双方行政行为,其司法审查应遵循传统的行政行为的合法性审查进路。将行政协议争议纳入行政诉讼的审查范围,意味着司法审查以合法性审查为中心。但这种审查对行政协议而言,存在规范适用的问题。有学者认为,考虑到行政协议兼有"行政性"与"契约性",行政协议的合法性审查应从主体职权、程序形式、协议内容三个方面展开,并且应当在合法性审查中楔入利益衡量机制。行政协议的审查方式可以基于"法律关系"架构而完善,具体分为三个方面:调整行政协议诉讼原告资格、扩展行政协议诉讼法官权力、改革行政协议诉讼审判体制。② 我国《行政协议规定》第 11 条坚持对被诉行政行为合法性进行审查,明确规定,人民法院审理行政协议案件,应当对被告订立、履行、变更、解除行政协议的行为是否具有法定职权、是否滥用职权、适用法律法规是否正确、是否遵守法定程序、是否明显不当、是否履行相应法定职责进行合法性审查。2019 年《行政协议规定》将行政优益权作为行政行为合法性审查的重点对象,针对行政机关作出的单方变更、解除行政协议等行使行政优益权的行为,其第 16 条规定了不同的裁判方式:"在履行行政协议过程中,可能出现严重损害国家利益、社会公共利益

---

① 参见江必新:《行政协议的司法审查》,载《人民司法》2016 年第 34 期。
② 参见陈天昊:《行政协议合法性审查机制的构建》,载《法学》2020 年第 12 期。

第十七章 行政协议诉讼

的情形,被告作出变更、解除协议的行政行为后,原告请求撤销该行为,人民法院经审理认为该行为合法的,判决驳回原告诉讼请求;给原告造成损失的,判决被告予以补偿。被告变更、解除行政协议的行政行为存在行政诉讼法第七十条规定情形的,人民法院判决撤销或者部分撤销,并可以责令被告重新作出行政行为;被告变更、解除行政协议的行政行为违法,人民法院可以依据行政诉讼法第七十八条的规定判决继续履行协议、采取补救措施;给原告造成损失的,判决被告予以赔偿。"

其实,关于行政协议的审查方式,理论界倾向于从行政协议的立论支点出发,进而推断出其应适用何种审查方式。行政协议的立论支点,主要存在"行为说""关系说""合同说"的区分。"行为说"倾向于将行政主体实施的行政合同行为从行政合同中抽离出来单独审查;"关系说"认为,行政协议诉讼应适当突破传统的单方行政行为的审查逻辑,将关于合意的纠纷也纳入行政诉讼的审查范围;"合同说"认为,行政协议属于民事合同,其争议的审查应完全纳入民事诉讼。但从实践来看,"行为说"和"合同说"已经逐渐不被法律和司法解释所承认。2014年《行政诉讼法》引入了作为双方行政行为的行政协议与行政协议之下的行政履约行为,这两类行为皆属于行政诉讼法规定之"行政行为"的新增外延,将此两类行为与协议高权行为相结合,便实现了对行政协议争议的全覆盖。① 2019年《行政协议规定》第4条第1款明确规定:"因行政协议的订立、履行、变更、终止等发生纠纷,公民、法人或者其他组织作为原告,以行政机关为被告提起行政诉讼的,人民法院应当依法受理。"如时任最高人民法院行政审判庭庭长的黄永维所言,此次修法及司法解释的颁布确立了"行政协议诉讼的全面管辖原则"。② 可以明确的是,在未来,行政协议的所有争议都将完全纳入行政诉讼的审查范畴。

尽管行政协议的合法性审查已经突破了传统的单方行政行为的审查模式,但行政协议诉讼制度整体上与行政诉讼法的立法逻辑不契合,作为双方

---

① 参见陈天昊:《行政协议诉讼制度的构造与完善——从"行为说"和"关系说"的争论切入》,载《行政法学研究》2020年第5期。

② 参见黄永维、梁凤云、杨科雄:《行政协议司法解释的若干重要制度创新》,载《法律适用》2020年第1期。

行政行为的行政协议难以被行政诉讼法的规则体系所整体涵盖。① 对此,未来的可行方向是,可在明确适用现有的《行政诉讼法》以及《行政协议规定》的规则之基础上,行政法学界应充分吸收司法实践中的有益经验,加强行政协议诉讼理论与实践的良性互动,为未来进一步修改《行政诉讼法》或者制定出台行政协议实体法做好准备。

(二) 行政协议的合约性审查

行政协议的合约性审查是指对行政协议中的合同性所涉及争议的司法审查。行政协议的合约性审查在规范上主要适用民事规范,在审查模式上主要采用合同的审查模式,它在行政协议诉讼中处于补充和辅助的地位。对此,《行政协议规定》第27条规定:"人民法院审理行政协议案件,应当适用行政诉讼法的规定;行政诉讼法没有规定的,参照适用民事诉讼法的规定。人民法院审理行政协议案件,可以参照适用民事法律规范关于民事合同的相关规定。"该条明确了行政协议案件可以适用民事法律规范。

关于行政协议的合约性审查方式,有法官认为,行政协议的成立、生效、撤销、解除、无效、缔约过失责任、违约责任、赔偿标准等,都是合约性审查的重要内容。② 有学者认为,合约性问题主要体现行政协议的"协议性",我国《民法典》等私法规范可以作为司法审查的依据。此外,合约性审查只能基于原告的诉讼请求,且只能在其请求范围内进行。被告是否违约、应承担何种违约责任、适用何种法律等,应按照"谁主张,谁举证"的原则分配举证责任和承担说明义务。③ 因此,行政协议的合约性审查,主要系针对行政协议的"合同性"而言的,在法院裁判过程中,应充分尊重当事人的意思表示,对行政协议双方主体的真实意思以及是否违约、是否及时适当履行协议内容作出审查。对于行政协议的法律适用而言,只有在行政法律规范没有明确

---

① 参见黄先雄:《论行政协议诉讼嵌入后的法秩序困境及其消解》,载《法治社会》2021年第3期。
② 参见梁凤云:《行政协议案件适用合同法的问题》,载《中国法律评论》2017年第1期。
③ 参见张向东:《论行政协议司法审查的标准与方式》,载《政治与法律》2021年第7期。

规定的前提下,民事法律规范才能得到适用。这是因为,一方面,行政协议仍然属于双方行政行为,行政性在行政协议中占据重要位置;另一方面,行政协议的合同性要求其应符合合同法规范。有法官指出,法律调整行政合同关系的活动是一个监督权力、保障权利、平衡公私利益的过程,公法规则对此更能胜任。目前,无关之行政权力擅自进入行政合同的情况并不罕见,通过行政合同损害公民权利的情况并不罕见,以"不正当连结"破坏对价给付之相当性原则的情况并不罕见,需要通过公法规则来监督公权力,保障私权利,平衡公私利益,而私法规则因欠缺相应的机制而力有不逮。[①] 未来行政法学者应就此进一步深入研究,以符合我国行政协议合法性审查与合约性审查的实践要求。

(三) 行政协议的效力审查

行政协议的效力审查,兼具行政协议合法性与合约性审查的内容,同时也是行政协议司法审查的核心要求。有法官认为,行政协议作为一种行政法律行为,其效力受到合法性问题的影响可以产生多种法律后果。第一类是导致无效。民事合同违反法律、行政法规中的强制性规定者,无效。行政协议存在严重明显违反强制性规定情形时,也可以认定无效。第二类是导致协议可撤销。行政行为一般违法导致行为被撤销是较常见的情形。行政协议行为也存在可撤销状态。行政协议可撤销包括两种情形:一是意思表示不真实,二是合法性欠缺。第三类是导致协议被废止。废止即协议效力终止,不对未来生效,但过去的效力仍然保留。第四类是协议效力不受影响。对于轻微违法可补正的情形,协议效力不受影响。[②] 有学者认为,行政合同的有效性判断更注重合同主体资格、合法性以及对他人利益和公共利益的影响,在行政合同领域,并不必然排除意思表示瑕疵的可能性。比如,基于行政许可而签订的行政合同,当事人就有通过欺诈的方式获得行政合同的可能性,这会影响行政许可行为的效力,也会影响随后签订的行政合同

---

① 参见江必新:《中国行政合同法律制度:体系、内容及其构建》,载《中外法学》2012 年第 6 期。
② 参见江必新:《行政协议的司法审查》,载《人民司法》2016 年第 34 期。

的效力。① 有学者认为,在审查行政协议的效力时,需要明确:行政协议双方义务须存在正当合理关联、不得显失均衡;各种协议不得有违法律、法规、规章之规定,违反法律、法规、规章中公法规范的无效(相对人适当处分权利除外),违反民法的可能无效或由当事人撤销。② 虽然现有的行政协议效力审查理论对行政协议的有效、无效、可撤销等的构成要件并无通论,但《行政协议规定》第12条至第14条业已明确行政协议的无效、可撤销以及未生效的效力形态。司法审判中对行政协议的效力审查,也基本都依据《行政协议规定》中的关于效力形态的规则,并适时参照民法典中的相关规则。

三、行政协议的救济途径

由于行政协议具有合同性,当协议一方当事人违反行政协议的内容时,另一方当事人如何选择相应的救济途径,则是行政协议争议解决的重要问题。对此,目前我国理论界主要从行政相对人与行政机关救济途径予以论述。

(一) 行政协议中行政相对人的救济途径

由于行政协议被纳入行政诉讼受案范围之中,因此行政相对人的司法救济途径主要在于行政诉讼。有法官指出,通过公法模式调整行政合同关系是我国行政和司法实践所采行的一般做法。③ 这种模式主要是由行政相对人起诉后,法院通过对行政协议的合法性审查和合约性审查,进而确定需要承担违约责任的主体,并通过援引行政法规范或者借鉴民事规范的内容,对责任主体的违约责任作出判断。有学者认为,行政复议亦可运用于行政协议的审查程序。"针对当事人主张行政机关违约、单方变更或解除协议等行政优益权行为违法,不服行政机关责令其继续履行,以及基于不可抗力、

---

① 参见陈无风:《行政协议诉讼:现状与展望》,载《清华法学》2015年第4期。
② 参见张青波:《行政协议司法审查的思路》,载《行政法学研究》2019年第1期。
③ 参见江必新:《中国行政合同法律制度:体系、内容及其构建》,载《中外法学》2012年第6期。

情势变更等而要求救济等情形,复议机关经合约性审查,综合各方利益及具体情势作出行政协议应否继续履行、是否构成违约以及相关责任承担问题的决定。"①

行政相对人提起行政诉讼,一般是因为行政优益权的行使而引起争议。若行政机关违法行使或者滥用行政优益权,对行政相对人权益造成消极影响的,行政相对人也可以诉诸司法程序,并由行政机关承担相应的补偿或赔偿责任。有法官认为:"行政机关只有在行政协议订立后出现了由于实现公共服务或行政管理目标的需要或者法律政策的重大调整,必须变更或者解除时,才能行使单方变更解除权,由此造成公民、法人或者其他组织合法权益损失的,亦应依法予以补偿。"②根据《行政协议规定》第 16 条,即便是合法的行政行为,造成损害的,行政相对人仍然可提起行政诉讼,行政机关作出变更、解除协议的行政行为给行政相对人造成损失的,也应当予以补偿。行政机关应审慎运用行政协议中的行政优益权,尽可能借鉴现有的理论基础,如情事变更理论、法定撤销权理论等,合法合理行使行政机关的法定撤销权、变更权和解除权。

(二)行政协议中行政主体的救济途径

若行政主体违反协议约定内容,行政相对人可以将行政协议诉诸司法审查程序。反之,行政相对人不履约或不适当履约时,行政主体则缺乏救济渠道。在单向性行政诉讼结构之下,行政主体只能恒定作为被告。在行政协议中,若行政相对人违约,行政主体如何依据协议内容获得救济则是理论和实践中的问题。

行政相对人违约救济途径之选择,曾存在民事诉讼程序救济或者非诉执行模式的理论争议。通过非诉执行解决行政相对人违约之问题,目前已成为较为普遍的方式。行政机关作出的行政决定可以作为非诉执行的依据,非诉执行模式以行政机关作出督促相对人履行义务的行政决定为前提。

---

① 赵德关:《行政协议纳入行政复议审查问题研究》,载《行政法学研究》2021 年第 4 期。
② 郭雪、杨科雄:《传统行政协议优益权的行使》,载《法律适用》2021 年第 6 期。

2019年《行政协议规定》第24条第1款明确规定:"公民、法人或者其他组织未按照行政协议约定履行义务,经催告后不履行,行政机关可以作出要求其履行协议的书面决定。公民、法人或者其他组织收到书面决定后在法定期限内未申请行政复议或者提起行政诉讼,且仍不履行,协议内容具有可执行性的,行政机关可以向人民法院申请强制执行。"同时,行政机关也可以向法院申请强制执行,《行政诉讼法》第97条规定:"公民、法人或者其他组织对行政行为在法定期限内不提起诉讼又不履行的,行政机关可以申请人民法院强制执行,或者依法强制执行。"由于行政协议具有可诉性,当行政相对人不履行或者不适当履行协议内容时,行政机关可以选择向人民法院申请非诉强制执行。此外,行政机关为了公共利益的需要,可以通过行使单方变更、解除权等行政优益权,以达到维护公共利益和实现行政管理目标的效果。有法官认为,当行政协议内容违法系因协议相对人故意(欺诈、胁迫等)造成的或者协议内容违法虽未达到无效程度但严重损害国家利益和社会公共利益而需要变更或撤销时,排斥行政机关对行政协议内容进行单方调整就显得不合时宜。《行政诉讼法》第12条第1款第11项规定发展出行政机关基于非传统行政优益权的单方调整权,认为可以赋予行政机关非因行政优益权而在极个别情况下对案涉协议进行变更、撤销等权力,此类似于民事合同中具备一定情形时,当事人可以申请法院变更、撤销合同,只因相对人可以通过行政诉讼进行救济,而行政机关不能成为行政诉讼的原告,因此该变更、撤销权只能赋予行政机关。①

(三) 行政协议救济途径的发展方向

对于行政协议救济途径而言,目前仍然存在规范设置不充分和解纷渠道不畅等问题,其主要的原因是:第一,立法的缺失。我国现行立法对于行政协议相对人违约时行政机关的救济,尚缺少完善的机制,而立法又具有滞后性特征,使得实践中行政机关面对行政相对人违约行为之时,在寻求救济

---

① 参见郭雪、杨科雄:《传统行政协议优益权的行使》,载《法律适用》2021年第6期。

第十七章 行政协议诉讼

时不得其法,没有明确的相关规定。第二,适用法律困难。目前我国《行政协议规定》一共仅29条,关于违约救济途径的条款主要是第22条和第24条,但并未回答是否所有救济途径均可适用的问题,且行政机关在行政协议诉讼中也并不能提起反诉。而在民法规范中,对于兼具"行政性"和"合意性"的行政协议产生的纠纷也没有明确的解决方法。第三,公私法之间的冲突。虽然行政协议是公私法融合之下的产物,但不同部门法之间原则的差异化造成行政协议争议解决存在矛盾,其主要冲突表现为:契约自由与依法行政之间的冲突,平等和高权之间的冲突,公私利益之间的冲突。由此,在顶层设计层面,未来至少要加强行政协议的立法工作,明晰行政协议司法审查的标准和具体规则,并且在公私法中寻求适用于行政协议的特殊规则体系,避免单独适用公法或私法的不周延性,以实质性解决行政协议争议为价值追求,而不是仅纠结于行政协议中行政性和合同性等性质的理论区别,若对于实质性解决争议没有实际性帮助,也就不能真正推动行政协议司法审查制度的发展。

由于行政协议具有双方性,有学者认为,未来可以构建行政协议双向性审查结构,即在某些特定情形下赋予行政机关行政诉权。"行政机关在行政协议执行中解决纠纷的能力有限,要想彻底将行政合同纳入行政诉讼的范畴,还必须针对行政合同的特点对审判的规则及具体制度进行相应的增补与重构,在行政诉讼中专门建立解决行政合同纠纷的双向性构造模式。"①"随着民主法治建设的不断推进,国家行政权的'高权性'逐渐减弱,行政过程中行政机关将不再总是一副'高高在上'的面孔,行政协议方式被运用的频率及其中的'协议性'也会被不断增强。在这一背景下对行政诉讼进行类型化再造,严格遵循'行政契约排除行政行为'的法理,同时构建双向性诉讼结构,赋予行政协议中行政机关以完整的诉权(包括原告资格、申请诉讼保全的权利以及反诉权等),应当是情理之中的事情。"②也有法官认为:"在行政合同案件中仅仅赋予公民、法人或者其他组织的原告资格而排除行政机

---

① 余凌云:《论行政契约的救济制度》,载《法学研究》1998年第2期。
② 黄先雄:《论行政协议诉讼嵌入后的法秩序困境及其消解》,载《法治社会》2021年第3期。

365

关不仅违反了合同的相对原则和平等原则,也不利于法院对行政合同进行全面审查。"[1]由于行政协议争议已为行政诉讼受案范围所接纳,不宜在短期内以行政协议的结构性变化而扰乱行政诉讼的立论基础,因此关于行政协议双向性诉讼结构的研究与落实,应秉持审慎的态度。

四、行政协议的判决方式

行政协议的判决方式系指法院审理行政协议争议后作出的影响实体权利义务的具体判决类型。2014年《行政诉讼法》的修改以及2019年《行政协议规定》的出台,对行政协议判决方式的补充和扩展产生了重要影响,我国目前行政协议制度已经形成相对全面的判决方式体系,但作为行政协议制度的重要组成部分,行政协议判决方式的体系化构造是理论研究中缺失的一环。

(一)行政协议判决方式的具体类型

行政协议的争议主要涉及缔约过失、协议成立与生效、协议的无效、协议的变更、解除、撤销、履约、后合同义务等不同阶段,行政协议的判决方式主要依照行政相对人的诉讼请求而作出。有法官认为,不同阶段的行政协议裁判方式有以下八种:一是缔约过失判决。除行政协议无效外,因行政机关的原因导致行政协议不成立,或者违法订立或者应当订立行政协议而拒绝订立,人民法院均可以判决认定行政机关存在缔约过失并承担法律责任。二是成立判决。行政协议的意思表示必须真实且一致,要求书面形式。三是生效判决。行政协议在满足一般生效要件的同时,也要符合相关方同意或者前置许可等特别生效要件。四是无效判决。行政协议的缔结有诸多限制,比如缔约权能、法定权限、缔约程序、缔约内容等,一旦违背这些限制,就有可能导致双方建立起来的法律关系无效。五是驳回原告诉讼请求判决。

---

[1] 梁凤云:《论行政合同诉讼的基本构造》,载《行政法论丛》2012年第1期。

对此,我国《行政诉讼法》第69条和《行政协议规定》第16条第1款作出了规定。六是意思表示瑕疵的行政协议撤销判决。行政协议可撤销包括胁迫、欺诈、重大误解、显失公平等情形。七是违约判决。法院查明被告不依法履行、未按照约定履行或者违法变更、解除协议的,可以使被告承担违约责任,根据情况,可以作出要求被告继续履行、采取补救措施或者赔偿损失的判决。八是解除判决。对此,《行政协议规定》第17条和《民法典》第563条规定了协议解除的情形。①

我国行政诉讼法规定的行政协议案件法定的判决方式主要包括:继续履行判决、采取补救措施判决、赔偿判决、补偿判决。《行政协议规定》第12条至第21条规定了行政协议纠纷的确认无效判决、赔偿判决、撤销判决、情况判决、驳回诉讼请求判决、解除判决、补偿判决等。有法官认为,行政协议案件除了常见的判决方式外,还包括补救判决和变更判决等方式,补救判决是被告不依法履行、未按照约定履行或者违法变更、解除行政协议,被诉行政协议已无继续履行可能的情形下,法院可以判决责令被告采取补救措施。变更判决是指人民法院对被诉行政行为所确定的内容予以直接改变的判决。②

总体而言,现有的《行政协议规定》基本上涵盖了从行政协议合法性到合约性审查的主要判决方式,已能比较全面地适应现实的行政协议争议,但同时亦存在类型和适用上的问题,亟待理论界和实务界互相协作予以解决。

(二) 行政协议判决方式的现存问题

有法官根据实践中的行政协议判例,分析了现有的行政协议判决方式的问题。具体而言,现有的行政协议判决方式的问题在于缺少缔约判决、变更判决;在判决方式的运用上也存在差异,主要体现在履行判决、撤销判决、

---

① 参见杨科雄、郭雪:《行政协议法律制度的理论与实践》,中国法制出版社2021年版,第345—352页。
② 参见程琥:《行政协议案件判决方式研究》,载《行政法学研究》2018年第5期。

赔偿判决等的适用条件和标准之中;实质性化解行政争议的效果不够明显。①

产生上述问题的原因,其一是立法不够充分。国内关于行政协议的立法散见于《土地管理法》《农村土地承包法》《国有土地上房屋征收与补偿条例》等单行法律、法规之中,但它们大多限于规范协议的主体和签订,对于成立、生效、责任、程序等问题基本不涉及。其二是实践经验缺失。实际上法院受理行政协议案件在总行政裁判文书中的占比并不大。其三是理论研究滞后。我国学界关于行政协议的理论研究虽然热度较高,但起步较晚,且学者的研究多集中在行政协议的识别标准及协议主体的构成上,没有对行政协议的概念、性质、适用范围、原则、价值和功能、权利义务配置形成一套完整的理论体系,对判决方式的研究也较少涉及。②

此外,行政协议合法性审查的判决方式存在适用性不足的问题。有学者认为,《行政协议规定》明确规定了确认无效、确认未生效、撤销协议、解除协议这四种效力判决。其中,第13条规定的确认未生效判决,乃适用于尚未发生效力的行政协议,属于对行政协议进行合法性审查的前置阶段;第14条规定的撤销判决,则并不涉及对公法管制规范的违反,而属于当事人意思表示瑕疵的可撤销;第16条及第17条所规定的协议解除,也与合法性审查无关,乃分别属于行政主体行使行政优益权及适用民事合同之法定解除、约定解除制度的法律后果。因此,人民法院针对行政协议进行合法性审查,其实仅能适用《行政协议规定》第12条作出"确认无效"判决,或直接驳回诉讼请求从而维持协议效力。③ 有法官认为,经过合法性和效力性审查,如发现协议合法且有效,则人民法院可判决驳回诉讼请求,如发现协议违法并无效,人民法院则可视情况确认协议无效等,用一个判项即可实现对合法性和效力性的双重裁判。但是,如果经双重审查发现协议存在违法但有效等情形,此时用一个判项无法同时解决合法性和效力性问题,则人民法院在作出

---

① 参见夏文浩等:《行政协议案件判决方式研究》,载《法律适用》2019年第2期。
② 同上。
③ 参见陈天昊:《行政协议合法性审查机制的构建》,载《法学》2020年第12期。

裁判时需对合法性和效力性分别作出回应。这就意味着在行政协议案件中,针对原告的一项诉讼请求,如请求撤销行政协议,当一个判项无法同时回应合法性和效力性时,就可以用两个判项分别对合法性和效力性予以裁判。①

综合而言,行政协议的判决应对其合法性和合约性作出回应,前者涉及的是行政协议订立和履行过程中的行政权力,后者涉及的是行政协议法律关系的存续与否。行政协议的部分判决方式(例如撤销判决)应当在适应司法实践的要求上有所拓展,并且应有达成共识的确切适用标准,确保判决方式适应合法性审查和合约性审查的要求,并在此基础上以实质性化解行政争议为司法目标。

(三) 行政协议判决方式的未来发展

法官在审理行政协议案件时,应在维护合同合法性、维护合同承诺的安定性以及保护法律权利之间寻求平衡,实现公共利益的最大化。行政协议案件的判决并非"非黑即白"的选择,对此,有法官给出了解决方案。其一是考虑违法行为的严重程度,根据合同有效性的轻微瑕疵、一般瑕疵和严重瑕疵的性质不同,采取不同的判决方式。其二是增加变更判决,从实质性化解行政争议的角度而言变更判决存在适用的余地,这也是2014年《行政诉讼法》修改的指导思想之一。其三是增加行政协议内容违法的撤销判决。2019年《行政协议规定》第14条的撤销判决适用于意思表示有瑕疵的情形,原则上不包括违法情形,可以考虑在必要时适用行政诉讼法有关撤销判决的规定对行政协议进行撤销。其四是适当运用情况判决。行政协议确认未生效或者撤销可能会给国家利益、公共利益带来重大损害的,法院可以不予撤销,可在判决确认违法并保留法律效力的同时,责令有关机关或者组织采

---

① 参见危辉星:《行政协议案件司法审查相关问题探析——安吉展鹏金属精密铸造厂诉安吉县人民政府搬迁行政协议案》,载《法律适用》2018年第24期。

取补救措施及补偿继续履行合同而给原告造成的损失。①

对于构建行政协议案件判决方式体系而言,有法官从利益平衡、改革创新、加强说理、统一标准四个方面对行政协议案件判决方式体系的构建路径作出论述。行政协议案件判决方式既要体现行政案件判决方式的共性要求,又要体现行政协议案件判决方式的个性需求。现行行政案件判决方式适用于行政协议案件时,要根据行政协议案件特性进行适当调整。② 也有法官认为,可以从如下方面补充和完善行政协议的判决方式:增加变更判决和缔约判决的判决方式,并且完善专门针对行政协议案件的驳回诉讼请求判决;此外,确认违法判决、重作判决和履行法定职责判决并不适用于行政协议案件。③

可以预见的是,随着行政审判改革工作的有序推进,未来行政协议案件的判决方式将会得到充分发展,不仅更具有中国行政诉讼的本土特色,也能更适应实质性化解行政争议的司法要求。

主要参考文献

1. 余凌云:《论行政契约的救济制度》,载《法学研究》1998 年第 2 期。
2. 应松年主编:《当代中国行政法》(下卷),中国方正出版社 2005 年版。
3. 余凌云:《行政契约论》(第二版),中国人民大学出版社 2006 年版。
4. 江必新:《中国行政合同法律制度:体系、内容及其构建》,载《中外法学》2012 年第 6 期。
5. 梁凤云:《论行政合同诉讼的基本构造》,载《行政法论丛》2012 年第 1 期。
6. 叶必丰:《行政合同的司法探索及其态度》,载《法学评论》2014 年第 1 期。
7. 陈无风:《行政协议诉讼:现状与展望》,载《清华法学》2015 年第 4 期。
8. 姜明安主编:《行政法与行政诉讼法》(第六版),北京大学出版社、高等教育出版社 2015 年版。

---

① 参见杨科雄、郭雪:《行政协议法律制度的理论与实践》,中国法制出版社 2021 年版,第 353—358 页。
② 参见程琥:《行政协议案件判决方式研究》,载《行政法学研究》2018 年第 5 期。
③ 参见夏文浩等:《行政协议案件判决方式研究》,载《法律适用》2019 年第 2 期。

9. 江必新:《行政协议的司法审查》,载《人民司法》2016 年第 34 期。

10. 梁凤云:《行政协议案件适用合同法的问题》,载《中国法律评论》2017 年第 1 期。

11. 杨科雄:《试论行政协议的识别标准》,载《中国法律评论》2017 年第 1 期。

12. 麻锦亮:《纠缠在行政性与协议性之间的行政协议》,载《中国法律评论》2017 年第 1 期。

13. 韩宁:《行政协议判断标准之重构——以"行政法上权利义务"为核心》,载《华东政法大学学报》2017 年第 1 期。

14. 于立深:《行政协议司法判断的核心标准:公权力的作用》,载《行政法学研究》2017 年第 2 期。

15. 崔建远:《行政合同族的边界及其确定根据》,载《环球法律评论》2017 年第 4 期。

16. 程琥:《行政协议案件判决方式研究》,载《行政法学研究》2018 年第 5 期。

17. 危辉星:《行政协议案件司法审查相关问题探析——安吉展鹏金属精密铸造厂诉安吉县人民政府搬迁行政协议案》,载《法律适用》2018 年第 24 期。

18. 陈天昊:《行政协议的识别与边界》,载《中国法学》2019 年第 1 期。

19. 王学辉、邓稀文:《也谈行政协议族的边界及其判断标准》,载《学习论坛》2019 年第 1 期。

20. 张青波:《行政协议司法审查的思路》,载《行政法学研究》2019 年第 1 期。

21. 夏文浩等:《行政协议案件判决方式研究》,载《法律适用》2019 年第 2 期。

22. 余凌云:《行政协议的判断标准——以"亚鹏公司案"为分析样本的展开》,载《比较法研究》2019 年第 3 期。

23. 王利明:《论行政协议的范围——兼评〈关于审理行政协议案件若干问题的规定〉第 1 条、第 2 条》,载《环球法律评论》2020 年第 1 期。

24. 黄永维、梁凤云、杨科雄:《〈关于审理行政协议案件若干问题的规定〉的理解与适用》,载《人民司法》2020 年第 4 期。

25. 陈天昊:《行政协议诉讼制度的构造与完善——从"行为说"和"关系说"的争论切入》,载《行政法学研究》2020 年第 5 期。

26. 王海峰:《试论行政协议的边界》,载《行政法学研究》2020 年第 5 期。

27. 梁凤云:《行政协议的界定标准——以行政协议司法解释第 1 条规定为

参照》,载《行政法学研究》2020 年第 5 期。

28. 陈天昊:《行政协议合法性审查机制的构建》,载《法学》2020 年第 12 期。

29. 杨靖文:《行政协议的识别标准与类型研究——从公权到公务标准的渐进》,载《法律适用》2020 年第 14 期。

30. 杨科雄、郭雪:《行政协议法律制度的理论与实践》,中国法制出版社 2021 年版。

31. 宋华琳、郭一君:《行政协议识别标准的再探讨》,载《西北大学学报(哲学社会科学版)》2021 年第 3 期。

32. 黄先雄:《论行政协议诉讼嵌入后的法秩序困境及其消解》,载《法治社会》2021 年第 3 期。

33. 赵德关:《行政协议纳入行政复议审查问题研究》,载《行政法学研究》2021 年第 4 期。

34. 郭雪、杨科雄:《传统行政协议优益权的行使》,载《法律适用》2021 年第 6 期。

35. 张向东:《论行政协议司法审查的标准与方式》,载《政治与法律》2021 年第 7 期。

36. 凌维慈:《行政协议实质标准的判断方式——最高人民法院行政协议典型案例第 1 号评析》,载《法律适用》2022 年第 1 期。

第十八章

规范性文件附带审查

2014年《行政诉讼法》第53条正式确立了行政规范性文件附带审查制度。随后最高人民法院公布的2015年《适用解释》和2018年《行诉解释》又进一步对规范性文件附带审查的提起时间、审查要求以及审查后的处理进行了解释和细化。① 规范性文件附带审查第一案"安徽华源医药公司诉国家工商总局商标局商标行政纠纷案"的出现，引发了学界关于如何正确适用相关法律规定进行附带审查的讨论，此后不断涌现的司法案例进一步暴露出该制度施行存在的诸多问题。实际上，在2014年以前已有关于规范性文件附带审查的相关讨论，此时的研究主要聚焦于是否应将规范性文件纳入行政诉讼受案范围。② 而在2014年以后，学界研究重点转变为规范性文件附带审查制度的现实状况与完善思路。本章立足于2014年以来规范性文件附带审查制度的代表性学术成果，从规范性文件附带审查的启动、内容和后续处理三个方面予以评述，希冀能为这一制度的后续完善提供一些思考。

---

① 参见王春业：《从全国首案看行政规范性文件附带审查制度完善》，载《行政法学研究》2018年第2期。

② 2014年以前关于规范性文件司法审查的讨论参见郭百顺：《抽象行政行为司法审查之实然状况与应然构造——兼论对行政规范性文件的司法监控》，载《行政法学研究》2012年第3期；李杰：《其他规范性文件在司法审查中的地位及效力探析》，载《行政法学研究》2004年第4期；邹荣：《行政规范司法审查的路径》，载《华东政法大学学报》2012年第2期；王庆廷：《隐形的"法律"——行政诉讼中其他规范性文件的异化及其矫正》，载《现代法学》2011年第2期。

一、规范性文件附带审查的启动

规范性文件附带审查的启动，即行政规范性文件得以在行政诉讼中获得审查的前提条件。关于启动要件的划分，学界众说纷纭。多数学者认为，规范性文件附带审查的启动要件包括请求主体、请求客体、请求内容、请求时限、请求方式等要素。① 也有学者将其概括为属性要件、依据性要件和附带性要件等三类②，或将其划分为基础性要件和附带性要件。③ 但无论如何，既有研究一般认可 2014 年《行政诉讼法》第 53 条是规范性文件附带审查启动要件的法律规范依据，其中包含附带审查的提出主体、审查对象、审查时限等。基于此，下文拟从规范性文件的识别、关联性要件、主体要件、期限要件四个方面展开论述。

（一）规范性文件的识别

如何准确认定规范性文件具有一定的难度，在具体法律适用中，复杂多样的现实状况使得争论在所难免。对此，学界提出多种识别规范性文件的标准。有学者从形式特征、制定主体及其权限、创制权力的行使、规范性文件的位阶、规范性文件的效力五个方面提出规范性文件的认定要件。④ 有学者提出五种审查标准进行识别：制定机关主体标准；制定"形式—实质"标准，对联合发文的审查应在形式审查的基础上引入实质性判断标准；制定程序标准，通过《规章制定程序条例》区分规章与规范性文件；制定"具体—抽象"标准，根据行政行为是否具有反复适用性区分抽象行政行为和具体行政

---

① 参见王红卫、廖希飞：《行政诉讼中规范性文件附带审查制度研究》，载《行政法学研究》2015 年第 6 期。
② 参见陈运生：《规范性文件附带审查的启动要件——基于 1738 份裁判文书样本的实证考察》，载《法学》2019 年第 11 期。
③ 参见李明超：《论规范性文件不予一并审查：判断要素及其认定规则——基于 1799 份裁判文书的分析》，载《政治与法律》2021 年第 4 期。
④ 参见陈运生：《规范性文件附带审查的启动要件——基于 1738 份裁判文书样本的实证考察》，载《法学》2019 年第 11 期。

第十八章 规范性文件附带审查

行为;制定"外部—内部"标准,通过行政文件是否对外发布适用区分规范性文件与内部公文。① 还有学者通过文件的实质内容和实际作用来判断,凡是具有权利义务内容,可以普遍适用,能够为行政执法提供根据、指导、说明的公文,都视为规范性文件。② 另有学者从司法制度的角度,提议建立法院系统与行政机关法制部门系统之间的咨询识别机制,对个案中涉及的文件是否属于规范性文件进行判断。③

学界对规范性文件识别的争论主要集中于党政联合发文、规章等几类特殊的文件。带有党委发文以及党政联合发文属性的规范性文件是否属于规范性文件存在一定争议,现有判例一般倾向于将其排除出附带性审查的范围。对此有论者质疑,"如果说审查非行政主体制定的规范性文件明显逾越附带审查的功能界线,那么,此类由行政机关与非行政机关联合制定的规范性文件不宜再以主体不适格拒于附带审查大门之外"④。"因为一旦将这类规范性文件排除在请求客体范围之外,行政机关就可能会通过这个途径制定、发布可以作为行使行政职权依据的规范性文件,从而架空行政诉讼法第53条的规定。"⑤有学者认为,法院对党组织发布或者党政联合发布的规范性文件能否审查,不应一概而论,宜根据其内容和性质作出区别。对于处理党内事务的文件,实行"党来管党",法院不宜介入。但有一些党的机构依据法律、法规、规章行使行政管理职权,或者在没有法律、法规、规章依据的情况下涉足行政管理,可以视为行政规范性文件,法院应当有权审查。⑥ 此外,还有学者提出,应针对联合发文的制定目的和内容,全面考虑联合发文是否涉及行政管理事项、是否对公民、法人或者其他组织的合法权益产生了实际影响、是否具有普遍约束力等要素,如果产生实际影响,就应将其纳入

---

① 参见李明超:《论规范性文件不予一并审查:判断要素及其认定规则——基于1799份裁判文书的分析》,载《政治与法律》2021年第4期。
② 参见何海波:《论法院对规范性文件的附带审查》,载《中国法学》2021年第3期。
③ 参见王春业:《从全国首案看行政规范性文件附带审查制度完善》,载《行政法学研究》2018年第2期。
④ 李成:《行政规范性文件附带审查进路的司法建构》,载《法学家》2018年第2期。
⑤ 章剑生:《论行政诉讼中规范性文件的合法性审查》,载《福建行政学院学报》2016年第3期。
⑥ 参见何海波:《论法院对规范性文件的附带审查》,载《中国法学》2021年第3期。

附带审查的范围。①

对于规章是否应当纳入附带审查,学界也存在一定争议。从既有的法律规定来看,规章属于我国《立法法》明确的立法类型,并不属于一并审查的规范性文件。但有学者认为:"应当将其纳入审查,理由是规章一旦颁布,即具有客观性,其制定机关不应垄断解释权,更不能以自己的解释约束法院,规章解释内容合法与否,尚需法院根据法律适用规则进行审查判断。"②尽管如此,多数学者还是认可其不能被纳入法院的附带性审查范围,学界讨论较多的是规范性文件与规章的区分问题。有学者从制定程序角度出发指出,"当某一文件严格按照《规章制定程序条例》制定,并以'国务院部门令'或者'地方政府令'形式发布,则属于部门规章或地方政府规章;对于没有按照《规章制定程序条例》制定的文件,以及参照《规章制定程序条例》制定但不符合规章发文文号要求的文件,都应将其纳入规范性文件一并审查的范围"③。

2018年《行诉解释》第2条第2款将规范性文件定义为"针对不特定对象发布的能反复适用"的行政规范性文件。《国务院办公厅关于加强行政规范性文件制定和监督管理工作的通知》(国办发〔2018〕37号)则认为其是依照法定权限、程序制定并公开发布,涉及公民、法人和其他组织权利义务,具有普遍约束力,在一定期限内反复适用的公文。附带审查中的行政规范性文件与一般规范性文件的范围虽然并非完全重合,但附带审查中的认定仍应在参照一般规范性文件定义的基础上,结合附带审查的特殊性进行特别认定。同时,将党政联合发文纳入规范性文件附带审查的范畴更有助于规范其制定与运行,也与学界的多数观点相契合。

---

① 参见李明超:《论规范性文件不予一并审查:判断要素及其认定规则——基于1799份裁判文书的分析》,载《政治与法律》2021年第4期。
② 王红卫、廖希飞:《行政诉讼中规范性文件附带审查制度研究》,载《行政法学研究》2015年第6期。
③ 李明超:《论规范性文件不予一并审查:判断要素及其认定规则——基于1799份裁判文书的分析》,载《政治与法律》2021年第4期。

第十八章 规范性文件附带审查

（二）关联性要件的认定

"关联性"要件也称为"依据性"要件，是指系争规范性文件必须是行政行为的依据，否则法院不得进行审查。规范性文件附带审查中的"附带性"意味着其不是一项独立的诉讼请求，而是附属于具体行政争议而产生的诉讼请求。从"依据"内容来看，规范性文件必须与被诉行政行为的合法性存在关联，这就要求规范性文件的适用会对行政相对人的权利义务产生实际影响，与行政行为形成法律上的一致性和法律效果的因果性。① 各地司法实践中，基于"关联性"本身的模糊要求，地方法院还往往会对原告施加过高义务，要求诉讼请求中必须明确被审查文件的具体条款，更不能笼统提起针对规范性文件的整体审查。除此之外，诸多法院还会将"依据规范性文件作出行政行为"中的"依据"，曲解限缩为行政决定书中必须"直接援引"或者"注明适用"，否则便被认定为不符合关联性要求。② 因此，关联性要件不仅仅是附带审查制度的简单程序要求，还客观上限制了附带审查案件的启动，对"依据性"内涵的不当理解将使该项制度的实效难以得到发挥。

有学者分别从形式要件与实质要件角度对规范性文件的依据性进行界定。"在形式上，行政行为必须真实存在，规范性文件在行政行为作出时应当被明确援引，且所依据的应当是规范性文件中的个别条款；在实质上，请求审查的文件构成行政行为的实质依据，规范性文件与行政行为之间不仅存在最密切的联系，也对相对人的权利义务产生了实质影响，且应当是行政行为作出时所依据的规范性文件。"③ 有学者则提出，行政规范性文件要成为行政行为的依据，应当同时满足四个条件：一是规范性文件具备形成利害关系的规范能力；二是行政机关有"概念涵摄—效果选择"的适用行为；三是适

---

① 参见周乐军、周佑勇：《规范性文件作为行政行为"依据"的识别基准——以〈行政诉讼法〉第53条为中心》，载《江苏社会科学》2019年第4期。

② 参见卢超：《规范性文件附带审查的司法困境及其枢纽功能》，载《比较法研究》2020年第3期。

③ 陈运生：《规范性文件附带审查的启动要件——基于1738份裁判文书样本的实证考察》，载《法学》2019年第11期。

用结果处于行政规范性文件文意射程内;四是行政规范性文件是形成利害关系的直接依据。① 但无论采取何种认定依据,法院都应当从更为宽松的角度来认定规范性文件的依据关系。"只要该规范性文件与所诉行政行为存在一定的关联性,无论是直接依据还是间接依据、形式依据抑或实质依据,无论是被告承认的依据或虽不承认但实际作为依据等情形,法院都应该作为依据来认定,并对规范性文件进行合法性审查。"② 甚至只要被诉具体行政行为的某一合法性要素以规范性文件为依据,即规范性文件在形式上能为行政行为的职权、内容、程序、形式等某一或某个方面要素的合法性提供支持,即可视为存在合法性关联,并以此启动附带审查。③ "这是因为行政行为的任何方面或环节如果依据了不合法的规范性文件,对行政行为本身的合法性都会产生直接影响,在符合行政诉讼法规定的其他启动要件的情况下,法院应当将行政过程中依据的所有规范性文件纳入一并审查的范围。"④ 这一做法或许会给法院审判工作带来负担,但出于对相对人诉权保障的考虑,以及为了使规范性文件附带审查制度能够发挥其应有的效用,放宽关联性要件的认定标准实有必要。

(三) 主体要件的认定

关于提起规范性文件附带审查的主体,一般认为是行政诉讼中的原告,而第三人是否具有提起资格还存在一定争议。否定说认为,第三人没有提起附带审查的权利。理由是根据 2014 年《行政诉讼法》第 53 条规定,公民、法人或其他组织在对某一具体行政行为提起诉讼时,可以一并请求对该规范性文件进行审查。"这意味着行政诉讼法所认可的对规范性文件的起诉

---

① 参见李成:《行政规范性文件附带审查进路的司法建构》,载《法学家》2018 年第 2 期。
② 王春业:《论行政规范性文件附带审查中"依据"的司法认定》,载《行政法学研究》2019 年第 3 期。
③ 参见王红卫、廖希飞:《行政诉讼中规范性文件附带审查制度研究》,载《行政法学研究》2015 年第 6 期。
④ 陈良刚:《规范性文件一并审查的范围、标准与强度——以方才女诉淳安县公安局治安行政处罚案为例》,载《法律适用》2017 年第 16 期。

主体不是一般意义上的行政相对人,而是具有原告资格的当事人,即具有原告资格以后才有权对规范性文件请求审查。"①第三人由于没有对行政行为"提起"诉讼,只是被动参与或主动申请参与到诉讼中,没有"提起"诉讼的行为,"提起"诉讼的行为只有原告,由此便可以理解为,必须由作为原告的当事人提出,而第三人、案外人等都无权提出。②

然而,肯定说认为,第三人具有提起规范性文件附带审查的权利。在肯定说视阈下,第三人是否具有提出规范性文件一并审查的主体资格,无法直接从我国2014年《行政诉讼法》第53条的规定中找到答案。2015年《适用解释》第20条规定:"公民、法人或者其他组织请求人民法院一并审查行政诉讼法第五十三条规定的规范性文件,应当在第一审开庭审理前提出;有正当理由的,也可以在法庭调查中提出。"相对于2014年《行政诉讼法》第53条的规定,该条对"在对行政行为提起诉讼时"作了延伸性解释,确定了两个时间节点。在这两个时间节点中,因第三人已经进入了行政诉讼程序,且第三人具有原告的法律地位,在行政诉讼中有独立于原告的利益需要获得诉讼保护。③"再者,既然第三人与诉讼争议的具体行政行为有法律上的利害关系,第三人可以据此理由提出相对独立的诉讼主张,其是有独立请求权的第三人,那么法院也应当全面听取其对案件相关法律问题,包括对规范性文件作为行政行为依据是否合法的意见。"④在这种观点下,第三人自然地享有提出一并审查规范性文件的权利。笔者赞同赋予第三人提出规范性文件附带审查请求的主体资格,因为这不仅可以有效保障第三人的合法权益,还可以拓展享有请求权主体的范围。"特别是在原告不对规范性文件提出一并审查请求的情况下,由第三人作为补充提出一并审查的请求,便具有重要的实践

---

① 张淑芳:《原告对行政规范性文件的请求审查权解读》,载《法律科学(西北政法大学学报)》2017年第5期。
② 参见王春业:《从全国首案看行政规范性文件附带审查制度完善》,载《行政法学研究》2018年第2期。
③ 参见章剑生:《论行政诉讼中规范性文件的合法性审查》,载《福建行政学院学报》2016年第3期。
④ 耿玉娟:《规范性文件附带审查规则的程序设计》,载《法学评论》2017年第5期。

价值和制度意义。"①

（四）期限要件的认定

2014年《行政诉讼法》第53条规定，对规范性文件的审查请求是在起诉行政行为时"一并"提出，即应当在提起行政诉讼时就提出附带审查的请求。2015年《适用解释》第20条将一并审查的请求期限延展至一审开庭审理之前，如有正当理由的，还可在法庭调查中提出。这一新规从保护当事人权益的角度出发，在一定程度上放宽了当事人提出附带审查请求的时间限制。"但在已有的司法案例中，地方法院往往体现出放弃司法裁量的倾向，尽可能地将'正当理由'作狭义解释或者不予判断，而以超期为由直接放弃对规范性文件进行附带审查。"②

对"正当理由"的解释是影响当事人提起附带审查时间的重要因素，学界不乏对其的讨论。例如，有学者提出，可以从两个方面分析和认定是否属于"正当理由"：一是阻却理由的合理性，使得当事人延迟提出一并审查请求的理由应当具有合理性，符合生活经验和逻辑规律；二是阻却理由与当事人延迟提出诉求的紧密关联性，即阻却事由的出现足以导致当事人无法顺利提出一并申请的请求。③还有学者参照《最高人民法院关于适用〈中华人民共和国民事诉讼法〉的解释》第232条的规定"原告增加诉讼请求，应当在法庭辩论结束前"，建议将附带审查请求时限修改为"应当在起诉状副本送达被告前提出；有正当理由的，可以在法庭辩论结束前提出"。④但无论如何，对"正当理由"应做拓展性或宽泛性理解，主要基于三个方面的考虑：一是司法权对抽象行政行为审查监督是消极被动的，它是权利人事后寻求司法救

---

① 李明超：《论规范性文件不予一并审查：判断要素及其认定规则——基于1799份裁判文书的分析》，载《政治与法律》2021年第4期。
② 卢超：《规范性文件附带审查的司法困境及其枢纽功能》，载《比较法研究》2020年第3期。
③ 参见江必新主编：《最高人民法院行政诉讼司法解释理解与适用》（下），人民法院出版社2018年版，第692页。
④ 参见王红卫、廖希飞：《行政诉讼中规范性文件附带审查制度研究》，载《行政法学研究》2015年第6期。

济的途径和渠道,在提出附带审查诉讼时限上不宜过于严格;二是法院对规范性文件的附带审查是一项新的诉讼制度,相对于公民、法人或其他组织而言,存在一个适应的过程;三是所请求审查的规范性文件具有客观性,即便行政相对人在庭审过程中才提出附带诉讼请求,对被告的答辩、陈述和举证内容也不会产生影响,应依法受理。① 除了对"正当理由"采取宽泛的理解,规范性文件附带审查期限要件的认定还可参照行政诉讼起诉期限中的延误制度,只要原告能够提出正当的延误理由,且非因当事人主观故意造成延误,均应予以认可。

二、规范性文件附带审查的内容

我国法院目前对于不同深度的审查标准的运用较为随意,缺乏客观化的标准,导致在审查上位法依据不明确的规范性文件时,司法与行政权界限的模糊。② 这带来两个问题:一是对于应该深入审查的回避审查,二是对于应该保持尊重的过度干预。因此,如何厘清规范性文件附带审查的审查模式与审查标准是学界讨论的重点问题。

(一) 审查模式

就审查模式而言,理论界不仅存在着传统的形式合法性审查与实质合法性审查之争,还陆续有许多新型审查模式不断涌现。形式合法性说持较为保守的态度,认为附带性审查仅限于规范性文件的合法性,与合理性无涉。③ 实质合法性说则认为,规范性文件附带审查既要审查规范性文件的合

---

① 参见耿玉娟:《规范性文件附带审查规则的程序设计》,载《法学评论》2017 年第 5 期。
② 参见俞祺:《规范性文件的权威性与司法审查的不同层次》,载《行政法学研究》2016 年第 6 期。
③ 参见王春业:《从全国首案看行政规范性文件附带审查制度完善》,载《行政法学研究》2018 年第 2 期。

法性，又要审查规范性文件的合理性。① 对规范性文件的合理性审查虽有必要，却有逾越法院职权，过度干预行政权之虞。对此，有学者提出以比例原则代替合理原则，将主观判断转换为目的的正当性考虑和手段间的利益平衡，所有判断均围绕这一行政措施对公民的损害是否是最小。② 除了传统的合法性与合理性审查模式，各种新型的审查模式学说为规范性文件附带审查提供了新的思路。新的三层级审查标准说认为，一方面，应当从纵向上将行政规范性文件的司法审查划分为权限审查、合法性审查和合理性审查三个层次；另一方面，应当从横向上将行政规范性文件区分为解释基准与裁量基准两种类型，然后分别构建不同的审查标准。③ 区分有无上位法规定的审查模式认为，"具有明确上位法规定的规范性文件，其效力判断即是传统意义上狭义的合法性的判断；而对于上位法不明确的规范性文件，则应当采用一种更加复杂的、体现层次区分的效力认定方式"④。"法律效果测试"审查模式借鉴了美国用以区分立法性规则与非立法性规则的"法律效果测试"标准，把它作为司法审查的前置标准，并判断两种规范性文件在制定权限、制定程序、文件内容等方面合法与否。⑤ 吸纳权威性标准的审查模式认为，"针对规范的审查应在正确性效力和权威性效力的概念二分框架之下通过以下两个步骤进行：第一，审查规范在形式逻辑上是否与上位法相抵触以及是否有上位法明确的依据，进而判断规范的效力；第二，假如上位法的规定模糊不清，法院难以依照上位法规定以逻辑演绎的方式认定规范的内容是否合适时，即应放弃对正确性效力的审查，转而研究规范的权威性效力问题"⑥。多种审查模式的学说争鸣为优化规范性文件附带性审查模式提供了良好的

---

① 参见于洋：《论规范性文件合法性审查标准的内涵与维度》，载《行政法学研究》2020年第1期。
② 参见张婷：《行政诉讼附带审查的宪法命题及其展开》，载《法学论坛》2018年第3期。
③ 参见王留一：《论行政规范性文件司法审查标准体系的建构》，载《政治与法律》2017年第9期。
④ 俞祺：《上位法规定不明确之规范性文件的效力判断——基于66个典型判例的研究》，载《华东政法大学学报》2016年第2期。
⑤ 参见孙首灿：《论行政规范性文件的司法审查标准》，载《清华法学》2017年第2期。
⑥ 俞祺：《正确性抑或权威性：论规范效力的不同维度》，载《中外法学》2014年第4期。

第十八章 规范性文件附带审查

理论支撑,均具很好的借鉴意义。但针对这一制度审查力度不足、难以发挥应有实效的现实状况,进一步加大审查力度应当成为未来发展趋势。传统的形式合法性审查已经难以满足现实需求,为使当事人的诉权得到有效保障,应逐渐引入合理性审查模式,这种观点也得到了多数学者的支持。

面对规范性文件合法性审查模式运用较为随意的现状,许多学者提出应对措施。例如,有学者提出,以权威性框架来引导不同层次的合法性审查,即权威性程度大时,合法性审查程度小;权威性程度小时,合法性审查强度增大。① 还有学者提出:"2007年施行的《中华人民共和国各级人民代表大会常务委员会监督法》第30条提供了可参照的整体性审查框架,该条文除了确认现行'与上位法相抵触'标准外,还新增了'超越法定权限,限制或者剥夺公民、法人和其他组织的合法权利,或者增加公民、法人和其他组织的义务'之标准。"② 还有学者提出,通过区分规范性文件在性质上是"侵害行政"还是"授益行政"予以审查,对侵害行政性质的规范性文件的审查,应当严格遵循"法律保留"和"上位法优先适用"的原则,严格审查规范性文件是否超越权限、是否与上位法规定相抵触等;对授益行政性质的规范性文件的审查,则无需遵守"法律保留"和"上位法优先适用"的原则,即使没有法律依据或上位法的规定,或者突破上位法的规定,提高给付标准,法院也不能认定其违法,并拒绝适用。③ 从宪法命题角度出发的审查模式则认为,附带审查的合法性标准可从被诉行政行为与规范性文件的合法性关联、合法性审查标准的多重要素、审查类型与效力规则的多元化三个方面构建。④ 合法性审查适用方法的界定需要权衡行政权与司法权之间的张力,既要体现对行政机关的充分尊重,也不能忽视对行政权的有限审查。无论是引入权威性理论,还是依据侵害行政与授益行政的规范性文件类型划分进行审查,都应当

---

① 参见俞祺:《规范性文件的权威性与司法审查的不同层次》,载《行政法学研究》2016年第6期。
② 余军、张文:《行政规范性文件司法审查权的实效性考察》,载《法学研究》2016年第2期。
③ 参见杨士林:《试论行政诉讼中规范性文件合法性审查的限度》,载《法学论坛》2015年第5期。
④ 参见张婷:《行政诉讼附带审查的宪法命题及展开》,载《法学论坛》2018年第3期。

考虑实际操作的可行性。

(二) 审查标准

2014年《行政诉讼法》第53条与相关司法解释均未对规范性文件的附带审查标准作出明确规定,司法实践对此也仍处于摸索阶段,审查标准不一带来的同案不同判问题引起了学者们的广泛关注。北京市知识产权法院作出的首例对规范性文件附带审查的判决,将审查对象限定于规范性文件特定部分,第一次提出合法性构成要件为主体、权限、内容和程序四项,但只审查其中构成争议的要件;对于常识性的法律概念,在对其"具体应用"解释设定了新的权利义务或违反了法律原则时,就构成"不合法"。① 该判决为此类案件的审查标准提供了很好的借鉴,四要件审查说也得到了许多学者的支持。② 但这一审查标准并非一锤定音,同样是四要件说,有学者认为,原告对规范性文件请求审查权的内容应该包括行政规范性文件的制定程序、实体内容、程序规则、法律效力四个方面。③ 还有论者提出另一合法性审查标准,具体包括主体合法、内容合法、符合立法目的、程序合法、实质法治原则五个方面。④ 另有学者认为,法院对规范性文件合法性审查应采取以内容审查为主、其他审查为辅的审查标准,对规范性文件的合法性审查只限于条款内容方面的审查,在制定主体、制定程序、制定权限方面存在问题,只要不是明显问题,都可以将之归结到内容的合法性审查上。⑤ 有部分学者以2018年《行诉解释》第148条为基础,结合司法实践,将规范性文件的合法性内涵归纳为

---

① 参见朱芒:《规范性文件的合法性要件——首例附带性司法审查判决书评析》,载《法学》2016年第11期。
② 参见王红卫、廖希飞:《行政诉讼中规范性文件附带审查制度研究》,载《行政法学研究》2015年第6期;程琥:《新〈行政诉讼法〉中规范性文件附带审查制度研究》,载《法律适用》2015年第7期。
③ 参见张淑芳:《原告对行政规范性文件的请求审查权解读》,载《法律科学(西北政法大学学报)》2017年第5期。
④ 参见郭百顺:《抽象行政行为司法审查之实然状况与应然构造——兼论对行政规范性文件的司法监控》,载《行政法学研究》2012年第3期。
⑤ 参见王春业:《从全国首案看行政规范性文件附带审查制度完善》,载《行政法学研究》2018年第2期。

第十八章 规范性文件附带审查

主体合法、内容合法和程序合法三方面。① 还有学者另辟蹊径,从语用学规范的角度出发,认为合法性审查对象是被审查文件内语义学规范的合法性,以及生成被审查文件效力的制规行为要件的合法性。前者包含规范的适用条件、规范模式及规范内容的合法性,后者包括制规主体资格、制规意图表示、制规实体行为前件及制规程序的合法性。②

总体而言,学界对应当审查规范性文件的主体合法性与内容合法性基本达成共识,但对是否应当审查制定程序的合法性,存在较大争议。一种意见认为应当将程序问题纳入审查范围。③ 从法理学上讲,任何一个法律文件的制定都应当符合程序规则,行政规范性文件当然不能例外,如果这个范畴的请求审查权被肯定的话,那对于原告的权益保护是有非常重要的积极意义的。④ 反对意见认为,如果将制定程序纳入审查,有可能将诉讼中的规范性文件审查由对所涉条款的法律适用等具体审查跳跃至对于规范性文件的全面审查,进而发展至脱离了个案案情的相对抽象、全面的规范性审查模式,并遭遇来自合法性、民主性的追问。⑤ 审查程序要件会出现"作为依据的规范性文件程序违法,行政行为违法"的假命题,行政主体基于规范性文件违法撤销行政行为,在短时间内又无法找到作出合法行政行为的依据,导致行政效率大跌。⑥ "且如果按照当地规定进行审查,大量涉及政策、影响面广的规范性文件虽内容合法但却会因一般的程序违法或瑕疵而被认定为无

---

① 参见于洋:《论规范性文件合法性审查标准的内涵与维度》,载《行政法学研究》2020年第1期;杨书军:《规范性文件备案审查制度的起源与发展》,载《法学杂志》2012年第10期;李成:《行政规范性文件附带审查进路的司法建构》,载《法学家》2018年第2期。

② 参见袁勇:《规范性文件合法性审查的准确对象探析》,载《政治与法律》2019年第7期。

③ 参见程琥:《新〈行政诉讼法〉中规范性文件附带审查制度研究》,载《法律适用》2015年第7期。

④ 参见张淑芳:《原告对行政规范性文件的请求审查权解读》,载《法律科学(西北政法大学学报)》2017年第5期。

⑤ 参见夏雨:《行政诉讼中规范性文件附带审查结论的效力研究》,载《浙江学刊》2016年第5期。

⑥ 参见徐肖东:《行政诉讼规范性文件附带审查的认知及其实现机制——以陈爱华案与华源公司案为主的分析》,载《行政法学研究》2016年第6期。

效,从而导致相关管理领域执法无据而陷入瘫痪的局面。"①纵观学界关于规范性文件附带审查标准的研究,多逃不开对制定主体、制定程序、文件内容、制定权限几个方面的讨论,虽有少数学者从语义学、法理学等角度提出新的审查标准,但受限于其复杂性,终难以适用于司法实践。因此,从司法实践的角度出发,较为合理且可操作的合法性审查标准内涵应当界定为主体合法、权限合法和内容合法三要件。至于程序合法性的审查,出于现实可操作性与司法资源的有限性,不应将其纳入规范性文件的审查标准。

三、规范性文件附带审查的后续处理

针对规范性文件审查后续处理效果微弱的现状,学界不乏对其弊端的探讨。根据2014年《行政诉讼法》第64条的规定,对违法规范性文件的处理方式是"不作为认定行政行为合法的依据"和"向制定机关提出处理建议"。2015年《适用解释》第21条对此作出进一步的解释,要求法院对不作为行政行为依据的规范性文件"在裁判理由中予以阐明",对制定机关提出的意见"可以抄送制定机关的同级人民政府或者上一级行政机关"。基于此,法院对违法的规范性文件一般有四种处理方式:一是不作为认定行政行为合法的依据;二是向制定机关提出处理建议;三是向制定机关的上级机关和相关机关抄送;四是报送上一级人民法院备案。② 规范性文件的效力通过法院的审理得以明晰,但个案中的效力认定无法辐射至规范性文件整体,其他法院依然要对其效力进行重新认定。"这不仅仅会造成司法效率的降低、司法资源的极大浪费,同时也会限制法院审查规范性文件的积极性,更可能导致不同法院可能针对同一规范性文件的审查评判标准差距很大,影响司法公正。"③有学者将其总结为规范性文件重复审查的问题,由规范性文件所具有

---

① 王红卫、廖希飞:《行政诉讼中规范性文件附带审查制度研究》,载《行政法学研究》2015年第6期。
② 参见王春业:《论行政规范性文件附带审查的后续处理》,载《法学论坛》2019年第5期。
③ 耿玉娟:《规范性文件附带审查规则的程序设计》,载《法学评论》2017年第5期。

的普遍适用性与司法审查中的不可撤销性引起。① 法院只可以在个案中"不予适用"非法的规范性文件并提出处理建议,但无权撤销,由于制定机关可能不予回应甚至拒绝接受法院的处理建议,这就会导致法院认定为非法的规范性文件依然有效存在这一难题。②

就规范性文件审查后续处理措施而言,诸多学者针对其效力不足问题提出应对措施。有学者提出,要赋予法院对行政规范性文件认定的裁判权,可在裁判结果中以明示方式作出宣布;或由最高人民法院作为提起司法建议的主体,迫使制定机关接受对行政规范性文件修改或废止等的司法建议;并将行政机关对违法规范性文件纠正情况纳入责任追究和考核体系,以促使制定机关对违法行政规范性文件的及时纠正。③ 部分学者提出,可以在全国法院系统内建立规范性文件审查评判信息平台,或在法院系统之外建立规范性文件审查判定平台④,将各地法院的审查情况和结论录入该系统,以便其他法院查询。⑤ 还有论者通过借鉴美国、德国等发达国家的经验提出,应当健全规范性文件附带审查的案例指导制度,并建立最高人民法院和省高级人民法院的相对集中撤销机制。⑥ 更有学者针对规范性文件重复审查的问题,提出以争点效为核心的既判力客观范围扩张模式来补足重复审查的构成基础。争点效适用的均衡性、合法性审查过程中的裁量性,是重复审查认定的逻辑前提;当事人、基础事实与审查范围的同一性,是重复审查认定的标准内容。⑦

值得注意的是,2014 年《行政诉讼法》为解决规范性文件审查后续处理不力的问题,赋予法官向制定机关提出司法建议的权力。"司法建议在遵从

---

① 参见周乐军:《论规范性文件附带审查的"重复审查"》,载《比较法研究》2022 年第 5 期。
② 参见马得华:《我国行政诉讼规范性文件附带审查的模式与效力难题》,载《政治与法律》2017 年第 8 期。
③ 参见王春业:《论行政规范性文件附带审查的后续处理》,载《法学论坛》2019 年第 5 期。
④ 参见耿玉娟:《规范性文件附带审查规则的程序设计》,载《法学评论》2017 年第 5 期。
⑤ 参见程琥:《新〈行政诉讼法〉中规范性文件附带审查制度研究》,载《法律适用》2015 年第 7 期。
⑥ 参见马得华:《我国行政诉讼规范性文件附带审查的模式与效力难题》,载《政治与法律》2017 年第 8 期。
⑦ 参见周乐军:《论规范性文件附带审查的"重复审查"》,载《比较法研究》2022 年第 5 期。

协商过程中扮演了较为关键的中枢角色,不仅成为法院与行政机关之间传递合法性符号的枢纽通道,并且通过抄送机制不断扩充吸纳其他机构因素,来配合实现对规范性文件的协同治理。"①但反观司法实践,作为处理机制的司法建议,显然无法充分吸纳社会对这一合法性评判的期待,显得过于柔弱。司法建议的效果如何是行政诉讼附带审查制度能否落实的主要因素②,因此,许多学者就司法建议制度的完善提出不同见解。有学者从司法建议提出的渠道、时间、内容、反馈与处理制度提出若干建议。③ 有学者认为,将柔性的司法建议转换为弹性的与监督并存的责任机制,进而与规范性文件的宪法监督体系形成有机衔接,实际上可有效推进附带审查作为革新契机的结构性意义。具体而言,附带审查的司法建议应首先向相应的行政机关提出,若它在法定的处理期限内未做处理或未做实质性处理,则法院应当向有权机关提出审查要求。④ 另有学者建议将关于抄送机关的规定修改为:"制定机关为地方各级人民政府的,可以抄送上一级人民政府和本级人民代表大会及其常务委员会;制定机关为各级人民政府所属工作部门的,可以抄送本级人民政府;制定机关为实行垂直领导的行政机关的,可以抄送上一级行政机关。"⑤司法权在我国权力结构中的地位较弱,使原本法院对政府的监督更多时候成了配合,此为附带审查制度效果微弱的根本原因。在短时间内无法改变现行权力结构的现实面前,通过完善司法建议等后续处理制度是发挥规范性文件附带审查制度的有效途径,而通过何种方式进行完善,还有待学界的更多思考与讨论。

---

① 卢超:《规范性文件附带审查的司法困境及其枢纽功能》,载《比较法研究》2020年第3期。
② 参见徐肖东:《行政诉讼规范性文件附带审查的认知及其实现机制——以陈爱华案与华源公司案为主的分析》,载《行政法学研究》2016年第6期。
③ 参见王春业:《从全国首案看行政规范性文件附带审查制度完善》,载《行政法学研究》2018年第2期。
④ 参见张婷:《行政诉讼附带审查的宪法命题及其展开》,载《法学论坛》2018年第3期。
⑤ 王红卫、廖希飞:《行政诉讼中规范性文件附带审查制度研究》,载《行政法学研究》2015年第6期。

第十八章 规范性文件附带审查

> **主要参考文献**

1. 杨士林:《试论行政诉讼中规范性文件合法性审查的限度》,载《法学论坛》2015年第5期。
2. 王红卫、廖希飞:《行政诉讼中规范性文件附带审查制度研究》,载《行政法学研究》2015年第6期。
3. 俞祺:《上位法规定不明确之规范性文件的效力判断——基于66个典型判例的研究》,载《华东政法大学学报》2016年第2期。
4. 俞祺:《规范性文件的权威性与司法审查的不同层次》,载《行政法学研究》2016年第6期。
5. 徐肖东:《行政诉讼规范性文件附带审查的认知及其实现机制——以陈爱华案与华源公司案为主的分析》,载《行政法学研究》2016年第6期。
6. 朱芒:《规范性文件的合法性要件——首例附带性司法审查判决书评析》,载《法学》2016年第11期。
7. 马得华:《我国行政诉讼规范性文件附带审查的模式与效力难题》,载《政治与法律》2017年第8期。
8. 耿玉娟:《规范性文件附带审查规则的程序设计》,载《法学评论》2017年第5期。
9. 王留一:《论行政规范性文件司法审查标准体系的建构》,载《政治与法律》2017年第9期。
10. 李成:《行政规范性文件附带审查进路的司法建构》,载《法学家》2018年第2期。
11. 王春业:《从全国首案看行政规范性文件附带审查制度完善》,载《行政法学研究》2018年第2期。
12. 张婷:《行政诉讼附带审查的宪法命题及其展开》,载《法学论坛》2018年第3期。
13. 王春业:《论行政规范性文件附带审查中"依据"的司法认定》,载《行政法学研究》2019年第3期。
14. 王春业:《论行政规范性文件附带审查的后续处理》,载《法学论坛》2019年第5期。
15. 袁勇:《行政规范性文件的司法审查标准:梳理、评析及改进》,载《法制与社会发展》2019年第5期。

16. 袁勇:《规范性文件合法性审查的准确对象探析》,载《政治与法律》2019年第7期。

17. 陈运生:《规范性文件附带审查的启动要件——基于1738份裁判文书样本的实证考察》,载《法学》2019年第11期。

18. 于洋:《论规范性文件合法性审查标准的内涵与维度》,载《行政法学研究》2020年第1期。

19. 卢超:《规范性文件附带审查的司法困境及其枢纽功能》,载《比较法研究》2020年第3期。

20. 李明超:《论规范性文件不予一并审查:判断要素及其认定规则——基于1799份裁判文书的分析》,载《政治与法律》2021年第4期。

21. 何海波:《论法院对规范性文件的附带审查》,载《中国法学》2021年第3期。

22. 周乐军:《论规范性文件附带审查的"重复审查"》,载《比较法研究》2022年第5期。

第十九章

政府信息公开诉讼

政府信息公开制度不仅关系公民知情权,更是政府透明度与公信力的制度保障。《中华人民共和国政府信息公开条例》(以下简称《政府信息公开条例》)自2008年开始实施后,大量政府信息公开案件涌入法院,同时带来诸多问题。学界对政府信息公开诉讼的讨论可分为两个阶段:2009年之前,大部分的研究着眼于政府信息公开诉讼首批案件的宏观讨论,较少就某一具体问题进行详细论述;2009年以后,更多的讨论聚焦于政府信息公开诉讼的具体问题,关注度较高的有原告资格问题、"政府信息不存在"问题、政府信息公开滥诉问题等。研究呈现从宏观至微观的发展变化特点,对此类诉讼的研究也得到了进一步的深入。本章立足于近二十年来的相关经典文献,从政府信息公开诉讼的整体研究、政府信息公开诉讼的原告资格、"政府信息不存在"的司法认定、政府信息公开滥诉的治理四个方面予以评述,希冀能为政府信息公开诉讼的完善提供一些有益的思考。

一、政府信息公开诉讼的整体研究

在有关政府信息公开诉讼的学术研究中,一部分是关于该制度实施现状、审查规则、受案范围、当事人资格、既存问题、完善路径等问题的宏观讨论。有学者基于40件信息公开案件,分析了此类案件的诉因、涉案信息类型特征、原告类型特征、被告类型特征、案件区域分布特征、法院立案和裁判结果。①

有论者对浙江法院受理政府信息公开行政案件的基本情况进行归纳，并分析其中的受案范围、原告资格、"三需要问题"，据此提出处理政府信息公开案件的总体思路与方法。② 有学者以中国首批政府信息公开案件为样本，分析其案件类型特征和面临的问题，并提出我国信息公开诉讼制度发展的途径和方向。③ 还有学者通过对《政府信息公开条例》第33条第2款的解读，分析政府信息公开诉讼的受案范围、证据规则、免除公开信息的司法认定、裁量公开与信息的可分割性。④ 有论者就政府信息公开行政案件的原告资格、被告资格、受案范围、起诉期限、合法性审查、裁判方式几个方面进行逐一说明。⑤ 还有论者就政府信息公开诉讼中如何界定政府信息、政府信息公开的例外、司法裁判、滥诉防范几个方面进行论述。⑥ 更有学者基于315件政府信息公开案件，分析此类案件的特征、政府信息的内涵、信息公开主体、主动公开与依申请公开的关系、"三需要"与滥用申请权、不予公开信息、公共企事业单位的信息公开、定密归档的信息公开。⑦ 另有学者就2019年新修订的《政府信息公开条例》实施后政府信息公开诉讼的原告资格、被告资格、审查重点三个主要问题进行讨论。⑧ 综上所述，关于政府信息公开诉讼的整体性讨论多集中于2009年前后，彼时正是《政府信息公开条例》开始

---

① 参见倪洪涛：《依申请信息公开诉讼周年年度调查报告——基于透明中国网刊载的40宗涉诉案的考察》，载《行政法学研究》2009年第4期。
② 参见浙江省高级人民法院课题组：《政府信息公开行政诉讼案件疑难问题研究——以浙江法院审理的行政案件为实证样本》，载《行政法学研究》2009年第4期。
③ 参见赵正群、董妍：《中国大陆首批信息公开诉讼案件论析（2002—2008）》，载《法制与社会发展》2009年第6期。
④ 参见江必新、李广宇：《政府信息公开行政诉讼若干问题探讨》，载《政治与法律》2009年第3期。
⑤ 参见张传毅：《政府信息公开行政行为司法审查若干问题》，载《行政法学研究》2009年第2期。
⑥ 参见侯丹华：《政府信息公开行政诉讼有关问题研究》，载《行政法学研究》2010年第4期。
⑦ 参见余凌云：《政府信息公开的若干问题——基于315起案件的分析》，载《中外法学》2014年第4期。
⑧ 参见程琥：《新条例实施后政府信息公开行政诉讼若干问题探讨》，载《行政法学研究》2019年第4期。

实施之际,我国产生了第一批政府信息公开诉讼案件,引发学界的广泛关注。此时关于政府信息公开诉讼讨论较多的问题是案件整体特征、政府信息的认定、不予公开信息、受案范围、政府信息公开诉讼的完善,下文将依次展开论述。

第一,关于政府信息公开案件整体特征的讨论。2008年至2009年的首批政府信息公开行政案件在涉案信息类型上表现出多元化的特征,但还不是"政治参与民主型",而是"生活需求实用型"的信息要求,多限于与个人利益相关,鲜少涉及社会公共利益。起诉主体多为公民个人,社会团体、公益组织与专业人士参与不够。就被告分布而言,呈现"两多一少"格局,省级厅局机关、地市机关和区县机关多,中央机关和乡镇机关则很少。职权主体多,授权主体少。在案件受理上,法院受理比例较高,不少的法院还突破了"法律上利害关系"的理论制约受理案件。但从判决结果上看,原告胜诉率却不容乐观。① 至2013年,当事人胜诉的案件仍寥寥无几,且起诉主体为个人居多,基本还是只关注私人利益,与2009年没有太大变化。值得欣慰的是,此时行政机关、法院和相对人基本上能够在《政府信息公开条例》设计的范式上交流,且在程序、方式上的瑕疵对行政决定效力影响的把握上,有长足进步。②

第二,关于政府信息认定的讨论。《政府信息公开条例》第2条规定:"本条例所称政府信息,是指行政机关在履行职责过程中制作或者获取的,以一定形式记录、保存的信息。"据此,信息公开主体是行政机关以及法律、法规授权的具有管理公共事务职能的组织;信息是在行政机关履行职责过程中产生的,产生方式是行政机关自行制作或是履行职责时从其他机关、组织、个人那里获取;信息存在形式是以一定物体形式作为记录、保存载体的信

---

① 参见倪洪涛:《依申请信息公开诉讼周年年度调查报告——基于透明中国网刊载的40宗涉诉案的考察》,载《行政法学研究》2009年第4期;浙江省高级人民法院课题组:《政府信息公开行政诉讼案件疑难问题研究——以浙江法院审理的行政案件为实证样本》,载《行政法学研究》2009年第4期。
② 参见余凌云:《政府信息公开的若干问题——基于315起案件的分析》,载《中外法学》2014年第4期。

息。① 对于政府信息的界定应包含三个基本要素：一从政府信息的性质看，政府信息是与履行行政管理职责密切相关的信息；二从产生方式看，包括政府机关自己制作的信息和从其他组织或者个人获取的信息；三从存在形式看，政府信息是以一定形式记录、保存的信息。② 此外，应将党务信息、咨询信息、司法信息、信访信息、刑事司法信息、内部事务信息、过程性信息、民事事务信息排除出政府信息的范畴。③ 还有学者对《政府信息公开条例》第2条和第6条中的"履行职责过程""制作或者获取""准确""完整"这几个核心的不确定概念进行解释，以此界定政府信息。④

第三，关于不予公开信息，学界讨论最多的是国家秘密信息的认定。由于国家秘密信息直接关系国家安全与国家利益，法院审查存在一定困难，常见行政机关以国家秘密信息为由不予公开信息，损害当事人知情权。因此，有学者归纳出以下几类司法实践中常见的、不应认定为国家秘密的情形：没有标明密级或者保密期限的；不属于国家秘密而标为国家秘密文件、资料的；国家秘密事项的保密期限届满而自行解密的；国家秘密事项在保密期限内不需要继续保密，已经由原确定密级和保密期限的机关、单位或者其上级机关解密的。⑤ 除在政府信息公开诉讼整体性讨论中涉及对国家秘密认定的论述外，还有不少文章单独就此问题进行研究。有学者指出，《中华人民共和国保守国家秘密法》对于国家秘密，采取的是复合形式的认定结构，即只有既符合形式要件亦符合实质要件的事项，才能构成国家秘密。若在法律适用中严格贯彻立法者的建构意图，应能较好地防范国家秘密确定泛滥之情形。但反观司法实践，法院一般退守到司法审查的最边缘，不作任何实

---

① 参见李广宇：《政府信息公开诉讼：理念、方法与案例》，法律出版社2009年版，第71页。
② 参见侯丹华：《政府信息公开行政诉讼有关问题研究》，载《行政法学研究》2010年第4期。
③ 参见程琥：《新条例实施后政府信息公开行政诉讼若干问题探讨》，载《行政法学研究》2019年第4期。
④ 参见余凌云：《政府信息公开的若干问题——基于315起案件的分析》，载《中外法学》2014年第4期。
⑤ 参见江必新、李广宇：《政府信息公开行政诉讼若干问题探讨》，载《政治与法律》2009年第3期。

质性审查,且审查强度仅是点到为止。① 还有学者同样指出,因国家安全利益的攸关性、行政认定的专业优势等因素,法院对行政认定持审慎立场和尊重态度,实行的是形式审查模式。为实质性解决争议,平衡保护国家秘密与信息公开,有必要向形式与实质一并审查模式转型。可能的路径是设置具有权威性、相对独立性的定密异议委员会负责对定密进行实质审查,并与行政复议、行政诉讼的审查建立有效衔接。② 此外,有学者认为,新《政府信息公开条例》把"涉及国家秘密的政府信息"改为"依法确定为国家秘密的政府信息",不仅要求信息本身涉及国家秘密,而且要求确定主体有法定权限,确定依据满足法律要求,确定程序符合法律规定。因此,法院在对国家秘密确定行为进行司法审查时,大可打消顾虑,严格依照法律规定对国家秘密确定行为进行审查,对于未被依法确定为国家秘密的,不应认定为国家秘密。③

第四,关于政府信息公开诉讼受案范围的讨论。有观点认为,目前司法审查的力度还不宜过大,原告起诉要求信息公开的权利基础还是因其人身权、财产权等受损事由,一般意义上的民主监督不应纳入。④ 对此有学者提出反对意见,理由是这种列举只是行政诉讼法对于受案范围规定的一部分内容,并非全部。同时,从《政府信息公开条例》第1条来看,这种权利显然超出了人身权和财产权的范畴。在条例的现有规定下,如果还有其他依法可以提起行政诉讼的案件,人民法院应当受理;在条例之外,其他法律、法规规定了可以提起诉讼的其他政府信息公开行政案件,也应当受理。⑤ 专门论述政府信息公开诉讼受案范围的文章提出了确定受案范围的原则:一是对行政诉讼传统受案范围作适度拓展的原则;二是政府行政系统须回避受案范围设定权的原则;三是淡化信息公开不当行为类型的原则;四是赋予人民法

---

① 参见郑春燕:《政府信息公开与国家秘密保护》,载《中国法学》2014年第1期。
② 参见杨伟东:《国家秘密类政府信息公开案件审查模式的转型》,载《法学》2021年第3期。
③ 参见王莘子:《国家秘密确定行为司法审查问题研究》,载《中国法律评论》2019年第3期。
④ 参见浙江省高级人民法院课题组:《政府信息公开行政诉讼案件疑难问题研究——以浙江法院审理的行政案件为实证样本》,载《行政法学研究》2009年第4期。
⑤ 参见江必新、李广宇:《政府信息公开行政诉讼若干问题探讨》,载《政治与法律》2009年第3期。

院判定是否受案的司法裁量权的原则。基于此,应当重新确定政府信息公开诉讼受案范围的原则,并将不履行政府信息公开义务的行为、公开虚假信息的行为、信息公开迟延的行为、公开不该公开的信息的行为以及对公开的信息进行任意删除的行为等均纳入政府信息公开诉讼的受案范围。①

第五,关于完善政府信息公开诉讼的讨论。有学者针对我国信息公开诉讼制度的发展提出几点建议:一是应当尽快启动信息公开法立法程序,为已经初步展开的信息公开诉讼提供基本法律依据;二是完善政府信息公开的行政执行机制,为信息公开诉讼提供良好行政执法环境;三是通过审判实践,充实信息公开诉讼规则,提高审判水平与质量;四是提高信息公开诉讼的透明度,以审判信息公开推进我国信息公开诉讼的发展。② 有观点总结处理政府信息公开行政案件的基本思路:首先,应慎重把握受案范围;其次,正确界定原告的诉讼主体资格;再次,正确确定案件的类型;复次,合理地分配举证责任;最后,科学地进行裁判。③ 还有学者结合新条例规定和政府信息公开司法实践,提出政府信息"是不是——有没有——给不给——怎么给"的"四步审查法"。首先判断是不是属于政府信息,然后对信息是否存在进行判断,再对是否应当公开进行判断,最后对政府信息公开的答复方式、答复期限、提供形式等方面进行审查。④

二、政府信息公开诉讼的原告资格

政府信息公开诉讼的原告资格相较于一般行政诉讼的原告资格具有特殊性,其既要遵守《行政诉讼法》对原告资格的一般规定,也在实践中受《政府信息公开条例》中信息公开申请资格的约束。学界对政府信息公开原告

---

① 参见黄学贤、梁玥:《政府信息公开诉讼受案范围研究》,载《法学评论》2010年第2期。
② 参见赵正群、董妍:《中国大陆首批信息公开诉讼案件论析(2002—2008)》,载《法制与社会发展》2009年第6期。
③ 参见浙江省高级人民法院课题组:《政府信息公开行政诉讼案件疑难问题研究——以浙江法院审理的行政案件为实证样本》,载《行政法学研究》2009年第4期。
④ 参见程琥:《新条例实施后政府信息公开行政诉讼若干问题探讨》,载《行政法学研究》2019年第4期。

资格的讨论主要集中于"利害关系"的认定、"三需要"与原告资格的关系、原告资格的发展三个方面。

（一）"利害关系"的认定

2014年《行政诉讼法》第25条第1款规定："行政行为的相对人以及其他与行政行为有利害关系的公民、法人或者其他组织，有权提起诉讼。"基于此，"利害关系"一直是判断行政诉讼原告资格的关键所在，在政府信息公开诉讼中也不例外，学界对此存在诸多讨论。有学者认为，在信息公开行政诉讼案件中，所谓"利害关系"针对的是政府信息公开行政行为，而非政府信息的内容。根据原《政府信息公开条例》第33条第2款的规定，原告应该是认为信息公开决定侵犯其"合法权益"的人，而私人的知情权就是这"合法权益"的一种。因知情权属于任何公民，且服务于不特定主体的利益，故而起诉人不必有特别的个人利益，只要提出了公开申请，就与信息公开行政决定建立起"利害关系"，即可具有提起行政诉讼的原告资格。[①] 对此，有学者提出反对意见，认为只有申请政府信息属于与己有"切身利益"关系，或者属于"自身需要"，那么在司法程序中，才能满足"利害关系"的要求。[②] 有学者则提出，可以从以下几个方面来理解利害关系的性质：一是现实性，政府信息公开行为对相对人合法权益的侵害，必须是已经发生或者发生的可能性极大。二是特定性，我国行政诉讼以主观诉讼为主，即重在保护权益受到损害的相对人，即使是具有"客观之诉"因素的信息公开诉讼，也只能在一定范围内拓宽利害关系特定性的内涵，而不能完全突破行政诉讼法设定的法定标准。三是法律性，原告必须证明不仅其利益受到损害，而且损害发生于受到法律保护的利益范围之内。四是因果性，原告向法院申请司法审查，不仅必须受到损害，而且这种损害必须由行政行为产生。[③]

---

① 参见王贵松：《信息公开行政诉讼的诉的利益》，载《比较法研究》2017年第2期。
② 参见杨小军：《论申请政府信息公开的资格条件》，载《国家行政学院学报》2011年第2期。
③ 参见王振清：《政府信息公开诉讼原告资格问题研究》，载《行政法学研究》2009年第4期。

(二)"三需要"与原告资格的关系

"三需要"是指原《政府信息公开条例》第13条中规定的:"公民、法人或者其他组织还可以根据自身生产、生活、科研等特殊需要,向国务院部门、地方各级人民政府及县级以上地方人民政府部门申请获取相关政府信息。"在2019年《政府信息公开条例》修改以前,关于"三需要"是否与原告资格直接关联,即政府信息公开申请资格是否与政府信息公开诉讼原告资格直接关联,存在诸多争议。司法实践曾一度把"三需要"作为认定申请人是否具备原告主体资格的重要标准,致使当事人提起信息公开诉讼困难,对此学界有不少批评的声音。有学者认为:"'三需要'是确定行政机关是否应当依申请公开政府信息的标准之一,是行政诉讼实体审查的内容,如果在受理环节的程序审查中即予审查,并与当事人的诉权挂钩,不仅会架空行政诉讼的实体审查程序,而且会剥夺部分当事人的救济权利。"①此外,"与被诉具体行政行为是否存在利害关系有别于与所申请的政府信息是否存在利害关系,申请人由于向有关行政机关提出信息公开申请,从而启动信息公开程序,就成为了信息公开行政行为的相对人,因此无疑具有原告主体资格"②。另根据《关于审理政府信息公开行政案件若干问题的规定》第1条,只要政府信息公开申请人的申请遭到拒绝或对答复不满意,均有权起诉,即使行政机关以申请人无"特殊需要"为由拒绝公开也是如此。这并不意味着"特殊需要"不再重要,只是它是作为案件的实体问题出现的,没有与原告资格挂钩。③ 2019年《政府信息公开条例》第13条对"三需要"作出了修改,规定"除本条例第十四条、第十五条、第十六条规定的政府信息外,政府信息应当公开"。这意味着"三需要"不再成为申请政府信息公开的必要条件,基本确立了以公开为原则、不公开为例外的原则。至此,关于"三需要"与政府信息公开原告资格关

---

① 赵雪雁:《政府信息公开行政案件的受理条件》,载《人民司法》2011年第21期。
② 李广宇:《政府信息公开行政诉讼的当事人》,载《电子政务》2009年第4期。
③ 参见杨伟东:《政府信息公开申请人资格及其对行政诉讼原告资格的发展——以中华环保联合会诉修文县环保局案为分析基点》,载《行政法学研究》2017年第1期。

系的争论可暂告一段落,将研究重心转向政府信息公开原告资格的发展。

(三) 原告资格的发展

关于政府信息公开诉讼原告资格认定的未来发展,学者们各抒己见。多数观点赞成放宽原告资格限制,理由是:"如果仅仅规定公众有知情权,但无司法救济权,则所谓的政府应当主动公开的规定,不一定能够得到真正落实。"[1]也有观点认为:"当前对政府信息公开诉讼原告资格的掌握,还处于不断摸索、试错阶段。政府信息公开行政案件可以拓展行政诉讼原告资格,但这一拓展必然是有限度的,不能逾越行政诉讼法所确定的行政诉讼原告资格法定标准。公民、法人或者其他组织提起诉讼,必须证明与公开的政府信息之间存在法律上的利害关系。"[2]立法的修改虽在一定程度上拓宽了原告资格,但"利害关系"仍是认定原告资格的重要标准。有论者提出,政府信息公开的诉之利益可以参照以下因素把握:一是请求内容适合成为审判对象;二是当事人对于请求存在正当利益;三是有权利保护必要。[3] 为保障公民知情权,实现对政府信息公开的监督,逐步拓宽政府信息公开诉讼的原告资格将是未来的发展方向。获取政府信息的权利是宽泛的,但是通过行政诉讼的形式寻求救济,则要考虑司法资源的有限性,循序渐进地稳步推进信息公开诉讼。

三、"政府信息不存在"的司法认定

在政府信息公开诉讼中,常会出现行政机关声称要求公开的信息不存在的现象,这类案件被称为"政府信息不存在"案件。司法实践对此类案件的认定标准、证明责任和审查规则存在一定程度的混乱,由此引发学界的广

---

[1] 张传毅:《政府信息公开行政行为司法审查若干问题》,载《行政法学研究》2009 年第 2 期。
[2] 王振清:《政府信息公开诉讼原告资格问题研究》,载《行政法学研究》2009 年第 4 期。
[3] 参见程琥:《新条例实施后政府信息公开行政诉讼若干问题探讨》,载《行政法学研究》2019 年第 4 期。

泛讨论。

(一)"信息不存在"的内涵

在"政府信息不存在"案件中,双方当事人的争议焦点一般集中于政府信息是否存在。因此,厘清"政府信息不存在"的内涵及认定标准具有重要意义。《政府信息公开条例》中未有对"信息不存在"内涵的相关表述,这是其引起争议的主要原因。但《中华人民共和国政府信息公开条例读本》中明确提到,"申请公开的政府信息不存在的,也就是这一政府信息自始至终不曾产生,根本谈不上是否应当公开"①。有学者将"信息不存在"与"检索无果"两者区分开来单独设定,将"信息不存在"认定为客观上从未出现过的信息,不需要通过查找即可确定。② 上述两种解释均表达了相同的意思,即政府信息不存在是自始不存在,未经保存或者丢失的信息不属于此种情形。

但是,随着实践的发展,"信息不存在"的内涵在不断扩张,"未制作""未获取""未保存""未找到"等多种情形均可能属于"信息不存在",引发一定争议。③ 例如,有学者认为:"判断信息是否存在的时间节点应当以申请人申请时为准,而非信息'存在'之时,对于曾客观存在、后又灭失或无法找到的政府信息,也应当纳入'信息不存在'的范畴。"④有学者持反对意见,认为"'政府信息不存在'的含义应当是明确的,也就是'从未制作过或者获取过',如果申请公开的信息属于'未保存或者已经灭失的',行政机关只要在答复中说明相关情况,在诉讼中提供证据予以证明即可"⑤。两种截然不同的认定标准反映出该问题存在的巨大争议,以往简单的认定方式已经无法适应司法实践的需要。实践中,行政机关利用"信息不存在"来规避信息公开义务的情形屡见不鲜,很大程度上损害了政府公信力,限制了公民的知情权。为

---

① 曹康泰主编:《中华人民共和国政府信息公开条例读本》,人民出版社2007年版,第110页。
② 参见周汉华主编:《政府信息公开条例专家建议稿——草案·说明·理由·立法例》,中国法制出版社2003年版,第87页。
③ 参见张亮:《论政府信息推定不存在的限制与修正》,载《环球法律评论》2020年第4期。
④ 王嘉贤:《"政府信息不存在"的认定与审查》,载《行政法学研究》2021年第3期。
⑤ 殷勇:《"政府信息不存在"情形下的司法审查》,载《法学》2012年第1期。

解决这一问题,司法实践对"信息不存在"应当从严认定,明确"信息不存在"的具体内涵,以免因此架空政府信息公开制度。

(二) 证明责任与标准

关于"信息不存在"的证明责任分配,司法实践中有两种观点:一是被告声称政府信息不存在,就有责任提供证据;二是原告认为政府信息存在,理应提供证据。而由于"政府信息不存在"案件的特殊性,这两种观点都会或多或少地遇到法理或现实的障碍。[①] 因此,考虑到举证可能性、双方举证能力的不平衡性和保护原告合法权益导向性,一种观点认为,应由被告承担主要的举证责任,并由原告承担补充证明责任。具体规则为,由被告对"政府信息不存在"这一否定性的事实进行举证后;经过上述途径依旧无法证实原告所申请公开的信息存在,而原告又坚持认为该信息存在的,应由原告承担举证责任,由其提供证据证明其申请公开的政府信息在被告处实际存在。[②] 另一种观点以"规范说"为基础的证明责任认为,信息公开是授益性行政行为,给付要件事实真伪不明,行政无法确定有给付的要件事实时,其不利归于申请人。信息的客观存在性正是依申请行政行为中权利形成的基础要件事实,更是信息申请人积极主张之有利事实,依理其当负证明责任。[③] 也有学者提出相反观点,认为信息是否存在的证明责任应当由被告承担或由法院依职权调查,否则,只要行政机关声称"本机关查无申请人申请公开的政府信息"而不需要承担任何证明责任,那么公民的知情权是难以保障的。[④]

关于"信息不存在"的证明标准优化,学者们提出了多种解决路径。第一,转换证明对象。将证明对象由"信息是否存在"转换为"公开义务机关是否负有本案信息制作、获取和保存的义务",只要被诉行政机关能够证明自

[①] 参见周勇:《"政府信息不存在"案件中证明困境的解决路径探析》,载《行政法学研究》2010年第3期。
[②] 参见殷勇:《"政府信息不存在"情形下的司法审查》,载《法学》2012年第1期。
[③] 参见郑涛:《政府信息不存在诉讼之证明责任分配探析》,载《清华法学》2016年第6期。
[④] 参见章剑生:《知情权及其保障——以〈政府信息公开条例〉为例》,载《中国法学》2008年第4期。

己没有制作、获取和保存相关信息的义务,那么信息不存在的事实也就当然被确证,"信息不存在"的答复就具有合法性,否则行政机关应承担举证不能的败诉风险。① 第二,细化证明标准。将被告的举证责任细化为证明原告已履行告知义务、证明原告已履行合理搜寻义务、证明原告已履行说明理由义务。② 但也有学者提出质疑,认为这种操作方式较为倚重对程序性义务的审查,可能会偏离对"信息是否存在"这一实体问题的判断,无论是告知义务还是说明理由义务的审查,法院能够确定的仅是信息搜寻、答复程序的合法性,而信息是否真实存在,则是一种推理性的审查方法。③

(三) 审查规则

就"政府信息不存在"案件的审查规则而言,司法实践一般将"合理检索未得"推定为"信息不存在",转而审查行政机关是否尽到检索责任。这是因为,"信息不存在"的特性和证明方式的局限性决定了在某些情况下试图依据证据确证信息的存在状态是不现实的,因而需要借助法律推定。④ 有学者质疑,合理检索义务本质上只是一种为缓解证明责任分配困境所创制的折中司法技术,当客观上欠缺完善的制度实施基础与相对统一的审查标准时,合理检索行为作为推定的前提事实同样难以明确。⑤

为进一步化解"信息不存在"纠纷,许多学者提出不同的审查模式。有学者提出,可先回避实质性判断,从形式角度出发判定行政机关是否依法履行"告知说明"这一程序义务,当行政程序合法或只是轻微违法时,司法再转为审查行政行为的实质合法性,判断行政机关作出的"信息不存在"认定是否客观。⑥ 有学者指出:"法院应当在综合考量行政机关工作人员的工作态

---

① 参见林鸿潮、许莲丽:《论政府信息公开诉讼中的证明责任》,载《证据科学》2009年第1期。
② 参见周勇:《"政府信息不存在"案件中证明困境的解决路径探析》,载《行政法学研究》2010年第3期。
③ 参见郑涛:《政府信息不存在诉讼之证明责任分配探析》,载《清华法学》2016年第6期。
④ 参见王嘉贤:《"政府信息不存在"的认定与审查》,载《行政法学研究》2021年第3期。
⑤ 参见张亮:《论政府信息推定不存在的限制与修正》,载《环球法律评论》2020年第4期。
⑥ 参见王嘉贤:《"政府信息不存在"的认定与审查》,载《行政法学研究》2021年第3期。

度、检索载体和检索方法的基础上判断行政机关是否尽到了合理检索义务。"①还有学者认为,可以对"信息不存在"的推定规则作出限制,并以"初步证据"和"自认"要件来建构"信息是否应当存在""信息为何不存在""信息是否客观存在"的三层次递进的司法审查模式,有条件地深入审查信息不存在的原因。② 上述审查规则有的是对尽到合理检索义务标准的细化与延伸,有的是摒弃这一标准重构新的审查规则,无论是哪种观点,均为"信息不存在"案件的审理提供了十分有益的理论思考。但是,从当前的司法实践出发,将尽到合理检索义务作为代替"信息不存在"的审查要点已经成为惯例,并得到多数学者的支持。为此,启用全新的审查模式在实践上具有较大困难,在效益上远不如精细化"尽到合理检索义务"模式。因此,细化并统一"尽到合理检索义务"标准仍应是未来的研究重点。

四、政府信息公开滥诉的治理

随着信息公开诉讼数量的激增,出现了一部分以政府信息公开为由的恶意诉讼案件,一定程度上浪费了司法资源,损害了司法权威。如何在保障公民诉权的基础上,有效遏制滥诉现象,已经成为政府信息公开诉讼亟待解决的问题。学界有关该问题的讨论主要围绕政府信息公开滥诉的认定和滥诉的规制两方面展开。

(一) 滥诉的认定

"陆红霞案"作为规制滥用诉权第一案,使信息公开滥诉案件走入人们的视野。在该案判决中,滥诉被定义为当事人反复多次提起琐碎的、轻率的、相同的或者类似的诉讼请求,或者明知无正当理由而反复提起诉讼,是

---

① 殷勇:《"政府信息不存在"情形下的司法审查》,载《法学》2012 年第 1 期。
② 参见张亮:《论政府信息推定不存在的限制与修正》,载《环球法律评论》2020 年第 4 期。

一种缺乏诉的利益、目的不当、有悖诚信的起诉行为。① 担任该案审判长的高鸿法官后在论文中进一步说明，信息公开滥诉行为的客观表征即为申请主体群体化、申请数量多且重复、申请内容复杂多样、申请动机多样化以及滥用救济程序；并强调知情权行使的目的必须符合立法本意并具有善意，行使权利的方式必须符合正当的要求，行使权利不得损害国家的、社会的、集体的利益和其他公民的合法自由和权利；最后认定滥诉行为应当考量的因素包括是否缺乏诉的利益、诉讼目的是否正当、是否有悖诚信。② 这一论证使信息公开滥诉的内涵得到更为清晰的定义，为今后类似案件的认定奠定了良好的基础。有论者将政府信息公开滥诉定义为：" 极个别当事人反复提起大量的、重复的、与解决其实质诉求完全无关的信息公开申请和诉讼。"③ 上述对滥诉内涵的概括大体上一致，均强调当事人提起诉讼主观上的目的不当和有悖诚实信用原则，客观上的提起诉讼数量广博性和内容重复性。这一认定标准同样被司法实践所广泛运用，但随着实践的发展，滥诉的内涵并非一成不变，理论界出现了更多不一样的声音。

"陆红霞案"裁判首次对政府信息公开滥诉作出认定，具有里程碑式的意义，但就信息公开滥诉问题产生了一些质疑与争论。有学者提出，"陆红霞案"中表现出降低标准使滥用诉权概念扩大化的态度，滥用行政诉权并无明确的法律规定。④ 还有学者提出，陆红霞的行为宜定性为"缠讼"而非滥诉，在缺乏明确法律依据且对法官自由裁量空间极度审慎的司法背景下，对"陆红霞案"的"滥诉"认定值得商榷。但是，完全无视其对司法秩序的冲击而认定其为正常"维权"行为也有失偏颇。缠讼行为虽超出了维权的合理限度，但并未达到违法滥诉的严重程度，其往往处于合法与违法之间的灰色地

---

① 参见《陆红霞诉南通市发展和改革委员会政府信息公开答复案》，载《最高人民法院公报》2015 年第 11 期。
② 参见高鸿：《政府信息知情权的滥用及其规制》，载《人民司法》2015 年第 10 期。
③ 耿宝建、周觅：《政府信息公开领域起诉权的滥用和限制——兼谈陆红霞诉南通市发改委政府信息公开案的价值》，载《行政法学研究》2016 年第 3 期。
④ 参见梁艺：《"滥诉"之辩：信息公开的制度异化及其矫正》，载《华东政法大学学报》2016 年第 1 期。

带,只因对既有社会秩序的冲击而遭受质疑。"缠讼"的"缠"字充分体现了这类诉讼行为的特点——纠缠不休,其行为动机不在于诉讼的胜负,而在于借助诉讼以引起权力主体的关注并攫取合法性资源。① "缠讼"的说法得到部分学者的支持,有学者进一步指出,"缠讼"是一种事实描述,其本身并不包含合法或违法的法律判断。而"行政权利滥用"则是对"缠讼"的法律评价。② 更有学者从根本上否定政府信息公开滥诉这一说法,认为知情权的行使不问主体是谁,不问动机目的,不问对象和内容为何,更不论次数。保障知情权的诉权既然为基本权利之一,除不符合形式要件的情形外,法院对于起诉就负有受理的义务,而不可裁定驳回起诉。对于信息公开的行政诉讼,原则上不应作出滥用诉权的判断。③

(二) 滥诉的规制

"陆红霞案"裁判中采取的遏制信息公开滥诉的措施受到合法性与实效性的诘问,面对政府信息公开诉讼数量激增、滥诉现象突出的现实状况,不少学者针对滥诉提出新的治理措施。

"陆红霞案"裁判不仅认定当事人的行为构成行政权利滥用,还提出对当事人此后的信息公开申请和诉讼行为的限制:"陆红霞今后再次向行政机关申请类似的政府信息公开、向人民法院提起类似的行政诉讼,均应依据《政府信息公开条例》的现有规定进行严格审查,陆红霞须举证说明其申请和诉讼是为了满足自身生产、生活、科研等特殊需要,否则将承担不利后果。"④ 该案确立的滥诉规制制度并非一劳永逸,这一规制方式不仅本身合法性存疑,且在实际适用中的效用也不尽如人意。有学者犀利指出,该裁判在法律适用上有失偏颇,不仅特殊需要的举证责任将原告申请获取政府信息的说明义务升格为举证责任,法院对特殊需要的严格审查还不当限制了原

---

① 参见郑涛:《信息公开缠讼现象的政法逻辑》,载《法制与社会发展》2017年第5期。
② 参见肖洒:《信息公开缠讼司法规制的实效性考察》,载《行政法学研究》2020年第3期。
③ 参见王贵松:《信息公开行政诉讼的诉的利益》,载《比较法研究》2017年第2期。
④ 《陆红霞诉南通市发展和改革委员会政府信息公开答复案》,载《最高人民法院公报》2015年第11期。

告资格,与最高人民法院保护诉权的立意是相悖的。① 在措施实效上,通过对当事人的访谈可以发现,"陆红霞案"的良好效果主要是因为其基础纠纷已经得到了妥善的解决,而非滥用裁定之功,司法规制面临着严重的实效性问题。原因有二:第一,对公民而言,与实施缠诉可获利益相比,滥用裁定的威慑力不足,并未结束当事人对信息公开诉讼的主动发起地位,当事人有动力也有途径发起更多的诉讼。第二,对行政机关而言,司法规制信息公开缠诉本身面临的正当性、合法性疑问,使得行政机关难以跟进法院对公民采取规制措施。②

既然"陆红霞案"中的滥诉规制措施难以有效发挥作用,那么应当采取何种措施对滥诉进行规制,就成为学界热议的话题。有学者提出,面对信息公开申请滥用和诉讼滥用交织的情形,应当先行处理行政认定再进行司法审查,被申请的行政机关应当首先承担起认定滥用事实的权能。司法对信息公开申请和诉讼滥用的认定,应该尽量限制在很小的范围内,在主观的动机目的和客观的滥用行为两个维度,滥用的认定还需综合考量和权衡一系列相关因素。对因滥诉被驳回诉讼请求的案件,可以在裁判中明确:若当事人再行提起信息公开申请和/或诉讼(无论是否"类似"),行政机关和法院可以严格审查其申请和诉讼是否有符合信息公开立法宗旨和精神的"适当目的"。③ 还有论者通过考察关于规制滥诉的国际立法和实践,参照英国、美国、德国和日本对滥诉的应对策略,提出社会应当承认法官在法律解释、漏洞填补等方面具有更大的职权,以此来解决滞后的立法与复杂的实践之间的矛盾。面对滥诉,在立法缺失甚至存在巨大漏洞的情况下,应该允许法官通过个案裁判摸索出相应的规则,待经验成熟后,再以司法政策的方式加以总结,最终将之上升为立法。④ 更有学者提出,建立健全信息公开申请收费

---

① 参见梁艺:《"滥诉"之辩:信息公开的制度异化及其矫正》,载《华东政法大学学报》2016年第1期。
② 参见肖洒:《信息公开缠讼司法规制的实效性考察》,载《行政法学研究》2020年第3期。
③ 参见沈岿:《信息公开申请和诉讼滥用的司法应对——评"陆红霞诉南通市发改委案"》,载《法制与社会发展》2016年第5期。
④ 参见耿宝建、周觅:《政府信息公开领域起诉权的滥用和限制——兼谈陆红霞诉南通市发改委政府信息公开案的价值》,载《行政法学研究》2016年第3期。

第十九章　政府信息公开诉讼

制度,除遵循"谁使用谁付费"原则外,还应该引入"过度使用惩罚性收费"原则。但如果欲达到釜底抽薪的效果,需从两项制度目标矫正入手:其一,平衡、协调信息公开制度的民主政治目标与治理目标;其二,破除行政纠纷化解的泛司法化迷信,加强行政体系内部解纷机制建设。① 也有学者认为,破解滥诉问题的根本是矫正信息公开制度:一是强化主动公开的深度和广度,构建适当的公文管理系统;二是在专业知识引导下进行申请公开,为申请人提供前置释明服务。② 有论者提出,可以通过严格起诉条件、加重举证负担、掌控程序节奏、强化职权取证几个方面防范滥诉问题。③ 有学者认为,通过"生产、生活、科研等特殊需要"这一不确定法律概念在举证责任上作适当的限制是最为有效的。④

在信息社会快速发展的今天,政府信息已经成为一种重要的资源,直接关乎公民的知情权等个人权益。应当明确的是,当事人之所以提起大量重复的信息公开诉讼,绝大部分是因为存在一个真正的待解决的行政争议,而因此借信息公开诉讼达到给行政机关施加压力的目的。要从根本上解决滥诉问题,应当建立司法与行政之间有效联动,实现诉源治理,从源头上解决纠纷。另外,在我国当前语境下,诉权保障仍是行政诉讼制度完善的重心,对当事人滥用诉权的认定应当秉持较为宽容审慎的态度,不轻易认定政府信息公开滥诉,最大程度保护当事人权益。

主要参考文献

1. 江必新、梁凤云:《政府信息公开与行政诉讼》,载《法学研究》2007年第5期。
2. 章剑生:《知情权及其保障——以〈政府信息公开条例〉为例》,载《中国法学》2008年第4期。

---

① 参见郑涛:《信息公开缠讼现象的政法逻辑》,载《法制与社会发展》2017年第5期。
② 参见梁艺:《"滥诉"之辩:信息公开的制度异化及其矫正》,载《华东政法大学学报》2016年第1期。
③ 参见侯丹华:《政府信息公开行政诉讼有关问题研究》,载《行政法学研究》2010年第4期。
④ 参见余凌云:《政府信息公开的若干问题——基于315起案件的分析》,载《中外法学》2014年第4期。

3. 张传毅:《政府信息公开行政行为司法审查若干问题》,载《行政法学研究》2009年第2期。

4. 江必新、李广宇:《政府信息公开行政诉讼若干问题探讨》,载《政治与法律》2009年第3期。

5. 倪洪涛:《依申请信息公开诉讼周年年度调查报告——基于透明中国网刊载的40宗涉诉案的考察》,载《行政法学研究》2009年第4期。

6. 王振清:《政府信息公开诉讼原告资格问题研究》,载《行政法学研究》2009年第4期。

7. 浙江省高级人民法院课题组:《政府信息公开行政诉讼案件疑难问题研究——以浙江法院审理的行政案件为实证样本》,载《行政法学研究》2009年第4期。

8. 赵正群、董妍:《中国大陆首批信息公开诉讼案件论析(2002—2008)》,载《法制与社会发展》2009年第6期。

9. 侯丹华:《政府信息公开行政诉讼有关问题研究》,载《行政法学研究》2010年第4期。

10. 黄学贤、梁玥:《政府信息公开诉讼受案范围研究》,载《法学评论》2010年第2期。

11. 周勇:《"政府信息不存在"案件中证明困境的解决路径探析》,载《行政法学研究》2010年第3期。

12. 许莲丽:《政府信息公开诉讼中的秘密审查制度:美国的实践》,载《环球法律评论》2011年第3期。

13. 殷勇:《"政府信息不存在"情形下的司法审查》,载《法学》2012年第1期。

14. 程琥:《高校信息公开行政诉讼若干问题研究》,载《行政法学研究》2013年第2期。

15. 郭泰和:《立法扩展与实践局限:公共企事业单位信息公开诉讼的路径选择——以〈政府信息公开条例〉"参照"规定的实现为视角》,载《行政法学研究》2014年第3期。

16. 余凌云:《政府信息公开的若干问题——基于315起案件的分析》,载《中外法学》2014年第4期。

17. 梁艺:《"滥诉"之辩:信息公开的制度异化及其矫正》,载《华东政法大学学报》2016年第1期。

第十九章 政府信息公开诉讼

18. 耿宝建、周觅：《政府信息公开领域起诉权的滥用和限制——兼谈陆红霞诉南通市发改委政府信息公开案的价值》，载《行政法学研究》2016 年第 3 期。

19. 沈岿：《信息公开申请和诉讼滥用的司法应对——评"陆红霞诉南通市发改委案"》，载《法制与社会发展》2016 年第 5 期。

20. 郑涛：《政府信息不存在诉讼之证明责任分配探析》，载《清华法学》2016 年第 6 期。

21. 杨伟东：《政府信息公开申请人资格及其对行政诉讼原告资格的发展——以中华环保联合会诉修文县环保局案为分析基点》，载《行政法学研究》2017 年第 1 期。

22. 王贵松：《信息公开行政诉讼的诉的利益》，载《比较法研究》2017 年第 2 期。

23. 郑涛：《信息公开缠讼现象的政法逻辑》，载《法制与社会发展》2017 年第 5 期。

24. 王莘子：《国家秘密确定行为司法审查问题研究》，载《中国法律评论》2019 年第 3 期。

25. 彭錞：《公共企事业单位信息公开的审查之道：基于 108 件司法裁判的分析》，载《法学家》2019 年第 4 期。

26. 程琥：《新条例实施后政府信息公开行政诉讼若干问题探讨》，载《行政法学研究》2019 年第 4 期。

27. 肖洒：《信息公开缠讼司法规制的实效性考察》，载《行政法学研究》2020 年第 3 期。

28. 张亮：《论政府信息推定不存在的限制与修正》，载《环球法律评论》2020 年第 4 期。

29. 王嘉贤：《"政府信息不存在"的认定与审查》，载《行政法学研究》2021 年第 3 期。

30. 杨伟东：《国家秘密类政府信息公开案件审查模式的转型》，载《法学》2021 年第 3 期。

第二十章

行民交叉诉讼

随着我国政府行政职能从管理型向服务型积极转变，从单方强化行政管理转向公私合作保障模式，行政争议与民事争议相互关联的现象频繁出现，行政与民事争议交织案件呈逐年增长趋势。行政诉讼与民事诉讼原是两种不同性质的诉讼，体现于争议双方地位、诉讼基本原则与具体规则等多方面。如何协调行政诉讼与民事诉讼交叉问题，进行分别审理、合并审理或是附带诉讼，是行民交叉诉讼中亟待解决的关键问题。不少法院在实务中应用行政诉讼一并审理民事争议模式处理行民交叉问题，多位学者对行政附带诉讼审理条件、审理范围和诉讼程序提出相关建议。根据行民交叉诉讼涉案信息复杂、问题性质不同的特点，在不断健全诉讼制度建设的同时，应从根源上解决行民交叉问题，进一步完善特殊类型的纠纷解决制度。

一、行政与民事争议交织的处理模式

我国行政诉讼起步较民事诉讼稍晚，行政争议最初由各级人民法院民事审判庭或经济审判庭受理裁判，因此，早先行政争议与民事争议交织的特殊情况也未加以区分。随着1989年《行政诉讼法》的出台，我国行政诉讼制度初建，行政与民事案件明确地区分开来，相应地，解决民事或行政争议所适用的法律法规也不同，所采用的证据规则亦有不同。随着行政争议与民事争议相互关联问题愈发凸显，关于如何处理行政与民事争议交织的案件，实践中出现不同法院不同做法,缺乏统一完善的审理路径。① 以下将对理论界与实务界就行民交叉问题处理模式的探索进行总结阐释。

(一) 行政与民事争议关联案件的类型化分析

行政争议与民事争议性质不同,当两者在同一纠纷中存在时,行政争议与民事争议因在法律事实相互联系,在处理上存在互为因果或互为前提、相互影响的问题。② 司法实践中,行政与民事争议关联案件根据案件特点可以分为不同形态。

根据学界主流观点,行民交叉案件依据主要矛盾侧重的性质可进行两类或三类的类别划分。其中,两类分为以行政争议为主附带关联民事争议、以民事争议为主涉及关联行政争议;③三类分别为以民事争议为主涉及行政争议的关联案件、以行政争议为主涉及民事争议的关联案件、行政争议与民事争议并重的关联案件④,即在两类基础上补充了两种不同性质争议并重的一类。第一类以民事争议为主的案件,通常表现为在民事诉讼中涉及行政行为,以及民事诉讼的审理、判决需以具体行政行为是否合法作为前提;第二类以行政争议为主的案件,主要以附带民事争议为特征,即在同一争讼中交织着两种不同性质的法律关系,存在着两种性质不同但又相互关联的诉讼请求。⑤ 也有学者根据案件处理纠纷先后顺序分为类似的三类:第一类为行政纠纷的解决是民事纠纷解决前提的行民交叉,对应前者以行政争议为主的案件;第二类为民事纠纷的解决是行政纠纷解决前提的行民交叉,此种对应以民事争议为主的案件;第三类为争议的解决互不构成前提的行民交叉,对应行政争议与民事争议并重的交叉案件。⑥

---

① 参见乐俊刚:《行政附带民事诉讼在不动产登记案件中面临的困境及选择——以全国首例行政附带民事诉讼案为分析对象》,载《政治与法律》2012年第3期。
② 参见杨荣馨主编:《民事诉讼原理》,法律出版社2003年版,第729页。
③ 参见黄江:《行政、民事关联诉讼问题探讨》,载《政治与法律》2001年第5期。
④ 参见江伟、范跃如:《民事行政争议关联案件诉讼程序研究》,载《中国法学》2005年第3期。
⑤ 参见江必新:《论行政诉讼附带民事诉讼》,载《现代法学》1988年第2期。
⑥ 参见黄学贤:《行民交叉案件处理之探究》,载《法学》2009年第8期。

除了以上分类方式,另有学者提出,应当根据争议内容的可分性或不可分性进行分类,以此作为选择何种诉讼程序的标准。① 如分为当事人可选择提起行政诉讼或民事诉讼,也可以同时提起行政诉讼和民事诉讼的案件与行政争议和民事争议相互交织、不可分割的案件。② 还有通过区分行政行为的类型来进行分类,如有学者提出,将行政行为区分为确认性行政行为、形成性行政行为和裁决性行政行为,并据此提出不同的纠纷解决方式。

(二) 行政与民事争议关联案件的处理方式

关于行政与民事争议关联案件处理,部分大陆法系国家在审判和立法中已形成较为成熟的规范。在法国,当法院审判过程中出现应属另一系统法院管辖的争议,且该争议应作为本案的关键前提,法院可根据审判前提原则,停止诉讼的进行,并告知利害关系人就相关争议提交有管辖权的法院解决。③ 在德国也有类似的规定,《联邦宪法法院法》第 33 条第 1 款规定:"联邦宪法法院可以暂停诉讼程序,直到另一法院的待审案件结束,如果该法院的裁决或决定可能与之有关。"该条明确指出,当法院审理案件与其他案件结果相关联时,可暂停程序的进行,等待另一待审案件的结果。我国《民事诉讼法》第 127 条第 1 项规定:"依照行政诉讼法的规定,属于行政诉讼受案范围的,告知原告提起行政诉讼。"这一规定明确了行政诉讼与民事诉讼分开审理的原则,但并未明确行民交叉案件中的审理程序与审理模式。

针对行民交叉诉讼争议的解决,多数学者都赞同从案件实际情况出发,根据案件类型进行模式的选择。有学者提出了三个层次的模式选择办法:第一,先解决行政争议后解决民事争议是处理行政、民事关联诉讼案件的一般方式;第二,先解决民事争议后解决行政争议是处理行政、民事关联诉讼案件的特殊方式;第三,行政争议与民事争议各自解决是处理行政、民事关联诉讼案件的个别方式。从一般到特殊,以层次的构建确定案件处理方式,

---

① 参见马怀德、张红:《行政争议与民事争议的交织与处理》,载《法商研究》2003 年第 4 期。
② 参见赵红星、刘郁:《民事与行政交叉案件若干问题研究》,载《前沿》2011 年第 14 期。
③ 参见江伟、范跃如:《民事行政争议关联案件诉讼程序研究》,载《中国法学》2005 年第 3 期。

有利于对交叉争议的审理和解决。① 另有学者提出的方案为将行政与民事交叉诉讼根据不同情况分为两种处理方式：第一种是分开诉讼，第二种是附带诉讼。主要参考依据为行政诉讼与民事诉讼联系的紧密程度、争议本身的复杂程度、是否为同一个法院管辖与当事人的选择权。② 还有学者对当前司法实践现状进行总结，认为应形成以"谁为前提谁优先为处理行政交叉案件的一般原则"，同时应注重为法官提供"案结事了"的办案机制，在选择合适诉讼路径的同时解决相互附带审理的问题。③

（三）行政诉讼程序的先后问题讨论

在"先行后民"或是"先民后行"的分开审理程序中，因民事诉讼与行政诉讼在审理对象、法律依据、程序规则等方面不同，极易导致行政判决和民事判决不一致的冲突结果。有学者认为，确定行政诉讼与民事诉讼的先后关系时，应当考虑以哪一个诉讼为前提和哪一个诉讼首先开始这两个方面。④ 还有学者的观点与前者大体一致，补充说明了当行政诉讼与民事诉讼互不矛盾、互不影响、互不依赖时，也可采用"行民并行"的审理方法。⑤ 在此背景下，人民法院试采取行政附带民事诉讼一并审理模式，该模式或成为当下行民交叉诉讼的最优选择。⑥

司法实践中，针对以民事争议为主的案件，一般有两种方案：一种由民事审判庭在解决民事争议过程中一并解决，另一种则是民事审判中止，由相对人提起行政诉讼，待行政行为合法性问题解决后再恢复民事诉讼。⑦ 不动产登记问题是典型的行民交叉问题之一，其中民事争议与行政争议交叉案件往往比较复杂，通常由民事庭采用民事诉讼法进行审理。在实务中，考虑

---

① 参见黄江：《行政、民事关联诉讼问题探讨》，载《政治与法律》2001年第5期。
② 参见马怀德、张红：《行政争议与民事争议的交织与处理》，载《法商研究》2003年第4期。
③ 参见黄学贤：《行民交叉案件处理之探究》，载《法学》2009年第8期。
④ 参见马怀德、张红：《行政争议与民事争议的交织与处理》，载《法商研究》2003年第4期。
⑤ 参见江伟、范跃如：《民事行政争议关联案件诉讼程序研究》，载《中国法学》2005年第3期。
⑥ 参见吴光荣：《论行政争议与民事争议相互交织的解决路径——评〈行政诉讼法修正案（草案）〉第63条第1款》，载《政治与法律》2014年第5期。
⑦ 参见潘昌锋：《谈谈民事诉讼中涉及行政行为的处理》，载《行政法学研究》1996年第2期。

到行政案件与民事案件各自的复杂性，部分法官仍认为，独立审理能够使行政机关依法行政和人民法院依法审判各自有据。① 有法官否定了这种观点，认为分开进行诉讼难以理想地解决行政争议与民事争议交叉案件，应当根据矛盾纠纷多项途径的选择，作出矛盾纠纷解决的最优选择，以实现诉讼路径与真正解决的同一性，避免造成诉讼资源的浪费或增加当事人的诉累。② 在此类案件中，关键在于解决民事争议，行政诉讼不可局限于解决行政争议，建立行政争议和民事争议一并处理机制，应不仅归责于法院审判，行政检察也可以依法开展化解行民争议的探索。③ 有学者从司法权与行政权角度分析，认为根据"司法最终解决原则"，司法权一定程度上优于行政权。因此，法院内部的分工不影响国家司法权的行使，只要有利于案件得到公正迅捷的审理，分开或是合并都是可行之举。④

在以行政争议为主的案件处理中，我国学界有不少学者也支持以行政附带民事诉讼的方式审理，即行政诉讼一并审理民事争议的途径，且这种观点日渐成为解决行政与民事争议交织问题的主流观点。⑤ 从法理基础上，有学者认为，根据诉讼经济原则和判决的确定性原则，人民法院在解决行政争议时附带解决民事争议，既避免了相互矛盾判决的出现，同时又减少了当事人的诉累，减轻了人民法院的负担，也有利于迅速平息纠纷，彻底解决争端，从而有效地保障公民的合法利益。⑥ 还有学者提出了行政附带民事诉讼的几点必要性：第一，有助于提高人民法院行政审判人员的素质，同时节约人力、物力、财力；第二，避免人民法院适用不同程序作出相矛盾的判决。⑦ 再

---

① 参见毛振亚、商汝冰：《行民争议一并审理制度适用范围的扩大化》，载《人民司法》2017年第25期。
② 参见梁宇菲：《实践进路与争议解决：不动产登记纠纷民、行交叉的司法对策——以司法个案为视角》，载《行政法学研究》2014年第2期。
③ 参见韩成军：《行政诉讼监督案件抗诉必要性审查——以某房屋行政登记纠纷案为样本》，载《人民检察》2022年第2期。
④ 参见江伟、范跃如：《民事行政争议关联案件诉讼程序研究》，载《中国法学》2005年第3期。
⑤ 参见王贵松主编：《行政与民事争议交织的难题——焦作房产纠纷案的反思与展开》，法律出版社2005年版，第47页。
⑥ 参见江必新：《论行政诉讼附带民事诉讼》，载《现代法学》1988年第2期。
⑦ 参见王永波：《行政附带民事诉讼制度浅析》，载《当代法学》2003年第2期。

从可行性上来看,有学者认为,行政附带民事诉讼之所以可行,是因为在行政诉讼中,法院审查行政行为合法性的过程中已经对民事争议的事实进行厘清并纳入审理范围。①

二、行政诉讼一并审理民事争议的适用

在2009年浙江省杭州市召开的"行政争端解决机制论坛"上,最高人民法院将民事与行政交叉审理难题作为会议主旨之一进行研讨。会议中,多数法官赞成"一并审理"模式,即对行民交叉案件,法院在审理其中一种案件时,可以根据当事人的申请,由同一审判组织依据不同的诉讼程序对相互交叉的另一种案件一并审理并作出裁判。《行政诉讼法》第61条规定:"在涉及行政许可、登记、征收、征用和行政机关对民事争议所作的裁决的行政诉讼中,当事人申请一并解决相关民事争议的,人民法院可以一并审理。在行政诉讼中,人民法院认为行政案件的审理需以民事诉讼的裁判为依据的,可以裁定中止行政诉讼。"此条规定了行政诉讼一并审理民事争议的裁判依据。但只此一条规定过于笼统概括,并不能解决当下行民交叉案件中的各类复杂问题,学者与实务专家通过实践经验,积极探索该制度审理模式的构建。

(一)一并审理相关民事争议的适用条件

行民交叉案件中行政争议与民事争议相互独立又相互依存,通过行政诉讼解决行民交叉争议,在此情况下行政法律关系通常作为民事法律关系的主要条件或根据所存在。② 行政诉讼一并审理民事争议具体在何种条件下可以适用,目前理论界还存在争议,实务界也未统一确立标准。

有学者提出了行政诉讼一并提起民事诉讼的五个要件:一是行政诉讼属人民法院受案范围,二是民事诉讼亦属于人民法院受案范围,三是行政机关的行政争议相对人系平等主体间的民事权益之争,四是行政诉讼与其附

---

① 参见马怀德、张红:《行政争议与民事争议的交织与处理》,载《法商研究》2003年第4期。
② 参见黄江:《行政、民事关联诉讼问题探讨》,载《政治与法律》2001年第5期。

带的民事诉讼具有相应联系,五是民事争议当事人一方或双方要求人民法院一并解决民事争议。需具备上述五个要件时,才能提起行政附带民事诉讼。① 还有学者提出四个主要条件,前三个条件与前述学者提出的五个要件相仿:一是以行政诉讼成立为前提,即属于人民法院受案范围,二是存在关联性,包括争议之间与请求之间的关联性,三是附带民事诉讼应当由民事争议当事人提起。第四个条件为附带民事诉讼只能在一审中提起,以此保护当事人对附带民事诉讼部分的上诉权。② 另有学者提出,行政诉讼与民事诉讼在诉讼程序上存在整合的可能性也应作为要件之一,即行政诉讼与附带民事诉讼在诉讼主体、审理顺序与审判组织选择上法院可整合的可能性,以此作为法院启动程序的保障。③ 针对案件是否进入行政附带民事诉讼程序,有学者提出了可供参考的几个方面:行政争议与民事争议在内容上的关联性、行政诉讼与民事诉讼在审理程序上具有整合的可能性、一并审理具有处理上的便捷性。④

(二) 一并审理相关民事争议的审理范围

人民法院决定适用行政附带民事诉讼审理有利于一次性解决争议。目前行政附带民事诉讼的具体审理范围尚未确定,各学者针对行政诉讼中不同类型的案件存在不同的认识。

针对行政裁决不服而提起的诉讼,我国行政诉讼法采纳了行政附带民事诉讼的主张。有学者认为,由于行政裁决以民事争议的存在为前提,若行政相对人对行政裁决不服,则会出现民事争议与行政争议并存的局面,因此通过行政附带民事诉讼一并审理,不仅可以解决行政裁决机关与行政相对人之间的行政争议,也可以解决民事争议双方当事人之间的民事争议。⑤ 行政机关以第三者身份对平等的民事法律关系所作出的具有法律效力的裁

---

① 参见王永波:《行政附带民事诉讼制度浅析》,载《当代法学》2003年第2期。
② 参见马怀德、张红:《行政争议与民事争议的交织与处理》,载《法商研究》2003年第4期。
③ 参见江伟、范跃如:《民事行政争议关联案件诉讼程序研究》,载《中国法学》2005年第3期。
④ 参见黄江:《行政、民事关联诉讼问题探讨》,载《政治与法律》2001年第5期。
⑤ 参见马怀德、张红:《行政争议与民事争议的交织与处理》,载《法商研究》2003年第4期。

决,相对人不服请求人民法院重新确认民事法律关系的,符合行政附带民事诉讼的条件。① 也有学者提出否定建议,认为行政裁决不可提起行政附带民事诉讼,认为行政裁决中只有行政争议,作为基础争议的民事纠纷经行政机关裁决已形成新的内容,其结果体现为行政裁决行为的合法性与合理性,因而行政裁决案件只能通过单独的行政裁决予以解决。②

对于不动产物权登记能否进行行政附带民事诉讼,多位学者持肯定态度。从行政法诉讼程序对不动产物权纠纷化解的角度,有实务人员认为,应根据矛盾纠纷多项途径的选择,作出矛盾纠纷解决的最优选择,不论提起何种诉讼都是其权利救济途径的自由选择。③ 不动产物权登记具有直接的法律效果,属于行政行为,对于不动产登记中的"规制性决定",可以由有权机关或者通过法定程序如行政诉讼进行。④ 持否定观点的学者认为,不动产登记不应理解为行政确权行为,不动产登记只是法律为保护第三人交易安全而要求的形式要件,也就不属于具体行政行为,更无须进入行政诉讼程序。⑤ 鉴于附带审理方式在司法实践中存在程序衔接不畅、诉讼效率低下、对法官素质要求较高等问题,有实务界人士提出应当慎重选择该审理制度。⑥

针对行政赔偿诉讼提起的附带民事诉讼问题,多位学者均认为,行政赔偿不属于行政附带民事诉讼的范畴,是一种特殊的行政诉讼⑦,并提出应当严格区分行政诉讼一并提起行政侵权赔偿与行政附带民事诉讼。

关于诉讼模式的选择,地方法院积极尝试通过法规文件等形式进行司法实践。浙江省宁波市鄞州区法院2012年起草的《审理行政附带民事诉讼案

---

① 参见江伟、范跃如:《民事行政争议关联案件诉讼程序研究》,载《中国法学》2005年第3期。
② 参见成协中:《行政民事交叉争议的处理》,载《国家检察官学院学报》2014年第6期。
③ 参见梁宇菲:《实践进路与争议解决:不动产登记纠纷民、行交叉的司法对策——以司法个案为视角》,载《行政法学研究》2014年第2期。
④ 参见成协中:《行政民事交叉争议的处理》,载《国家检察官学院学报》2014年第6期。
⑤ 参见吴光荣:《论行政争议与民事争议相互交织的解决路径——评〈行政诉讼法修正案(草案)〉第63条第1款》,载《政治与法律》2014年第5期。
⑥ 参见陈艳飞:《行民交叉案件一并审理的困境与出路》,载《人民司法》2022年第4期。
⑦ 参见江伟、范跃如:《民事行政争议关联案件诉讼程序研究》,载《中国法学》2005年第3期;参见黄江:《行政、民事关联诉讼问题探讨》,载《政治与法律》2001年第5期。

件第一审程序若干规定》①则较为典型,其中第5条规定:"有下列情形之一,当事人在行政诉讼时可一并提起附带民事诉讼:(一)当事人因民事争议不服行政裁决行为并就民事争议提起民事诉讼的;(二)当事人因民事侵权不服行政处罚并就民事侵权赔偿问题提起民事诉讼的;(三)当事人不服土地、森林等自然资源权属确认并就民事侵权赔偿提起民事诉讼的;(四)当事人不服行政机关房屋登记行为提起行政诉讼,在诉讼过程中当事人请求一并解决房屋买卖合同或房屋确权民事纠纷的;(五)当事人不服行政机关工商行政登记行为提起行政诉讼,同时就股东之间的股权纠纷提起民事诉讼的;(六)当事人实施行政机关许可的某种行为时,侵犯了第三方的民事权益,该方提起行政诉讼时又附带要求解决民事争议的;(七)其他可以提起附带民事诉讼的情形。"在各地法院的实践探索中,特殊类型的行政附带民事诉讼制度的范围也得到丰富。如江苏省苏州市中级人民法院印发《苏州劳动法庭建设三年规划(2021—2023年)》,提出探索建立劳动争议案件行政附带民事诉讼制度,主张法院将劳动争议中民事与行政交叉案件进行集中审理。

(三)一并审理相关民事争议的诉讼程序

由于立法规范和指导政策的缺位,行政诉讼一并审理民事争议制度的推进存在诸多问题,在适用条件和范围上规则制定模糊、形式确定随意,在诉讼程序上还存在规则缺失造成审理机制不畅、诉求兼顾不当、程序空转隐患等问题。针对目前审理程序规则缺失,有学者提出,行政附带民事诉讼模式的关键在于诉讼程序的结合,是对于我国现有诉讼制度的改进,通过诉的合并简化诉讼程序,提高审判工作效率。②另有多位学者围绕诉讼程序如何简化、如何确定以及诉讼程序不同方面的各类作用提出了自己的看法。

关于诉讼管辖。民事诉讼相对于行政诉讼在诉讼管辖上的规范更多,

---

① 最高人民法院2010年委托浙江省高院开展行政附带民事诉讼的相关试点工作,鄞州区法院作为试点单位之一,其起草的《审理行政附带民事诉讼案件第一审程序若干规定》可以作为实务界对于行政附带民事诉讼范围的参考。

② 参见韩思阳:《行政附带民事诉讼之难以逾越的障碍》,载《行政法学研究》2006年第4期。

民事诉讼管辖设置重视当事人起诉的便捷性,行政诉讼管辖设置则更关注审判机关对被告行政机关的影响范围。① 有学者提出,附带民事诉讼与行政诉讼若规定必须同属一个人民法院管辖,会导致实际生活中行政附带民事诉讼的难度增大,可以明确规定由受理行政诉讼的行政机关所在地人民法院统一管辖。②

关于诉讼时效。《行政诉讼法》规定一般起诉期间为"应当自知道或者应当知道作出行政行为之日起六个月内",《民法典》规定民事诉讼一般诉讼时效为三年,两者时限规定相差甚多。有学者认为,在这种情况下,当事人在行政诉讼时效逾期的情况下对民事争议部分继续提起附带民事诉讼显然是不行的③,应当按照行政诉讼法关于行政诉讼时效的规定执行。④ 另有学者分析了行政诉讼法与民事诉讼不同层次的诉讼时效期限,认为应当根据案件注意不同起算点与具体时间,遵循法律规定审查,作好行民交叉问题在诉讼时效期限上的衔接。⑤

关于审理程序。在审理顺序的安排上,人民法院审理行政诉讼一并审理相关民事争议,一般认为应由同一审判组织分别对行民问题进行审理。但具体确定到先行后民或是先民后行抑或是行民并进尚未确认。在司法判决中,考虑到行政案件和民事案件的特殊性与一般性,法院可以通过分别判决的方式保障各方当事人利益,在民事纠纷事实简单、矛盾不深的案件中也可以选择通过一并判决的方式简化审理程序。

三、行民交叉案件处理路径的展望

行民交叉案件具有类型多样、问题复杂的特点,在司法实践中存在审理

---

① 参见刘艺:《行政公益诉讼管辖机制的实践探索与理论反思》,载《国家检察官学院学报》2021年第4期。
② 参见韦光非:《行政诉讼与附带民事诉讼的冲突与协调》,载《当代法学》2003年第10期。
③ 参见段书臣:《行政附带民事诉讼在具体诉讼程序上的冲突与协调》,载《行政法学研究》2000年第2期。
④ 参见韦光非:《行政诉讼与附带民事诉讼的冲突与协调》,载《当代法学》2003年第10期。
⑤ 参见黄江:《行政、民事关联诉讼问题探讨》,载《政治与法律》2001年第5期。

标准不一、程序模糊、周期拖延等问题,为确保行民交叉案件顺利进行,保障当事人的合法权益,必须从现有制度上继续完善,探索科学化、体制化的解决办法。以下从制度内容、程序协调和行政机关介入三个方面提出完善构想。

(一) 完善行政诉讼一并审理民事诉讼争议制度

由于行民交叉案件兼具民事纠纷与行政纠纷的法律属性,不恰当的处理方式可能致使不同法院或不同审判庭之间就案件的相同事实作出不同认定,进而产生冲突裁决,引发当事人对法院裁决公正的质疑,冲击司法裁判的公正性、权威性。[①] 目前根据行民交叉案件的不同类型,应积极构建"民主行附"与"行主民附"并行的"民行交叉"案件一并审理制度格局,全面有效回应现实司法需求。[②] 在司法改革层面,最高人民法院可以出台相应司法政策,指导下级法院进行一并审理的判断与审判。

现阶段我国行政诉讼制度过度依赖于对民事诉讼规则的沿袭,以至于在发展过程中未能全面兼顾行政法特点,逐渐显露出与现实的不适应性。[③] 目前,行民交叉问题在诉讼法上仍未形成统一规范,就立法角度而言,当下在诉讼法或司法解释中完善行政诉讼一并审理民事诉讼争议制度的条款或为可行之举。特别是明确行民交叉问题下案件审理所需遵循的适用原则和审理规则,在原则确定上应注意人民法院在对行民诉讼特有的诉讼原则的协调,如适用处分原则、举证责任原则与审理原则上的冲突与协调;[④]在具体规则上应落实审理重要环节,进行当事人举证责任的确定、行民审理顺序的安排以及进一步明确当事人申请一并解决民事争议的条件[⑤],赋予当事人请

[①] 参见李佳:《论民行交叉案件现行处理模式中存在的风险及其预防》,载《法学杂志》2011年第5期。
[②] 参见郭泽喆、曾颖:《违法建筑民事诉讼行政"平行嵌入"构想——兼论以行政为基础的"民行交叉"案件一并审理制度构建》,载《南海法学》2021年第3期。
[③] 参见马怀德:《〈行政诉讼法〉存在的问题及修改建议》,载《法学论坛》2010年第5期。
[④] 参见韦光非:《行政诉讼与附带民事诉讼的冲突与协调》,载《当代法学》2003年第10期。
[⑤] 参见王永波:《行政附带民事诉讼制度浅析》,载《当代法学》2003年第2期。

第二十章 行政交叉诉讼

求法院一并审理相关民事争议问题的权利。①

(二) 强化行政诉讼与民事诉讼程序的协调

当前行政与民事交叉案件中,处理方式主要分为分开审理、合并审理与一并审理三类,通过对行政争议和民事争议的不同解决方式达到对纠纷的最优解。目前行政附带民事诉讼整合原有诉讼程序的程度较低②,为合理化解交叉问题中的差异性,应当根据各自诉讼规则探索制定协调机制,把握不同原则与规则之间的调整衔接,保障人民法院依法审理不同性质的纠纷,保护公民和其他主体的合法权益。

其一,正确把握民事诉讼与行政诉讼的关系尺度。③ 正确认识民事诉讼与行政诉讼的关系,分解主次纠纷,合理确定纠纷处理方式,有利于促进行政审判能力现代化,推动法治政府建设。其二,可以推动附带民事诉讼部分适用调解。根据行政诉讼法相关规定,仅行政赔偿、补偿以及行政机关行使法律、法规规定的自由裁量权的案件可以调解。附带民事诉讼因其民事属性,应当适用调解原则,化解争议。④ 其三,完善民事法律相关的配套制度⑤,行民衔接不畅问题导致不少行政纠纷发源于民事纠纷。⑥《民法典》中制定的不少条款涉及行政法规规范,其所指向的部分行政法规范或未完善或未制定,这类模糊性规范均可能成为引发行民纠纷的源头。

(三) 探索行政机关的介入机制

我国司法权与行政权分别由司法机关和行政机关行使,在行民交叉问

---

① 参见阎巍、袁岸乔:《多元化纠纷解决机制中行政审判的功能与定位》,载《法律适用》2021年第6期。
② 参见韩思阳:《行政附带民事诉讼之难以逾越的障碍》,载《行政法学研究》2006年第4期。
③ 参见黄江:《行政、民事关联诉讼问题探讨》,载《政治与法律》2001年第5期。
④ 参见马怀德、张红:《行政争议与民事争议的交织与处理》,载《法商研究》2003年第4期。
⑤ 参见吴光荣:《论行政争议与民事争议相互交织的解决路径——评〈行政诉讼法修正案(草案)〉第63条第1款》,载《政治与法律》2014年第5期。
⑥ 参见南京铁路运输法院课题组:《跨区划集中管辖背景下行政争议实质化解研究》,载《法律适用》2019年第12期。

题中应将两者的作用准确定位,互相补充。一方面,司法权应尊重行政权,在行政权行使的范围内不加干预;另一方面,发挥司法权对行政权的督促作用,监督行政机关依法行政。① 早有学者提出,解决行政与民事交叉案件不应拘泥于某种固定模式,而应以解决实体争议需要为标准。在行政与民事交叉纠纷中,向行政机关寻求救济也是有效化解矛盾的主要途径之一,当事人可以申请行政机关撤销或更改自身的行政许可,或者责令加害人停止侵害或进行损害赔偿。②

为实现行政机关在行民交叉案件的有效介入,必须明确行政机关职能的发挥范围及作用。首先,行政机关之间应厘清各自的权利义务,依职权主动履行相应职责,避免行政机关之间互相推诿责任,怠于履行义务引发新的争议与诉讼;其次,人民法院应保持与行政机关的积极沟通,对行政问题向行政机关提出监督纠正意见,便于行政机关高效配合,避免同类问题再次发生;最后,行政机关应发挥其职能优势,依法能动履职,联合相关社会组织逐步探索对行民交叉问题的非诉讼纠纷解决机制的构建,依法通过多元化解机制解决行政争议,保护公民、法人和其他组织的合法权益。③

主要参考文献

1. 江必新:《论行政诉讼附带民事诉讼》,载《现代法学》1988 年第 2 期。
2. 段书臣:《行政附带民事诉讼在具体诉讼程序上的冲突与协调》,载《行政法学研究》2000 年第 2 期。
3. 黄江:《行政、民事关联诉讼问题探讨》,载《政治与法律》2001 年第 5 期。
4. 王永波:《行政附带民事诉讼制度浅析》,载《当代法学》2003 年第 2 期。
5. 马怀德、张红:《行政争议与民事争议的交织与处理》,载《法商研究》2003 年第 4 期。
6. 韦光非:《行政诉讼与附带民事诉讼的冲突与协调》,载《当代法学》2003

---

① 参见李佳:《论民行交叉案件现行处理模式中存在的风险及预防》,载《法学杂志》2011 年第 5 期。
② 参见彭贵才:《论民事与行政交叉案件的审理模式》,载《当代法学》2011 年第 4 期。
③ 参见于厚森、郭修江:《充分发挥行政审判在多元化解行政争议中的职能作用——对〈关于进一步推进行政争议多元化解工作的意见〉的解读》,载《法律适用》2022 年第 6 期。

年第 10 期。

7. 江伟、范跃如:《民事行政争议关联案件诉讼程序研究》,载《中国法学》2005 年第 3 期。

8. 韩思阳:《行政附带民事诉讼之难以逾越的障碍》,载《行政法学研究》2006 年第 4 期。

9. 彭贵才:《论民事与行政交叉案件的审理模式》,载《当代法学》2011 年第 4 期。

10. 李佳:《论民行交叉案件现行处理模式中存在的风险及预防》,载《法学杂志》2011 年第 5 期。

11. 乐俊刚:《行政附带民事诉讼在不动产登记案件中面临的困境及选择——以全国首例行政附带民事诉讼案为分析对象》,载《政治与法律》2012 年第 3 期。

12. 吴光荣:《论行政争议与民事争议相互交织的解决路径——评〈行政诉讼法修正案(草案)〉第 63 条第 1 款》,载《政治与法律》2014 年第 5 期。

13. 北京市第二中级人民法院课题组:《行政诉讼一并审理民事争议研究》,载《中国应用法学》2019 年第 1 期。

14. 章剑生:《行政不动产登记行为的性质及其效力》,载《行政法学研究》2019 年第 5 期。

15. 郭修江:《行政诉讼实质化解行政争议的路径和方式》,载《人民司法》2020 年第 31 期。

16. 章志远:《〈民法典〉时代行政诉讼制度的新发展》,载《法学》2021 年第 8 期。